野生の教養 II

一人に一つカオスがある

丸川哲史・岩野卓司 編

法政大学出版局

野生の教養Ⅱ――一人に一つカオスがある　目次

第2部　歴史・社会

第3部　文学・芸術

表紙版画　表「廃坑の森」／裏「鶏卵拡大」（丸川＝盧＝哲史）

はじめに――

「一人に一つカオスがある」の意味

『野生の教養』を岩野卓司氏との共編で出版してから後、さまざまな反響をいただくうち、このプロジェクトを継続し、もう一冊作るべきとの想念が岩野氏にも、また私にもほとんど同時に芽生えていた。一般的には、教養とは正反対の「野生」をキーワードにしたことが、神妙なる取り合わせとして読者に某かの刺激、示唆を与えたようで、またその反響が徐々にフィードバックして来た。その中で今回、副題のキーワードとして「カオス」が導き出された。

大学が「就職予備校」となったということは、既に言われて久しい。その中で、かつての一般教養あるいは語学の教員のカテゴリーに入る私と仲間たちは（かつてもそうだったかもしれないが）、一般的には学部の「専門」に従う位置におかれる。あからさまに言えば、教養デザイン研究科は、まさにそのような教員をまとめて作られた、いくばくか特殊な研究科である。が、むしろそのような条件を最大限活かす、あるいは当初の予想をはみ出たキャラを追求すべき、といった個人的な想いもあった。すなわち、世のニーズに逐一キャッチアップするのではない「知」――事物や現象を数値化し、短時間に解決せんとするようなパターン――に当てはまらない「想像力」を育てる方向性である。

そこで、私たちの「想像力」を働かせる磁場そのものを、「カオス（渾沌）」と名づけてみた。だから「カオス」とは、あらかじめ成果として期待される、意味や言葉や形となる前の、揺らぎをはらんだ原初的な状態、あるいはエネルギーの比喩のことである。

例えば、古代ギリシャでは万物を生み出した神々、その神々を生み出した原初の神を「ケイオス」と称した。神々であれば、おぼろげながらその姿や役割は特定できる。しかしその神々を生んだ「神」となれば、言葉も意味、また形もない「源」のことであろう。また別ルートでは、荘子が語った「渾沌」神話にも行きつく。それは、ノッペラボウの怪物「渾沌」に目や口や鼻や耳を刻みつけようと、七つの穴を穿ってみたところ死んでしまった、という逸話である。すなわち、人に似せたもの、つまり人工的処置を施し、秩序を与えてみたところ、元々の生命力が枯渇してしまったという、かなりの含蓄ある比喩である。

1　惑星的な危機

と、ここまで説明すると、古典教養を開陳しているように誤解されるかもしれないが、むしろ現代自然科学系の「知」の比喩としても「カオス」は有り得る。例えば、生成ＡＩの使用が問題化される中、近年注目されつつある認知科学において、そのベースにあるべき人間の神経の中にカオス・ニューロンと呼ばれる系の存在が想定されている。また原子力機構が重大な問いをはらんで動き続けている現在、「自然」に対する理解は目や耳では触れられない、ノッペラボウの原子レベル、つまり最小単位のカオスから考え直さなければならない時代にも入っている。最小単位の原子（核）の物理反応がまさに、私たちに最も深刻な災害をもたらすことにもなる時代である。核兵器の使用も危ぶまれる戦争は、当然のこと論ずることが避けられないテーマである。が、さらに、より大きな視野に立てば、「気候変動」や「開発」による地球的規模の危機からも私たちは目を背けることできない。

惑星的危機とも呼べる環境破壊が進んでいる現在だが、そこには決定的な偏差もあり一様ではない。例えば、地球の「温暖化（対策）」といったテーゼが流通しているのは、実のところ北の先進国側である。その際によく示されるイメージは、人があまり住まない地域での氷山や氷河が解ける様子である。筆者は「温暖化」対策なるものに異議を唱えようとは思わない。ただ、こういった捉え方だけでは、あまりにも抽象的である。惑星的規模の環境破壊を探るのであれば、グローバル企業と政権がタイアップした、アマゾンの森林地帯の劇的後退など真っ先に取り上げるべきであろう。しかして、先進国側の環境組織では（いわゆる南の）発展途上国に対してCO_2排出の規制などその対応を求める、といった発想とスタイルが定着している。先進国側は環境基準を満たしているのに、発展途上国側はそうではない、とその「咎」を南の側に求める構えである。

ベンガル出身の学者にして作家たるアミタヴ・ゴーシュが著した小説『飢えた潮（*The Hungry Tide*）』（岩堀兼一郎訳、未知谷、二〇二三年）が描くインド、ガンガー河口に広がる大マングローブ地帯の歴史は極めて興味深い。間違いなく、惑星的規模の「気候変動」と「開発」の影響を受けるのは、世界の周辺部、かつて植民地支配を受けた人口密度の高い地域である。そこでゴーシュが描き出すのは、潮の満ち引きのリズムの激しさが「破局」の予感を漂わせる、野生と家畜とスラム、また神が混ざり合う、カオティックな世界である。

さらにゴーシュの話を続ける。彼の評論集『大いなる錯乱――気候変動と〈思考しえぬもの〉（*The Great Derangement: Climate Change and Unthikable*）』（三原芳秋・井沼香保里訳、以文社、二〇二二年）も、実に豊かなピソードの宝庫だ。例えば、南アジアの大マングローブ地帯に住む人々にとって、虎に出会った瞬間に殺されてしまうので、村人の誰も虎の全貌をしっかりと見たことがない。逆に、先進国の側にいる私たちは、動物園の檻にいる虎を悠々と堪能できるのだ。また先の『飢えた潮』にも記されているように、この土地において、破壊的な嵐の到来を真っ先に蝕知するのは、川イルカであり、その行動の意味を理解している漁師たちである。だが、そのような民衆世界においてこそ、「気候変動」による洪水や高波、難民の流入による紛争などが集中するのである。

さらにゴーシュが強調するのは、今日の惑星的規模の危機の要因たる、二〇世紀のエネルギー革命――石炭から石油、そして原子力――がもたらした社会の変容と「想像力」の断絶である。かつて石炭採掘の現場が多くの人力を必要としてきた歴史から見て、石油の採掘と輸送は、むしろ無人に近いものであり、さらに原子力の抽出・加工のプロセスは徹底して現場と人間を「疎外」する。つまり人類は、自分たちの生を支える高効率「エネルギー」を享受しつつ、その最も重要な「現場」から排除されている。だから昨今の人類の危機は、単に自然科学的現実だけでなく、人々の生存の偏差が「思考しえぬもの」となって潜在していることにある。だから今必要なことは、そのような「思考しえぬもの」を如何に思考するかである、とゴーシュは断ずる。

またゴーシュによれば、ヨーロッパ近代の小説の形式は、そういったカオティックな現実に追いついておらず、今日の危機を著しているのはＳＦや神話やルポ、つまり正統な文学形式からは下位に位置づけられるジャンル――そのような叙述形式の非対称性にまで議論は及んでいる。逆に言えば、ＳＦや神話やルポなどこそ、今日の惑星的危機に対応した叙述形式なのかもしれない。そしてゴーシュはこう結論づける。今必要なことは近代において排除されようとした宗教的次元、すなわち私たちの宗教的想像力の回復であり、そしてもう一つは、かつての植民地支配の時代から続く民衆運動、コミュニティ運動の「伝統」を引き継ぐことだ、と。

2　カオスと政治

ゴーシュが述べた植民地支配を受けた地域の大衆運動、コミュニティ運動の経験が重要なのは、逆に言えば、まさにそのような現場こそが、今日の惑星的危機の焦点となっているからだ。だからこそ今日、世界の出来事は、Ｇ７に集まる「先進国」の首脳だけで決められることではなくなっている。ウクライナやガザにおいて露呈されているように（二〇二四年秋段階）、目下の「国際政治」はほとんど機能せず、まさにカオティックな様相を呈している事態がある。今日の国際政治、既存の政治学や国際政治学によっては解決できないものとなっている。

ここで少しく理論的に「政治」とは何かを考えてみたい。おそらくカール・シュミットからであろう――政治制度からではなく、政治をその根源性から考察するため、政治を「政治的なもの」（The

Political）として論じるようになったのは。シュミットにとっての真の政治主体は、既存の政治体制が機能しなくなった例外状況、つまりカオスの中で「決定する」者として現れる、とされる。すなわち、ここでポイントとなるのは、「政治的なもの」はまさにカオスを前提としていることである。

ここで呼び出したい思想家は、ハンナ・アーレントである。『革命について』の中でアーレントは、「政治的なもの」の再生の参照枠として、一八世紀のアメリカ革命、一九世紀からの評議会運動、さらには古代ギリシャのアテネの「政治」にまで射程を延ばし議論している。彼女の試みが目指したものは、まさに私たちが「政治的なもの」の可能性を回復すること、新たな政治空間を自ら構想することである。その際にアーレントは、政治思想の最大の参照枠としてフランス（大）革命だけを判断基準とすることに異を唱える。一八世紀フランス（大）革命は、明らかに同時代の新世界＝アメリカ革命の進展に、また世界中の植民地で発生した政治運動に影響を受けている。にもかかわらず、後の一九世紀から二〇世紀にかけ、世界史の進むべき「政治」の範例としてヨーロッパ中心主義がむしろ強まった、とアーレントは批判している。これは、ベネディクト・アンダーソンが『想像の共同体』の中で、今日の国民国家の起源について、必ずしもヨーロッパの内部だけで考察できないものであり、むしろ旧植民地の独立運動の影響から語り直すルートを提示したことにも通じている。

さて、アーレントが『革命について』の最終章「革命的伝統とその失われた宝」で特に取り上げたのは、一九世紀〜二〇世紀にかけての評議会運動の歴史である。ロシア革命の進展の中で一時期に力を持ったのが「ソヴィエト（評議会）」であった。また第一次大戦後のドイツにおいても一時期力を持ったのが、労働者や兵士が集った「レーテ（評議会）」運動であった。アーレントが強調したのはまず、評議会と政党との区別であった。政党とは、思想的同類者の間から代表者を選び出し、そして公的機関を制圧することを目的とするものだ、と断じる。一方、評議会とは元より、労働や消費を含む生活現場の問題の解決のため、関連する住民たちが「寄合う場」をその起源とする。端的に言えば、代表性の政治を旨とする政党に対して、評議会は、むしろ問題解決のための当事者活動をベースとする。結局のところ、アーレントはその評議会を、旧体制の機能失調を受けたカオス期において、新たなシステム（新体制）を立ち上げる際の雛形、人々が集う「広場」として描出した、と言える。周知の通り、十月革命からのロシア革命の推移は、むしろソヴィエト（評議会）が政党と国家によって侵食され、有名無実化していくプロセスを辿ることになる。周知の通り、ドイツの評議会（レーテ）も同様のプロセスを辿る。いずれの地域においても、評議会の盛衰を観察することにより、広汎に存在した政治的活力がどのように失われていったのかを観察することができるのである。

ここでもう一つ参照枠を付け加えたい。北米先住民に関する考古学の進展と人類学の深化から生まれた、デヴィッド・グレーバーとデヴィッド・ウェングロウの共著『万物の黎明――人類史を根本からくつがえす』（酒井隆史訳、光文社、二〇二三年）である。本書は、北米先住民知識人からの批判に直面する中で、それへのバックラッシュとしてヨーロッパの啓蒙近代が立ち上がる複雑な経緯をクリアーに提示した。『万物の黎明』は、まさに旧来の知を揺るがす、知の生成を印象づける。そこでの白眉は、先住民たちが構成していた「祝祭」や「遊戯」の要素をはらんだところの、さまざまな示唆に富む合議体の描写である。それは、「ルソーの偏見」を捨てるならば、つまり無文字社会においても高度な自治政治が存在していた事実であり、さらに「ホッブズの偏見」を捨てるならば、人間の自由を抑制しない「政治」の創造＝想像は可能だ、というメッセージとなっている。そこでの最も大切な価値観は実に「自由」である。すなわち、組織を離れる自由、命令を拒否する自由、新たな政治体を構成せんとする自由。

さらに話をズラしてしまうが、第三世界の自治運動に詳しい方ならご存じであろうが、対外的承認は受けていないとはいえ、メキシコのチアパス州から生じたサポティスタと呼ばれた自治運動がメキシコ国家の内部において、まさに事実上の自治機能を維持し続けている。また、シリアでの民主運動（アラブの春）から始まり、さまざまな経緯を経て、北部シリアでクルド人が武装の上で打ち立てた自治政府が成立している。この一連の動きと成果は「ロジャヴァ」革命と呼ばれている。しかもその「ロジャヴァ」の場合には、紆余曲折の中でジェンダー平等を達成し、またエコロジーを旨とした経済システムを志向している。そういった自治的組織の中核を担うのが、彼・彼女たちの「民衆集会」であった。

アーレントが理論的な営為として取り上げた評議会、『万物の黎明』で明かされた北米先住民の合議体、そして第三世界において展開されている自治運動（その中核にある民衆集会）から学べることとは何か。端的にそれは「政治的なもの」の再生、私たち自身がどのように政治的想像力を回復するかという課題である。誰かが誰かを一方的に代表する政治ではない、もう一つの「政治」は十分に可能であると考えたい。というのも、当事者の活動と参加を旨とする「現場」や集まりは、常に既に私たちの目の前にも存在しているからだ（大学における自治の復権も含め）。この可能性は手放さないでいたい。

3　「既知」をカオス化する

今日の大学という場の問題性を直裁に言うなら、短期的収益とそのための競争原理を旨とする新自由主義「改革」がもたらした状況たることは、既に指摘されているところである。ただ同時に、大学内部で制度化された「知」は、そういった動向ともリンクしつつ、どこかで既成の知的営為を自明のものとし、再生産し続けてきたのではないか。初心に帰り、私たちは、驚きに溢れた世界、歴史像、自然に触れ、常に「想像力」を研ぎ澄ますことが求められている。それは特に、教養科目や語学を担う教員が持つべき使命であるだろうし、そのためにこそ、私は私の職場の仲間とともに前回『野生の教養』の制作を一つの出発点とした。

その上で私個人の研究に照らして思うところを述べてみたい。私の中では、「第三世界」革命としての中国革命が成功したものなのかどうか、今後はどうなのか――これが大きな「問い」となっている。私見では、少なくとも二〇世紀中国革命は中国人の自己認識というもの――より具体的には、中国とは何か、中国人とは誰かという――文化アイデンティティに揺らぎを与えことは間違いない。その揺らぎの中心で活動したのが魯迅であった、と私は思う。この場で魯迅論を本格的に展開することは無理であり、ここでは二つほど魯迅の現代的意義を取り出しておきたい。一つは翻訳者としての魯迅、またもう一つは伝統「知」の破壊者としての魯迅である。

大学の教養教育において、古い言葉を現代語にすることは広義の翻訳に含められるものであり、翻訳という行為はまさに重要な使命として、その意義は何度でも確認されるべきものであろう。さて、魯迅は一九三六年に亡くなっているが、その当時出された魯迅全集の半分以上が実は彼の訳業で占められていたのである。近代中国が出現しかかっていた当時の中国において、翻訳はまさに死活の使命であった。魯迅が書いた翻訳論は様々あるが、中でも著名な評論「硬訳、及び文学の階級性」（一九三〇年）は白眉である。ここで魯迅が述べていることは、まさにベンヤミンなどが翻訳を思想的課題としたことに通じている。翻訳とは、単に言葉を機械的に変換することではなく、切実な知的プロジェクトだと言う。魯迅独特の比喩として、翻訳はギリシャ神話のプロメテウスの火のようなものであるということ——それは自分の肉を煮ること、つまり自国文化をより味わい深いものにする行為である、と。翻って、自分の肉を火にあてるとは、もちろんのこと自身の身を焦がすような苦痛を伴う。というのも、魯迅はその中で、自国語が伝統とする美文調を崩しても忠実に翻訳する「硬訳」を主張し、併せて既存の文学観において違和をもたらす「階級」概念を承認した。すなわち、既存の自国文化に対して外の視点から「介入」する姿勢を際立たせた。つまり、外にあったものが内部へと入ってくる、翻訳とはそのような生成的行為である。魯迅が肯定したのは、自国文化をカオティックなものとし、そこから再生する苦痛のプロセス——自らが煮られる知的緊張感であった。

当時の魯迅が為した、また一つのプロジェクトとして、中国人にとって馴染みのある老子、荘子、墨子など諸子百家、あるいは中国の古代神話のキャラクターを大胆に作り変えた作品、歴史寓話『故事新編』がある。当時、中国は旧来の道徳規範を変革する必要に迫られていた。『故事新編』の中で魯迅は、伝説上の人物たちを、当時の戦争や災害、また都市と農村の矛盾の中に置き、「活動」させたのである。そこでの登場人物たちはいずれも「有名人」である。だがそのような有名人を無名の者に近づける工夫が、文体上、ストーリー上で試みられている。いわば、中国において既知のロールモデルや信条を解体し、そのカオスの中から中国文化を今一度再生させる試みであった、と考えられる。

今日、『故事新編』も含めた魯迅の作品は、いくつかの複数の言語に翻訳され、世界文化に貢献する縁となっている。興味深いことに、魯迅は中国において近代文学が始まろうとしていたその地点に立ちながら、同時に私たちにとっての既知の近代文学の枠をはみ出した文学のあり様を構想していたように感じ取れる。魯迅はむしろ、文学という概念そのものを創り直そうとしていたのだ。

4　一人に一つカオスがある

教養とは、常に自国文化を煮る作業、またその自国文化を世界文化へと混ぜ合わせる作業のことを指す以外ではない。もっとざっくばらんな言い方をすれば、元より教養とは「ごった煮」たるべきであり、カオスと名づけてよいであろう。本書に参加されている教員、研究者は一人一人の研究や翻訳や教育自体において、既に常に何かを煮ている状態である——本書はさらにその「煮たもの」を読者に向けて混ぜ合わせるプロセスの起点、ということになろう。おそらく出来たものは一様の味ではあり得ない。遠近法も味付けもバラバラ、複雑怪奇なものの出現をこそ希望したい。そして本書を手に取った読者一人一人にも新たなカオスが宿ることを。

一人に一つカオスがある。個人は個のままではないということ——これは、個人は集団なしでは生きられないということを示すのではない。個人は元より個ではない、複数の誰か、複数の何かを既に常に含んでいる。つまりそれがカオス。一人一人の中に自分でも気づかないカオスが存在していること、これが最も重要な真理である。これまで述べたように、カオスは、形も意味も不分明なもの、つまり単数とも複数とも分からないものであるのだから。ここまで述べたように、カオスは単純に私たちの外側にあるものでも内側にあるものでもない。カオスには内側も外側もないからだ。しかし何もないわけではない、何かがある、というか現れる。現れる瞬間には内も外もないのだ。はじめからあるものではない、現れる。今日の教養とは、そのような「現れ」に最も近づこうとするプロジェクトとなる。

明治大学大学院教養デザイン研究科
丸川哲史

八丈島鶏／撮影＝盧住世

第1部　思想・科学

加納穂子亭窓／撮影＝丸川＝盧＝哲史

カオスと共同性

つながりの基盤となるものについて

岩野卓司

プロ奢ラレヤーという人がいる。

読んで字のごとく、奢られることのプロである。つまり、他人の金で焼き肉を食べたり、寿司を食ったりするのが、その仕事である。

彼は大学を中退してほぼ無一文でヨーロッパを旅行。帰国後、友達の関係をたどりながら、毎日誰かに会ってメシを奢ってもらい、友達の家を泊まり歩いていた。彼が面白い男だったからか、奢りの誘いはひっきりなしであった。

そうこうしているうちに友達の輪はさらに大きくなり、「あいつにメシを奢れば会えるし、面白いよ」という口コミが広がり、ツイッター（現X）のDMで「奢りたい」という人が続々とあらわれてくる。急に人気者になってしまったのだ。

奢りに来た人にも個性的で面白い人が多いから、彼らの話をプロ奢ラレヤーが面白可笑しくツイートしていたら、フォロワー数も九万人を超え、奢りの依頼の数も増えていった。彼の皮算用によれば、向こう一五年間は奢られ続けることができるそうである。

しかしツイッターは、ひとつ間違えれば誹謗中傷の世界になってしまい、彼自身も痛い思いをしたので、そこでは簡単な日記を書くだけにとどめ、きわどい内容のものはnoteに書き、有料メルマガの配信とした。それで、月三桁万円稼ぐようになったそうである(1)。

彼がどういう主張をしているのか、どういう奢られ方をしているのかを知りたい方は、彼のXやメルマガや著書を読んでもらいたい。ここで私が注目したいのはむしろ、これだけ多くの人が「奢らせてくれ」と彼に依頼してくるという事実である。

彼に奢りたいという人がひっきりなしにあらわれるのは、どうしてなのだろうか。

彼がユニークで面白いからという理由がまず挙げられるだろう。みんなの好奇心の対象なのだ。この男は、お金をもうけたいとか何かを自分のものにしたいとかいう欲望とは無縁であり、「メシと宿」さえあれば生きていけると考えているからである。彼は働かないでたらふく食っている。資本主義をハックしているような人物なのである。

しかし、それだけだろうか。奢りながら自分の話を聞いてほしい人が、むしろ多いのではないだろうか。プロ奢ラレヤーと親しい人物の話では、彼に奢りたい人の多くは、悩みや生きづらさをかかえている人だそうだ。しかも、語る相手がいないと言う。

悩みを打ち明ける友人や恋人もいなければ、親兄弟とも疎遠だったりする。親との関係がノーマルでも、それは表面上のことで、突っ込んだ話はできなかったりもする。教師は頼りにならないし、先輩ともろくな関係がむすべない。

かつての村社会では、おせっかいでも話の聞き役になる誰かが存在していたし、いないときでも坊さんがそういう役割を担っていた。ところが現代では、人間関係が希薄になり、宗教心も薄れてしまい、坊さんも葬式に呼ぶだけの形式的な存在に過ぎなくなってしまったのだ。

医者に相談したら、すでに自分が〈病人〉だということになる。悩みの相談というより、治療の対象になってしまうのである。医者も人の心なんて本当はわからないし、迂闊なことを言って裁判沙汰になるのを恐れるから、アリバイ作りに薬を渡して終わりなんていう話はよく聞く。

つながれる人がいないのだ。だから奢ってまで話を聞いてほしい。孤独な私たちは告白したくてたまらないのである。

1　つながりやすくつながりにくい社会

現代の私たちは、インターネットが普及し通信手段が発展したおかげで、今までになく他者とつながれる環境にある。公衆電話や固定電話しかない時代とは違い、スマホを片手にいつでもどこでも誰かと話すことができる。また、パソコン、タブレット、スマホからSNSで発信して自分の意見を世に問うてみることもできる。新聞やテレビのようなマスメディアを介さなければ意見を言えないという時代はとうの昔に終わってしまっている。SNSで今まで知らなかった不特定多数の人たちとコミュニケーションもとることもできるようになった。反原発などのデモも、SNSを通して人が集まり盛り上がっていったではないか。しかもネット空間という新しい世界には、数多くのコミュニティが誕生している。私たちはかつてないほど他者とつながることができるし、もうすでにつながってしまっているのだ。

しかし、数多くのコミュニケーションの手段をもっているとはいえ、現代を生きる私たちは見かけほど人とつながっているという実感はない。ネットの世界のコミュニティで多くのつながりをもてても、リアルな世界でのつながりがない場合も多いからである。ひところインターネットの世界のコミュニティで充実している「ネト充」と現実世界で充実した生活を送っている「リア充」が対比されたが、「ネト充」が行き過ぎると、「リア充」は遠ざかっていくという傾向がある。

私たちはつながりやすくつながりにくい社会を生きているのではないだろうか。バーチャル空間でのつながりが充実すればするほど、現実でのつながりが失われている。もともと現実のつながりを補う手段だったものが、逆転して私たちの生活を支配するようになってきている。人間はリアルなコミュニケーションを完全に遮断してバーチャル空間でのつきあいだけで生きていくことができるのだろうか。

現代社会は無縁社会だと言われる。この言葉は、独り暮らしの老人の孤独死や行き倒れを取材してきたNHKのチームが作った造語であるが、今の社会を言い当てている。これまで社会が維持してきた縁が希薄になってきたのだ。それは何かと言うと、血縁や地縁である。

かつては三世代が一緒に暮らす大家族も頻繁に見られたが、だんだんと核家族化して親子二世代となり、最近は一世代だけ、さらには単身化が進んでいる。親戚関係も疎遠になってきている。かつては盆暮れに親戚一同がたくさん集まって賑やかに過ごしたたし、親戚の家に泊まりにいくと快く迎えてくれたり、地方をいろいろと案内してくれた。歓待の掟というものが存在したのだ。しかしながら、今日では親戚の関係も希薄になっていき、兄弟が死んで荼毘に付されたあとの遺骨を引き取らない事例も多く見られる。血縁があってもつきあわなくなってきているのだ。近所の関係も同じである。引っ越してきたら、近所に挨拶にそばを持っていった。そばは末永いつきあいを象徴するからである。そばでなくても、手ぬぐいとかお菓子とか簡単なものを持っていって挨拶したりもした。しかし、今では都心のマンションやアパートに住んでいても隣に誰が住んでいるのかもわからない。隣近所が親戚のようだなんていうのは一時代前の話。本当に近所付き合いがなくなってしまった。独り暮らしの老人が死んでも誰も気づかないで何日も経ってしまったなんてことは、この希薄な空気からすれば当然と言える。

血縁も地縁も失われることで、人々の無縁化が進んでいっている。私たちは多くのつながりやすさを手に入れた半面、旧来のつながりをどんどん犠牲にしているのだ。

つながりのこういった希薄化を加速させているのが、資本主義である。この経済体制では、利潤をあげて資本を蓄積することが目的となっている。会社であれ投資家であれ、利益をあげることが優先される。その手段は交換である。商取引は、商品を貨幣と交換することで利益を得る。すなわち、売買である。投資も結果が出るまで待つことになるが、これも遅延した交換である。交換によって利益をあげて元手である資本を増やしていくのである。こういった交換と資本は、資本主義以前にも存在したが、資本主義においては、資本の蓄積は無限に求められていくという特徴がある。つまり、富を増やすことと経済を成長させることとの追求は、この経済体制においては歯止めがないのだ。

こういった交換をベースにした社会以前には、贈与を中心にした贈与交換の社会が存在していた。マルセル・モースが『贈与論』で北米やオセアニアの先住民の贈与の習慣を研究し、そういった世界での経済が贈与交換のうえに成立していることを突きとめた。そして、こうした贈与交換は物質の交換だけではなく精神の交流もともなっている。例えば、北米先住民の儀礼であるポトラッチは、部族の首長が別の部族の首長に贈り物をしたら、受け取った首長はそれを侮辱に感じてより多くの贈り物を相手にする。そこにはライバルどうしのプライドをかけた競い合いという精神的な価値が伴われている。その後、贈与交換から交換（等価交換）へと経済は移っていくのであるが、そうなっても贈与は生活の日常で精神とかかわる役割をもっていた。お中元やお歳暮はどうだろう。相手に物を贈ることで感謝の念を伝えて精神的な交流を生じさせる仕組みなのだ。クリスマスのプレゼントもバレンタインのチョコレートも、贈与によって親子の愛情や恋人どうしの愛情を生み出すのだ。贈与は物の授受を通して人と人との精神的な交流を維持している。もちろん、お中元やクリスマスなどにも資本主義の商業戦略は見え隠れする。しかし、贈与を通しての精神の交流は失われていないのだ。

それに対して、リンゴ一個と一〇〇円を交換するときに、精神的な交流は生まれるだろうか。リンゴを買う際に果物屋の店主と仲良くなっていろいろとリンゴの話をするかもしれない。しかし、それは交換とはまったく関係ない。交換が産みだす精神的な交流ではないのだ。というのも、スーパーのレジで、そういう心の関係はうまれるだろうか。そこにあるのは、ありきたりの挨拶とお礼の言葉だけだ。そのうえ、スーパーやコンビニの無人化は進んでいる。ネットでの注文では、スーパーという交換の場に立ち会う必要すらない。交換という行為に人間も必要なくなってきているのである。資本主義は、物の交換における人間関係をどんどん切断していっているのではないだろうか。資本主義は、人とつながれる多くの手段を商品として提供してくれる。しかし、それは物質的な次元においてである。それによって精神的な関係は逆に希薄になっているのだ。

2　カオスへの接近

漠然とつながっているように感じても、実は孤立しているのが今の社会である。それでは、私たちは他者とまったくつながりを感じないままに過ごしているのであろうか。周囲のみんなとつながっていると感じた経験は、誰にでもあるのではないだろうか。

まず思いつくのは、会場が一体化するライブのコンサートである。音楽のジャンルは問わない。激しかろうが静かであろうが関係ない。アーティストもふくめて周りの人たちはつながっていると感じているのではないだろうか。古い例だが、一九六六年にビートルズが来日して武道館でコンサートをしたとき、その熱狂はすさまじかった。これについて作家の遠藤周作は次のように述べている。

私はビートルズは昔の宗教的祭儀の変型だと思う。現在でも魔人の祭りではおどりと音楽がクライマックスになると、おどる者も見るものも一種のエクスターシーとヒステリー状態にいる。ビートルズの音楽にはそれに似たものを少年少女たちにきっと与えているにちがいない。(2)

遠藤周作の文章のタイトルは「ビートルズ・ファンを弁護す」である。当時の日本では若者たちがビートルズに熱狂するさまを批判的に捉える者も多かったが、遠藤は好意的であった。少年少女がビートルズに感動して泣くのは、高校野球に感動して泣くのと同じなのだ。遠藤によれば、ビートルズのコンサートは、太古からの宗教的な祭りと変わらない。多くの人々が祭りに酔いしれて忘我の状態になるように、ビートルズ・ファンは我を忘れるぐらいフィーバーしていた。宗教的な祭儀では、エクスタシーの状態のなかで参加者全体が一体感を感じて交流していたが、武道館ではアーティストと観客たちが一体となって交流しているのだ。今日ではライブでの熱狂は当たり前のものであるが、当時は顰蹙を買っていたのである。しかし、宗教儀礼もコンサートも本質的には変わらず、太古からの呪術や宗教の伝統はこういうかたちで受け継がれていると言えるだろう。

こういった一体感は、スポーツを応援したり、劇場でお笑いを楽しんだりするときにも見られる。私たちは芸術、芸能、スポーツなど、日常を忘れてつながれる場をもっているのである。

これに街頭での政治活動を加えよう。デモに参加したことのある人ならおわかりだろうが、そこには妙な高揚感や連帯感があるのだ。街頭民主主義の元祖ともいえるフランス革命をひとつの祝祭としてとらえる研究者もいるくらいである。そこには宗教の祭儀と似た側面があるのだ。

フランスの思想家ジョルジュ・バタイユは、ファシズムがヨーロッパに席巻し始めた一九三〇年代、反ファシズムの活動「コントル＝アタック（反撃）」を開始するが、彼はデモに参加した群衆のどよめきを目の当たりにしながら、そこにあらゆるものが溶け込む「大洋」[3]のようなものを感じ取る。彼によれば、これが人間の共同体の原点なのだ。言いかえれば、私たちのつながりを成立させる「共同性」にほかならない。街頭の政治活動における祝祭的な空間で、私たちは一時的にだがある種の「共同体[4]」を作り上げる。こういった「共同体」を、バタイユは供犠による宗教儀礼、神秘的経験、エロティシズム、芸術の経験に見出していくのであるが、宗教性を帯びた政治活動もそこに含まれている。

このバタイユの思想を引き継いだ友人の批評家モーリス・ブランショは、『明かしえぬ共同体』のなかで、一九六八年の学生反乱にこの「共同体」を見出している。この年の五月パリのナンテール大学で学生が蜂起し、それがパリじゅうさらにはフランス全土に広がり、労働者や組合も呼応して、フランス全土がゼネスト状態になってしまった。パリでこの蜂起に参加したブランショは次のように語っている。

> 六八年五月は、容認されたあるいは期待された社会的諸形態を根底から揺るがせる祝祭のように、不意に訪れた幸福な出会いの中で、爆発的なコミュニケーションが、言いかえれば各人の階級や年齢、性や文化の相違をこえて、初対面の人と彼らがまさしく見なれた——未知の人であるがゆえにすでに仲のいい友人のようにして付き合うことができるような、そんな閉域が、企ても謀議もなしに発現しうる（発現の通常の諸形態をはるかにこえて発現する）のだということをはっきりと示して見せた[5]。

この蜂起によって、パリの至るところに政治的なコミュニティが誕生した。そこでは、ブルジョアであろうとプロレタリアであろうと、男であろうと女であろうと、初対面の人であろうと旧知の者であろうと、あらゆる相違をこえて平等につながったのだ。ブランショはこれを「友愛」という美しい言葉で表現している。功利性や計算を超えて、ある種の高揚感と連帯感とともに、人々はつながったのだ。そして、「共に在ることの可能性」[6]を掘り下げていったのである。ここに共同性の原点が存在しているのではないだろうか。

宗教儀礼、祭り、コンサート、スポーツ、政治活動の例は何を語ってくれるのだろうか。それらは日常のくびきから解放された体験とも言えるだろう。こういった体験は、多かれ少なかれ誰もがどこかで出会っている。日常を支配している理性の制約がとれたとき、私たちは秩序が崩壊したような体験をする。利益の計算や未来の計画もどうでもよくなり、奔放な渦に巻き込まれてしまう。資本主義が支配する現実はそこでは無意味に映る。制約を破壊することで、私たちはカオスに接近してしまう。こういった無秩序において、私たちは他者と本当の意味での交流をし、つながるのだ。それはコンサートの熱狂でもあれば、蜂起した世界での高揚感においてでもある。ここから、共同性がカオスとかかわっていると考えられないだろうか。

3　災害ユートピア

カオスに近づくと人はつながる。

このことは宗教儀礼、コンサート、政治活動のような祝祭空間においてのみ訪れるものではない。地震や台風、あるいはテロのような人為的な災害のときにさらに切実なかたちであらわれる。

想像してみてもらいたい。例えば、大地震に遭遇して、おばあさんが腰を抜かして動けなくなったとしよう。そのとき自分が元気で避難所にまで行く自信があるならば、おばあさんの手を引いたり背負ったりして助けるだろう。危機に際して、一時的にであれ、人はつながり助けあうものなのだ。アメリカのジャーナリストであるレベッカ・ソルニットは、『災害ユートピア』のなかで、一九〇七年のサンフランシスコ大地震、一九八五年のメキシコシティ大地震、二〇〇一年の9・11の同時多発テロのニューヨーク、二〇〇五年のニューオリンズ大洪水などの例について、多くの文献や証言を集めながら、これらの災害がいかに人々の絆を取り戻し、災害がある種のユートピアをつくってきたことを実証している。

ここでは九月一一日にニューヨークのワールドトレードセンターのツインタワーが崩落したときの記述のいくつかを取り上げてみよう。

ツインタワーが崩れはじめた直後、「有毒性の空気と混乱状態のため、マンハッタンの南端エリア全体から緊急に人々を避難させる必要が生じた」。ツインタワーから脱出した人たちに加えて、近隣で仕事をしていた人や住民たちも逃げないと、大変なことに巻き込まれてしまう危険があった。彼らの避難には、多くの市民が手を貸した。ボランティアとして参加した人たちには、「エンジニア、建設作業員、医療従事者、溶接工」などの、現場で即戦力になりそうなスペシャリストもいたし、「被災者の介護」には、「神父、牧師、ラビ、医師、マッサージ師」が駆けつけてくれた。集まったのは、こういった専門をもった人たちばかりではない。「何の計画ももたずにやって来た人々の中には、自ら有用な役割を見つけたり作り出したりして、それから数か月間、事後対応を助けた人もいた」。そして集まった人々はみな「何か役に立ちたいという抑えきれない欲求に突き動かされて、時には精力的に、時には役に立てないながらも行動した」。特筆すべきは、9・11のテロの犯人がイスラム過激派であることからムスリムやアラブ系の人たちを声高にののしる人や戦争を呼びかける人もいたが、それは少数派で、大半の人たちは役に立ちたいという思いで救助のボランティアとして振る舞っていたのだ(7)。

この災害では消防士や警官が勇敢に活躍したが、一般人も勇敢に彼らを助けていた。ある消防士によれば、漏れ出たジェット燃料と紙についた火が車に引火して燃え上がっていたのを消火しようとしていたとき、「二〇代か三〇代の前半の若い子が数人」「瓦礫の中からホースを引っ張り出して」放水を手伝ってくれたし、別の警察官によると、「通りにいた歩行者」が警察の車が進みやすいように交通整理をして」くれた。「すべての緊急車両に対して」「他の歩行者を止め」て通れるように道を空けてくれた。彼らがいなかったら、緊急車両も現場までたどり着けなかった(8)。

崩落現場から逃げてきた者たちには水辺で立ち往生した者も多かったが、彼らは船で安全な場所に避難できた。「クルーズ船、遊覧船、水上タクシー、帆船、自治体のタンカー、フェリー、ヨット、タグボート」などの船長が、沿岸警備隊の要請から、あるいは自主的に判断して、避難に協力した。何回も行き来して、少なくとも三〇万人以上の人を危険な場所から脱出させることに成功したのだ(9)。

ツインタワーの隣の法律事務所で役員をしている五〇代の女性は、この惨事のさなか「何度か人々との心のつながりを体験した」。彼女はビルから出るとすぐに「血を流して倒れているひとりの男性」を見つけ、「走ってくる大勢の人々の流れ」から他の人たちとともに彼を守ろうとした。地下鉄に乗ると、「震えている男性がいたので慰め、両肩に手を置いて力づけ、大丈夫であることを確認した」。彼女は「同乗している人々との間に、その先にもう二度と会うことはない人たちにもかかわらず、強い絆を感じた」。次にバスに乗ると、「隣に座ったアフリカ系アメリカ人の女性の手を握り続けていた」。バスを降りたあと、この女性を自宅で数時間休息させ、そのあとで帰宅してもらった。彼女はこの未曽有の災害を通してその「束の間の気持ちの触れ合い」を数多く体験したのだ[10]。

これらは9・11の事件の直後についてのソルニットの描写のほんの一部であるが、多くの人たちがお互いに助け合うことでつながりを実感していることがよくわかるだろう。彼女は他の大災害についても詳細に検討しており、そうした検討の結果、「エピローグ」で次のように語っている。「災害の歴史は、わたしたちの大多数が、生きる目的や意味だけではなく、人とのつながりを切実に求める社会的な動物であることを教えてくれる[11]」。日常が引き裂かれ、生存の危機が訪れると、人々は協力し合って危機に対処するのだ。カオスの状態が人々のつながりを実現する。ここにひとつのユートピアが垣間見られるのだ。

ソルニットはこの「災害ユートピア」の発想を根拠づけるものとして、ピョートル・クロポトキンの『相互扶助論』を挙げている[12]。クロポトキンは一九世紀から二〇世紀にかけて活躍したロシアのアナーキストであるが、彼の「相互扶助」の考えは現代で再評価されている。当時ダーウィンの進化論が流行しており、生物の進化は「適者生存」や「弱肉強食」によって決まるという考えが流布していた。それにあわせて社会的ダーウィニズムも盛んに唱えられるようになり、経済的な自由競争による「弱肉強食」が当然視される傾向があった。これに対して、クロポトキンは、例えば蟻がお互いに助け合って餌を運んだり巣を作ったりすることから、動物における豊富な例を挙げながら、動物において「相互闘争」よりも「相互扶助」が根本にあることを主張する。さらに、動物から原始、古代、中世、近世、近代まで歴史の流れをたどりながら、人間においても根本にあるのは「相互扶助」の精神であると論じていく。[13] ソルニットの「災害ユートピア」は、この「相互扶助」の考えのひとつの証明なのである。カオスにおけるつながりは、人々に相互扶助の本能を呼び起こさせるのだ。

4　災害デストピア

災害はつねにユートピアをもたらすのだろうか。

一九二三年九月一日の関東大震災の直後、多くの朝鮮人、アナキストらの社会活動家が虐殺された事実を、私たちは忘れてはならない。

ここで生じたことは、どう見てもユートピアではなく、デストピアである。ここには災害のもうひとつの危険性が潜んでいる。ソルニットは関東大震災についても触れており、それによれば、「災害の起きているときは瞬間には利他主義が優勢だが、それに続くのは、時にスケープゴート探しだ」[14]。不幸なことに、この「時に」が実現してしまったのである。

その背景には、ひとつには一九一九年の三・一独立運動がある。一九一〇年に日本は韓国を併合したが、日本の植民地政策に朝鮮の民衆が反発してソウルで独立を求めてデモ行進をし、それに呼応して運動は半島全土に広がっていた。もうひとつには、一九二〇年以来、メーデーの集会の規模が拡大していき、日本と朝鮮の労働者が団結して革命運動に発展するのではないかと、当局が神経を尖らせていた。

そういったわけで、軍や警察などの治安責任者たちは、朝鮮人や社会主義者を日々警戒していたのである。

そんな最中、九月一日に相模湾を震源地とする未曽有の大地震が起き、一〇万棟以上の家屋が倒壊し、二一万棟以上の建物が全焼した。死者や行方不明者の数は、一〇万人を超えると言われている。東京と横浜は壊滅的な打撃を受けたのだった。

かねてから朝鮮人の反乱を恐れていた警察は各署を通して、一日の夜には警察官を避難所や各家々に巡回させ、何の根拠もなく、朝鮮人が謀反を起こしているから警戒するように呼びかけていった。また、自警団にも治安の協力を依頼していた。そのうえ、警視庁では各新聞社に朝鮮人が暴動を起こしているように広めてくれと要請し、各紙は手刷りの号外を出した。このようなデマの拡散のため、防火や助け合いのために集まった人々は、被災のダメージや余震の不安のなかで、流言飛語にのってしまい、朝鮮人に対して敵意を向けるようになったのだ。[15]

例えば、朝鮮人が井戸に毒を入れたという張り紙を信じた中村翫右衛門はこう書いている。「私たちはわけはわからないが、不逞鮮人を憎いと思った。こんな苦しいときに。こういう惨虐なことをやる、ちくしょう！　どうしてやるか見ろ！　こういう怒りが、時が時、自分が苦しんでいるときだけに、いっそう強くこみあげてくるのだった[16]」。和辻哲郎も次のように証言している。「不安な日の夕暮れ近く、鮮人放火の流言が伝わって来た。我々はその真偽を確かめようとするよりも、いきなりそれに対する抵抗の衝動を感じた」「自分の胸を最も激しく、また執拗に煮え返らせたのは同胞の不幸をめざす放火者の噂であった」[17]。

翌二日には戒厳令が発せられ、軍が出動し治安の任務にあたる。ところが、この戒厳軍が朝鮮人の大量虐殺を遂行したのである。荒川放水路一帯にはその開削工事のために、多くの朝鮮人労働者が居住していたが、小松川に配属された部隊は二〇〇名以上の朝鮮人を虐殺した。翌三日には、永代橋付近で、三二名を殺害、亀戸署内の演武場で騎兵部隊が八六人を殺害、大島では三〇〇人以上の中国人を朝鮮人の名目で皆殺しにした。これ以外にも、軍による多くの殺害の記録は残っている[18]。

軍の行動から、朝鮮人の反乱は真実で戦わなければいけないのだと人々は判断するようになり、自警団による暴力はエスカレートしていった。

火がついたメディアのあおりもとまらず、九月四日の『信濃毎日』には「不逞鮮人脱獄して軍隊と大衝突」、九月五日の『新愛知』には「不逞鮮人一千名と／横浜で戦闘開始／歩兵一個小隊全滅か」という見出しが躍った。あたかも、関東で内戦状態になっているかのような印象を人々に与えていたのである[19]。

ところが、軍や警察がいち早く状況を調べていくうちに、朝鮮人の反乱はまったく架空の話であり、その事実が認められないことがわかってきた。認められる暴力といえば、軍、警察、自警団のそれだけである。そこで軍と警察は、エスカレートした自警団の取り締まりに動いたのである。戒厳司令部は六日になりようやく朝鮮人への暴力は法に触れると明言した[20]。当局は秩序を維持するために、民衆暴力のほうを犯罪とし、逮捕・起訴の対象としたのだ。これにより自警団による暴力はしだいに終息にむかうことになる。

ここから何がわかるだろうか。それは、人と人とのつながりが必ずしも平和をもたらすとは限らないということである。ユートピアとデストピアは紙一重なのだ。災害から身を守ろうと防火や炊き出しをしていた人々が、流言飛語を信じて徒党を組んで殺戮に走ったのである。あるいは自身が手を下さなくても殺人を肯定していたのだ。しかも虐殺は警察や軍の秩序を超えてエスカレートしていったのである。

カオスへの接近は、人々につながりをもたらすだろう。しかし、このつながりは何かの拍子に危険なものに変身する可能性をはらんでいる。

相互扶助は平和な行為とは限らない。クロポトキンの挙げているアリの相互扶助も、お互いに協力して巣を作ったり、食物を巣に運んだりすることにおいては、平和なつながりとは言える。しかし、外敵に直面したとき、アリはお互いに助け合って敵と戦う。それは敵から巣を守るためである。

ボランティアは今では、災害のときに被災者のために無償で活動したりする行為や、あるいは社会福祉のために無償で貢献する行為などがその典型と考えられているが、もともとは十字軍に志願する人たちを指していた。その後、国民国家の体制で、志願兵のことをボランティアと呼んできた。ボランティアは、戦う行為と結びついていた歴史があるのだ。確かにボランティアは相互扶助と結びつきやすい言葉であるが、この場合の相互扶助は助け合いながら敵と戦うことにほかならない。

カオスへの接近によるつながりも相互扶助もつねに両義的な危険をはらんでいる。ユートピアとデストピア、平和と戦いも反転の危険を免れないものではないだろうか。

5　基盤的コミュニズム

カオスへの接近によるつながりは確かに認められるだろう。宗教儀礼、コンサート、政治集会から災害にいたるまで、私たちはつながれる世界をもっている。しかし、よく考えてみると、これらはどれも日常から切り離された世界である。それでは、日常においてつながりは相変わらず失われたままであろうか。カオスへの接近による私たちの共同性は、日常性とは無縁なのであろうか。

こういった問題を考えるヒントを与えてくれるのが、アメリカのアナーキズム人類学者のデヴィッド・グレーバーが提出している概念「基盤的コミュニズム」である。コミュニズムは共産主義と訳されるように、ひとつの政治的な考え方、さらにはひとつの政治的体制をさすものとふつう思われているので、彼はあえて「基盤的」という形容詞をつけている。「基盤的コミュニズム」は、既存の政治体制ではなく、人間関係のことなのである。私たちがこれまで使ってきた「つながり」とか「共同性」に近い言葉なのである。コミュニズムの元になる形容詞のコモンは「共通の」「共同の」の意味であり、この言葉は何らかのかたちでの人間の共同性を指している、と言えるだろう。

グレーバーは経済に関連させて人間関係を三つのカテゴリーに分類する。ひとつは「ヒエラルキー」であり、これは封建的な体制を想起させるかもしれないが、そればかりでなく、今日の私たちの生活でも社会的地位や階層、ランキングや格付け、経済的格差など「ヒエラルキー」は健在である。もうひとつは「交換」である。資本主義の市場で働いている等価交換の原理がこれである。貨幣との交換である。ただ、私たちの慣習の「贈与交換」、つまり贈り物にはお返しをするような習慣もこれにあたる。もちろん、「ヒエラルキー」と「交換」がそれぞれ独立しているわけではなく、人間関係において複雑に絡み合っているのである。

そして、第三のカテゴリーが「コミュニズム」である。それはどういうものであろうか。グレーバーはそれを表現するのに次の原理を挙げている。

各人がその能力に応じて〔貢献し〕、各人はその必要に応じて[21]〔与えられる〕

この人類学者によれば、封建制を支えているヒエラルキーも、資本主義のベースになっている交換も、この「コミュニズム」なしには成立しえない。「コミュニズム」は「あらゆる人間の社交性〔社会的交通可能性／sociability〕の基盤[22]」、つまりあらゆる人間関係の根本にあるのだ。

それではこの「コミュニズム」の原理とは、どういうものだろうか。グレーバーは贈与ということを問題にしている。前に引いた、大地震のときおばあさんを助けるという例から説明してみよう。自分はおばあさんを負ぶって逃げる「能力」がある。おばあさんは腰を抜かしていて助けてもらう「必要」がある。「能力」のある自分が「必要」とされるおばあさんを助けるのだ。これはおばあさんへの贈与であり、サービスなのだ。この場合、お返しなど期待しない。本能的におばあさんを助けるのだ。ここには互酬性より根本的な人間の贈与と共同性が認められるであろう。

グレーバーも「洪水や停電、経済恐慌といった大災害」の直後に、人々がつながり、「赤の他人が姉妹兄弟になり人間社会が再生したように感じる特別な経験」がそれにあたると述べている。[23]災害ユートピアの体験は、「コミュニズム」の相互扶助にほかならない。ということは、カオスへの接近がこの原理の必要条件なのだろうか。グレーバーは、他にも「民衆的祝祭をしばしば特徴づける遊戯、競技、野外劇、演技」、それから、「音楽、食事、酒、ドラッグ、ゴシップ、劇、セックス」、さらには「わたしたちが楽しいと思うほとんどのものごと」の例を挙げている。[24] これらの例は、多かれ少なかれ日常を忘れさせてくれる経験なのではないだろうか。

しかしながら、グレーバーはこの原理の経験を日常にまで広げている。例えば、誰かからタバコの火をくれとか、道を教えてくれと言われたとき、私たちはそれに答えてしまうのではないだろうか。[25] これこそ「各人がその能力に応じて〔貢献し〕、各人はその必要に応じて〔与えられる〕」の原理そのものである。さらに、会社の「共同プロジェクト」などでもこの原理は生きている。

> なんらかの共通のプロジェクトのもとに協働しているとき、ほとんどだれもがこの原理にしたがっている。水道を修理しているだれかが「スパナを取ってくれないか」と依頼するとき、その同僚が「そのかわりになにをくれる?」などと応答することはない。[26]

スパナを必要としている人に対して、同僚はスパナの贈与で答えるのだ。共同のプロジェクトの基盤にあるのは、互酬性の原理ではなくコミュニズムの原理なのである。しかも、こういった原理は、「エクソン・モービル」や「バーガー・キング」や「ゴールドマン・サックス」の職場であっても同じように支配している。効率を求める資本主義を成立させている基盤は、コミュニズムの贈与にほかならない[27]。

グレーバーの視点に立てば、コミュニズムのつながりが生じるのは、災害の危機や非日常的な体験に限られたことではない。会社でプロジェクトを遂行するときにも、コミュニズムは実現している。カオスへの接近がなくても、人はつながっているのである。

しかし、ここで考えておいたほうがいいのは、災害の危機のときのつながりと共同プロジェクトにおけるつながりが同質なものかどうか、という点である。互酬的でない贈与をベースにしているという点では同じであるが、危機に直面したときの本能的なつながりは、共通の利益のための効率重視のつながりと、同じとは言えないのではないのか。

どうしてこういう疑問がわくかというと、危機に直面したときのつながりやコンサートなどの祭りのつながりはある種の解放感をもたらしてくれるが、会社などでのプロジェクト遂行のためのつながりはむしろ抑圧と結びついているように思われるからだ。

なぜなのであろうか。それはグレーバーがエラーの可能性を考慮に入れてないからだと私は思う。先ほどのスパナの例で言えば、スパナを相手に渡すとき、エラーの可能性はないのだろうか。たとえば、スパナを軽く投げて渡すとき、ふつうは相手が受け取れるように渡す。しかし、手元が滑って逸れてしまったとしよう。そういった場合、どう解釈すべきだろうか。相手にきちんと渡らなかったとき、たまたま逸れてしまったとか、手が滑ったとか言って片づけてしまう。つまり、この場合はエラーはあくまで偶発的な出来事なのである。スパナは相手に渡ることが前提になっている。故意に邪魔しない限り、手渡されないという可能性はたまたま生じたものとして処理されてしまうのだ（あるいは、手渡すに人に能力が欠如していたという場合もありうる)。しかし、相手に対して嫉妬心や憎しみがあり、無意識のうちに手が滑る可能性はないだろうか。共通の目的のために機械的に遂行する行為においては、こういった気持ちは抑圧されている。だがこの無意識を考慮に入れると、スパナを手渡す際にはスパナが逸れる可能性がつねに伴われている、と考えることができる。エラーの可能性はたまたまのものではなく、つねに本質的なものなのである。

コミュニズムの関係は互酬的なものではないので交換ではないし、ヒエラルキーの関係でもない。その意味で平等な人間のつながりを意味するかもしれない。しかし、機械的に遂行されるスパナの手渡しは、エラーの本質的な可能性を抑圧してしまうのだ。スパナはつねに逸れる可能性がある、スパナがきちんと届いた場合でも、届かなかった可能性は切り捨てられないのだ。

グレーバーの言うように、ゴールドマン・サックスのような現代の資本主義を代表するような企業でもその根底にはこのコミュニズムがあるのならば、コミュニズムは資本主義を支えていることになる。つまり、コミュニズムは資本主義に貢献していることになってしまう。また、共通の目的という利益のために機械的に効率よく贈与を繰り返すコミュニズムは、むしろ全体主義に近づくのではないだろうか。

しかし、エラーやずれの可能性を考えてみることには、資本主義や全体主義を揺さぶる可能性があるのではないだろうか。これは「基盤的コミュニズム」をカオスに近づけることでもある。カオスへの接近がもたらす、災害でのつながりや祝祭でのつながりは、日常の秩序を逸脱するエラーと結びついている。私たちが日常においてもつながるためには、そこにエラーやずれというかたちでのカオスの可能性を見ていくべきではないだろうか。

カオスへの接近は、共同性について考える鍵を与えてくれるのではないだろうか。宗教的祭儀、コンサート、政治集会などによる祝祭空間のなかで、私たちはつながりを実感する。災害における相互扶助において、つながりは赤裸々な姿でもたらされる。

しかし、こういったつながりについてもある種の留保が必要である。ひとつには災害におけるつながりが、ユートピアだけでなくデストピアをもたらす危険もある、ということである。関東大震災では、避難所や炊き出しで助け合っていたごく普通の人たちが恐怖から自警団というかたちで助け合いながら朝鮮人を殺していった。私たちはカオスへの接近によるつながりの両義的な性格を意識すべきだと思う。

もうひとつは、このつながりが日常において失われていることである。資本主義の加速がこの傾向に拍車をかけている。日常をふくめた共同性についてどう考えていったらいいのか。グレーバーの「基盤的コミュニズム」は参考になるのだが、このコミュニズムは資本主義の効率と全体主義をそのまま肯定してしまう恐れがある。そこでは、つながることから偶然、エラー、ずれの可能性が排除されているからである。私はこういった可能性がカオスへの接近と緊密な関係にあると思う。

カオスへの接近は、日常と非日常を問わず、共同性の本質とかかわりをもっている。その意味で、逸脱、エラー、ずれ、偶然なしには、共同性もつながりも考えられないのではないだろうか。

註

(1) プロ奢ラレヤー『嫌なこと、全部やめても生きられる』扶桑社、二〇一九年、まえがき。
(2) 遠藤周作「ビートルズ・ファンを弁護す」『週刊朝日』一九六六年七月一五日号、一一九頁。大村亨『ビートルズと日本　週刊誌の記録　来日編』シンコーミュージック・エンタテイメント、二〇二〇年、二三九―二四四頁を参照。
(3) ジョルジュ・バタイユ「街頭の人民戦線」吉田裕訳『物質の政治学――バタイユ・マテリアリストⅡ』書肆山田、二〇〇一年、一七九頁。
(4) ジョルジュ・バタイユ「「コントル・アタック」手帖」吉田裕訳、同書、一三五、一三七頁。
(5) モーリス・ブランショ『明かしえぬ共同体』西谷修訳、ちくま学芸文庫、一九九七年、六四頁。強調は原文。
(6) 同、六五頁。強調は原文。
(7) レベッカ・ソルニット『災害ユートピア』高月園子訳、亜紀書房、二〇二〇年、二七四―二七五頁。
(8) 同、二八二―二八三頁。
(9) 同、二八四―二八五頁。
(10) 同、二八七―二八八頁。
(11) 同、四五六頁。
(12) 同、一二九―一三八頁。
(13) ピョートル・クロポトキン『〈新装〉増補修訂版　相互扶助論』大杉栄訳、同時代社、二〇一七年。
(14) 同、一二八頁。
(15) 佐藤冬樹『関東大震災と民衆犯罪』筑摩選書、二〇二三年、二九―三一頁、辻野弥生『福田村事件』五月書房新社、四九―五〇頁。
(16) 西崎雅夫編『〈増補百年版〉関東大震災朝鮮人虐殺の記録』現代書館、二〇二三年、二四頁。

(17) 同、一六五―一六六。
(18) 佐藤、前掲、三一―三五頁。軍による殺戮の一覧がコンパクトに掲載されている。
(19) 劉永昇『関東大震災朝鮮人虐殺』亜紀書房、二〇二三年、三一―三二頁。佐藤、前掲、四八頁。
(20) 同、四八―四九頁。
(21) デヴィッド・グレーバー『負債論』酒井隆史監訳、以文社、二〇一六年、一四二頁。
(22) 同、一四四頁。
(23) 同、一四四頁。
(24) 同、一四八頁。
(25) 同、一四六頁。
(26) 同、一四三頁。
(27) 同、一四三―一四四頁。

読み継がれるアナーキズム・ユートピア構想

bolo'bolo ――「カオス」に調和を見出す

田中ひかる

はじめに

今の世界は「カオス」だろうか。経済界では「不確実」という言葉が使われ、民主主義や地球環境については「危機」にある、と言われている。移民排斥を主張する排外主義的なポピュリズムが台頭し、戦争と飢餓が絶え間なく起き、難民が一億人以上発生し、加えて、環境破壊が猛烈な勢いで進んでいる。

しかし、これは今に始まったことではない。今と同じような危機に対峙する中で、社会の全面的な変革と、その後に実現される未来社会の構想を提示する、そのような書物が一九八三年にスイスで刊行されている。同書のタイトルは、*bolo'bolo*。著者は、現在チューリヒ在住の活動家ハンス・ヴィトマー（Hans Widmer, 1947–）。当時はP.M.というペンネームを使っていた。

タイトルにあるboloとは、未来社会を構成する基礎的な共同体の名称である。著者は何も説明していないが、英語で行政区という意味のboroughからヒントを得ている可能性がある。というのも、*bolo'bolo*で主に描かれているのは、主として都市の未来社会構想だからである。ただし、都市から人口が流出し、農村、村落を含め人口が少ない地球上のさまざまな地域にもboloが無数に生まれる、といったことも述べられているので、厳密に言えば、都市だけの構想ではない。

boloには約五〇〇人が住む、とされている。彼らは、自分たちで改築した複数の建物に住み、生活や仕事、農作業をともにすることを通じて、自給自足の生活を実現する。それぞれのboloは文化や生活様式において全て異なった性格を持ち、boloごとに別々の言語を話す。boloやそこで住む人々を統治する一元的な政治的・経済的な仕組みはない。boloの独立性を維持することが、最も重視される。このboloが連なって存在する世界がbolo'bolo、つまり同書のタイトルである。

*bolo'bolo*で提案されているのは、一言で言えば、アナーキズム・ユートピア構想である。アナーキズムとは、「支配のない状態＝アナーキー（anarchy）」を理想とする思考や実践である。政治的支配を司る国家、経済的支配を作り出す資本主義という一元的な仕組みを全てなくし、そのあとに、それぞれが独立して自給自足をする小規模な共同体boloが無数に存在する状態が現れる。これがbolo'boloという構想である。

この構想は、政府や企業が決めた計画や、統一的なビジョン、あるいは、ショッピングモールや再開発された駅前の景観に見られる均質性や統一性に慣れている者から見れば、国家や資本主義が欠如していることも含め、「カオス」つまり混乱や無秩序としか受け取れないかもしれない。しかも*bolo'bolo*は、一九八三年に刊行されてからほとんどその内容が変更されていない。そのため、当時存在していたソ連・東欧社会主義圏に関する叙述が、その後の新版にもそのまま残り続けた。

それにもかかわらず、同書は、過去四〇年以上にわたり、ヨーロッパのアナーキストやアナーキズム的な考え方を持つ人々のあいだで「崇拝の対象（cult）」となり（Guidarini, 2022, p.75）、「バイブル」のように読み継がれてきた（Fritzsche, 2018）。その要因として、まず、ヨーロッパの諸言語で翻訳されたことが挙げられる。(1) だがそれ以上に、同書が「実践の場（pragmatopia）」を描いているということが重要である（Guidarini, 2022, p.75）。

実際、*bolo'bolo* で描かれているユートピアが、一九八〇年以降にヨーロッパ各地で展開されていた、空き家占拠運動をモデルに描かれていたのは明らかである。運動に関わる活動家たちは、自分たちが日々行なっている活動が、*bolo'bolo* で描かれる未来社会での「実践の場」につながっていると理解しただろう。

だがそれと同時に、彼らは、自分たちの運動を展開するうえで、同書で示されていたさまざまなアイデアを参考にした可能性が高い。つまり *bolo'bolo* という書物は、空き家占拠運動という現実の「実践の場」とも不可分だった、ということである。

たしかに、*bolo'bolo* で描かれるユートピア構想には、「カオス」と見なされる要素がある。しかし、活動家たちが自分たちの実践のためのアイデアや指針を見出した、ということは、彼らがそのような「カオス」の中に、調和を生み出す要素を読み取った、ということである。

私たちも今、世界中で起きている「カオス」や「危機」に対峙していくうえで、そこに調和を生み出す要素を見出していく、そのような方法を学んでおいてもいいだろう。ここで四〇年以上前に刊行された*bolo'bolo*という未来社会構想をわざわざ扱うのは、以上のような現実的な理由からである。結論を先取りして述べておくと、そのような調和の要素は、政府や資本主義が作り出す、統一性や均質性とは対極の現象に着目することで見つけ出すことができる。それは、個人同士の関係性を重視することであり、個人やコミュニティの多様性や差異を承認することであり、それら極めて多様な個人やコミュニティを結びつける方法や、彼らが協力する方法を、自分たちの実践の中で試行錯誤しながら見出すこと、そして、自分と仲間が住む住居に誇りを持つことである。

以下ではまず、*bolo'bolo*という書物が四〇年以上にわたって読み継がれてきた要因について述べた後、同書で描かれるユートピア構想、すなわち「カオス」の中に人々が見た調和とは何か、という点について検討する。

1　*bolo'bolo*の歴史的背景

今日人々が抱いているのと同じようなさまざまな危機意識は、一九八〇年代までには、資本主義諸国の若者の間で共有されていた。その背景には、一九七〇年代後半以降、ヨーロッパの資本主義国が不況のただ中にあり、多くの若者が失業していたという現実があった。それと同時に、一九八〇年代は、ソ連・東欧諸国に対抗してＮＡＴＯ諸国が中距離核ミサイルを配備することに反対する運動が高揚していた（Anderson and van der Steen, 2016, p. 9）。加えて、環境問題が意識されるようになっていた。

したがって、若者たちは、失業、核戦争、および環境破壊によって、肯定的な未来予測を立てられない状況にあった。彼らは、そのような自分たちの心境を、セックス・ピストルズの楽曲『ゴッド・セイヴ・ザ・クイーン』に出てくる言葉「ノー・フューチャー」に見出していた、と言われている（田中、二〇一一、一六九―一七〇頁）。

このような「絶望」の中から現れたのが、「若者の反乱」と呼ばれる一連の出来事である（Anderson and van der Steen, 2016, p. 1）。一九八〇年から、アムステルダム、チューリヒ、ベルリン、コペンハーゲンなど、北西ヨーロッパの諸都市で空き家占拠運動が高揚し、街頭、あるいは占拠者の排除が実施される建造物周辺で、空き家占拠運動の支持者と警官隊との間で、市街戦さながらの激しい衝突が起きた（田中、二〇一一、一六四―一六八頁）。

空き家占拠は、家賃の高騰や住居不足に対抗して、あるいは、活動家たちが活動拠点にできる自由な空間を求めて、空き家になっている建造物を占拠する行動である。彼らは、占拠した建物を拠点にして、反原発運動、ネオナチに対抗する反ファシズム運動、非正規移民救援活動などを展開した（田中、二〇一一、一七二―一七七頁）。

また彼らは、あらゆる既成政党および労働組合など既存の社会運動、その背景にあったマルクス主義という思想にも背を向け、都市の中心部にある空き家を占拠し、国家と資本主義を拒絶し、エコロジカルな生活様式と、既成の社会秩序に対峙するアートを創造する中で、「今ここで」新しい社会を作り出す実践を展開した。

*bolo'bolo*が刊行された一九八三年は、以上のような大規模で国境を越える「反乱」が一段落ついた頃だった。それまで空き家占拠運動を担った人々は、同書での未来社会の叙述を読み、自分たちが関わ

った空き家占拠運動の一部が描かれているかのように感じたのではないだろうか。[2] たとえば【図1】を見てみよう。これは、*bolo'bolo* に掲載されたboloの想像図の一つである（P.M., 1995, p. 75）。【図2】をこれと比べてみよう。こちらは、一九八一〜八四年にベルリンで運営されていた、大規模な空き家占拠である（クロイツベルク地区アート・センター。Kunst- und Kultur-Centrum Kreuzberg: KuKuCk）。前者は、複数の建物が複合した大規模な建造物として描かれ、多くの改築が行われ、樹木も植えられて

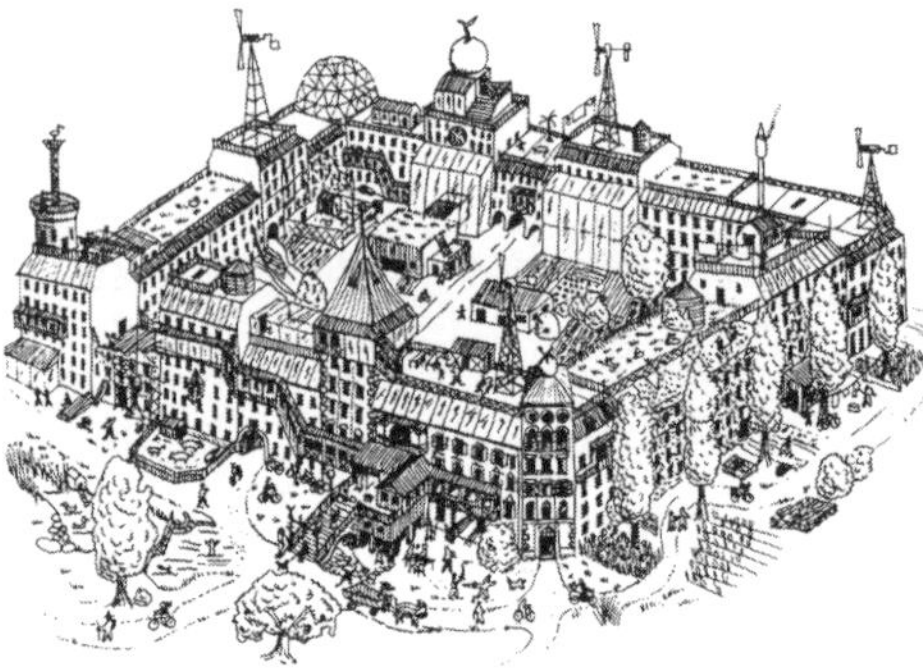

図1　boloの想像図

図2　1980年代のKuKuCk。Photo: Peter Homann / Umbruch Bildarchiv

いる、そのように想定されている。これに対して後者は、前者に比べると小規模であり、改築については見て取れない。

ただし、【図2】の建物は、バンド演奏や演劇などが行われるアート・センターとして機能し、壁にさまざまなグラフィティが施され、自分たちの建物であることが誇示されていることがわかる。

ここには、後述するように、新築ではなく使用されていた建築物を再利用する、その建物に住む人々が、自分たちの建物に独自性を出す、といった*bolo'bolo*の記述が合致する。同書を読んだ活動家たちが、自分たちの活動は、未来社会でそのまま実行されている、と受け取ったとしても不思議ではない。

以下、ヴィトマーが描いた、このような未来社会が実現されるまでのプロセスを見ていきたい。

2　惑星労働機械の破壊とbolo'boloの実現

*bolo'bolo*の冒頭で、著者のヴィトマーは、日々の仕事に疲れ果て、うんざりしている労働者の心境を描写している（pp. 7–8. 括弧内のp. xはP.M., 1995の頁数）。ヴィトマーは、「幸福な時代」だった狩猟採集社会に続いて生まれた農耕社会で、人間に対する抑圧と長時間労働が始まった、と述べている。これに続いて工業社会が始まると、地球全体が巨大な「惑星労働機械（Planetare Arbeitsmaschine; Planetary Work Machine）」もしくは「ＰＡＭ」と化した。自然環境が破壊され、核爆弾による人類の自滅が準備され、民族・人種・信仰をめぐって人々は争うようになった（pp. 8–14）。以上のような現状認識は、先述した、「若者の反乱」に加わった人々の「絶望」という感覚と強く共鳴していたであろう。

このようなPAMを動かしているアクターは、多国籍企業、銀行、国家などであるとされている。また、PAMで「アクセルをふかし、ブレーキを踏む」のは、労働と資本、私有財産と国有財産、経済発展と低開発、貧困と消費、戦争と平和、男性と女性などの対立と矛盾である。これら対立と矛盾とともに、労働組合、左翼政党、選挙で選ばれた政治家たちによる「改革」、および大衆による抵抗や暴動は、かえってPAMを強化し、エネルギーを供給する(pp. 14–15, 36–39)。

ここで述べられていることにも、当時空き家占拠をしていた人々は共感するだろう。彼らにとって、既成の政党や社会運動は、それ自体が抑圧的なものであり、あるいは、人々を支配・抑圧する政府や資本主義と妥協をくり返す欺瞞的なものでしかなかったからである。

それでは、PAMに立ち向かう方法は何か。ヴィトマーは、自分たちの抱く「願望と幻想」を見出し、それに「固執する」こと、それらに基づいて新たな価値観を創出し、PAMが把握できない新しい生活様式を発展させると同時に、PAMを内部から破壊することだと主張している(pp. 40–46)。

これは、何からも縛られず自由に生きたい、環境を破壊したくない、貧富の格差や差別、そして戦争がない世界にしたいといった、「それは不可能だ」と言われてしまうような「願望」を手放さず、そこから新しい価値観と実践を作り出す、という提案である。これもまた、理想を抱いて空き家占拠運動を行なっていた人々にとっては、同意できるものだったであろう。

次にヴィトマーは、PAMを「転覆」する具体的な方法として、労働現場などでのさまざまなサボタージュ、そして、離婚、出産ストライキ(中絶)、逃亡、暴動、窃盗、道路の封鎖などを挙げている(pp. 46–47)。また、これらの活動を担うものとして、たとえば環境保護運動やカウンターカルチャーなどを挙げている。これらは経済原則に基礎をおかないため、ＰＡＭから影響を受けにくいからである(p. 52)。

さらに、活動の拠点となる場所は、コミュニティにある集会所、物々交換の場、クラブなどが提案されている。これらの場所では、人々の相互扶助や貨幣を媒介にしない関係性が生まれるからである。ヴィトマーは、こういった場所が「未来のbolo」の特徴を示していると言う(pp. 54–55)。

このような記述にも、空き家占拠を実践していた人たちが、共感した可能性はある。先に見た【図2】からわかるように、彼らが拠点とした場所は、収益を全く意識しない、主流から外れた文化活動が展開されていたからである。

さらにヴィトマーは、こういった運動の拠点が、旅行で知り合ったような、「ダイレクトで個人的な関係」によって作り出され、同時に、旅する人々の「客人の権利」を発展させる、としている(pp. 57–59)。この記述にも、当時の空き家占拠運動に加わった人々が、共感した可能性がある。なぜなら、当時、国境を越えて活動家たちは交流していたからである(Anderson and van der Steen, 2016, p. 2)。

以上のような、資本主義と国家の転覆計画が提示された後、ＰＡＭを破壊する運動、および、bolo'bolo実現に至るスケジュールが示される。まず一九八四年から、全世界に多数の言語でbolo'bolo に関する情報が伝えられ、これをうけて小規模で自給自足の共同体が建設される。翌八五年、拠点をつなぐネットワークが生まれ、至る所に暫定的boloができ、八六年には、ＰＡＭから離脱する人々が相次ぎ、農耕は自給自足を目的とするようになり、地球規模の交換のネットワークが作られる。同年末頃、ＰＡＭは崩壊し、混乱が始まる。翌八七年、国際的な輸送とコミュニケーションシステムが崩壊し、同年秋には、国民国家は消滅する。一九八八年、bolo'bolo は増大する（pp. 62–65）。

以上の「スケジュール」が示された後、未来社会構想が詳述されていくのだが、以下では、その中でも、活動家たちが共感した可能性がある、と考えられる点のみ取り上げ、その理由について検討する。

3　bolo'bolo のリアリティ

①　多様で不安定な人間というイメージ

ヴィトマーは、未来社会に生きる個人の一人ひとりを「唯一無二の存在」と表現している。しかもその性質は「当てにならない、矛盾に充ちた異常な存在」、その内面は、「幸福への願望と悲しみ」、「熱中と失望」、「静寂と焦燥」の間を行き来している、とされている（p. 66）。

これは、国家が消滅した後に生きる個人が、ジェンダー・人種・階級など、さまざまな集団に帰属しないということを述べたいのではないか、と筆者は考える。また、人間を不安定な存在として描き、資本主義社会で当然とされるような、合理的で沈着冷静、矛盾なく一貫性があるといった性格を、未来社会の構成員にあてはめていない、と読み取れる。したがって、集団への帰属を忌避し、社会で主流の価値観に背を向けていた空き家占拠運動の活動家たちの心情と共鳴したと想像できる。

② 旅をする人々、定住する人々

bolo'bolo の世界では、bolo に定住せず旅を続ける者もいる（p. 78）。彼らの旅の目的は、人との関係を作ることにあり、外地の文化と言語を学び他の個人と接点を持つことにある（p. 178）。また、人間の肉体が一日に二〇〇〇キロカロリーを必要とするとされている（p. 66：原文は「二〇〇〇カロリー」だが明らかに誤りであるため修正した）。さらに、定住する者も旅をする者も、五〇cm×五〇cm×一〇〇cmのブリキ製の箱を持ち、これだけが個人の所有物であり、何を入れても構わない、とされている（pp. 81–83）。これは、各国を渡り歩き人々と交流したい、あるいは実際に交流していた、一九八〇年代の若者たちの願望や実感と共鳴していた可能性がある。また、人間の消費カロリーについては、ヴィトマーが空き家占拠運動で活動する中で、たどりついた数値であり（Knoblauch, 2009, p. 226）、現実的な裏づけがあった。

さらに、個人が所有するのは限られた物だけであり、それを持って旅をする、という記述は、さまざまな運動の場を渡り歩いていた活動家たちにとって、リアリティを感じた箇所であった可能性がある。実際、今でも活動家たちは、比較的小さなリュックを一つだけ背負ってさまざまな活動の現場を渡り歩くため、一日に必要なカロリー量と摂取する食事の量、リュックに入れる必要最小限の所持品を常に気にしている。したがって、これらの話にはリアリティがある、という*bolo'bolo*の記述に関する感想を、筆者は現在活動するあるアナーキストから聞いている。

bolo'bolo の世界では、以上のように、旅をする人々以外に、定住する人々がいる。bolo での集団生活、それより少人数での生活、さらには一人住まいもある（p. 71）。ただしヴィトマーは、bolo が社会の重要な基盤であると考えているようである。boloでは、外部からの来訪者も含め、無条件に食料・居住空間・医療が提供され（p. 79）、また、誰もboloから追放されない一方で、去るのも戻るのも自由とされている。

こういった、定住地から離れ、旅を続けるという生き方は、国境や国籍によって人間が分断される世界に反抗していた活動家たちから、理想的なものと見なされたとしても不思議ではない。

③　贈与、もてなし、名声

bolo'boloでは、貨幣が消滅している。それに代わり、経済活動で重要な役割を果たすのが、贈与（プレゼント）と、もてなし（ホスピタリティ）、および、名声とされている。贈り物は、誰かに与えられ、受け取った者が、それをさらに誰かに渡す、ということも考えられている。こうして贈り物が人々の間を流通すると、それらを蓄積する倉庫がboloに作られ、必要とする人がこれを持っていくこともできるようになる（pp. 156–159）。

また、boloは、来訪した個人に、無償で宿泊場所、食料、医療を提供するとされ（p. 78）、このような訪問客へのもてなしは、boloの義務とされ、同時に、旅行者には客としてもてなされる権利があるとされている（p. 170）。このように、旅人へのもてなしが重視されるのは、boloだけでは知識や技術が不十分であるため、外部からの訪問者から手助けを得なければならないからでもある。

さらに、彼ら旅人たちは、boloの名声を広め、それによってそのboloを来訪する旅人が現れる。加えて、名声が高まれば、他のboloと契約を締結できるようになり、自分たちのところで作ることができない物を交換することもできる（pp. 79–80, 88）。

以上のような記述を、一九八〇年代に空き家占拠運動に関わっている活動家たちが読んだとすれば、bolo'bolo という未来社会では、自分たちが今やっていることを、より広範かつ徹底して実践している、と受け取られた可能性がある。また、彼らの多くが失業しているか、わずかの収入しかない若者であったため、食料などが無料で提供されるということは、理想的なものとして受け取ったであろう。

④ bolo の独自性

ヴィトマーは、それぞれの bolo には、独自の生活様式や文化がある、と想定している。そのような生活様式や文化を育むことを通じて、bolo の性格が形成され、そこから、他の bolo との差異ができる（pp. 86–87）。こういった生活様式にあわせて、既存の建造物が継続的に改築されていく。これにより、都市の外観は「カオスのような」状態になる。これは、「即興性と暫定性」、「多様な材料やスタイル」が建築様式を特徴づけるからであり（pp. 116–120）、統一性がない、という状態だからだと考えられる。また、*bolo'bolo* では、すでに存在している建物が補修・改築によって再利用される、と想定されている。さらに、現在の核家族向けの小規模の建造物を全て渡り廊下などによって接続させる、とされている。これにより bolo 同士の交流が容易になり、台所や作業場などが共同で利用されるようになるからである（pp. 116–121）。

こういった記述には、占拠された空き家などが共同生活の場として機能し、また、それぞれ独自性を持っていた、という現実が反映されていたと考えられる。先に見た【図2】のベルリンの文化センターのように、占拠された空き家の多くは、グラフィティなどで装飾され、周囲の建造物と異なることを自己主張していた。これは、その独自性と同時に、居住者たちの誇りが表現されていた、と考えることもできる。

boloがそれぞれ独自の文化を持ち、それが建造物に反映されている、という記述を、活動家たちは、自分たちが今やっていることが、そのまま未来社会でも行われる、と認識できたかもしれない。

⑤　共通言語

ヴィトマーは、一つ一つのboloが、それぞれ独自の言語を持つと想定している。これによって特定の言語が支配の手段として機能しなくなり、人間に対する人間による統治が不可能になるからである。この状況でbolo同士のコミュニケーションを作り出すのが、ヴィトマーの考案した共通言語である。

図3　boloを意味する表意文字

これは、boloを渡り歩く人たちの間で次第に作り出されるものであり、わずかな単語と、それに当てはめられた表意文字によって構成される（【図3】はboloを意味する文字。これ以外に二八以上の表意文字が*bolo'bolo*の巻末に掲示されている）。旅人はそれぞれのboloで言語を学び、彼らの旅がboloに相互交流を起こす（pp. 192–193）。

多様な言語の「橋渡し」をするという同じ目的を持つ共通言語として、エスペラント語がある。だが、ザメンホフというたった一人の人物に起源を持つエスペラント語と違い、ヴィトマーの考案した新言語は、旅人たちの間で自然に形成される、と想定されている。もっとも、実際にはヴィトマーが考案したのであるから、こういった共通言語が自然に生まれる、という想定は矛盾している。いずれにしてもヴィトマーは、英語と同様、ヨーロッパを起源とするという理由で、エスペラント語を未来の共通言語として採用しない、と述べている（p. 192）。

ヴィトマーが考案した共通言語は、アジアやアフリカなど非ヨーロッパ言語の地域に住む人々と対等な世界を作る、という意図も込められているであろう。墨汁と筆で書いたような表意文字は、禅の掛け軸で描かれる円相をも想起させる。

先に述べたように、当時、各国の活動家は、他国の空き家占拠の現場を訪問していたが、必ずしも相互に言葉が通じたわけではなかった。したがって、共通言語があれば、と思う者もいただろう。その際、第三世界の人々、および、非正規移民との連帯を訴えていたため、ヨーロッパに由来しない共通語を模索するという発想もあったであろう。内容はともかく、共通言語という提案そのものについては、共感があったとしてもおかしくはない。

以上見てきた事柄以外に、*bolo'bolo* には、食料生産、農業、料理、物の生産や補修、市場での物々交換と人々の交流、bolo を超えた、より広域的な、さらには地球規模での公共事業の実施やその調整機関、そこに出席する代表者、エネルギー・資源・水資源などの利用減少、これらにともなう大量生産・大量消費という経済のあり方の消滅に関する記述がある。

だが、以下では、一見すると、個人やコミュニティが雑然と併存するだけの、統一性も基準もない未来像に、活動家たちが、「カオス」ではなく調和を見出したとすれば、それはなぜか、という点について、今まで見てきた事柄に絞って検討したい。

⑥「カオス」に調和を見出す

すでに見たように、bolo'bolo の世界では、それぞれ固有の言語と文化を持つ bolo が無数にあり、旅をする人間が各地を歩き回るうちに共通言語、そして bolo の「名声」を作り出す、という設定になっている。しかし、別の見方からすれば、これは手がつけられない「カオス」つまり混乱と無秩序だと解釈することもできる。

むしろ、統一されたカリキュラムを持つ学校で、誰もが子どもの時から共通もしくは統一言語を学ぶことで、誰もが同じ言語で話せるようなったほうが、効率的ではないか。また、旅をする個人が作り出す「名声」ではなく、評価機関を設置し、統一的な評価基準を設定し、データに基づき評価を行い、これが広く人々に提供されたほうがいいのではないか。さらに、建築物には統一的な基準と規制が必要ではないか。

そもそも、共通言語はどうすれば自然に形成されるのか、ということについて、ヴィトマーは説明していない。とはいえ、少なくとも、bolo ごとに言語が異なる、ということについては、活動家たちは受け入れたのではないか。というのも、当時、国境を越えて各国の占拠された建物を訪問していた人々は、各地で話されていた言語を尊重していたはずだからである。

また、名声を個人が広める、という点に関しても、違和感を抱く者はいなかったのではないか、と推測できる。特定の占拠された建物と運動に関する情報が広められたとすれば、それは、情報を持つ個人によって広められたはずだからである。

ばらばらの言語を話して統一性がない、だから「カオス」である、あるいは、個人の主観的な判断に基づくばらばらの「名声」が生まれれば、それは「カオス」である、といった見方があるとしても、彼らは自身の経験に照らして、また画一的なものが最終的には個人に対する抑圧を生み出す、という感覚を頼りに、*bolo'bolo* の記述に調和を生み出す要素を読み取った可能性が高いのである。

しかも、【図2】など、当時の空き家占拠の写真を見ていけばわかるのだが、当時から今に至るまで、運動で重視されていたのは、統一性や均質性ではなく、個性や独立性だった。これは、国家や資本主義によって作り出される基準に対抗する、という意味もあったが、すでに述べたようにおそらく、占拠した家に生活する人々の自尊心に関わる問題でもあっただろう。

たしかに、bolo が多様であれば、そこには略奪や殺人を繰り返す集団も現れるかもしれない。ヴィトマーも、その点を認めている (p. 88)。そして、そういった bolo の成立する余地があれば、その点が「カオス」と見なされる可能性もある。特定の集団によって、恒常的に略奪や殺人が起き、そうではない bolo の住人は不安を抱えながら「混乱」と「無秩序」の中で生活する、ということになりうるからである。

では、中央政府をつくり、その命令で強制的にそういった集団を解散させ、あるいは武力によって弾圧すべきであろうか。しかし、それは bolo'bolo という未来社会を崩壊させ、ＰＡＭという地球環境を破壊する「機械」を復活させることになる。ヴィトマーに言わせれば、これは、「カオス」の解消ではなく、地球環境を破壊し、戦争を生み出す、そのような新たな「カオス」の始まりになりうる。

そうだとすれば、他のboloにとって好ましくないboloが成立する余地があっても、人々が伝える「名声」が、boloの存続を左右する、というメカニズムが機能する可能性にかけたほうがよい、ということになるだろう。

これ以外にも「カオス」と捉えられる可能性のある記述は、bolo'boloの至る所に見られる。だがそういった記述についても、空き家占拠運動に関わっていた活動家たちは、国家と資本主義を発生させないまま、bolo同士の個別の協力関係によって人々の生活を維持させる方法、もしくは調和の要素を見出した可能性が高いのである。

付け加えれば、*bolo'bolo*では、たとえば五〇cm×五〇cm×一〇〇cmの箱に入ったものだけを私有財産とする、あるいは、boloを構成する人数を五〇〇名程度にする、といった記述があった。だが、活動家たちは、箱の寸法やboloの人数に関わる具体的な数値を重視しなかったであろう。

むしろ、彼らが魅力を感じたとすれば、私有財産を持ち運べるだけの必要最小限の量にとどめる、自給自足を達成するためにコミュニティが一定の規模を持つ必要があるという、数値の前提となる発想そのものであったであろう。

なぜなら、そのような発想は、個人が抑圧されず、貧富の格差が生まれず、地球環境を破壊しない持続可能な最低限の生活を営む、といった明確な意図や目的を基盤にしているからである。これを読み取ることができた活動家たちは、*bolo'bolo*の少なからぬ記述にリアリティを感じるとともに、一見すると「カオス」と見なされるようなものの中に、調和の要素を見出した可能性が高いのである。

おわりに

*bolo'bolo*の影響は、空き家占拠運動が衰退した現在のヨーロッパでも依然として見られる。ドイツでは、空き家占拠運動の限界を感じた人々から始まった「ハウスプロジェクト」という運動がある。一部を省略して説明すると、まず人々がＮＰＯを結成して空き家になって使われなくなった建物と土地を探し、見つけたら有限会社を立ち上げて買い取り、できるだけ業者に頼らず、自分たちで建物を補修し、入居した後、買い取り資金のためにした借金を家賃から徐々に返済し、それが終わったら、今度はたまった家賃の一部を他のプロジェクト立ち上げの「連帯基金」として提供する、というしくみである。住宅はＮＰＯが運営し、有限会社の共有財産となることで、不動産市場から切り離される（大谷、二〇一七、八四—九一頁）。これは、かつて囲い込みで奪われた共有地《コモンズ》を奪還する行為だとも言える。そのような共同住宅が、現在、ドイツ全土で一九〇ヶ所以上存在する（Mietshäuser Syndikat, n.d.）。【図４】は、そのような住宅の一つである。住人の若いアナーキスト数名に、今まで読んだアナーキズム関連の書籍のタイトルを挙げてもらうと、必ずその中に*bolo'bolo*があった。刊行から四〇年以上を経てもなお、活動家たちに読み継がれているのは、彼らがリアリティを感じる記述があり、そして、「カオス」であるかのようにも見える箇所に、調和を読み取ることができるからではないか、と筆者は考える。

そのような読み方や解釈は、彼らの現実の活動と生活、そして理想があってこそ成立するものであ

図4　ドイツのある都市で運営されている住宅（2017年に筆者撮影）

る。したがって、彼らと同様の視点を獲得するうえでは、個人的な関係性、個人やコミュニティの唯一性や独自性、それら一見ばらばらで統一性のない個人やコミュニティをつなげていく言葉や、贈与、もてなし、名声といった諸要素を、国家や企業によって作り出される統一性や均質性よりも重視する、そして、自分が住む住居に誇りを持つ、そのような思考や実践が必要になるだろう。

註

（1）一九九三年までに*bolo'bolo*は、英語を含め数ヶ国語で翻訳され、筆者は未見だが中国語と日本語では一部が翻訳され（P.M., 2011, p. 26）、その広がりが想像できる。たとえば、ハキム・ベイの著書『T. A. Z.――一時的自律ゾーン』に*bolo'bolo*からの強い影響が見られ、「一時的自律ゾーン（Temporaly Autonomous Zone）」がbolo'boloであり、ＴＡＺは「原始的なbolo」とされている（ベイ、一九九六、二五七頁）。ＴＡＺは*bolo'bolo*よりも幅広く世界中で読まれ、今日までアナーキズムと社会運動に強い影響を及ぼしているが、そのように世界的に影響を与えたＴＡＺは、bolo'boloを原型としていた、ということである。

（2）空き家占拠以外の共同生活の形態として、現在の日本におけるシェアルーム、シェアハウスと同様、若者がワンフロアか一軒家を共同で借りて家賃を負担しあって生活をともにする「住居共同体（Wohngemeinschaft: WG）」が一九六〇年代末からドイツやスイスで広まっていた。当初は「コミューン」と呼ばれ、共同生活を通じて社会変革を目指す明確に政治的な目的を持つものとして構想されていた。一九八〇年のチューリヒ市の二つの地区だけで二〇〇〜三〇〇のＷＧがあったという（Stahel, 2006, pp. 173–178）。

参考文献・資料

Anderson, Knud and Bart von der Steen（2016）'Introduction: The Last Insurrection? Youth, Revolts and Social Movements in the 1980s', in: *A European Youth Revolt: European Perspectives on Youth Protest and Social Movements in the 1980s*, Knud Andersen and Bart van der Steen (eds), Houndmills: Palgrave Macmillan.

ベイ、ハキム〔Peter Lamborn Wilson〕（一九九七）『T. A. Z.――一時的自律ゾーン』箕輪裕訳、インパクト出版会。

Fritzsche, Daniel（2018）, 'Linker Kult-Autor P.M.: «Wir müssen in Viersternehotels wohnen, um die Welt zu retten»; Hans

Widmer alias P. M. hat mit seinen radikalen Wohnideen die 1980er Bewegung in Zürich geprägt. Heute blickt er als besorgter Bürger auf die Stadt', *Neue Zürcher Zeitung*, 10.11. https://www.nzz.ch/zuerich/wir-muessen-in-viersternehotels-wohnen-um-die-welt-zu-retten-ld.1435356

Guidarini, Stefano (2022), 'Shared Housing and Collaborating Living', in: *Towards a Sustainable Post Pandemic Society*, Michela Bassanelli and Pierluigi Salvadeo (eds.), Siracusa: Lettera Ventidue, pp. 71–84.

Mietshäuser Syndikat (n.d.) https://www.syndikat.org/projekte/

大谷悠（二〇一七）「ドイツ・ライプツィヒ：ハウスプロジェクト――空き家を地域に開いて共有する」『CREATIVE LOCAL――エリアイノベーション海外編』学芸出版社、七二―九七頁。

P.M.［Widmer, Hans］(1995) *bolo'bolo*, 6. Ausgabe, Zürich: Paranoia City Verlag.

P.M.［Widmer, Hans］(2013) *bolo'bolo*, 30th Anniversary English Edition: Autonomedia. https://files.libcom.org/files/bolo'bolo%20（30th%20Anniversary%20Edition）.pdf

Stahel, Thomas (2006) *Wo-Wo-Wonige!: Stadt- und whonpolitstsche Bewegungen in Zürich nach 1968*, Zürich: Paranoia City Verlag.

田中ひかる（二〇一二）「規則を破るドイツ人――マイノリティ・抵抗者・アウトノーメ」、鳩澤歩編著『ドイツ現代史探訪――社会・政治・経済』大阪大学出版会、一五四―一八二頁。

渾沌と軍隊

加藤　徹

「渾沌」と「軍隊」。コントンとグンタイ。カオスとアーミー。両者には意外な共通性がある。

今からおよそ三千年前の古代中国では、漢字の「渾」と「軍」、「沌」と「隊」は、同源の単語家族だった。

「渾」「軍」「沌」「隊」の字源を手近な漢和辞典、例えば学研『漢字源』改訂第六版などの説明をもとに筆者なりにアレンジすると、次のようになる。

【軍】「くるま」と「つつみがまえ」を組み合わせた文字。古代中国の軍隊は、野営するとき、荷車や二輪戦車の車列でまわりを囲い、防御柵の代わりにした。中島敦の小説『李陵』にも「山峡の疎林の外《はず》れに兵車を並べて囲い、その中に帷幕《いばく》を連ねた陣営である」云々とある。同様の車陣は、英語のlaager（車陣）やcircle the wagons（ほろ馬車隊で円陣をつくり防備を固める）はじめ世界各地にある。漢字「軍」の単語家族は、「運」（丸くめぐる）、「群」（ヒツジのようにたくさんのものが丸くまとまる）、「昆」（丸く集まったなかま）、「暈《うん》」（日や月のまわりの丸い光の輪）、「渾」（全体が丸くまとまり、分化せず一つにとけあったカオスの状態）など「丸く」というコアイメージを共有する。

【渾】「軍」に限定記号としてサンズイをつけた形声文字。意味は「混」とも近い。

【隊】ブタを意味する「豕《し》」を含む形声文字で、原義は、ずしりと重量感があるヒトやモノの集まり。単語家族は「屯《とん》」（多くのものや人を重積する）、「堆《たい》」（集まって高くなった土）、「墜《つい》」（重みで下に落ちる）、「豚《とん》」（ずしりと重いブタ）、「臀《でん》」（重量感のある肉感的な尻）、「澱《でん》」（水の不純物が重みで下によどむ）その他多数。

【沌】水の中に多くのものが集まって混ざりあい、区別がつかない状態。

私たち日本人は「渾沌」（混沌）と言うと、もの静かな無為渾沌を思い浮かべる。が、古代中国の渾沌は動的であり、兵法や処世術など人間関係の作戦と結びついていた。

『孫子』勢篇は、戦法としての「渾沌」を力説する。「凡《およ》そ戦いは、正を以《もっ》て合し、奇を以て勝つ。故に善《よ》く奇を出《いだ》す者は、窮《きわま》り無きこと天地の如く、竭《つ》きざること江河の如し」。定石どおりの正攻法だけでは、相手に手の内を読まれる。だから、定石と奇手を織りまぜ、天体の周回運動や大河の流れのよう途切れずに繰りだす。そうすれば「渾渾沌沌として形は円《まる》く敗るべからず」（丸くまわる渾沌の動的状態となり、不敗となる）。『孫子』が説く「渾渾沌沌」戦法は、「軍」「渾」のコアイメージ「丸く」とよく合致している。ちなみに、後世の「兵法三十六計」にも「混水《こんすい》摸魚《ぼぎょ》の計」（水を混ぜて魚をとるような攪乱戦術）という渾沌戦法がある。

『荘子』の渾沌も多様だ。「渾沌、七竅《しちきょう》に死す」（応帝王篇）や「渾沌氏の術」（天地篇）は無為渾沌のイメージだが、「未始出吾宗の相」の説話（応帝王篇）は『孫子』的な渾沌戦法である。列子の師であった壺子は、人相見の季咸と勝負した。壺子は自分の顔に、定石的な「天壌の相」からカオスの極みである「未始出吾宗の相」までを、次々と浮かべた。季咸は壺子の相を読めなくなり、茫然自失となって、逃げ出した。

『老子』第二十章「学を絶てば憂い無し」に出てくる「我は愚人の心なるかな。沌沌たり」も、したたかな韜晦《とうかい》の処世術であり、対人関係における渾沌戦法である。

面白いことに、東洋の武芸や芸能にも、過去三千年来、渾沌戦法の発想が脈々と受け継がれている。宮本武蔵が『五輪書』で説いた「有構無構」。京劇の名優・程硯秋《ていけんしゅう》の教え「型は守れ。型にとらわれるな。型破りになれ。型知らずになるな」（守成法而不拘於成法、脱成法而不背乎成法）。京劇界のことわざ「芝居の完成度は七割まで」（戯要三分生）。デーモン閣下の名言「常識はずれでなく、常識破りをする」。サブカルチャーにおける「カオスアニメ」。いずれも『孫子』的な渾沌戦法と通底するところがある。

参考資料　篆書《てんしょ》の「渾」（右）と「沌」（左）。安本春湖『新撰篆書字典 巻2』春湖書屋、大正13年（国立国会図書館デジタルコレクション）より

カオスを増幅せよ

D・グレーバーの思想とヤブの力

佐久間寛

はじめに——西アフリカのヤブから

わたしがフィールドワークを行なったニジェール西部農村の家屋には排泄用途の設備がない。どこで用を足すかというと、村の外に広がる無人の荒れ地「ヤブ *ganji, saaji*」である。ゆえに「トイレに行く」とは「ヤブに行く」と表現する。逆にいえばヤブとは、排泄行為に適するような、人気もなければ人目にもつかない、だからこそ何が潜んでいるかも分からない、未知の空間として認識されていることになる。とはいえヤブには、脈絡によって生活に不可欠な田畑や河川が含まれる。つまりヤブとは単なる不毛の土地ではなく、人に富をもたらす空間でもある。ただしそうした富が消費、配分、蓄積されるのは、あくまでヤブではなく衣食住の拠点となる「村 *koyre*」なのである。

こうして、「人が住む村」と「無人のヤブ」とを対照させる空間認識は、ニジェールを含めた西アフリカ一帯に広く認められる。(1) 古典的な構造主義の図式に当てはめていえば、いわゆる文化/自然の二項対立である。注意を要するのは、ここでいう「村」とは自己中心的なカテゴリーだという点である。つまり「人が住む」という場合の「人」とは、典型的には自分や自分の家族を指す。いいかえれば、自己の住む村こそが、ほんとうの村ということである。逆に、たとえ人が住んでいようとそこが他人の村であれば「無人のヤブ」と同一視されることもある。じっさい、自分の村以外の場所で一夜を過ごしてくると、村の住人には「ヤブで寝てきたね」と挨拶される。この場合のヤブとは、「ここではないどこか」の異名である。あなたが昨晩過ごしたのがどこであろうと、たとえそこが大都市の高級ホテルであろうと、わたしとあなたが普段暮らしているここでないのであれば、そこはあくまで「ヤブ」にすぎない。

それればかりではない。「ヤブで寝る」と表現されるときのヤブは、さきほどあげた「トイレに行く」という意味でのヤブの観念と連合している。よそで眠るということは、いわば「トイレで寝る」とおなじくらい、汚く、孤独で、望ましくない事態なのである。こうしたヤブのイメージが強化されればされるほど、これと意味論的に対立する村は、何があろうとも最終的には自らが立ち戻るべき安寧の空間としてイメージされることになる。本論集の図式に当てはめるなら、村という秩序の空間とヤブという混沌の空間の対立は、こうした日常生活のなかで維持・再生産されているのだとひとまず整理できる【図1・2】。

さて、構造主義や記号論が盛んだった頃の人類学であれば、こうした議論の延長線上で、現地社会のコスモロジーなり、儀礼を通じたカオスの導入によるコスモスの再活性化なりを論じていたはずである。だが、現象の背後に隠された意味を読み解くかつての方法論が退潮し、自然と文化の認識では

図1　ヤブの風景（筆者撮影）

図2　村の風景（筆者撮影）

なく自然と文化を超える存在論的探求へと関心が移った結果、こうした論からは説得力が失われてしまっている。村外に広がる混沌としたヤブの力をいまいちど人類学の視座から捉えなおすにはいかなる視座が有効か。

本稿ではこうした問題関心のもと、文化人類学者でありアクティヴィストでもあったデヴィッド・グレーバーの思想、とりわけ経済学者セドラチェクとの対談集『改革か革命か』のなかでのカオスに関する言及に着目する。『改革か革命か』に示されたカオス観は対談集の一発言として読み捨てられてもいいような底が浅いものではなく、むしろ、『負債論』、『ブルシット・ジョブ』、『万物の黎明』といった一連の著作群を貫く思想的エッセンスが凝縮している。以下で検討していこう。

1 『負債論』とベーシックなニーズ

のちに自身が述懐するように（グレーバー、二〇一六、五七九―五八九頁）、どちらかといえば時流に反する仕事を続けてきたグレーバーが狭い学問分野を越えて世界的な注目を集めるようになったのは、二〇一一年に刊行された『負債論』によってである。[2] 同書においてグレーバーは、膨大な民族誌的・歴史的資料を参照することで、負債が単なる経済現象ではなくモラルと関わる社会的現象であることを解明した。自由市場経済という現行の経済システムは、私的な利益を追求する個人や企業の活動に支えられているとされるが、じっさいにはかならずしもそうではない。人は自らが他者に負う負債――銀行からの借り入れ、学生ローン、クレジット・カードの支払いなど――を返済するために労働を余儀なくされている。グレーバーによれば、こうした活動を支えているのは私的利益の追求という経済的動機よりむしろ、「借りたものは返さなければならない」という社会的なモラルである。このモラルがいかに強力であるかは、借金が返済できないことを理由に自死にいたる人びとの姿を思い描けば理解できる。負債とは自らの生存を犠牲にしてでも返済しなければならない何かである。だからこそ、人は「必死」で労働に従事し、得られた賃金によって負債を返済しようとする。したがってグレーバーによれば、冷戦崩壊後に世界化したとされる自由市場という経済システムは、私的利益の追求という動機によってばかりでなく、「借りたものは（死んでも）返せ」というモラルによって支えられてきたことになる。

『負債論』は、こうしたモラルと経済との結びつきが暴力をともないながら進展していく過程を五〇〇〇年の人類史に遡って解明し、おおきな反響を引き起こした。折しも当時は、二〇〇八年のリーマンショックを経て二〇一〇年の欧州債務危機が発生し、グレーバー自身も参画した二〇一一年のウォール街占拠をはじめする社会運動を通じて、従来の市場中心的な経済システムのあり方に対する疑義が世界的に表明された時代だった。

『改革か革命か』はこうした運動の熱がのこる二〇一三年に、経済学者トーマス・セドラチェクを対話者として行われた討議の記録である。同書においてグレーバーは、同時代の世界的経済危機が冷戦崩壊後にグローバル化した金融および経済システムの限界に由来しているという時代認識にたったうえで、システムの場当たり的な改良ではなく抜本的な変革――革命――の必要性を訴えている。既存のシステムの変革は「予測可能性が減少すること、カオスを生きていることを認め、それと折り合いをつけようとすること」（セドラチェク＋グレーバー、二〇二〇、一三九―一四〇頁）を意味するのではないかという司会の問いに対し、グレーバーは次のように応じる。

私の感覚を言うと、問題は予測不可能な要素が存在することでなく、それがどこに位置するかだと思います。社会的、政治的、技術的想像力がこのように崩壊してまった理由は、まさに不安定さが生み出す予測のできない状態のためで、この広範なカオスの感覚は、今ある市場の諸制度によって養われたものです。その結果生じたのは驚くべき均質性であり、より大きな次元でリスクをとろうという姿勢の欠如です。私が望むのはそれと正反対の状態です。人々のベーシックなニーズが完全に保証されていて、別のレベルでカオス的に、想像力を発揮して行動する余裕があるような社会をみたいのです。そうなれば、ひとつには、さまざまなグループが集い、自分たちが追求したい価値をどういう形態で実現するか、何が他の人々の関心事とまったく両立不可能であるかを決められるでしょう。生活のあらゆる点について、またどんなゲームをしたいのかということについて、まったくカオス的にさまざまな考えが開花する状態が生まれるかもしれません。しかも、ベーシックな身体的な安心や必要が脅かされることなしに、望めばどの時点でもゲームから抜けられるという前提のうえで、です。私はあるレベルではカオスを減らし、別のレベルでは抜本的にカオスを増幅させたいのです。（セドラチェク＋グレーバー、二〇二〇、一四〇—一四一頁）

まず注目されるのは、ここでグレーバーが、カオスをふたつのレベルに分けている点である。ひとつは市場を中核とした経済システムから生み出される予測不可能な不安定性という意味でのカオスである。もうひとつのレベルとは、あらたな価値や制度を創出しようとする人間の想像力から生み出される、「身の回りであらゆる類のクレイジーでリスキーな実験が起こるまったく予測不能な」状態としてのカオスである。つまりグレーバーによるなら、硬直化し崩壊の危機に瀕した経済システムが生み出す第一のカオスを縮減するためにこそ、あらたな価値や制度を生み出すための実験がくり返されるカオスの増幅が望ましいということになる。
ただし、あるレベルのカオスの増幅を主張するとき、グレーバーがひとつの前提を設けている点には留意を要する。すなわち、「人々のベーシックなニーズが完全に保証され」、「ベーシックな身体的な安心や必要が脅かされることなしに、望めばどの時点でもゲームから抜けられるという前提」である。つまりグレーバーは、システム変革のために不可欠なカオスであっても、その無前提かつ無際限な増幅の必要を主張しているわけではない。むしろ前提として、身体的な安心や必要が保証されねばならないと主張しているのだ。

さらにいえば、こうしたグレーバーの主張の背後には、現行の経済システムはそうした基礎的な必要《ベーシック・ニーズ》をかならずしも満たしておらず、むしろその結果として特定のカオスを増大させ、人びとのリスク回避型思考の助長と均質化を促しているという認識が控えている。『改革か革命か』の訳者解説の表現によるなら、ゆえに「現在の〈システム〉が作りだしている生存レベルのカオスを排し、ベーシックなニーズを保証しつつ〔…〕、そのうえで自由な活動の余地を確保する」（三崎、二〇二〇、一七二頁）ことこそが重要なのだ。つまり基礎的な必要《ベーシック・ニーズ》の充足は、システムが生み出すカオスを縮減し、システム変革的なカオスを増幅させる双方の局面において鍵となる問題なのである。

では、具体的にいって、いかにすれば人びとの基礎的な必要《ベーシック・ニーズ》を満たすことができるのか。『革命か改革か』にはその答えが直接記されていない。とはいえ他の文献に目を向けると、すくなくともこの対談が行われた前後の時期のグレーバーは、ひとつの方策が欠かせないと考えていたことが分かる。すなわち、大規模な債務の帳消し、聖書に記された大規模な債務帳消し（ジュビリー）の実施である。

先にみたとおり、『負債論』でグレーバーが主張したところによると、冷戦崩壊後に世界化したとされる自由市場という経済システムは、ある部分、「借りたものは（死んでも）返せ」というモラル、つまり返済のためなら基礎的な必要《ベーシック・ニーズ》を犠牲にすることさえ迫るモラルによって支えられてきたことになる。ジュビリーとは、こうしたモラルの呼びかけに「返すいわれはない」と応答し、生を顧みない現行の経済システムに反旗を翻す試みである。ではジュビリーを実施することで何が可能になるのか。グレーバーは二〇一二年に次のように述べている。

とはいえポスト・ジュビリーの社会は〔…〕何を可能にするのか。わたしが考える答えは明白である。それは基礎的な必要《ベーシック・ニーズ》を担保すること、すなわち、今日わたしたちの生の大部分で際立っている恐怖や羞恥や不安に子供たちが直面しなくてもすむよう、食べ物、住居、ヘルス・ケアを保証することである。そしてとりわけこの社会は、子供たちの労働を減らすことを可能にする。〔…〕労働を免れたそれぞれの時間は、子供、家族、共同体のために費やすことができる時間なのだ。（Graeber, 2012 : 28）

このようにグレーバーによれば、負債の帳消しこそが衣食住や心身の健康といった基礎的な必要《ベーシック・ニーズ》の担保を可能にする。しかもそれによって、現在は基礎的な必要《ベーシック・ニーズ》のために労働せざるを得ない時間を、家族や地域社会との関係を育むために使うことが可能となる。衣食住や心身の健康の問題とならんで、家族や地域社会との関係が重視されていることには、こうした諸関係の維持や構築もまた人間の生存にとって基礎的な必要《ベーシック・ニーズ》であるというグレーバーの認識が示されているとみて大過はあるまい。本稿の関心に引きつけていいなおすなら、ジュビリーを通じた負債からの解放は、システム変革的なカオスを増幅させると同時に、返済の規範に従属させられてきた人間の生存という課題に経済システム上の優位を恢復させるための試みである。

とはいえこうしたグレーバーの主張には疑問が生じるかもしれない。負債からの解放はそれだけで基礎的な必要《ベーシック・ニーズ》を満たすものなのか。負債がなくとも基礎的な必要《ベーシック・ニーズ》が満たされず、労働に追われる人びとは現にいる。債務帳消しはただちに基礎的な必要《ベーシック・ニーズ》の充足を意味しない。ならばいかなる制度がそれを可能にするのか。

この問いの答えは『負債論』刊行から七年後、別の著作で明示されることになる。すなわち、『ブルシット・ジョブ』（グレーバー、二〇二〇）である。

2　『ブルシット・ジョブ』とベーシックなインカム

二〇一八年に刊行された『ブルシット・ジョブ』は、無意味で不必要で有害ですらある「ブルシット」な仕事、たとえば誰も読まない書類の作成や、個人や組織を権威あるものにみせかけるために設けられる秘書や受付係、クレームやミスの尻拭い、そしてこれらブルシットな仕事を部下に割り当てるというそれ自体ブルシットな仕事が、市場経済的な合理化が進んだとされる冷戦崩壊後の世界で増加している逆説を指摘し、ベストセラーとなった著作である。

グレーバーの議論を思い切って要約するなら、人がブルシットな仕事から逃れられない理由は大きく分けてふたつに整理できる。ひとつは現在主流の経済システムにおいては、仕事を失うことは生活の基盤を失うことに直結するという要因である。たとえ無意味で不必要で有害な仕事であろうと、それなくして基礎的な必要《ベーシック・ニーズ》が満たせない以上は「ゲームから抜け」ることが不可能なのである。もうひとつの理由は、むしろ倫理的問題と関わる。現在の経済システムのなかでは労働の価値が自己犠牲にあるとみなされている。仕事とは本来的につらいものであり、喜びに満ちた労働など遊びにすぎない。ゆえに人はブルシットであっても、というよりむしろブルシットであるからこそ、この種の仕事に献身的に従事すべきである。こうした労働観は、「借りたものは返さねばならない」という負債のモラルとおなじく人を内面から拘束している(3)。

ベーシック・インカムはグレーバーがこうしたブルシット・ジョブを生み出す構造から人間を解放する方途として示した制度である。人に必要最低限の所得を保証するこの制度は、仕事を辞めたとたん「ベーシックな身体的な安心や必要」が脅かされるという事態から人びとを解放するとグレーバーは主張する。

とはいえ、「ベーシックな身体的な安心や必要」を保証することだけが目的なら、失業保険や生活保護といった既存の制度を活用すればいいのではないかという疑問が生じるかもしれない。ところがグレーバーによるなら、失業保険や生活保護といった制度は、理論上はともかく現実には基礎的な必要《ベーシック・ニーズ》を保証する制度とはなり得ていない。なぜか。失業保険や生活保護の受給資格を獲得するためには、膨大な書類上の手続きが必要である。細部に至るまで細かな規則が定められており、しかもその運用は曖昧なことがおおい。制度利用希望者は、この制度の総体によって、命令され、管理され、辱められる。そうした扱いに耐え忍び、審査をくぐり抜けてようやく受給資格を得ても、定期的な手続きを通じて受給資格を証明しつづけなければならない。本来は、そうした労力と時間を費やすことが不可能な人にこそ失業保険や生活保護といった制度が適用されるべきであるにもかかわらず、である。しかも、制度利用希望者を命令し、管理し、屈辱するという、無意味で無駄で有害ですらある仕事は、福祉関連の膨大な雇用を生み出している。つまり失業保険や生活保護に関する行政部門（およびそれをサポートするとされる民間部門）はそれ自体がブルシット・ジョブの温床にほかならないのである（グレーバー、二〇二〇、三五〇頁）。

これに対してグレーバーのいうベーシック・インカムは、万人に実際に支給されることを前提とした制度である。対象は貧者のみならず、大富豪にもおよぶ。なぜなら受給対象に資格や条件をもとめるなら、その資格や条件を満たすかどうかを判定するためのブルシット・ジョブが生み出されてしまうからである。こうした受給対象を選別しないベーシック・インカムは「普遍的ベーシック・インカム」と呼ばれる。

グレーバーによれば、普遍的ベーシック・インカムが実現されれば、受給資格を審査する業務は不要なので、きわめて低コストで制度を運用することが可能となる。そればかりか、ベーシック・インカムによって基礎的な必要《ベーシック・ニーズ》が満たされるようになれば、失業保険や生活保護といった現行の形式的な社会保障制度を維持する必要はなくなり、これらの制度に付随するブルシット・ジョブも一掃される。グレーバーによると、そこに現在投じられている資金を投入すれば、万人に対するベーシック・インカムは財源的にも十分可能である。したがって普遍的ベーシック・インカムは、社会保障分野における国家の役割を最小限化する制度である。そればかりではない。「普遍的ベーシック・インカムは、このような状況のおかしさを認識している多数の人びとがそのような状況を変革するために、政治的組織化に携わる時間を確保してくれる」（グレーバー、二〇二〇、三六三頁）。つまり普遍的ベーシック・インカムによって得られる自由な時間こそが政治システム、そして経済システムの変革の構想を可能にする。自己犠牲を強いる労働のモラルから人びとを解放するのは、こうしたシステムの全面的変革を通じてである。

このようにグレーバーの『ブルシット・ジョブ』を参照するなら、普遍的ベーシック・インカムこそが現行のシステムによって生み出されるカオスを減少させ、このシステムを変革するカオスの増幅を可能にする有効な手立てであることが分かる。とはいえ、ここでひとつの疑問が生じる。なるほど普遍的ベーシック・インカムは最小限の費用で基礎的な必要《ベーシック・ニーズ》を保証するかもしれない。しかし世界には、そうした最小限の費用すら確保し得ない発展途上国と呼ばれるような地域もあるのではないか。じっさいこうした地域では、自然災害や政情不安があいまって、飢餓をも含む生存基盤の破滅的事態がもたらされている。これらの地域では現行システムが生み出すカオスを減少させ、それに代わるシステムを生み出すカオスを増幅させることなど不可能ではないか。普遍的ベーシック・インカムとはひとにぎりの先進国にのみ許された、非普遍的な制度にすぎないのではないか。

だが、グレーバーの晩年の著作によるなら、むしろ事態は逆ということになるかもしれない。人びとの生存を保証する制度が整備され、ゆえに現行システムの変革を可能にするカオスが生み出されるかもしれないのは、むしろ国家や市場に基づく近代的な政治経済システムが存在しなかった時代、あるいはそうしたシステムが十分に影響力をもたなかった地域とさえいえるからである。

3 『万物の黎明』とベーシックな自由

『負債論』の一〇年後にあたる二〇二一年に刊行された、考古学者ウェングロウとの共著である『万物の黎明』(グレーバー+ウェングロウ、二〇二三)はグレーバーの遺作となった作品である。おもに現代西欧の人びとを主題とした『ブルシットジョブ』にたいし、同書の主題となるのは、先史時代の人類、および一七世紀以降に西欧が接触した非西欧世界の人びと、とりわけ南北アメリカの先住民である。グレーバーらがこれらの人びとに着目するのは、両者がともに、市場をはじめとした現行の経済システムおよび国家をはじめとした政治システムに包摂されていなかったことに由来する。とはいえこれらの人びとは、未熟な政治経済システムしかもたない、あるいはそうしたシステムをまったくもたない「未開人」だったわけではない。近年次々と明らかとなった考古学的根拠を、非西欧世界の住民をめぐる歴史的・民族誌的資料と照らし合わせることにより明らかとなるのは、これらの人びとが「その発端から、想像力に富み、知的で、遊び心のある生き物」(グレーバー+ウェングロウ、二〇二三、一〇頁)であった可能性であり、平等主義的かつ民主主義的な組織を創出する一方で、王を頂とする位階的な組織をも生み出し、かつそのどちらかの組織形態に固執することなく、あらたな組織の創造・解体・再編という社会実験をくり返していた可能性である。

つまり初期人類やかつての非西欧世界の住民が生きた世界は、システム変革的なカオスに満ちていた。だがグレーバーらによれば、そうしたカオスは基礎的な必要《ベーシック・ニーズ》の充足を不可欠の前提としていたはずである。国家や市場といった大規模な制度を欠いた初期人類やかつての非西欧世界の住民に、この必要は満たせたのか。

この点をめぐり『万物の黎明』では、グレーバーの師にあたる人類学者マーシャル・サーリンズの議論を参照しながら、人類は石器時代から狩猟採集活動によって十分に物質的に豊かだったこと、かつテクノロジーの発展によって労働時間は減少したという進化論的な議論とは逆に初期人類の労働時間がかならずしも長大だったわけではなかったこと、それればかりか、十分な余暇の時間――二〇一〇年代の表現でいう「子供、家族、共同体のために費やすことができる」「労働を免れたそれぞれの時間」――を確保するために農業の導入をあえて避けることさえあったことが指摘されている(4)。つまり国家や市場がなくとも人類は十分基礎的な必要《ベーシック・ニーズ》を満たし、さらには余暇を享受することができたのである。

それればかりではない。初期人類やかつての非西欧世界の住民は、天候不順や自然災害といった突発的な問題にも対応しうるネットワークを有していた。石器や装飾品をはじめとした考古学的資料が物語るところによれば、最終氷期(前一万年頃)までの人類はきわめて広大なネットワーク、「文化圏」と呼ばれるネットワークを構成していた。人はこのネットワークのなかを頻繁に往来し、道具、栽培作物、料理、音楽といったさまざまな文化を伝達し合ってきた。

ひとつの文化圏を生きる人びとのあいだでは、衣食住をはじめとした基礎的な必要《ベーシック・ニーズ》を相互に無償で保証することが規範化されていた。この規範は、「各人は能力に応じて［働き］、各人は必要に応じて［受け取る］」という原則に基づいていることからコミュニズム、ただし近現代に成立した国家的な共産主義体制や進化論的所有観に基づく空想的な原始共産制から区別するため「基盤的コミュニズム」と呼ばれる（グレーバー＋ウェングロウ、二〇二三、五四―五六頁。cf. グレーバー、二〇一六、一四二―一五四頁）。この意味でのコミュニズムはいささかも特異なものではなく、現代西欧世界においても、家族や企業の活動をじっさいに支えている。たとえば水道を修理している同僚に「スパナをとってくれないか」と依頼したとき同僚が「そのかわりに何をくれる？」などと見返りを要求することはないし、子供のために料理を作った両親が子供に代金を請求することもない。ただし現代西欧世界とは異なり、先史時代の世界や非西欧世界においては、この基盤的コミュニズムが稼働する範域がきわめて広かった。たとえ数百キロ離れた場所に産まれ、いちども対面したことのない人物であったとしても、その人物を擬制的な兄弟として迎え、衣食住を手厚く保証することは当然の義務だった。こうして基礎的な必要《ベーシック・ニーズ》が充足されうるのは、人類が「おそらく一度も対面することもないだろう人びととつながっているように感じる能力」（グレーバー＋ウェングロウ、二〇二三、三一九頁）を有しているためであるとグレーバーらはいう。

このように先史人類および非西欧世界の住民は、国家や市場がなくとも、文化圏全域にわたって基盤的コミュニズムに基づく社会関係のネットワークを有しており、このネットワークを通じて基礎的な必要《ベーシック・ニーズ》を充足することが可能だった。だからこそ人びとは、一地域にとどまることなく、広大な領域を移動し得た。グレーバーらはこうした初期人類のモビリティを「移動の自由」として定式化している[5]。グレーバーらによるとさらにこの自由は、ふたつの自由を可能にした。ひとつは「他人の命令を無視したり、従わなかったりする自由」（グレーバー＋ウェングロウ、二〇二三、五七〇頁）である。たとえば南米インディオ社会には、人びとを率いる首長が存在したが、彼は暴力で人びとを従わせる暴君ではなく、むしろ住民に奉仕するような存在だった。首長は巧みな弁舌によって住民から合意を引き出すだけでなく、惜しみなく財を再分配することによって名声を得なければならなかった。こうして首長の権力に歯止めがかかっていたのは、住民が彼の命令を無視したり、従わないことが可能だったからにほかならない。ではなぜそのようなことが可能だったかといえば、人びとはいつでも首長を見捨てて、別の集団に移動することが可能だったからである。

こうした他人の命令に服従しない自由はさらに、「まったくあたらしい社会的現実を形成したり、異なる社会的現実のあいだを往来したりする自由」（グレーバー＋ウェングロウ、二〇二三、五七〇頁）をも可能にした。さきほどあげた首長制を例にとるなら、人びとは特定の首長の特定の命令に従わない自由をもつだけでなく、首長という制度そのものを拒否し、これにかわる制度を構築することができた。じっさい北米・南米の先住民社会では、定住生活を送る雨季には平等で民主的な集団を築き、遊動生活を送る乾季には首長が集団を率いるというように、季節的変動に応じて社会組織が再編されていた。さらに、たとえば一二世紀中米のテオティワカン遺跡が物語るように、かつて壮大なモニュメント建設や人身供儀を行なっていた社会が、のちにそうした制度を放棄し、公営住宅の建設というプロジェクトに邁進するようになったケースもあった（グレーバー＋ウェングロウ、二〇二三、三七四—四〇九頁）。

グレーバーらは、以上でみてきた「移動する自由、服従しない自由、社会的関係を創造したり変化させたりする自由」を「基礎的（な）自由basic freedoms」（四一三、四五一、四九二、五七〇頁）と呼び、このうち移動の自由をのこるふたつの自由の足場としてもっとも重視しているが、なぜこのベーシックな自由が可能だったかといえば、人びとが移動先の集団に受け入れられ、基盤的コミュニズムに基づいて基礎的な必要《ベーシック・ニーズ》を満たすことができたからにほかならない。つまるところ先史人類および非西欧世界の住民は、ベーシック・インカムなどという制度をあらたに設計するまでもなく、基礎的な自由《ベーシック・フリーダム》を駆使することで、「ベーシックな身体的な安心や必要が脅かされることなしに、望めばどの時点でもゲームから抜け」ることが可能だった。これらの人びとが生きた時代とはグレーバーが未来に展望した世界像、すなわち、現行のシステムを抜本的に変革し、あらたなシステムの構築と解体をくりかえす壮大な社会的実験場としての世界、可能性に満ちたカオスの場にほかならなかったのである。

おわりに——欧州難民・移民危機とヤブの力

本稿では『負債論』から『ブルシット・ジョブ』を経て『万物の黎明』へと至る思想的展開のなかにグレーバーのカオス観を跡づけてきた。『負債論』前後のグレーバーは、経済システムがもたらす生存レベルのカオスとこのシステムの変革を（が）もたらすカオスを区別し、システム変革的なカオスが増幅する未来を展望していた。ただしそうした可能性としてのカオスの増幅には、人間の生存に不可欠な基礎的な必要《ベーシック・ニーズ》が満たされること、「望めばどの時点でもゲームから抜けられる」ことが前提となる。その実現のための方策としてグレーバーは、ジュビリーの実施を通じて命を賭してでも返済を迫る負債のモラルから人びとを解放することと、普遍的ベーシック・インカムの導入を通じて自己犠牲を強いる労働のモラルから人びとを解放することを構想していた。しかしこうした展望は未来に向けて企図されていただけではなかった。晩年の著作においては、先史時代の人類やかつての非西欧世界においてこそシステム変革的なカオスが実現されていたこと、すなわち、広範な文化圏において基礎的な必要《ベーシック・ニーズ》が満たされ、移動の自由をはじめとする基礎的な自由《ベーシック・フリーダム》が享受されていたからこそ、人類を人類たらしめる創造的可能性に満ちたカオス、いわばベーシックなカオスが実現されていたことが再発見されていた。

　こうしたグレーバーのカオス観に照らした場合、現代西アフリカにおける村とヤブの関係を秩序と混沌の二項対立以外のかたちでとらえる方向性がみえてくる。すなわち村を、カオスの対立物たる秩序の空間というよりシステム変革的カオスを補完する領域、基礎的な必要《ベーシック・ニーズ》の充足を保証する生存領域としてとらえる方向性である。いいかえれば村とは地縁集団でも土地などの共有集団でもなく、グレーバーの提唱した普遍的ベーシック・インカムに相当する制度なのである。じっさいそこは住民が衣食住を共にし、「各人は必要に応じて、各人は能力に応じて」という基盤的コミュニズムの規範に則って互いの生存を支え合う場としての側面をもつ（佐久間、二〇一九）。この場があるからこそ人びとは村の外部に広がる膨大なヤブへと旅たち、自らの田畑での農作業や、都市部における賃労働に従事することができる。

　ただし冒頭でも述べたとおり、ここでヤブと対立する村とはあくまで自己中心的な世界である。生まれ育った村がその人物の基礎的な必要《ベーシック・ニーズ》を生涯にわたって満たす固定的な空間としてあるわけではなく、その人物の存在を受け入れ、村外で一夜をすごした彼や彼女を「ヤブで寝てきたね」と迎え入れるすべての場が、危険性と可能性に満ちたカオスへの旅立ちの起点であり終点となる村となる。この意味での村は、単数的でも固定的でもなく、複数的で流動的である。むしろある意味で村とは、無数の人の移動の軌跡から織りなされる結節点にちかいとさえいえる。

もっとも、こうした意味での村がシステム変革的なカオスの増幅をどの程度下支えしうるかは慎重に見積もられねばなるまい。そもそも先史時代の人類やかつての非西欧世界の住人とは異なり、現代西アフリカの農村社会は、ほぼ例外なく国民国家体制と市場経済システムに取り込まれている。現行の経済システムが生み出す生存レベルのカオスによって基礎的な必要《ベーシック・ニーズ》を脅かされることがまれではなく、また身分証明書の携帯義務や国境管理により移動の自由という基礎的な自由《ベーシック・フリーダム》を制約されている。そのうえ、ウォーラーステインらの世界システム論によれば、周辺において労働力の再生産に必要な費用が賃金に反映されることなく、農村部の家計世帯《ハウスホールド》における無償の人間関係に転嫁されるからこそ、周辺における低賃金の生産活動は可能となり、周辺から中核への一方的な価値移転が実現されてきた(Smith & Wallerstein, 1992)。だとすれば、グレーバーの展望に反し、基礎的な必要《ベーシック・ニーズ》を満たす村の生存領域こそがシステムを支えてきたともいえる。そうした世界システム自体が「カオス的」状況にあると診断されて久しい今日[6]、ならば村とヤブの関係はいかなる局面を迎えようとしているのか。

二〇一〇年前後の一連の金融危機ののちに西欧があらたに直面した問題の一つに難民・移民問題がある。そうした問題の渦中に西アフリカ出身者がいた。ここで重要なのは彼らや彼女らにとり、砂漠や大洋の向こうに広がる西欧とは、ひとつのヤブにほかならなかったことである。彼らや彼女らの一部は、自らの村では確保し得なくなった基礎的な必要《ベーシック・ニーズ》の充足を求めてはるかなヤブを目指した。また、それとは別の人びとは、村に戻れば基礎的な必要《ベーシック・ニーズ》が充足されると確信しているからこそ、自らの労働力を商品化するべく危険なヤブを目指した。いずれにしても人びとは、さまざまな制約下にありながら、それでも移動の自由という基礎的な自由《ベーシック・フリーダム》を追求していた。グレーバーの表現によるなら、この自由を支えるのは「おそらく一度も対面することもないだろう人びととつながっているように感じる能力」、いいかえるなら、野性の思考ならぬヤブへの想像力である。この能力こそが、未知のヤブを排泄に適した無人の空間ではなく無限の可能性に満ちた世界たらしめる力、人をヤブへと放つ力、あるいはヤブの力そのものだといえるのかもしれない。

　グレーバーによればヤブの力は、先史時代から受け継がれてきた人類に本来的な力である（グレーバー＋ウェングロウ、二〇二三、三一九頁）。だが難民・移民問題への反応として極右政党が台頭している西欧の現状に鑑みる限り、すくなくとも一部の人類はこの力を喪失している。むしろ人類からヤブの力を抜き取り、この生物を、他者に共感する想像力を欠いた家畜に変えることこそが現行のシステムの力なのかもしれない。ならば基礎的な自由《ベーシック・フリーダム》を追求するヤブの力の継承者たちは、生存レベルのカオスを生み出す世界的なシステムの強化に与しているのか。それともシステム変革的カオスを増幅させているのか。カオスをめぐるグレーバーの思想から得られるのは、こうした根源的な問いにほかならないのである。

註

(1) とりわけセネガル南部農村社会をめぐる以下の記述は、本稿の問題関心に照らして引証に値する。「ヤブ／村の対立は、まずは自然／文化の対立の一種のように思われる。しかし村はヤブに囲まれている。つまり村はヤブのなかに部分的に、かつおそらくは一時的にのみ立ち現れるものである」(Pierre, 1984 : 19)。

(2) 今日的な『負債論』読解の要点をめぐっては、佐久間(二〇二三)で検討した。

(3) グレーバー思想における、自己犠牲を強いる労働のモラルと返済を強いる負債のモラルの連関については、松村(二〇二三)の考察が参考になる。

(4) 本文中の記述はサーリンズの議論に基づいているが、グレーバーらはさらに、先史時代の人類には、生活に占める労働時間が相対的に長い勤勉な人びとも逆にその時間が相対的に短い人びともいたが、そうした労働の組織化のあり方自体が柔軟にみなおされてきたことを指摘し、こうしたヴァリエーションの可能性を検討しなかったサーリンズの議論を批判的に乗り越えようとしている(グレーバー+ウェングロウ、二〇二三、一五二—一五八頁)。

(5) 著者らがかならずしも明晰には語っていない、『万物の黎明』における自由論と基盤的コミュニズム論の連関については、別稿で論じた(佐久間、二〇二四)。

(6) ウォーラーステインによれば、一九六八年の世界革命以後、世界システムは「カオス的」な分岐の過程に入っており、「さまざまな構造や過程のすべての激しい動揺に直面」している(ウォーラーステイン、二〇〇六、一八五頁)。

参考文献

ウォーラーステイン、I(二〇〇六)『入門 世界システム分析』山下範久訳、藤原書店。

グレーバー、D（二〇一六）『負債論——貨幣と暴力の５０００年』酒井隆史監訳、高祖岩三郎・佐々木夏子訳、以文社。

——（二〇二〇）『ブルシット・ジョブ——クソどうでもいい仕事の理論』酒井隆史・芳賀達彦・森田和樹訳、岩波書店。

グレーバー、D＋ウェングロウ、D（二〇二三）『万物の黎明——人類史を根本からくつがえす』酒井隆史訳、光文社。

佐久間寛（二〇一九）「経済と社会——経済を人類の地平で見るとはいかなる試みか」、松本尚之ほか編『アフリカで学ぶ文化人類学』昭和堂、三九—五七頁。

——（二〇二三）「信用、負債、返済」、佐久間寛編『負債と信用の人類学——人間経済の現在』以文社、七—四六頁。

——（二〇二四）「自由と歓待——文化人類学的探求」、酒井隆史編『グレーバー＋ウェングロウ『万物の黎明』を読む』河出書房新社。

セドラチェク、T＋グレーバー、D（二〇二〇）『改革か革命か——人間・経済・システムをめぐる対話』三崎和志・新井田智幸訳、以文社。

松村圭一郎（二〇二三）「負債と労働の関係——グレーバーの『負債論』と『ブルシット・ジョブ』をつなぐもの」、佐久間寛編『負債と信用の人類学——人間経済の現在』以文社、一五七—一八三頁。

三崎和志（二〇二〇）「訳者あとがき」、セドラチェク、T＋グレーバー、D『改革か革命か——人間・経済・システムをめぐる対話』三崎和志・新井田智幸訳、以文社。

Graeber, D.（2012）“After the Jubilee,” *tidal : Occupy Theory, Occupy Strategy*, Sept. 2012（https://occupytheory.org/　二〇二四年三月二四日閲覧）, pp. 26–28.

Smith, J. & Wallerstein I. eds.（1992）*Creating and Transforming Households : The Constraints of the World-Economy*, Cambridge University Press, Cambridge.

Smith, P.（1984）“Le « Mystère » et ses masques chez les Bedik,” *L'Homme*, 24/3-4, pp. 5–33.

カオスの路上からケアの空間につなぐ

サンフランシスコ公共図書館の葛藤

石山徳子

1　公共図書館は「民主主義の最後の砦」なのか

二〇一九年にアメリカ合衆国（以下、アメリカ）で、その翌年には日本でも公開された映画『パブリック　図書館の奇跡』（監督、脚本、主演エミリオ・エステベス）は、公共図書館が抱える葛藤と、都市に内在する諸問題をリアルにうつし出している。舞台は、グローバル経済とオートメーション化の流れに大打撃を受けた、ラストベルト（錆びついた工業地帯）に位置するオハイオ州、シンシナティの公共図書館だ。

映画の冒頭では、凍てつく冬の朝、公共図書館の開館をいまかいまかと、列を成して待っている人びとの様子が描かれる。やがて、そのうちのいく人かが、おそらく直行したであろうトイレで、身体を洗い、歯磨きをしながら四方山話をしている場面が出てくる。いまや、アメリカの公共図書館は、ホームレス状態にある路上生活者にとって、束の間の平和と静寂が確保されていて、寒さや暑さばかりか、危険やハラスメントからも避難できる、安心して用を足せる、あるいはインターネットへのアクセスが保障されていて情報収集が可能、そしてもちろん読書もできる、みなに開かれた貴重な空間なのだ。

映画ではその後、大寒波が到来する夜を生き残るために、普段から日中の時間を過ごす、公共図書館を占拠しようとするホームレス状態にある人びと、彼らと行動をともにする、前科持ちで、路上生活を強いられた経験もある主人公の職員、白人男性のスチュワートを中心に、物語が展開する。占拠者が男性ばかりなのは不自然だが、有色人種が目立ち、精神疾患、アルコール、ドラッグの依存症を抱えていたり、居場所をなくした若者や、退役軍人もふくまれるなど、公共図書館、あるいは都市に増殖する社会問題の実状と重なるところが多い。

緊迫する現場には、次期市長選に出馬する、白人検察官がやってくる。彼は、いわゆる「公共の秩序」を取り戻し、街の治安を守るべく、警察を巻き込むかたちで占拠者たちを強制退去させる方向に突き進もうとする。「法と民主主義を守るのが私の務め」であるという検察官に、それまでは市当局による予算削減を恐れてか、事なかれ主義の姿勢を貫いていた館長は猛反発し、つぎの言葉を放つ。

私は市民の情報の自由のために、全人生を捧げてきた。公共図書館はこの国の民主主義の最後の砦だ。(1)

これを機に、占拠を続ける人たちの側につく図書館長は、黒人男性だ。アメリカ史をふりかえるならば、奴隷制の歴史に連なる人種隔離政策のもと、黒人たちは公共図書館から排除されることも多かった。[2] それを踏まえると、彼の言葉はさらに胸に迫る。

またそれは、黒人女性フェミニストとして、人種、階級、ジェンダー、セクシュアリティと抑圧のシステムについて多くの著書を遺し、二〇二一年に逝去した著名な研究者、ベル・フックスによる以下の叙述を思い起こさせる。

> アメリカ合衆国でもっとも反体制的な〔公共〕機関は、公共図書館である。そこでは市民たちが、みずからの成長のために使いうる、知識の泉をみいだすことができる。[3]

フックスは、人種隔離下にあった一九五〇年代のケンタッキー州で、黒人労働者階級の家庭に生まれた。彼女にとって、公共図書館での読書は知的冒険の出発点であり、それは差別への闘いの基礎を築く大切な現場だった。

アメリカの都市と、その心臓部に位置する公共図書館では、いま、なにが起きているのだろうか。その役割は、各種資料の管理、市民に本を貸し出す、あるいは暮らしに関する情報や、各種の交流イベントや展示を目的とする空間の提供という域を、はるかに超えている。

経済超大国の発展から取り残された人たちにとって、そこはまさに「民主主義の最後の砦」を象徴する場所だ。その日常は、資本主義経済、および人種、民族、階級、ジェンダー、セクシュアリティのダイナミクスとも複雑に絡み合う、都市空間の構造的な変化、さらには現代社会に内在する、さまざまな矛盾を浮き彫りにするものである。

本章では、カオスというキーワードを念頭に、都市への権利、社会正義という観点から、住宅事情や治安の悪化が懸念される、カリフォルニア州北部の大都市、サンフランシスコの公共図書館の動向について紹介したい。経済格差の拡大がとくに著しく、コロナ禍を経て空洞化が進むダウンタウンの路上は、日本からやってきた一研究者、とくに安定した生活を、社会のマジョリティとして享受しているわたしには、まさにカオス状態にあるように見受けられる。そしてまた、公共図書館の空間が織りなす物語や、そこに展開する取り組みは多方向にわたっていて、そこにもカオス的な営みがみられる。

公共図書館における福祉、多様な利用者へのサーヴィスはどうあるべきなのか、現場が抱える葛藤について、主に地理学、歴史学、図書館学で蓄積された知見を参照し、現地調査もまじえながら考えてみる。それによってみえてくるのは、表層的なカオスを超えたなにか、すなわち都市の空間構築のプロセスと絡み合う、変わることのない構造的な格差の問題、あるいはこれを打破し、生き抜いていこうとする人びとによる闘いの営みである。

2　都市への権利と社会正義

公共図書館の空間を、誰が、なにを目的に、いかに使う権利があるのだろうか。これについては、利用者の立場から、さまざまな声が発せられている。たとえばトリップ・アドバイザーの口コミサイトをみてみると、サンフランシスコ公共図書館の施設やサーヴィスについては、好意的な内容が大半を占める。図書館には、膨大な蔵書や情報へのアクセス、人種、民族、国籍、ジェンダー、ジェンダー・アイデンティティ、セクシュアリティ、あるいは世代にまつわる多様なアイデンティティを有する利用者を視野に入れた、きめ細やかなサーヴィスがそろっている。講演会、映画上映、アート展示、さらにはコンサートに至るまで、楽しい無料イベントも多く開催される、魅力的な公共施設であることはたしかだ。

いっぽうで、「ホームレス・シェルターのようでもあるので、心の準備をしておいて」とか、ゴミや人糞、麻薬摂取の道具にあふれた街の「本物の生きたゾンビ」への恐怖を綴るコメントもある[4]。私自身、身近な知り合いから、「あの場所に子どもを連れていく気にはなれない」という言葉を、きいたこともある。

公共図書館のあり方を探求する学問の現場からは、これについて重要な問いがなされてきた。図書館学の学術誌では、「「私はソーシャル・ワーカーではない」——危機的状況に置かれた利用者への情報サーヴィスのありかた」という、図書館職員の悲鳴ともいえるタイトルにあるような、問題提起型の論文が数多く出版されている。たとえばこの論文の作者は、図書館職員の仕事を、社会的に周縁化された利用者たちにたいする責任と、福祉サーヴィスの領域が重なるグレーゾーンに位置づけている[5]。また、英国の公共図書館の現場に関わる職員らは、とくに貧困問題と絡む社会的排除の構造を批判的に検証し、社会正義の概念を中核にすえた施策を考えていくべきである、と主張する本を出版した[6]。公共図書館はみなに開かれている、という大原則を守るべく、一八七六年に創設された世界最古、かつ最大規模を誇るアメリカ図書館協会（ALA）は現在、貧困層の利用者を対象にしたサーヴィスを強化する方向性を提示している[7]。

とくに都市圏の公共図書館はいま、どのような利用者のニーズが、なにを根拠に、いかに優先されるべきなのか、あるいはそこに平等であるとか、公正性や自由、さらには社会正義の問題がいかに関わってくるのか、という難題に直面している。これに向き合うには、公共図書館を都市の公共空間の一部としてとらえ、社会的、経済的な弱者をふくむ、さまざまな人びとの権利について考える必要があろう。

マルクス主義の思想家であるアンリ・ルフェーヴルは、一九六八年に出版した名著『都市への権利』で、人びとが主体的につくる、作品としての都市をみすえた。都市とは、資本主義の政治経済構造において、生産される空間であると認識したうえで、そこに生きる人びとが持ちうる権利の問題を、クリティカル、かつラディカルに考える重要な提言だった[8]。

同じくマルクス主義の、地理学者として有名なデヴィッド・ハーヴェイは、都市への権利とは人権であるとして、これは「都市のリソースにアクセスする個人の自由を、はるかに超越するものだ。つまりは、都市を変えることによって、私たち自身を変えていく権利である」と主張した[9]。それは、現代都市において、人が人らしく、主体的に生きる権利を、いかに持ちうるのかという問いにつながる。資本の蓄積のプロセスと相互的に絡み合う都市空間、生産者、消費者、生活者としての人間の関わりの、根幹に迫る洞察である。

人として自由に生きる権利を、もっとも深く、そして無造作に脅かされてきた人びと、すなわちホームレス状態に追い込まれた人口に焦点を当てて、都市への権利についてすぐれた考察を展開してきたのが、地理学者のドン・ミッチェルだ。[10] 彼は、アメリカの公共空間と、社会的排除、社会的権利、社会正義が複雑に絡み合いながら変化を遂げる、都市の歴史地理をたどっていく。二〇〇三年に出版された『都市への権利――社会正義と公共空間をめぐる闘い』では、ホームレス状態にある人びとの、市民としての自由と、公共空間への権利が、住宅を確保している住民や、訪問者にとっての都市生活の質や安全を守る名目で、いかに否定されてきたのか、具体的な事例をもとにあきらかにした。そのうえで彼は、公共空間にたいする権利を守り、社会正義を実現するための闘いの必要性を提起したのである。[11] さらに二〇二〇年の著書では、ホームレス問題を資本主義社会の構造的条件であるとして、非生産的市民とみなされるホームレス状態の人たちが、現代都市においていかに犯罪者化されてきたのか、彼らを処罰する法律や政策のありかたを批判的に検討している。ミッチェルも述べるように、これに抗する「ケアの空間」、例えばシェルターや食料の提供の場所や相談所や各種サーヴィス施設は、いまも圧倒的に不足している。[12]

資本主義社会の帰結ともされる貧困、ホームレス状態に苦しむ人たちが置かれた、危機的、かつ抑圧的な空間と、これに抗いながら、ケアを創出する空間の、まさに狭間にあるのが、都市の公共図書館だ。こうした問題認識のもとに、サンフランシスコ公共図書館で私が出会った、日常のひとこまを紹介したい。

3　ある日のサンフランシスコ公共図書館本館にて

二〇二三年八月のある日、私は滞在先のバークレーからベイエリア高速鉄道（BART）で、サンフランシスコのダウンタウンに移動した。コロナ禍以前は、いつも混んでいた路線だが、通勤客の姿は極端に減っていて、車内は閑散としていた。サンフランシスコ市庁舎と、公共図書館本館の最寄り駅であるシヴィック・センターに到着し、暗がりにある地下から階段をのぼると、そこには北カリフォルニアの空のもと、大都会の喧騒が広がっていた。

駅前には、なにやら叫んでいる人、力なく、呆然とした表情で歩道に座り込んでいる人、さらには車道をよろよろと歩いている人たちがいる。アルコール、ドラッグによる酩酊状態にあることは、私にもすぐにわかる。ダウンタウンの中心部を貫くマーケット・ストリートには、多くの車が行き交っていた。テスラの電気自動車をはじめ、高級車も目立つ。あとから友人に聞いたところによれば、このあたりには最近、時代の最先端と目される、無人タクシーも多く走っているという。

通りの向かい側には、二〇二二年三月に開店したホールフーズ・マーケットがみえた。都市の高級化、すなわちジェントリフィケーション[13]の象徴ともいえる、人気のグルメ・スーパーのチェーン店は、五ヶ月前に訪ねたときには、賑わいをみせていた。ところがいまや、人の気配がまったくない。開店から一年とすこしが経過した四月、安全上の理由により、突如閉店したのだという。マーケット・ストリートの並びにあった百貨店や、ファッション関係の小売店は軒並み撤退し、「賃貸物件」という看板ばかりが目に入る。サンフランシスコ市では不動産価格が高騰していて、ダウンタウンにオフィス

図1　サンフランシスコ公共図書館前の風景。閉店中のスーパーマーケットと貸物件の看板。手前には、市警察のパトカーがみえる（筆者撮影）

を構えるには大変なコストがかかる。さらにコロナ禍を経て、オンライン勤務が一般的になり、テック産業や金融業の働き手の姿が激減し、空洞化が止まらない状態なのだ。ダウンタウンのあちこちでみかける警察車両は、路上犯罪の取り締まりが、強化されていることを示している【図1】。

絶え間なく目に入ってくるのが、路上生活者の姿だ。ここで、データを確認してみよう。サンフランシスコ市当局は、特定の一日にホームレス人口を数えるPIT調査を、二〇二二年二月二三日に実施し、七七五四人がホームレス状態にあることを公表した。本調査は、年間を通じて、約二万人がホームレス状態を経験するであろうと算定している。ホームレス人口の五七パーセントが路上生活を送っていて、なかには子ども、女性、高齢者、家族連れもふくまれる。五二パーセントがドラッグやアルコールへの依存の問題を、三八パーセントが心的外傷後ストレス障害（PTSD）を、二一パーセントが身体的な障害を抱えていた。過半数を有色人種が占め、LGBTQ+の割合は二八パーセントにのぼる。[14] 調査結果からは、ホームレス人口の多くが、もともと社会的に周縁化されやすい立場を抱えていることがわかる。

さて私は、いく人もの路上生活者とすれ違いながら、気を引き締めて、目の前の公共図書館に向かった。正面玄関付近には、大荷物を抱えた人たちが座っている。なかに入ると、警備員が挨拶をしてくれた。ロビー周辺を歩いてみる。持ち帰り自由、という張り紙がされた棚には、アルコールやドラッグなどの依存症患者を対象にした治療や、社会復帰に向けたマニュアル本が並んでいた。すこし離れたところには、図書館が主催するイベントのチラシが、何枚も置かれている。その間も、玄関から真っ直ぐにロビーを突っ切って、奥のトイレに向かう人たちが絶え間なくいる。

その日は、インターナショナル・センターのある三階に足を運び、テーブル席についた。すると、エレベーターの前で、膝を床につけて、真剣に祈りを捧げている男性がいるのに気づいた。くたびれたシャツを着ている。やがて彼は、各国の新聞が並べられた一角に、身体を大きく揺らしながらやってきて、なにかを叫びはじめる。駆けつけた図書館の職員に、彼はこう言った。「アラビア語の新聞がみつからない！」さらに二人の職員がやってきた。「どうしましたか？」「アラビア語の新聞がない！　なぜなんだ！」フロアには、パニック状態にある彼の、泣いているかのような怒鳴り声が響き渡り、私は硬直状態に陥るのだが、性別や人種のバックグラウンドがそれぞれ異なる三人の職員たちは、冷静だ。「一緒に探しましょう」と、穏やかに話をしている。「はい、ここにありますよ」「あゝ。ありがとうございます。あなたがたに神様の祝福を！」職員たちは、「良い一日を。なにかお手伝いできることがあれば、知らせてください」と言って、去っていった。男性はしばらくのあいだ、静かに新聞を読んでいたが、やがてその場を離れた。

帰り際に、一階のトイレに立ち寄った。この街の路上生活者が利用できる、数少ない公共トイレである。なかはどんな感じなのだろうと、少々ビクビクしながら入ってみると、きれいに清掃されている、静かな空間だった。隅で様子を見守っているのは、閉店したホールフーズの並びに本部を構える非営利団体、アーバン・アルケミーの女性スタッフだ。館内のトイレでは、身体を洗ったり、歯を磨く行為は禁じられている。規則違反の行為や、麻薬がらみのトラブルや犯罪、さらには体調不良のひとがいないかなど、利用者の様子を見守るのが任務だという。もちろんそれは、「監視」という言葉で表現すべきものかもしれないが、この団体の出自を考えるならば、多様な利用者のニーズに合わせた「見守り」ともいえようか。

アーバン・アルケミーは、この街で二〇一八年に創設された非営利団体で、刑務所で長期にわたって服役していた人を優先的に雇用している。彼らは、図書館に隣接するテンダーロイン地区をはじめ、貧困層、ホームレス状態の人びとが多く居住する場所で、パトロールによる治安維持、清掃、住宅支援などに関するアウトリーチ活動にあたっている。団体ウェブページの冒頭には、「トラウマを負った都市空間のエネルギーを、転換させていく」とある。[15] 極度の貧困が、ホームレス状態、精神疾患、依存症の苦しみと交差する場所で、社会から疎外されるトラウマを抱えるスタッフ自身が、弱い立場にある人たちの痛みを理解し、寄り添いながら、警察権力とはちがったベクトルによる治安維持や、福祉施設への誘導に関わっている。それを通じて自らのトラウマの克服と、社会復帰も実現させると同時に、サンフランシスコの都市空間を、すべての人にとって住みやすい環境に、変えていこうとする試みだ。

いま、テンダーロイン地区の至るところに、黒地に緑色のロゴの入ったシャツを着た、同団体のスタッフの姿がある。公共図書館とも正式に契約し、館内のトイレや玄関の警備を担当している。アーバン・アルケミー、すなわち都市における錬金術、なにかポジティブなものへと変えていく魔法のような営みは、ポートランドやオースティンなど、ほかの都市にもひろがっている。[16]

4　市当局によるホームレス問題への対策と公共図書館

「トラウマを負った都市空間」のど真ん中に位置する公共図書館本館は、この街のホームレス問題に直面してきた。同市でこの問題が顕在化したのは、連邦政府による精神医療や公共住宅への予算削減に、ベトナム戦争帰還兵の窮状、不動産価格の急上昇、不況による失業率の増加が重なった一九八〇年代にさかのぼる。[17] ホームレス人口の増加が止まらぬままの一九八八年、公共図書館本館からほど近い、シヴィック・センター・プラザに、何百人ものホームレス状態の人たちが野営をはじめた。地元の圧力によって、最終的には警察が出動し、強制撤去に至ったのだが、元ソーシャル・ワーカーのアート・アグノス市長（当時）は、それまでの何ヶ月にもわたり、これを容認する例外措置をとった。

ときを同じくして公共図書館では、利用カードの発行に関する問題が表面化した。住所不定の人たちが、公園のベンチや街角などを居住地として、投票権登録ができるように尽力した弁護士が、図書館の利用カードにも同様の原則が適用されるべきである、と訴えたのである。公共図書館は一九九〇年、支援組織と提携するかたちで、ホームレス状態にある住民にたいしても、利用カードを発行するようになった。[18]

サンフランシスコ市では一九九〇年代以降、テック産業の成長を背景に、ジェントリフィケーションが急激に進行し、ホームレス人口はさらに増加した。そのような時代の流れのなかで、同市の福祉政策は変容していく。しかし往々にして、市当局はホームレス人口が路上で生きるために必要な営み、たとえば睡眠や野営を法的に禁じることによって、路上の空間を管理、あるいは支配する政策に頼ってきた。

いっぽうでこの街には、革新的な思想をもつ人びとを惹きつけてきた、という歴史がある。カウンターカルチャーの中心地であり、また、人種、民族、ジェンダー、ジェンダー・アイデンティティ、セクシュアリティの多様性が、その発展に大きく寄与してきた場所だからだ。偏見を逃れて、ここに行き着いたセクシュアル・マイノリティや、事情を抱える路上生活者の側から、権力に抗い、日常生活を営み、生きていく権利を追求する動き、そして福祉のネットワークが、公共図書館本館の周辺、とくにテンダーロイン地区には根づいている[19]。

二〇〇四年に選出されたガヴィン・ニューソム市長は、その後一〇年間を視野に入れた、「現金ではなくケアを」という政策を打ち出した。思いやりやケアの概念を前面に出して、個人向けの現金支給よりはむしろ、困窮する人口に住宅を確保し、かつ福祉サーヴィスにつなげていく方針だ[20]。この流れを受けて公共図書館では、ホームレス状態にある利用者について、たとえば他の利用者とのトラブルが発生した場合でも、その場から追い出すのではなく、公的、あるいは民間の支援につなげる方針を徹底するようになった。

さらに二〇〇九年には、全米初の試みとして、サンフランシスコ市保健局のソーシャルワーカーだったリア・エスグエラが、公共図書館本館でフルタイム勤務をはじめた。彼女は現在、公共図書館直属の職員として勤務している。この取り組みは、公共図書館を拠点とした、福祉サーヴィスの新しいありかたを示すモデルケースとして、国内外から注目を集めてきた。

5　ソーシャルワーカーの奮闘

エスグエラは、このときから現在に至るまでの一〇年以上、ホームレス状態を経験したことのあるスタッフを中心にで構成される、館内の衛生・安全委員会（Health and Safety Associates ― HaSAs）を率いながら、ソーシャルワーカーとしての任務にあたっている。二〇一六年に本館の館長職から引退したカレン・ストラウスによると、これによって、支援を必要とする利用者と、福祉プログラムとの橋渡しが、制度的に可能になったという。二〇〇〇年代当時、本館で副館長を務めていたストラウスは、フルタイムのソーシャルワーカーの雇用を、積極的に推し進めた。彼女はその経験を振り返り、困りきっていた当時の現場が、福祉の専門家の知見によって、いかに助かったか、さらにはエスグエラがその後も一貫して、同じ場所で勤務をつづけていることの意義を強調する。

ストラウスはまた、図書館職員には、市民に情報を提供する公務員として、もともと誰かの助けになりたい、という心意気をもつ人が多い、とも語る。たしかにサンフランシスコ公共図書館は、前々から移民や難民に対する語学面での支援と情報提供や、識字教育にも携わってきた。刑務所と連携しながら、監獄人口の社会復帰を支援するプログラムも進められている。そのような職場で働くストラウスとエスグエラにとって、公共図書館は社会正義を追求する現場でもある。彼女らはここで、ホームレス問題や貧困、人種、ジェンダー、ジェンダー・アイデンティティなどによる差別、あるいは同性愛嫌悪と、これに抗う営みが複雑に交差するのを、日々、目撃してきたという。[21] 強い信念をもちながら、仕事をつづけてきたのだ。

エスグエラが二〇一三年に、南米コロンビアの図書館に招かれておこなった報告によると、HaSAsによる館内の利用者を対象にしたアウトリーチ活動は、二〇二〇―二一年度は五九〇七件、二〇二一―二二年度は、八八五〇件に達した。LGBTQ+、退役軍人、高齢者、若者、障がい者、家庭内暴力の被害者などを対象とした支援団体や、医療機関、シェルター、食料や古着の配布施設、あるいは無料でシャワーを提供するプログラムなどを含む、提携機関は六〇にものぼる。[22]

彼女が統括するHaSAsには、二〇二三年八月の時点で四人が参加していた。彼らは毎日、無料で提供される支援と、福祉関連の提携機関がリストアップされている、ぶあついバインダーをもって、館内をまわる。困った様子の利用者がいれば、声をかける。そして適宜、その日はどのシェルターに空きがあるのか、どこに行けば食べ物を入手できるのか、といった具体的な情報を提供する。住宅からの強制退去の回避、低所得者用の公共住宅、無料の法律相談、家族との再会のためのバスの無料券の配布、内科のクリニックやサポート・グループ、さらには依存症の治療プログラムなどにもつなげていく。心身の健康を促進できるよう、サンフランシスコ市が提供する娯楽、ヨガ、瞑想、アート、さらには祝日のイベントについても案内する。[23]

館内で、オーバードーズ（薬物の過剰摂取）などに起因する緊急事態、あるいは暴力行為が発生することもある。その場合は、HaSAsが現場に駆けつけて、ときには先述したアーバン・アルケミーのスタッフや、サンフランシスコ市警察とも協力しながら、迅速に対応できるような体制が整えられている。ホームレス状態に陥った経験があるからこそ、こころの通うコミュニケーションが可能になるともいう。それと同時に、彼ら自身の社会復帰が進み、また現在困窮している人たちにとっては、希望を与える存在にもなりうるのだ。

しばしば緊迫した状況が発生する公共図書館では、HaSAsのメンバーはもちろん、一般職員への研修も重視されている。職員のあいだに広がるストレスのレベルは高い。彼らは、たとえ専門的なソーシャル・ワーカーでなくても、その知見を共有する必要に迫られている。トラウマを抱える利用者の対応については、細心の注意が必要だ。エスグエラは、すべての職員が思いやりをもち、利用者それぞれのトラウマへの想像力を働かせながら、さらには自分たちの心身の健康も守りながら勤務できるように、みなと積極的なコミュニケーションを図ってきたという[24]。先ほど紹介した、館内で大声をあげている利用者への冷静で、こころ優しい対応は、このような研修の成果であろうか。

彼女とのインタビューからは、すべての利用者、そして職員への思いやりとリスペクト、そしてケアの空間を築いていくことへの想いが、ストレートに伝わってきた。そして彼女は、公共図書館の空間について、つぎのように述べた。

公共図書館は民主主義の最後の砦であり、また、聖域ともいわれます。コミュニティのリヴィングルームというニックネームもあります。ここは、だれもが歓迎される、最後の場所なのです[25]。

冒頭で紹介した、映画のシーンにもつながる語りだ。困難な現場での努力が、ホームレス問題の解消に直接的につながるのか、といえば、ことはそう単純ではない。それでも、ひとりひとりの利用者に、真摯に向き合いつづける、ケアのネットワークをつなげていく営みには、未来への希望が感じられる。

6　分館の防御建築とWi-Fi論争

本館勤務のソーシャルワーカーと、同僚たちが積み重ねてきたケアの取り組みは、革新的なエネルギーに満ちている。しかし、サンフランシスコ公共図書館によるホームレス人口への対応策が、すべて彼らに寄り添うものであるわけではない。本館から約二・六キロ、徒歩で三五分ほど離れた、ユリーカ・バレー／ハーベイ・ミルク・メモリアル・ブランチ図書館に足を延ばすと、建物の周りにはゴツゴツとした石が、凹凸をつけながら敷き詰められていた。合間には、空に向かって突き刺すように生える植物が植えられ、薪のようなかたちをした木材もボコボコと立てられている。周りを囲むのは、背の低い鉄柵である。このデザインを前にした路上生活者は、厳しく、過酷なメッセージを読みとるであろう。彼らが野営できないように、そして横たわれないようにする工夫なのだ。

二〇一七年二月二四日付英国日刊紙『ガーディアン』は、年末に開かれた周辺住民への説明会で、建築デザインを担当した女性の発言を報じている。

まさにそれは、ある種、防御的な景観になるでしょう[26]。

アメリカではじめて同性愛を公表して公職につき、その後暗殺され、LGBTQ＋の殉教者のようにも捉えられてきたハーベイ・ミルクの名前を冠した分館は、歴史的にセクシュアル・マイノリティが集住するカストロ地区にある。近年はとくに、ジェントリフィケーションが著しく、家賃が高騰している。高い金を払って、そこに住む人たちは、ホームレス状態の人たちが公共図書館の周りに集まることで、生活の質や安全性、さらにはみずからの住宅の不動産価値の低下につながることを恐れている。たとえ自分たちに社会的に疎外される経験があったとしても、日々の生活、さらには経済基盤を守りたい。そうした地元の圧力を受け止めた公共図書館の防御建築は、ホームレス状態の住民たちを敵、邪魔者、あるいは犯罪予備軍として位置づけた、階級闘争を表出する記号でもある。

それから約五年が経過した二〇二二年八月、カストロ地区の分館は、時間外、すなわち夜間のWi-Fiを止めた。デジタル・デバイドにつながる施策は、社会正義に反するという解釈もある。例えば緊急事態が発生したときに、夜間でもインターネットにアクセスできる、路上生活者の命綱をカットしないでほしいという声もあった。しかし、近隣住民たちからは、Wi-Fi目当てに図書館周辺に集まる人たちが、ドラッグや犯罪の蔓延を招いているとして、治安と環境の悪化への懸念の声が寄せられていた[27]。二分化する論争の渦中に置かれた公共図書館による、Wi-Fiの夜間停止という決断は、防御建築に表出される、排除の構造に連なるものだ【図2】。

図2　カストロ地区の分館にある防御建築（筆者撮影）

先述した本館での取り組みと、分館の防御建築、およびWi-Fiの停止という戦略を、ただ単純に比べて、これを批判しても、あまり意味はない。この矛盾をいちばん深く受け止め、悩みを抱えているのは、当の現場であろう。分館の正面玄関前にはLGBTQ+関連の展示がなされていて、たくさんの利用者が、この地域に根ざしたサーヴィスを享受している。ときに応じて、本館からエスグエラやHaSAsが出張し、福祉への橋渡しもおこなわれている。このような葛藤こそが、都市空間に内在する、民主主義と社会正義にまつわる、実に難しく、複雑な問題を示している。

7　ケアの空間につなげていくということ

本章で紹介してきたように、サンフランシスコ公共図書館では、相反するかのようにみえる施策が、同時に進められている。混沌とした状況に置かれた現場では、いかなる舵取りがおこなわれていくのか。二〇一九年から、本館、および二七の分館、すなわちサンフランシスコ市郡内全ての公共図書館を統括する、マイケル・ランバート館長に話をきくことができた。彼はソウルに生まれ、アメリカに渡って教育を受け、キャリアを積んできた。この館長職に、アジア系アメリカ人がつくのははじめてのことで、彼の活躍は、この街に息づく豊かな多様性の象徴ともいえる[28]。

本館の最上階にある、彼のオフィスはガラス張りで、眼前にはサンフランシスコの美しい風景が広がっていた。ランバートからは、多様な利用者のニーズに応えるには、柔軟でバランスのとれた戦略を練る必要があり、館長としては、すべての利用者と、職員の安全を守らねばならない、という説明を受けた。公共図書館とその制度全体を統括する立場からは、当然ともいえる正論である。

そこで私は、路上で受けた印象とともに、公共図書館の置かれた困難な状況について、混沌の極みではないか、と問うてみた。すると即座に、それには同意しかねる、と切り返された。この街は長きにわたり、ホームレス問題を抱えてきた。実のところ、ホームレス人口への住宅やホテルの確保など、市当局の政策は成果をあげている。ただコロナ禍を経て、街からビジネス関係者がいなくなり、オンラインで買い物をする人が増え、路上生活者の姿が目立つようになった。あなたはそこだけをみているではないか、という鋭い指摘だった。

サンフランシスコの街は、ゴールドラッシュに沸いたときもあれば、大地震に見舞われたことも、不況の時代も経験してきた。それでも自分たちは、新しい時代を生み出し、変化を柔軟に切り抜けていける。その原動力になるのは、サンフランシスコの人びと、素晴らしい人びとの力である、というのだ。この街に生きる人びとの創造力と可能性への、揺るぎない信念が感じられた[29]。

たしかに、サンフランシスコ市の路上、そして公共図書館の空間に日々展開しているのは、カオスを超越した、歴史的に再生産され、街に蔓延る貧困の問題であり、弱い立場に置かれた人びとをさらに

図3　図書館長のオフィス前の張り紙（筆者撮影）

周縁化していく社会構造、これに抗う市井の人びとの生きざまでもある。カオス的な路上から、困窮する人びとの生活、そして生命そのものを、ケアの空間につなげていく取り組みは、現代都市に根を張る格差と構造的な差別と向き合い、サンフランシスコの街が醸成してきた民主主義、平等、自由の理念を、多方向から探求しようとする営みでもある。

館長とのインタビューの後、オフィス正面の張り紙の写真を撮らせてもらうことにした。そこにはアラビア語、スペイン語、中国語をふくむ六ヶ国語で、「みなさんを歓迎」と書かれていた【図3】。民主主義の砦、聖域、あるいはコミュニティのリヴィングルームを守るべく挑戦をつづける、公共図書館の矜持ともいえるメッセージである。

註

（1）この翻訳は、日本での公開版の字幕（高内朝子）から引用。

（2）公民権運動以前のアメリカ南部において、いかに黒人たちが公共図書館へのアクセスを、ときには暴力的な形で否定されていたのかについては、以下の研究を参照。Graham, Patterson Toby (2011) *A Right to Read: Segregation and Civil Rights in Alabama's Public Libraries, 1900–1965*. The University of Alabama Press.

（3）hooks, bell（2002）*Rock My Soul: Black People and Self-Esteem*. Atria, p. 95.

（4）Tripadvisor. San Francisco Public Library. 〈https://www.tripadvisor.com/Attraction_Review-g60713-d156656-Reviews-San_Francisco_Public_Library-San_Francisco_California.html〉

（5）Westbrook, Lynn（2015）"'I'm not a social worker': An information service model for working with patrons in crisis." *The Library Quarterly: Information, Community, Policy*. Vol. 85, no. 1: 6–25.

（6）Pateman, John and John Vincent（2015）*Public Libraries and Social Justice*. Routledge.

（7）貧困層に向けたサーヴィスに関するＡＬＡの見解については、同協会の以下のウェブページを参照。〈https://www.ala.org/ala/ourassociation/governingdocs/policymanual/servicespoor.htm〉

（8）アンリ・ルフェーヴル『都市への権利』森本和夫訳、ちくま学芸文庫、二〇一一年。

（9）Harvey, David（2008）"The right to the city." *New Left Review* 53, p. 23.

（10）ミッチェルは、ハーヴェイを師として、マルクス主義地理学の発展に大きく貢献し、ジェントリフィケーションを階級闘争の事象として分析した名著『ジェントリフィケーションと報復都市――新たなる都市のフロンティア』（原口剛訳、ミネルヴァ書房、二〇一四年）を著したニール・スミスの門下生である。

（11）Mitchell, Don（2003）*The Right to the City: Social Justice and the Fight for Public Space*. The Guilford Press, pp. 2–3.

（12）Mitchell, Don（2020）*Mean Streets: Homelessness, Public Space, and the Limits of Capital*. University of Georgia Press, p. 75.

（13）ジェントリフィケーションとは、再開発計画などを背景に都市空間が高級化し、地価の上昇とともに居住者の階級が上がる現象を指す。これによってもともと住んでいた労働者階級や貧困層の生活が脅かされる事態も多発する。これについては、註8に記したスミスの著作に加えて、森千香子『ブルックリン化する世界――ジェントリフィケーションを問い直す』東京大学出版会、二〇二三年を参照されたい。

（14）Applied Survey Research（ASR）（2022）*San Francisco Homeless Count and Survey: 2022 Comprehensive Report*, p. 2,

14–15.〈https://hsh.sfgov.org/wp-content/uploads/2022/08/2022-PIT-Count-Report-San-Francisco-Updated-8.19.22.pdf〉

（15） 同団体のウェブページ〈https://urban-alchemy.us〉では、創設の目的、歴史、関係者の声、さらにはその成果の数々が紹介されている。

（16） 同団体の活動が画期的な試みであることはたしかで、それは大きな成果を上げている。しかしトラウマを抱えたスタッフが、暴力行為をはたらくケースや、トレーニング不足による諸問題も散見される。急成長を遂げている同団体による成果と、重要、かつ困難な課題については、以下を参照。Oamek, Paige and Rohan Montgomery. “How Urban Alchemy turns homelessness into gold.” *The Nation*. July 19, 2023.〈https://www.thenation.com/article/society/homelessness-urban-alchemy/〉

（17） サンフランシスコ市によるホームレス政策の変遷については、公共ラジオ放送会社KQEDによる以下の記事に、わかりやすくまとめられている。Green, Matthew（2019）“Timeline: the frustrating political history of homelessness in San Francisco.” *KQED*. August 2.〈https://www.kqed.org/news/11765010/timeline-the-frustrating-political-history-of-homelessness-in-san-francisco〉

（18） Landgraf, Mary N.（1991）“Library cards for the homeless.” *American Libraries*. Vol. 22, no. 10.

（19） テンダーロイン地区における、ホームレス状態に置かれたクイアの若者をめぐる抵抗と支援のネットワーク、これにたいする警察の取り締まりをめぐる歴史的系譜については、以下を参照。Plaster, Joey（2012）“Imagined conversations and activist lineages: public histories of queer homeless youth organizing and the policing of public space in San Francisco’s Tenderloin, 1960s and present.” *Radical History Review* 113: 99–109.

（20） 思いやりということばで、構造的な問題が放置され、福祉サーヴィスから排除される人たちもいたことについては、以下の批判地理学分析を参照。Murphy, Stacy（2009）“‘Compassionate’ strategies of managing homelessness: post-revanchist geographies in San Francisco.” *Antipode* Vol. 41, no. 2: 305–325.

（21） Leah Esguerra and Karen Strauss. 筆者とのインタビュー、サンフランシスコ公共図書館本館、二〇二三年三月九日。

（22）Esguerra, Leah, LMFT.（2023）San Francisco Public Library Social Service Team Supervisor. *San Francisco Public Library Social Worker's Report*. San Francisco Public Library Commission. February 2.〈https://sfpl.org/sites/default/files/2023-01/ITEM-5.1-2023-SFPL-Commission-Meeting-Social-Workers-Report.pdf〉

（23）Esguerra, Leah, LMFT.（2019）"Providing social service resources in a library setting." *Public Libraries Online*. January 4.〈https://publiclibrariesonline.org/2019/01/providing-social-service-resources-in-a-library-setting/〉

（24）Leah Esguerra. 筆者とのインタビュー、サンフランシスコ公共図書館本館、二〇二三年三月九日。

（25）Leah Esguerra. 筆者とのインタビュー、サンフランシスコ公共図書館本館、二〇二三年八月一五日。

（26）Gee, Alstair（2017）"Homeless people have found safety in a library – but locals want them gone." *The Guardian*. February 24.〈https://www.theguardian.com/us-news/2017/feb/24/libraries-homelessness-deter-landscape-designs-san-francisco〉

（27）この論争については、以下の記事を参照。Davis, Wes（2023）"A San Francisco library is turning off wi-fi at night to keep people without housing from using it." *The Verge*. June 15.〈https://www.theverge.com/2023/6/14/23760787/san-francisco-public-library-wifi-homeless-castro-district-8〉

（28）ランバート館長のプロフィールについては、以下の図書館ウェブページを参照。"Michael Lambert — City Librarian." San Francisco Public Library.〈https://sfpl.org/about-us/library-administration/michael-lambert-city-librarian〉

（29）Michael Lambert. 筆者とのインタビュー、サンフランシスコ公共図書館本館、二〇二三年八月一七日。

* 文中では全ての人名について、敬称略とした。また、本研究は、JSPS科研費JP20K12377の助成を受けたものである。

科学が進んでいく時代をどう生きるか

浅賀宏昭

科学は手品に似ている。タネがわかりにくいからだ。しかし不思議さを楽しむだけではリスクを抱えてしまう。科学の匂いがする話を聴いたらタネを見つけるようにしよう。

単純なことから考えてみよう。物を投げれば落ちると想像できるだろう。だがそれは人が投げることが前提の話だ。ロケットを使い秒速七・九㎞より速く打ち上げれば宇宙へ出て、地球を周回したりする。このような実験を繰り返し検証することで、さまざまなことが可能になってきた。科学のタネは再現性の確認によって作られるのである。

そうは言っても予測は難しい。ある気象学者は、ブラジルで蝶がはばたく程度でもテキサス州のハリケーンの原因になるかと問い、初期条件のわずかな違いが結果に大きな影響を与える可能性をシミュレーションで示した。カオス理論で言うバタフライ効果である。これにより精度一〇〇％の天気予報は不可能と考えられるようになった。

生き物の反応予測はさらに難しい。例えば人体は複雑で、脳の神経細胞だけでも千数百億個あり、それぞれが他の数千個の神経細胞とネットワークを形成している。しかもこれはゲノム情報と環境の相互作用で形成されるため個人に独特で、全く同じネットワークは一卵性双生児にも存在し得ない。このため外からの刺激に対する反応が、人によって異なることがしばしばある。

例えば、他人の意識や行動を変えたい場合を考えよう。睨んで大声で叫んで訴えれば確実だろうか。むしろ耳元でささやく方が効果的なこともあるだろう。とはいえ小声なら効果が出るとも限らない……。このようになる理由は、受容器（耳や眼）から意識（大脳）までの多数の神経細胞でつながっている経路が単線でなくやたらと複雑で個人差があるからだ。このため「入力」と「出力」に相関関係がない。グラフが直線にならないから非線形性と呼ばれるこのカオスの特性が、人の、特に集団の行動の予測を難しくしている。

人体の基本構造は共通しているところも多くある。また神経の伝導伝達も速いので、繰り返して検証できる現象も多い。だから再現性ある反射運動などがいくつも見つかってきたし、病気の治療につながる研究も成果を上げてきた。

だが生きることとは代謝をしてエネルギーを使い、熱力学第二法則（エントロピー増大の法則）に抗って体の繊細な構造を維持することだ。それでも加齢に伴って部品としての高分子物質の劣化も不可避なので、体の機能低下が徐々に進んでいく。このため老化の先にある体の破綻＝死から逃れられない。

これに挑戦するかのように、遺伝子操作や再生医療技術の応用で人の最大寿命（約一二〇歳）を延ばすことにつながる研究や、長寿薬の開発もされ始めている。二〇〇年も生きられる時代が来ると語られることもある。ただし人生の折り返し点を過ぎた人がこれらの最新の成果に飛びつくことは、コインの表裏を当てる賭けのようなリスクがある。

エイジング研究の問題は、再現性の確認に時間がかかることだ。研究者間で引き継げば成果が出るが、第三者による検証は時間をさらに要する。研究の予測については成功ばかりが語られるというバイアスもある。だから研究開発中の先端医療技術や治験薬などの利用を誘われたら科学のタネを探そう。もしそこにタネが見つからないなら、それは科学を装った空想話かもしれない。余命〇〇などと診断された人は判断力が鈍るので要注意だ。家族の意見を訊くべきだろう。

かつて永遠の生命の実現は、体細胞クローン人間の作製を繰り返すことで可能かもしれないと考えられたことがあった。しかしクローン人間を作っても、別の意識と人格を持つ人になるだけだ。意識の移植の試みは、大脳の脆弱性（血流が数分途絶えるだけで神経細胞が不可逆性のダメージを受ける）を考えると、これからも成功の見込みはほぼない。

年々、科学が進むとともにさまざまな予測の精度は上がっていく。ある意味で便利な時代になっていくと言える。人体についても例外ではない。遺伝子検査で塩基配列のわずかな差を、人生の初期条件として知ることができ、病気にかかるリスクや、さまざまな適性・不適正が推測できるようになってきた。

すでに人生の初期をとうに過ぎた貴方には、遺伝子検査の話は皮肉に聞こえるかもしれない。ならば子や孫の人生に活かしてやろうと思うのは人情だが、それはどうか。遺伝子検査の結果から、当人の興味を無視して適性あるスポーツ、学問の専攻や職業の選択を迫るか。あるいは遺伝子治療の技術を応用して適性を広げようと誘うか。

倫理的な側面を別にしても忘れてはならないことがある。未来永劫、一〇〇％の精度の予測はあり得ないことと、人はそれぞれで非線形性というカオスの特性を持つということだ。すなわち、いかなる働きかけをしても、子や孫の多幸感が増すとは限らないとだけは言えるのである。むしろ、この世界に必ず残る予測できないところに人生の趣向があると、若い人にはそう伝えて励ましていくべきではないだろうか。

過つは人の性、許すは神の心

原子力にカオスはあるのか

勝田忠広

1　はじめに

1－1　大学時代とカオス

困難な量子物理学の問題を朝方まで考え抜くこと。それほど至福の時はないと大学生の頃は信じていた。

高校までに馴染んでいた古典物理学の世界では、決定論を用いて世界を要素に還元し、事象の時間変化を予測可能にする。それも魅力的だが、量子物理学では、世界を事象の重ね合わせ、つまり確率論を用い、非決定論的で予測不可能な状況を表現する。

僕は、古典物理学の決定論を勧善懲悪の世界として憧れた以上に、大学で学びはじめた量子物理学の確率論、つまり非決定論を清々しいと感じていた。きっと自分の力の及ばない世界に対して、完全に白旗をあげて身を委ねることが心地よかったのだろう。

日常の感覚が通用せず、抽象的な記号で徹底的に説明されるその量子物理学の世界は、人間を超えた存在を意識させるにふさわしかった。ここだけの話だが、数式や数学的概念が神々しく光ってみえるという自己超越体験を密かに楽しんでいて、それは精神的にも自分を高めてくれる気さえしていた。ただ、間違いなく数学に対して歪んだ思い入れがあった。世界には混沌を引き起こす悪がはびこっていると感じていた僕は、数学の世界こそが輝かんばかりの透明さで汚れを知らない存在で、心のラストリゾートだと感じていた。

そんな当時の僕にとって都合が悪く目を背けたくなるもの、それがカオスだった。決定論には従うが、ある条件の場合のみ極端に敏感な挙動を示し、しかもそれは偶然とは違う。つまり決定論でも非決定論でもない。勝手な言い分だが、そんな現象なんて実社会に染まった妥協の産物だと考えていた。

慌てて否定すれば、カオス現象やその研究は全くそのようなものではない。自然界の巧妙さや希少さを感じさせる素晴らしい現象であり、その学問は複雑で理解し難い自然界を説明しようとする真摯なものだ（もっといえば量子カオスという研究領域すら存在する）。

しかし不条理な世の中から逃げ数学を絶対視していた僕は、中途半端な概念を持ち込んでほしくはない、と勝手に思い込んでしまっていた。

1-2　カオスへの思索へ

社会人になり、息苦しい経験を経て二〇年以上が経過した。今の僕であれば、カオスの意味をどのように捉えるのだろうか。

カオスという現象が明確に認識されたのは一九六〇年代初頭とされる。その後の長年にわたる数多くの素晴らしい研究(1)に、さらに自分の拙い論考を加えるなんて正直おこがましい。

しかし、そもそもカオスは一つの理論というより、全ての分野に潜んでいる現象もしくは概念であるといえる。そうであれば自由に思考してもよいのだろう。そこで教養という分野に甘え、自由な発想に基づいたカオスに関する思考実験を、今から行なってみよう。

第2章では、そもそもカオスとはなにか、またどのように社会で考えられているのかを簡単に紹介する。自然のカオスと社会のカオスという二つに分類し、各々の特徴と課題を示す。そして第3章で科学技術のカオスという新たな視点を提示する。僕の専門分野でもある原子力工学を事例にし、科学技術と社会の課題をカオスという視点で明らかにする。第4章ではより積極的に、カオスとの対峙についてて思索を広げる。

2　カオスの世界

2-1　自然のカオス

カオスとは

カオスを数学的に一言で定義することは難しい。発展に大きく寄与した、数学者であり気象学者でもあったエドワード・ノートン・ローレンツ（一九一七～二〇〇八）は、「実際は厳格な法則に従ったふるまいをしていても、偶然に左右されて進行しているように見えるプロセスである」と述べている。[2] つまり決定論的に見えていてそうではなく、かつ偶然に見えていてそうではない。

彼の論考を参考にして考えてみよう。偶然つまりランダムと、カオスは違う。例えば硬貨を放り投げたあとそれをキャッチし、表面か裏面かを当てるコイントスというゲームがある。表が出るか裏が出るか、それはランダムである。そして何十回、何百回も同じ作業を繰り返すことによって、コインの表と裏の出る割合は各々五〇％だ、という確率で表現できるようになる。

では、もう一つの古典的なゲームであるピンボールゲームはどうだろうか。これは斜面のついたガラス張りのテーブルにピンと穴があり、金属の玉をバネの付いた棒で弾いて、それが転がった先にあるいくつかの穴に落ちないように遊ぶ昔ながらのゲームだ。ただしここでは、きらびやかな光や音を出して振動する現代的なものではなく、木で作られた昔ながらのシンプルなものを思い描いてほしい。

余談だが、最近ではこのゲームの経験者も少ないし、そもそもゲームセンター自体も減少してしまった。明治大学駿河台キャンパスに近い秋葉原にいけば、ひっそりと佇むこのゲームを「レトロゲームコーナー」で見つけることができる。以前、学生たちと一緒にそこで遊んだのだが、どうやら初めて見たものだったらしく、彼らが意外にもこのゲームに夢中になっていたことが印象に残っている。

ピンボールゲームは、最初に玉を打つ強さでその後のピンへの当たり具合が変わる。そのため道筋を予測することは非常に難しい。

実は、この予測できないというピンボールゲームの原因はカオス現象による。永遠に続く長いピンボールがあればよりわかりやすいかもしれない。ピンの当たり方の少しの違いでボールの道筋は大きく変わってしまい、その結末は完全に予測不可能であることがはっきりする。

一般的に、放り投げたボールのような物理的な動き、つまり時間の経過で変化する物理現象は連続的であり、それは数学で学ぶ微分方程式で上手くあらわすことができる。そしてその微分方程式を解くことはコンピュータが得意であり、そのコンピュータによる数値計算をシミュレーションという。

しかしながら、ピンボールゲームでの小さな玉の動きや、果ては地球を覆う大気の振る舞いなど、カオス的な振る舞いをする現象についてシミュレーションによる予測はできない。だから僕たちは、ピンボールゲームの玉の動きをシミュレーションで予測し賭け事に勝ちたい、という悪事はできないし、デートに行きたいので数日後の天気をシミュレーションで正確に知りたい、という希望はかなわない。

天気の話で思い出したが、バタフライ効果という言葉を一度は聞いたことがあると思う。一般的には、たんなる一匹の蝶のはばたきでも最終的には大きな出来事につながる、といった意味で使われるが、実はカオスに関連した話が起源のようで、ローレンツの論考「ブラジルで一匹の蝶がはばたくとテキサスで大たつまきが起こるか?」というタイトルに基づくとされている。[3] 気になるこの疑問の回答だが、彼はやや曖昧なままにしている。

その代わりに、というわけではないが、明瞭に答えている例を紹介しよう。ただし空想の話ではある。SF作家として有名なレイ・ブラッドベリは、短篇小説「サウンド・オブ・サンダー(雷のような音)」において、一匹の蝶を踏みつけたことで未来が大きく変わる世界を描いている。[4] 不思議なことに、これはカオス現象が明らかになる前の一九五〇年代の作品だ。どうやら僕たちは、昔から蝶とカオスの関係が好きらしい。

ローレンツ・アトラクター

さて、ここでカオスの特徴を考えてみよう。定義は難しくても、その特徴をもってカオスとは何かを表すことが可能だ。これまでの多くの研究によれば、カオスは初期値に鋭敏に反応する(特徴①)。つまりほんの少しの変化がのちの大きな変化に至る。また、変化は外的要因ではなく内的要因による(特徴②)。つまり外的な環境ではなく自分自身の変化によってカオスが引き起こされる。

特徴はそれだけではない。カオスは不安定な平衡状態にある(特徴③)。まるで尖った先端を下にして絶妙なバランスで立っている鉛筆のようなものだ。一見安定しているが実は非常に不安定で危うい。さらに、非周期的である(特徴④)。つまり一貫した規則正しい周期性を持っていない。そしてすでに紹介したように、予測不可能性がある(特徴⑤)。

これらの特徴は言葉では理解しにくいので、ローレンツの発見を再現しながら具体的に見てみよう。

彼は以下の連立微分方程式の中にカオス的振る舞いを発見した[5]【式1】。見慣れないと複雑な式に感じるかもしれないが、その結果を考えれば拍子抜けするほど単純な式である。ここでσ、r、bは定数である。また例えばdx/dtとは、少しだけ時間tが変化（dt）したときのx方向の変化（dx）をあらわしている。

$$\begin{cases} dx/dt = -\sigma x+\sigma y \\ dy/dt = -xz+rx-y \\ dz/dt = xy-bz \end{cases} \quad 【式1】$$

この式を使って描いた図は、ローレンツ・アトラクターと呼ばれている。アトラクターとは、あるシステムにおいてその軌道が集まり幾何学的構造を持つことをいう。

【図1】と【図2】にその結果を示す[6]。【図1】は（x, y, z）の初期値が各々（0.0, 1.0, 1.05）の場合で、【図2】は（0.0001, 1.0, 1.05）の場合である。つまり両者はxの初期値が一万分の一違うだけである（なお両者ともσ = 10, r = 28, b = 2.667とした）。

とても奇妙な図に見えるだろう。全ての線は交差することなく一本であり、一点の軌跡である。なおこの図が蝶の羽のように見えるため、カオスと蝶のイメージが出来たという話もある。

二つの図をよく見比べると、実は軌道に違いがあることがわかる。通常の決定論的モデルでは、このほんの少しのxの初期値の変化だけでこの結果にはならない。もちろんこれは有効桁数の違いによる計算誤差が原因でもない。

よりわかりやすくするため、各々についてx座標方向から眺めた二次元の図でみてみよう【図3・4】。両者の触れ方には大きな違いがある。つまり、わずかな初期値に鋭敏に反応し、非周期的にしかも不安定な平衡状態にあるということだ。式自体に変化はない。つまり外部環境の変化とは関係のない内部要因によるもので、結果の予測不可能性があることを示している。

このようなカオス性をもつアトラクターは、総称してストレンジ・アトラクターと呼ばれている。そしてこれには自己相似形という特徴がある。これは別名フラクタルとして知られるが、全体の形状とその一部分に非常に類似性があることをいう。例えば海岸線に立って見る足元の曲線と、人工衛星から俯瞰した巨大な地形の曲線には類似性が見られる。また植物のシダの葉にも、全体と一部とに形状の類似性を見つけることができる(7)。

そこで、カオスの特徴としてフラクタル構造を持つことを加えよう(特徴⑥)。

壮大な宇宙にもカオスは存在する。それが、カオス現象が発見される以前の一九世紀にすでに知られていた三体問題だ。万有引力の法則と運動方程式で簡単に解けるはずの太陽系の惑星運動について、二つの惑星は簡単でも三つの惑星になると計算不可能になることが、フランスの数学者アンリ・ポアンカレ(一八五四～一九一二)によって証明されていた。これは現在、カオス現象が理由であると理解されている。

カオスは自然界において特別なものではなく、いたるところに存在している。これらを「自然のカオス」と名づけよう。この自然のカオスは、一般のイメージのように荒々しく混乱を生み出すような

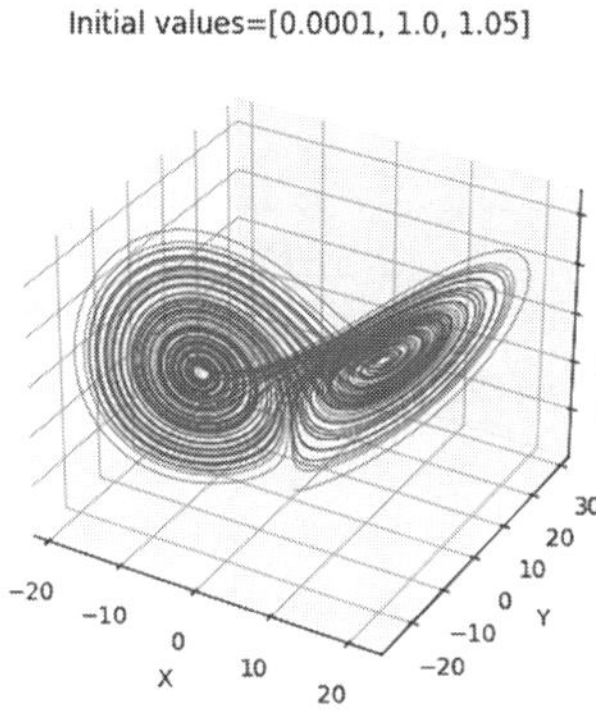

図2　ローレンツ・アトラクター（x = 0.0001）

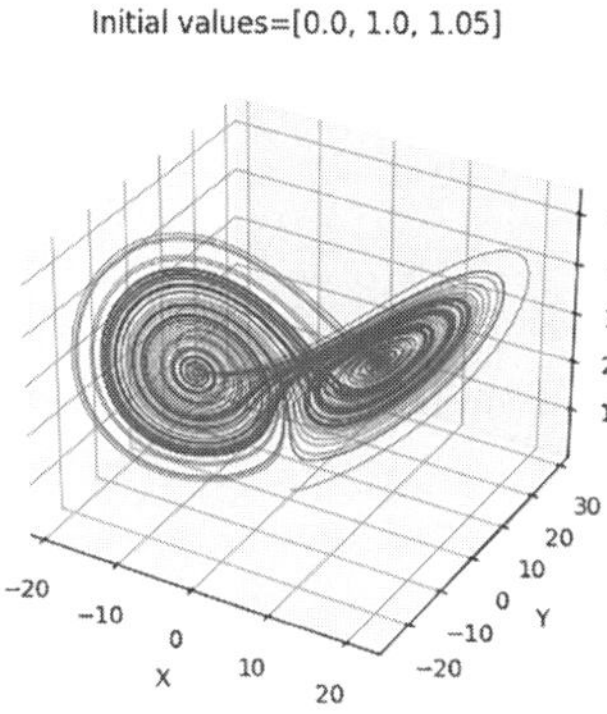

図1　ローレンツ・アトラクター（x = 0.0）

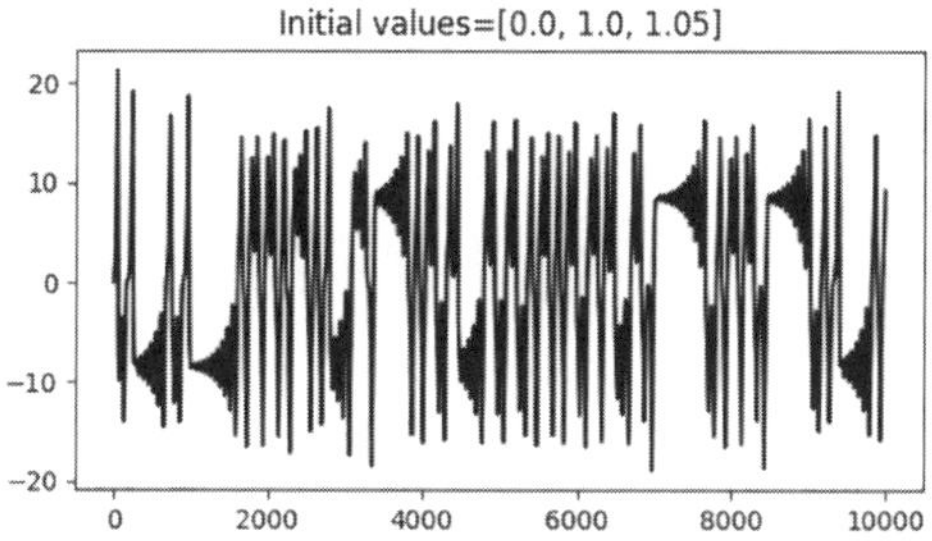

図3　ローレンツ・アトラクター（x = 0.0）のx成分

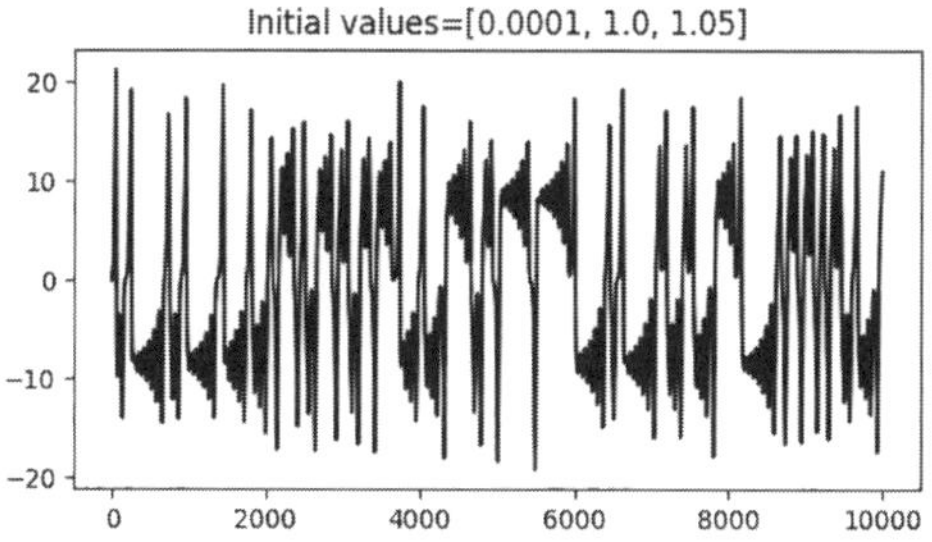

図4　ローレンツ・アトラクター（x = 0.0001）のx成分

ものではなく、静かに佇んでいる。

2-2　社会のカオス

社会とカオス

社会の中でカオスという言葉が使われるとき、何かが混乱し、無秩序で制御不能となっていることを指している場合が多い。学生たちは、議論が収束しないときとか渋谷の大渋滞を見たとき、冗談めかして「カオスだ」と言う。

ここでは、社会の人々が使う漠然とした混乱や無秩序のイメージのカオスを「社会のカオス」としてみよう。

僕はこの社会のカオスを深刻に考えている。きっと、第3章以降で述べるような原子力問題に深く関わり、福島第一原発事故時の社会的混乱の対応を迫られたからかもしれない。

おそらく、社会のカオスは突然生まれるのではない。「矛盾」という形で多くの人々には気づかれずに水面下に静かに存在し、そしてどこかの段階で「破綻」という形で表面化し、ようやく人々に気づかれる。

矛盾はいわば静的で論理的な破壊であり、一方の破綻は、動的で物理的な破滅だと言い換えてもよい。または、矛盾は原因であり破綻は結果である、という見方もあるだろう。

いずれにせよ、矛盾を人々は気づかず、破綻を目にしてから、突然何かが起きたと大騒ぎする。その後も、破綻の根本的原因にまで遡って考えないため、一段落すればすぐに忘れる。社会のカオスは人間の行動が原因かもしれないし、制度または人工物が原因かもしれない。意図的につくられた原因もあれば中心的な存在のいない場合もあるだろう。

もちろん、いわゆる社会的な混乱について、科学は黙っていたわけではない。例えば、比較的古い時期から複雑系科学という研究が進められてきた。これは相互作用を行うなんらかの多くの要素が引き起こす現象を扱う。例えば交通状態、金融市場の暴落、感染症の世界的流行など、社会のあらゆる問題が対象と言える。そしてカオスはこの複雑系科学の一つだとも言われている。

ただし、多くの社会的混乱に相変わらず苦しめられている僕たちの日常生活を見れば、今でもかなり挑戦的で大変な研究だということは想像にかたくない。

エントロピー増大の法則

エントロピー増大の法則を知っているだろうか。エントロピーとは無秩序さ・乱雑さを表す指標で、秩序が高い場合はエントロピーが小、また秩序が低い場合はエントロピーが大となる。そしてエントロピー増大の法則とは、エントロピーはつねに増大しその逆はない、というものだ。どうやら社会では、この法則と同じ意味でカオスという言葉を使っているようだ。

僕たちの世界はもれなくこの法則に支配されている。きれいにしたはずの部屋や机の上が、いつの間にか以前のように混乱している経験は誰にでもあるだろう。エントロピーが大きくなることを理由に、片付けをさぼってもよいかもしれない。また人間は、エントロピーの小さい太陽エネルギーが作り出す豊かな生態系のお陰で生きているが、一方で人体は老化という形態でエントロピーが大きくなり続け、最終的には死に至る。また僕たちは一度起こったことは取り返しがつかないということを嫌と言うほど経験しているが、この時間が一方向にしか進まないことも、実はエントロピー増大の法則から考えることができる。

これらの事実を感覚的に感じているからこそ、人々はカオスとエントロピー増大の法則を無意識に同一視しているのかもしれない。

参考までにエントロピーの式を示す【式2】。ここでSはエントロピー、kはボルツマン定数、Wは状態数と呼ばれるものだ。この非常に簡潔な関係式によって、世界は支配されている。

$$S = k\log W$$ 【式2】

なおこの法則は、実は物理学の一分野である熱力学に登場する、熱力学第二法則と同じものである。ちなみにその第一法則はエネルギー保存則とも呼ばれ、夢のような永久機関のアイデアは実は不可能であることが、この法則から示される。

社会のカオスは、エントロピー増大の法則と同様なものとして扱われていると考えてよいだろう。そこでカオスの特徴として、エントロピー性があることを加えよう（特徴⑦）。

さらに話を進めれば、このエントロピー増大の法則は、壮大な時間と空間の未来を暗示している。それが宇宙の終焉だ。ここでは熱的死という宇宙の終わり方のモデルの一つを紹介しよう。ここでの熱とは、熱力学でいう粒子の無秩序な運動エネルギーを指している。

このモデルでは、宇宙にある全ての物質はエントロピー増大の法則に従い崩壊していく。ブラックホールさえも熱を放出し一〇の一〇〇乗年後頃には消滅する。宇宙に素粒子一個さえも存在しないため、いくら時間が経過しても宇宙に全く変化は生じない。すなわち時間という概念ももはや不必要となる。そして宇宙は終焉を迎える。

社会のカオスもまた、無秩序や混乱という意味とはほど遠い。そして究極的には、虚しいまでの静謐に向かう。

3　カオスと世界

3-1　科学技術のカオス

これまでの知見を踏まえ、新しく科学技術のカオスという概念を考えていこう。

いまや科学技術が発展すればするほど、社会は混乱していくようだ。例えば日本では古くから水俣病や四日市ぜんそくといった公害、そして交通戦争などの社会問題が数多く起きており、また近年では世界的な環境問題や気候変動問題もある。

科学技術の利便性にとらわれた僕たちは、それが生み出す悪影響から逃れることはできない。その点から見ても、どうやら科学技術のカオスを考える意味はありそうだ。

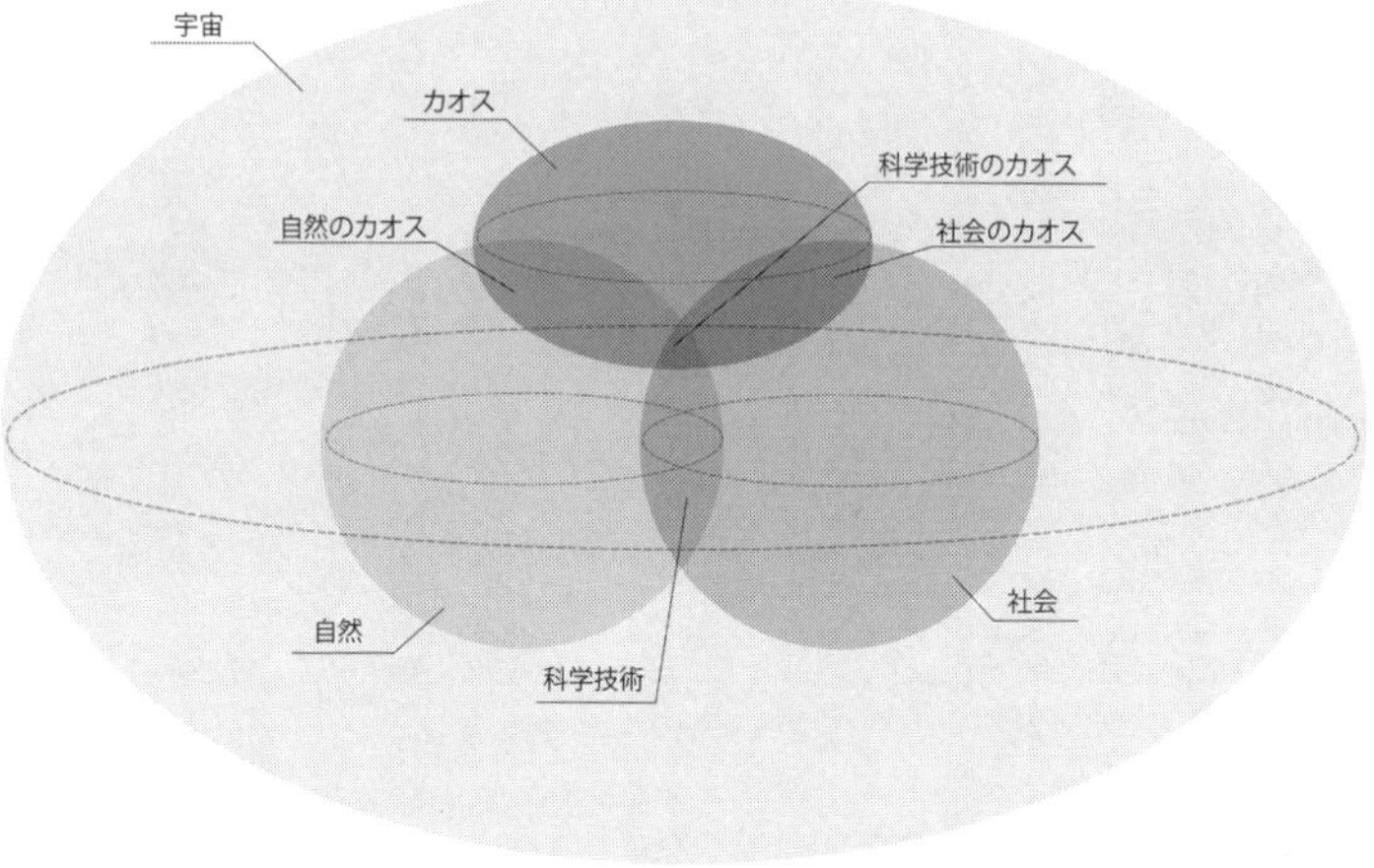

図5　自然、社会、科学技術及び各々に存在するカオスの関係

そもそも科学技術とはなんだろうか。一言で定義するのは困難だが、ここでは、人間が社会で生きやすくするために作り出した自然科学の模倣もしくは改変であると考えよう。つまり科学技術は、自然と社会との混合領域だといえる。

自然と社会という各々の領域にカオスを見てきた結果からいえば、混合領域の科学技術にもカオスが存在してもよいことになる。よってここでは、自然と社会が混合して形成される科学技術に潜むものを「科学技術のカオス」とする。【図5】にこれらの領域やカオスの関係性を示す。

なおカオス工学という分野が古くから存在する。カオスの解析や工学的応用の実現を目指し、先述の複雑性科学にもつながるとされているが、ここではその研究にとらわれず自由に考える。

では、科学技術のカオスはどのような特徴を持ち得るのだろうか。【図5】を参考にすれば、自然科学のカオスと社会のカオスのどちらか、もしくは両者の特徴を持ってもよいはずだ。

ケーススタディとして、僕の専門である原子力工学とその政策で考えてみよう。まずは簡単に原子核物理の基礎と原子力利用の歴史を次節で振り返る。少し細かく長い話にはなるかもしれない。しかし、その後の議論で必要になる目を背けてはいけない現実の話だ。頑張ってほしい。

3－2　原子力発電という科学技術

自然の中の原子力

宇宙、地球、そして地上の生物を形成する全ての物質は原子から作られている。その原子は、中心部の原子核と周囲に存在する電子から構成される。原子核は陽子と中性子で出来ているが、その陽子の数によって原子の性質は変わる。

陽子数が少ない原子から順番に並べたものが、理科で学んだ周期表だ。例えば水素は陽子が一個、電子が一個である。ヘリウムは陽子が二個、中性子が二個、電子が二個である。周期表の下の行にいくほど、陽子と中性子、電子の数は増加していく。

原子核には、陽子と中性子の数のバランスが不安定なため、放射線を放出して安定になるものがある。それが放射性物質だ。放射線とは、アルファ線が原子核から放出される陽子二個と中性子二個の塊、ベータ線が原子核内の中性子が陽子に変化するときに発生する電子、そしてガンマ線が原子核の不安定な状態のときに放出するエネルギーである。

核分裂連鎖反応

これまでに、数多くの原子核の衝突実験が行われてきた。その中でも特に注目されたのがウラン２３５と中性子の衝突実験である。陽子数九二個、中性子数一四三個のかなり重くはあるが不安定な原子核に、一個の軽く速度の遅い中性子（熱中性子）を衝突させる。するとウラン２３５はいったんウラン２３６になったあと、二つの原子核に分裂する。単純に質量数で比較した場合だが、大きく重い約二kg程度のボーリング玉が、小さく軽い約九ｇのビー玉に静かに当たっただけで簡単に二つに壊れるような驚くべき反応だ（例えば、1 : 235 ≒ 8.6g : 2,000g）。

反応時には、二つの核分裂生成物に加え、さらに二～三個の中性子とガンマ線が放出される。ここで核分裂生成物とは、核分裂によって新しく出来る二つの新しい別の原子核の総称で、セシウムやストロンチウムなど、多くの原子核が存在する。

新しく生成される複数個の中性子を、その速度を遅くして別々のウラン２３５に入射すれば、核分裂のたびに中性子は一個から二個（2^1）へ、そして二個から四個（2^2）へ、さらに四個から八個（2^3）へと指数関数的に増加することになるので、核分裂反応も連鎖的かつ爆発的に増加することになる。これが核分裂連鎖反応だ。

【式３】に核反応式を示す。ここでＵはウラン（Uranium）、ＦＰは核分裂生成物（Fission Products）、ｎは中性子（Neutron）、γはγ線を意味している。

$^{235}U + {}^{1}n \rightarrow FP_1 + FP_2 + 2n + \gamma$　【式３】

また核分裂反応の模式図を【図６】に示す。核分裂連鎖反応では、この図が瞬時に何度も爆発的に繰り返されることになる。

この反応の「有用性」はその放出エネルギーにある。これは核分裂生成物の運動エネルギーやγ線のエネルギーの合計（約２００MeV《メブ》／M（メガ）＝一〇の六乗（10^6）、eV＝電子ボルト）であるが、最初の熱中性子（0.025eV）と比較すると、一回の核分裂で約八〇億倍のエネルギーが生まれることになる（$200 \times 10^6 / 0.025 = 8 \times 10^9 = 80$億）。反応が連鎖的に起これば、このエネルギーは核分裂のたびに何度も発生してさらに膨大なものとなる。この原理を応用して核兵器が製造され使用された事実は、特に日本人なら知っているはずだ。

ウランを焼き固めた核燃料を水中に入れれば、熱に転換した放出エネルギーは水を熱して蒸気を作る。その蒸気はタービンを回転させて発電機で電力を起こす。それが原子力発電の原理だ。

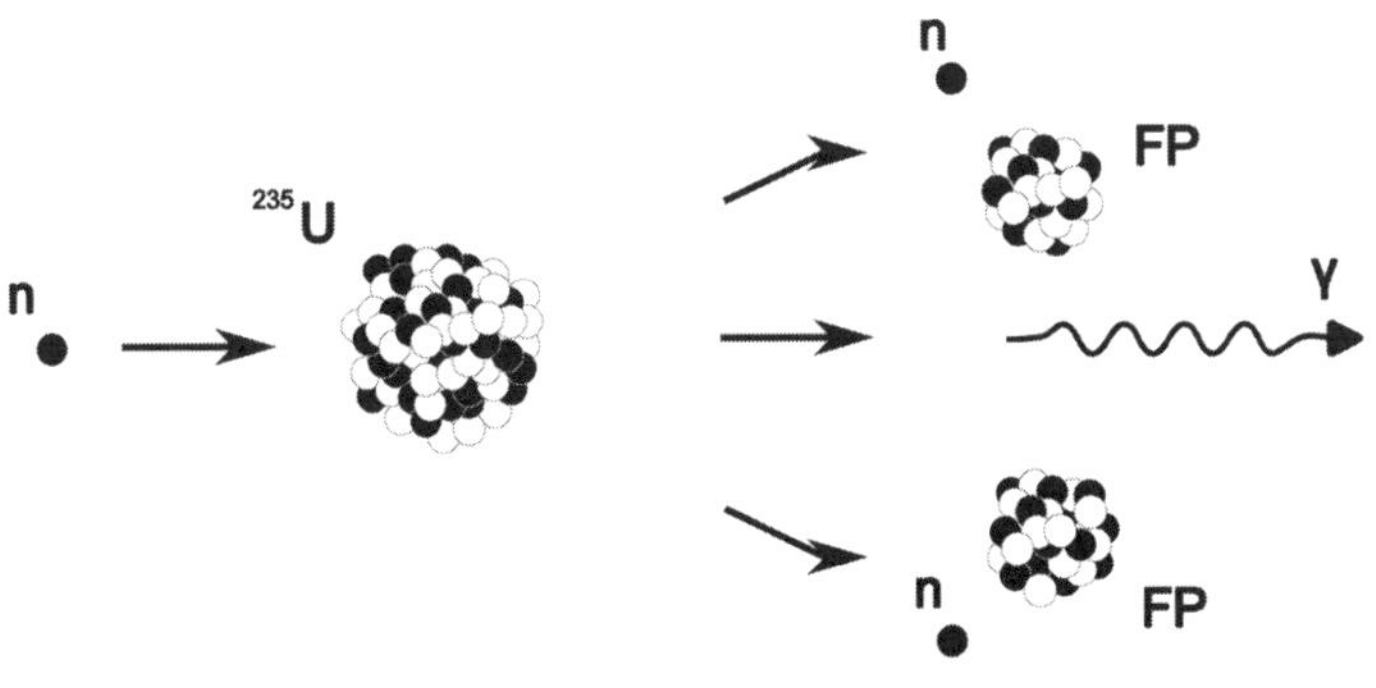

図６　ウラン235の核分裂反応

原子力発電では、中性子の数を制御棒で調節し、また早すぎる中性子の速度を落とす減速材としても水を使用する。

このようにして膨大なエネルギーを利用できる一方、核燃料はその内部に、人体、環境、もしくは安全保障上の意味でも危険なセシウムやプルトニウムなどの核分裂生成物を蓄えていく。

この使用済みの核燃料からは、数秒程度で人が死んでしまうほどの放射線が放出されている。そのため非常に厳格に安全な処分をしないといけないのだが、その場所や方法がいまだに決まっていない。それが最終処分問題だ。しかも自然界のウラン程度まで放射線量が下がるには、一〇万年程度の期間が必要とされている。

なお核爆弾の場合、エネルギーはそのまま解放され、熱や爆風となって人々を傷つけ環境を破壊し、核分裂生成物（別名「死の灰」）もまた環境中にそのまま拡散される。

日本の社会と原子力

一九四五年、日本は広島と長崎への原爆投下を受け、各々、約一四万人と約七万人がわずか一発の核爆弾で亡くなった。さらに一九五四年、太平洋での核実験により、第五福竜丸など漁船で多くの人々が被爆した。これらは世界でも類のない未曾有の体験であったといえる。

しかし日本政府は、米国が世界に向けて発信した「原子力の平和利用」政策に政治的に応えるため、一九五五年の原子力基本法で原子力発電の導入と、使用後の燃料内にできるプルトニウムを再利用するという核燃料サイクル政策を目指すことを定めた。

当時は多くの市民や研究者の不安があったものの、一九五五年一二月、日本政府は原子力基本法を制定し、次の目的を掲げた。「将来におけるエネルギー資源を確保し、学術の進歩と産業の振興とを図り、もつて人類社会の福祉と国民生活の水準向上とに寄与する」。

その後、この法律を根拠に原子力発電は積極的に導入されてきた。一九六〇年代には全国の原発立地予定地で反対運動が盛んになったが、さまざまな助成金等の優遇措置が行われた。電力消費地では、その時その時の人々の不安をあおる社会的関心事、例えば「エネルギー資源のない日本」、「産業のない地域」、「将来的な電力不足」、「世界的な温暖化問題」などが叫ばれ、それらを解決するのに原子力発電が役立つという原子力神話が形成されていった。

そして二〇一一年三月一一日、マグニチュード9・0の地震を契機とした東日本大震災において、福島県の東京電力福島第一原子力発電所が事故を起こした。三基で燃料が溶融や水素爆発、また他の一基で燃料プール火災が発生し、核分裂生成物のセシウムなど放射性物質が外部に放出して環境汚染を引き起こした。福島県では最大で約一六・五万人もの住民が避難し、日本の原子力発電所全てが安全性の再確認のため運転を止める事態となった。

この事故は、被曝の恐怖、食品汚染、電力不足の懸念、輸出産業や観光業への影響など、日本だけでなく世界にも大混乱を引き起こした。

その後、一時的に原子力発電利用は停滞する。しかし二〇二四年現在もなお、日本政府は原子力推進政策を変更してはいない。国民も、不安の声はあるものの、積極的に反対を表明する者は決して多くはない。

3-3　原子力とカオス

原子力に潜むカオス

さて、原子力発電技術はカオスの性質を備えているのだろうか。もちろん、原子核工学と数学的事象もしくは社会的事象という全く違うものを比較する試みのため、やや僕自身の解釈によってしまう可能性は許してほしい。またここでは、原子力発電で使用する流体や制御機構などにカオス現象が見られる、という議論をしているのではないことにも注意してほしい。

これまでの議論で示された、自然のカオスと社会のカオスの特徴は次のようなものであった。特徴①：初期値鋭敏性、特徴②：内的要因、特徴③：不安定な平衡状態、特徴④：非周期性、特徴⑤：予測不可能性、特徴⑥：フラクタル性、特徴⑦：エントロピー性。

まずは自然の側面をみていこう。前節の核分裂や原子力発電の原理を振り返れば、核分裂連鎖反応という一つの現象に全てのカオスが該当する。

核分裂の連鎖的反応は、中性子の数という初期値に鋭敏に反応し（特徴①）、反応の維持も不安定な平衡状態にある（特徴③）。また燃焼のような外部との化学反応ではなく、内部にある原子核の反応であるという内的要因がある（特徴②）。もちろんこの連鎖反応は非周期性であり（特徴④）、制御しないと暴走する予測不可能性もある（特徴⑤）。反応は小規模なものから大規模なものまであるが、それはフラクタル性を示し（特徴⑥）、反応による内部エネルギーの解放は、まさしくエントロピー性を持つといえる（特徴⑦）。

続いて社会の側面はどうだろうか。これも前節の原子力発電に対する社会の反応を見れば、不安という心理に全ての社会のカオスが該当する。事故への人々の恐怖心もあるし、政治家の政治的野心もあるかもしれないが、突き詰めれば、不安から生じている。

一般の人々にとって馴染みがなく危険な印象の強い、核の制御への潜在的とも思える不安（特徴②）は、きっかけがあれば一気に拡散するという初期値鋭敏性（特徴①）や、不安定な平衡状態（特徴③）があり、また予測不可能性を持つといえる（特徴⑤）。事故はいつ起こるかわからないという不安は非周期性があり（特徴④）、また個人レベルから国家レベルまで、不安の大きさにはフラクタル性があるだろう（特徴⑥）。不安は時間や空間を超えて自発的に広がるという点で、エントロピー性を持つともいえる（特徴⑦）。

さらに、2－2節で示した矛盾と破綻という視点で考えてみよう。原子力政策の持つ潜在的な矛盾は、いわゆる原子力推進の力によって隠されてきた。一部の人々にのみ気づかれ問題提起されてきたが、特に電力消費地の多くの人々には届いていなかった。しかしカオスの特徴でもある内的要因のために原子力問題は推進派自らで解決することはできない。矛盾は矛盾を産み、最終的には破綻、つまり福島第一原発事故を引き起こした。

しかし、破綻はこれまで何度もあったことを忘れないでほしい。間違っても、福島第一原子力発電所事故以前は日本の原子力政策が順風満帆であったわけではない。例えば一九九五年の高速増殖炉原型炉もんじゅのナトリウム漏れ事故、一九九七年の東海再処理工場アスファルト固化施設火災・爆発事故、一九九九年一〇月の茨城県東海村JCO臨界事故、二〇〇二年に発覚した東京電力不正・トラブル隠蔽事件、二〇〇七年の東京電力柏崎刈羽原子力発電所の新潟県中越沖地震による運転停止と火災事故などがあった。

これらの破綻を、人々は意図的に見ないか、見てもすぐに忘れて生きてきた。まとめよう。原子力発電技術はカオスの特徴を備えていた。そしてそれは、核分裂連鎖反応と不安という、一つの物理現象と一つの心理現象で説明が可能だ。

3－4 科学技術のカオスを見つめる意味

科学技術のカオスは、混乱する現代科学といった、ありがちで抽象的な言葉以上の示唆を与える。特に、自然と社会を同時かつ同列に見るという点において新しい視点を与える。

科学技術のカオスは、いわゆるカオス工学や複雑性科学とは違う。例えばカオス工学は、技術の中にカオスを見出し工学的に制御して利用することを考える。また複雑性科学は、さまざまな社会生活で現れる混乱を分析し、その社会問題の解消を目指す。

もちろんこれらは重要な研究分野ではあるが、科学技術のカオスは、原因や解決策を工学または社会学のみにとどめるべきでないという新たな視点を示している。もっといえば、カオスを工学的もしくは社会的に制御するという行為、もしくはできうるという考えについて、疑問を投げかけている。

通常、科学技術に起因する問題が発生した場合、技術的な改善が行われる。もし社会問題にまで発展した場合、状況によっては組織的な改善にまで言及される。

しかし科学技術のカオスという視点で考える場合、自然のカオスと社会のカオスの両者を等しく分析することになる。また内的要因は必ず存在し、かつ、それを取り除くことは不可能であると考える。そして対策には限界があり、不安定な平衡状態で予測不可能性があることを理解している。これらについて客観的に評価し、場合によっては、最終的にその利用の是非を問うことまでも範疇にいれる。

例えば原子力発電についてみれば、脱原発を二〇二三年に達成したドイツの動きが少し近いかもしれない。彼らは主に技術面ではなく倫理面で原子力発電を否定した。もちろん彼らが科学技術のカオスという視点を自覚的に捉えていたわけではない。

科学技術のカオスを考えることによって、現代社会の常識ともいえる次の二つの考えが「間違いである」ことが顕在化する。①「科学技術の問題は科学技術のみで解決できる」、②「課題は内部の者自身による解決、もしくは外部からの制御によって解決可能である」。

これまでに見てきたように、自然のカオスは時間と空間に関係し、社会のカオスは人間の感覚と心理に関係している。よって科学技術のカオスはその両方について配慮がなされることになるだろう。

科学技術のカオスは自然と社会を同時に、かつ同列に見るという点において、今の科学技術政策になんら不満を持たない人々や、不当とも思える利潤を得ているとされる人々にとっては論争的だ。

それでも、いやそれだからこそ、科学技術のカオスは原子力技術に限らず、特に政府主導型などの多くの科学技術にも適用してみる価値はある。

4　カオスと人間

4-1　カオスとの対峙

以下、僕たちはいかにしてカオスと対峙すべきなのかを検討し、あえて発散させてきた考えを収束したい。

僕たちはカオスを拒絶する。逃避しようとする人もいればあえて利用しようとする人もいる。しかしカオスから逃れることはできない。僕たちは厳しい現実から逃避せず真摯に対峙しなければいけない。

僕自身は、科学技術のカオスには責任を、社会のカオスには迷いを、そして自然のカオスには謙遜が必要だと思っている。

まず科学技術のカオスは、人知の結晶として厳密に考え抜かれたように見える仕組みの中に潜んでいた。ということは、科学技術は科学的・技術的規則に則っているからといって安易に導入すべきものではない、ということになるはずだ。それにカオスは確率ではないから、人の命や将来世代に関わるようなことに対して、ギャンブルのような賭け事の感覚で行うべきものではないことにもなる。

科学技術のカオスは、完全に理解してそれを制御することは不可能だろう。いやそのような消極的なものではなくむしろ、このカオスは制御してはいけないものだと、積極的に考えるべきものだ。

そして僕は、科学技術のカオスに対して責任を感じる。例えば日本の原子力政策は、法則が存在するように見せかけながら、その予測不可能性が意図的・非意図的に隠されている。科学技術のカオスを認めることなく表面的な科学技術で覆いかぶせ、いつわりの秩序を示している。そういえば、カオスの反語は秩序だ。

続いて、社会のカオスは人々の中に存在していた。社会はこれまで「カオスだ」という一言で思考停止し、問題解決や原因究明をしなかった。人々はこの言葉を都合よく解釈し、それを口実に責任から逃げ、社会を混乱させてきた。

社会のカオスに対して、僕はもっと迷いたい。今の世界はあまりにも余裕がなく拙速だ。

迷いは一般的には良い意味では使わず、現代社会においては不要とされている。僕たちはつねに即断しないといけなくて、迷うことは負けであり、他人に迷惑をかけることらしい。いつでもどこでも誰にでも、僕たちは迷いを見せてはいけない。

しかし、迷いは短絡さをなくし、可能性や選択肢を生み、冷静さと余裕を与える。また、軽率さをなくし、熟考や内省を生み、強さや自信を与える。

カオスの話で何度も登場する蝶がここでも一つの役割を担う。僕たちは蝶のように、一見、迷いながらも飛び回ることが必要ではないだろうか。僕自身、社会人になってから蝶を見ていなかったが、やはり、迷うように飛ぶ自由さを忘れていたと思う。

そして、自然のカオスはあまねく世界に存在していた。その存在を誇示し混乱を生み出すこともせず静かに佇んでいる。人がいてもいなくても、そこに存在する。自然のカオスに悪意はない。

実は、自然のカオスには本質的ともいえる特徴がある。それは、決定論的な簡単な式で表現できることだ。僕たちはローレンツの式において、決定論的な式にカオスが隠れていることをみた。さらには、原子力発電技術にも同様なものをみている。それが核分裂反応式だ。もっといえばエントロピーの式も同様かもしれない。

これらの簡単な式に、全ての問題が隠れている。式の中に、宇宙の荘厳さ、自然の支配、エネルギーの解放、戦争の優位性、被ばく、事故、さらには人間の無力さといった全てがある。しかし、式というあまりにも簡単なヒントが出されていたにもかかわらず、それが暗示する答えに気づけなかった。しかも僕たちは式を解き正解を導いたつもりだったが、それは不正解だった。

その自戒と教訓的な意味を込めて、カオスの本質的で根源的な特徴としたい。カオスは僕たちを試すように、決定論的で簡単な式で表現されている(特徴⓪)。

理解を超えた自然のカオスに対して、僕はもっと謙遜したい。しかしそれは、ありがちな自然への畏敬の念を述べているのではない。それでは全く足りない。

例えば、聖書に基づくキリスト教や神学によれば、僕たち人間は被造物に過ぎない。しかし人間は、自然に対する管理者としての責任がある。思っている以上に僕たちの存在は小さいが、それでも期待は大きいようだ。

だから、理解を超えたこの世界の摂理に対し、へりくだった心が必要だ。僕は自然も社会も人間も、何をも理解していない。しかし知らないという自覚は僕を清めてくれる。「だれでも自分を高くするものは低くされ、自分を低くするものは高くされるのです(8)」。

しかし、いまだに僕は、この世界の働きについて神の恩寵を感じるほど、責任を感じ、迷い、そして謙遜できていない。

4-2　カオスと神

過つは人の性、許すは神の心。けれども、人々は自然のカオスの奥深さに気づかず、社会のカオスを口実に愚痴をこぼし、科学技術のカオスを利用して責任転嫁する。そして、過ちを認められない原子力推進者は矛盾を生み出し続ける。破滅が見えているにもかかわらず。

そういえば、神話の中にデウス・エクス・マキナという便利な手法があったと思う。機械仕掛けの神ともいわれるこの手法は、物語などの最終局面で突如現れ、大混乱で収集がつかなくなったカオスな世界を一気に解決してくれる。残念だが、現実にはそんな便利な神は存在しない。

現在の僕は、この混沌とした世界を拒絶せずに――生きることは本当に苦しいのだが――引き込まれている。神々しい純粋な量子物理学ではなく、泥だらけの汚れた社会の中に何かを感じはじめている。

気づくのに遅く頼りない僕だが、神は許してくれるはずだ。

註

（1）例えば次の文献はカオス現象の世界を詳細かつ壮大に描いている。イアン・スチュアート『カオス的世界像――非定形の理論から複雑系の科学へ』須田不二夫・三村和男訳、白楊社、一九九八年。

（2）E・N・ローレンツ『ローレンツ　カオスのエッセンス』杉山勝・杉山智子訳、共立出版、一九九七年、二頁。
（3）原題は *Predictability: Does the Flap of a Butterfly's Wings in Brazil Set Off a Tornado in Texas?*（1972）。なお日本語訳は註2の付録1に記載されている。
（4）レイ・ブラッドベリ「サウンド・オブ・サンダー（雷のような音）」『太陽の黄金の林檎』小笠原豊樹訳、早川書房、二〇一二年、二〇五頁。
（5）Lorenz, Edward Norton（1963）. "Deterministic nonperiodic flow". *Journal of the Atmospheric Sciences*. 20（2）: 130–141.
（6）次の文献を参考に、適宜プログラミング言語Pythonプログラムの内容を加筆修正して筆者が作成した。橋本洋志・牧野浩二『Pythonコンピュータ・シミュレーション入門』オーム社、二〇二三年、一二五頁。
（7）【図7】は、シダの写真のように見えるがプログラムで計算し描画したもの。バーンスレイのシダとも呼ばれる。次を参考にして筆者が計算した。註6、一二二頁。
（8）「ルカの福音書第18章14節」『聖書　新改訳２０１７』いのちのことば社、二〇一八年。

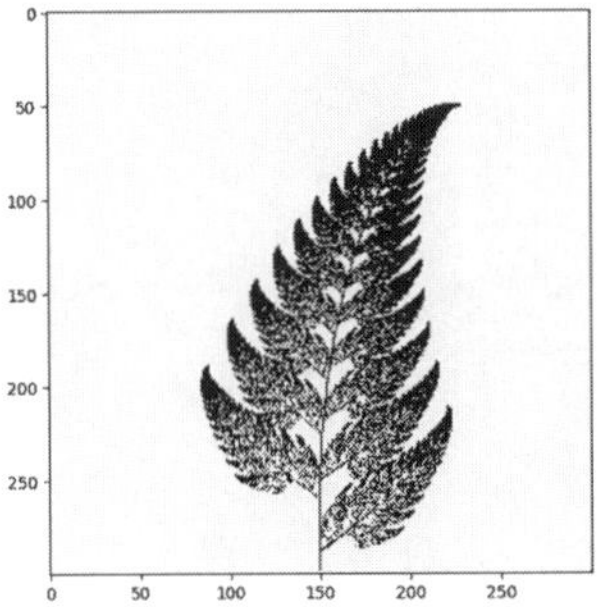

図7　バーンスレイのシダ

女性患者はすべてを打ち明けない

ブロイアー／フロイト『ヒステリー研究』の中の混沌と破壊

広沢絵里子

1　心身の混沌

ジークムント・フロイト（一八五六〜一九三九）の名前を、どこかで聞いたことはあるだろうか。彼は「無意識」を発見し、精神分析を創始したことで知られている。一九世紀のヨーロッパでは近代理性主義が支配的で、人間の理性が知識や認識の出発点だった。もし人間が自分自身も気づいていない「無意識」に心理面や行動面で支配されているとしたら、それまでの人間観は覆されてしまう。それゆえ、フロイトの発見はずいぶん物議をかもした。フロイトは無意識をヒステリー患者の治療や、自分の夢の分析などを通じて体系的に描き出し、心の仕組みの理論化や神経症の治療に役立てた。『夢解釈』（一九〇〇年）を画期として、彼が発展させた精神分析は二〇世紀の思想、文化、芸術に多大な影響を及ぼし、今日まで繰り返し議論の対象になってきた。この小論では、フロイトの発見の原点になった『ヒステリー研究』という作品について、本書のテーマ「混沌」と絡めて少しお話をしてみたいと思う。

フロイトはまだ若い駆け出しの開業医であった頃、先輩医師のヨーゼフ・ブロイアーと共に、オーストリア・ウィーンを拠点としてヒステリーを患った患者の治療にあたっていた。[1] その共同研究の結果として、彼らは一八九五年に『ヒステリー研究』という本を出した。[2] この本の主要な部分は五件の症例報告（病歴）で、ヒステリー者と呼ばれる五人の女性患者それぞれの病状と治療経過について、ブロイアーとフロイトが叙述したものだ。彼らの病歴にはタイトルとして女性患者の仮名が冠された。ブロイアーの報告は一件で「アンナ・O嬢」、フロイトの病歴は「エミー・フォン・N夫人」「ミス・ルーシー・R」「カタリーナ」「エリーザベト・フォン・R嬢」の四件である。患者の実名や、いつどこで治療が行われたかなどの情報は、特定できないように一定の範囲で改変が加えられている。

ヒステリー患者はたいてい一人で複数の重篤な症状を抱えているのだが、器質的には何の問題もない——つまり、臓器に炎症があるとか、腫瘍があるわけではない。ヒステリーは原因不明の突発的な病、不定期で相互の関連が分からない複数の病状が噴出する病だった。こうしたヒステリー者の身体と精神の、一見無秩序な病状は「混沌」として見なしても良いだろう。『ヒステリー研究』は二人の医師が混沌の身体を観察し、患者の抱える個々の痛みや症状に、それぞれ個別の原因（心の傷となった経験）を特定していく物語であり、あるときは言語障害、あるときは右脚の痛み、歩行困難、恐怖に満ちた幻想といったさまざまな症状を、医師たちが、時には患者自身のアイデアに助けられながら解決していく冒険譚である。医師たちは病歴において、病状の混沌を書き起こしつつ、一歩一歩患者の心身に秩序を回復させてゆくだけではない。彼らは、患者が二重の意識を持っていること（患者の人格解離）を発見したり、患者の「第二の意識」には、患者自身が通常の意識状態では思い起こすことのできない、過去の不快な、痛みを伴う経験の回想が押し込められていること（「防衛」というシステムが働いていていること）に気づいたりする。ヒステリー者の治療と観察は、フロイトにとっては精神分析の基盤となる「無意識」の発見にもつながったため、『ヒステリー研究』はフロイト精神分析の「始まりの書」とも呼ばれる。(3) つまり、ヒステリー者の混沌とした病状は、最初、医師にさまざまな困難をもたらすように見えながら、彼らにとってはやがて新たな発見の源として姿を現してくる。この「混沌」は、〝科学的発見〟を可能にするエネルギーの充満したポジティブな意味での混沌であっただろう。

一方で、女性患者にとって「病歴」とはどんなものだったのか、という点も考えざるを得ない。彼女たちは自らの人生に秘められていた「受難史」ともいえる家族内での悲痛な経験を医師に語っている。しかし彼女たちについての伝記的な語りは、個人情報を特定させないための一定の制限下で、男性医師によって記述されるため、そこで描かれた女性たちの人格、性格、身体の痛み、内面の道徳的な苦痛などは、治療者としての医師の視野や、彼らの価値観・女性観の枠内に閉じ込められているといえる。女性患者たちの発した言葉、身振り、そしてそもそもの症状自体が、女性の人生に課せられた因習的な枠組みを本来破壊する力を持っていたかもしれない。それらの症状が、医師の解釈を経たうえで記述されていることに注意を払いたい。一九六〇年代以降、フロイトの精神分析創始の物語を神話化することなく、彼のヒステリー治療の実際を検証する研究も数多く生まれた。その結果、主要な女性患者たちの実名と実人生の輪郭が明らかになっただけでなく、たとえ「病歴」において病気の完治が強調された症例であっても、実際には治癒にはほど遠かったことも暴かれてきた。

この小論では、こうした実証的な研究成果を念頭に置きつつも、二つの視点から『ヒステリー研究』における混沌について考えてみたい。まず、ヒステリー患者の心身の混沌を解明に導くにあたって、著者たち(とりわけフロイトが)どのような叙述上の戦略を用いているかである。もう一つの視点は、『ヒステリー研究』というテクストに痕跡を残す、別の混沌である。それは病歴のタイトルにはならなかった女性患者たち、特に「ツェツィーリエ・M夫人」に代表されるような、注釈や本文中に唐突に飛び出してくる患者についての叙述である。『ヒステリー研究』では医師たちが患者の心身に渦巻く混沌を吹き払い、女性患者の伝記を理解可能な枠組みに収めたかもしれない。私はしかし、その枠組みをはみ出す女性患者の動き、このテクストになお残存する混沌を、多少なりとも書き起こしてみたいと思う。

2　動き回る子宮

「ヒステリー」という語は一九世紀の半ば以降、西洋から日本に流入し、現在の国語辞典にも「ヒステリーを起こす」という用例が掲載されているほど日本語に定着した。この表現は、集団や社会の現象にも用いられるものの、急に感情を爆発させる女性を、たいていは侮蔑的に描写するのによく使われてきた。しかし、ヒステリーとは何か、と問われると答えは簡単ではない。フロイトたちの病歴が前提としているヨーロッパのヒステリーとは、どんなものだったのか。

「ヒステリー」(英語:hysteria/ドイツ語:Hysterie/フランス語:hystérie)は、古代ギリシア語で

「子宮」を意味するhysteraを語源としている。ヨーロッパにおけるヒステリーには長い歴史があるが、その解釈は時代背景と医学の潮流によって異なっていた。古代ギリシアの医学者ヒポクラテスは、「体内で子宮が動き回る婦人病」に言及している。(4) 子宮は肝臓や季肋部（肋骨下のみぞおち）に移動して窒息の発作を引き起こすだけでなく、頭部にも移動して、今度は鼻の中の血管と目の下の痛み、昏睡、口から泡を吹くなどの症状を起こすという。(5) 時代が下ると、ヒステリー女性の尋常ではない多様な症状はやがて「悪魔の徴候」と見なされるようになり、ルネッサンス期では他の精神病者とともに、魔女狩りの犠牲にもなった。ある研究者はヒステリーを一言で次のように言い表している。「あらっぽくいえば、それは女性であるという症状であった」(6)。

どのような症状が今日までヒステリーとして伝承されてきているのか列挙してみる。(7) 身体的機能障害としては、ヒステリー球（器質的な異常がないにもかかわらず、のどに異物感が生じること）、卵巣痛、ヒステリー弓（頭部が足のかかとに向かって反り返る全身痙攣）、感覚脱失（針を刺しても何も感じない等）、ヒステリー盲・聾、失声、麻痺、失立、失歩、痙攣、限局性頭痛があげられる。精神的機能障害（解離ヒステリー）としては、健忘、譫妄、空想虚言、記憶障害、もうろう状態、混迷、仮性痴呆などが含まれる。さらに、今日では人格障害に振り分けられるようなヒステリー人格の伝承がある。それを歴史的な順で追うならば、「魔女、憂うつ性の女、神経過敏で、デリケートで、夢を見る人、しかしまた気まぐれで、移り気で、予見できず、必要に応じて嘘をつく人、虚言症の人、色情的で、倒錯的な人」となる。(8)

近代、とりわけ一九世紀後半にヒステリーは盛んに研究された。当時は、男性患者も報告されていたのだが、研究の主たる対象が女性であることは間違いなかった。フランスの神経病学者ジャン＝マルタン・シャルコー（一八二五〜一八九三）は、一八六二年にパリのサルペトリエール病院に着任して以降、収容されていた多数の女性患者をもとに研究を行い、非常に皮肉な表現ではあるが、ヒステリーを「発明」したともいわれる。というのも、シャルコーは、しばらく発作が起こっていなかった患者に催眠術をかけて症状を再現させるパフォーマンスを行ったり、患者の「徴候」をとらえるために無数の写真撮影を行なったりして、明らかに患者の心身に多大な負担をかけながら、一九世紀におけるヒステリーの「大衆的イメージ」を作り上げたからだ。(9) シャルコーは、患者の死後、その遺体を解剖しても「病巣」を見つけることのできない病を、徴候の可視的イメージ（写真・版画、発作の図解、聴衆の前での催眠術実演）を積み重ねることによって取り押さえようとした。そして、「大ヒステリー発作」の法則性を記述することで、ヒステリーを他の精神病やてんかんとは異なる病として位置づけた。大ヒステリーの経過は四期に整理され、それぞれ「類てんかん期（標準的なてんかん発作の模倣、複製）」、「道化期（捻転、非論理的運動）」、「熱情的態度期（造形的ポーズ）」、「譫妄期（発作の終末期）」と呼ばれた。(10) 発作は必ずしもこのすべての経過をたどることはないのだが、ヒステリー研究に一定の指標を与えることになった。(11)

もともとは神経学者だったフロイトは、一八八五年から翌年にかけてシャルコーのもとに留学して催眠療法を学び、やがてヒステリーをシャルコーのような神経解剖学的見地からではなく、心理学の枠組みから解釈するようになる。フロイトは一八八八年に発表した事典記事で、「ヒステリーはその言葉の最も厳密な意味で一つの神経症である」と定義し、シャルコー以前の、女性生殖器の病気と結びつける「偏見」に基づいたヒステリーを、フランス語の単語を用いて医学の「鬼子（bête noire）」と評した。[12] 直訳すると「黒い獣」となるこの表記の中には、ヒポクラテス以来の「動き回る子宮」の響きが聞き取れるだろう。[13] 医学は、このとらえようのない「動物」を追い求めてきたのである。フロイトの記事は、迷信の域を出ない、混沌ともいえるヒステリー現象とは一線を画してヒステリーを定義しているのだが、その試みは後年に発表される『ヒステリー研究』でも継続される。その際、フロイトは動き回る「獣」を確かに仕留めることができたのだろうか。

3　『ヒステリー研究』——分裂の書

『ヒステリー研究』の構成を簡単に述べておく。冒頭に位置する「ヒステリー諸現象の心的規制について——暫定報告」は、ブロイアーとフロイトの共同執筆による論文で、書籍刊行に先立って一八九三年に発表されたものの再録だ。これに続いて、ヒステリー女性に関する五つの症例報告（病歴）が収録される。最後に、「理論的部分」（ブロイアー）と、「ヒステリーの精神療法のために」（フロイト）という二つの独立した論文が本書を締めくくっている。「暫定報告」では、ヒステリーの内的原因の特定には至っていないものの、ヒステリー現象とそれを引き起こした誘因との「因果関係」を突き止めることができたとされる。患者には発症以前に何か不愉快な体験があり、これが「心的外傷」となって患者に多種多様な症状を引き起こすのだが、患者は誘因となった出来事を平時の覚醒状態では想起できない。患者には二つの異なる意識状況があり、それぞれの意識における想起の内容には断絶があるため、医師が患者に催眠術をかけ、催眠下で、症状が初めて現れたときの想起を呼び覚ます必要がある。この想起が、患者が主体的にアクセスできない「異物」として作用し、長期にわたって症状を引き起こしているからだ。つまり、「ヒステリー者は、主に回想に苦しんでいるのである」[14](一二頁)。

『ヒステリー研究』は、すでに述べたように、フロイトにとってはきわめて重要な業績になった。一方、『ヒステリー研究』の「初版まえがき」には、「二人の観察者」(ブロイアーとフロイト)の意見が必ずしも一致していなかったことが明らかにされている。[15] 本書の刊行時には、両者の関係はすでに破綻していたというが、その一因は、フロイトがあらゆるヒステリー症例に性の要因が関与しているとの「信念」を抱いていたのに対して、ブロイアーが必ずしもそうではないと考えたことである。[16]「初版まえがき」には、実証が不完全であることを前置きしながらも、ヒステリーの原因(病因)について踏み込んだ見解が示されている。「その見解とは、心的外傷の源泉として、そして「防衛」の動機、即ち意識からの諸表象の抑圧の動機として、性がヒステリーの病因において主たる役割を果たしているというものである」(三―四頁)。フロイトが執筆した四つの病歴は、後述するように、この見解の補強に向かって積み上げられていった。

ブロイアーによる報告の患者、「アンナ・O嬢」ことベルタ・パッペンハイム(一八五九〜一九三六)は、『ヒステリー研究』の中で最も著名なヒステリー女性だ。ブロイアーの「病歴」では「完全治癒」が繰り返し強調されていたが、実際には、彼女は治療が終わったのちも闘病を続け、やがて一八九〇年代から女性の権利や社会福祉に情熱的にかかわり、執筆や実践的社会活動に打ち込んだ。一九〇四年に設立された「ユダヤ女性連合」では長年指導的な役割を果たしたことで知られている。[17]

アンナ・Oの治療は『ヒステリー研究』刊行の一五年前、一八八〇～一八八二年の間に行われた。当時、アンナ・Oは、のちにフロイトの妻となるマルタ・ベルナイスと友人関係にあり、フロイトはブロイアーから治療の内容を聞いて強い関心を抱いていた[18]。一八八〇年の発病時に二一歳だったアンナ・Oは、咳、内斜視、右腕・右脚の麻痺、意識障害、発話障害、幻覚などのさまざまな症状に苦しんでいた。ブロイアーは、優れた知性と教養を有する女性が、十分な精神的刺激を受けられない単調な日常生活の中で、その心的エネルギーを夢想の中に吐き出していたことが、ヒステリーの前提条件になったと考えている。

アンナ・Oの発病のきっかけは、その前提に加えて、病気に倒れた父の看病に献身的に携わって疲労困憊したこと、またその直後の父の死だ。アンナ・Oは、催眠状態で「自分のことについて語りつくしてしまう」と「冴えて、穏やかに、陽気になる」（三一頁）。彼女自らこの療法を「お話療法」あるいは「煙突掃除」（三五頁）などと命名したことはよく知られている。母語のドイツ語を理解できなくなり英語でしか話さなくなる、黒い蛇やどくろの幻覚を見るなどの特異な症状は、父親の看病の期間に関わっており、その症状が初めて生じた日を彼女自身が一日一日「再体験」して語り尽くすことで除去・解消させていった。重篤な状態の父親の傍らで、「右腕」を椅子のひじ掛けに乗せ、白昼夢に陥る中、一匹の黒蛇が父に嚙みつこうとしている幻覚を見たこと、その蛇を追い払おうとしたが「右手」は麻痺していたこと、そして祈りをささげようとしたとき、英語の語句でしかうまく言葉にできなかったことが想起された（四五―四六頁）。彼女はブロイアーが見守る治療期間において、過去の日々を再度生きたのである。ブロイアーは患者に正常な意識状態と、「第二」の意識状態があること、つまりは患者が二人の人格に分かれていることを発見した。アンナ・O自身、もう一人の自分を「悪い自分」(五四頁)と名づけていた。ブロイアーは、この「悪い自分」の諸産物が彼女の道徳的態度に悪影響を与えていたと考えている。

これらの諸産物が継続的に除去されていなければ、人は彼女の中にたちの悪い種類のヒステリー者、即ち、御し難く、怠惰で、愛嬌のない、意地の悪いヒステリー者を見出したであろう。そして、この刺激が遠ざけられると、たちまち彼女の真の性格が表に出てくるのだった。その性格は、あらゆる点について、それまでとは全く逆のものであった。(五四頁)

アンナ・Oの真の性格とは、ブロイアーが記述していた「思いやりのある善意」(二四頁)に他ならないだろう。治癒とは、「分割などされていない一個の人格であることを見出す」(五五頁)ことであるが、しかしアンナ・Oの「非常に鋭く批判的な悟性」(二四頁)や論理性、意志の強さといったブロイアー自身が肯定的に記述した彼女の特性も、「わがまま」(二四頁)に通じるものとして、「御し難く〔…〕意地の悪いヒステリー者」と共に残念ながら押し流されてしまうのではないだろうか。健全な若い女性とは実は〝半身〟でしかないのではないだろうか……。

ブロイアーの「アンナ・O」は、患者が心的外傷となった体験を、情動を伴いながら十分に話し切ることによって症状が改善すること、いわゆる「カタルシス法(浄化法)」の効果を示した点でフロイトにも大きな影響を与えた。ブロイアーはしかし、この症例の冒頭で次のように付言し、フロイトが強調しようとしたヒステリーにおける性的要因を後景に退かせている。「〔アンナ・Oの〕性的な要素は驚くほど未発達だった。〔…〕彼女は一度も恋愛をしたことがなかった。そして彼女の病気の膨大な数の幻覚においても、心の生活における性的な要素は一度も浮かび上がることはなかった」（二四―二五頁）。

4　集合的な女性の伝記

フロイトによる四つの病歴を、ヒステリーにおける性的な要因の解明に着目して見ると、最初の病歴「エミー・フォン・N夫人」ではその核心をつかめなかったものの、徐々に十分な証拠を集め、最後の病歴「エリーザベト・フォン・R嬢」で「ヒステリーに対して初めて完全なる分析を行うこと」（一七七頁）に至る探求のストーリーとして読める。だが、治療時期からすると、四つの病歴は必ずしも時系列の順ではない。第一の病歴「エミー・フォン・N夫人」は治療開始当時四〇歳、一八八九年から約二年にわたって治療にあたった。第二の「ミス・ルーシー・R」は三〇歳、嗅覚異常をきたして治療を受け始めたのは一八九二年末とされる。家庭教師として子供たちの教育にあたっていたが、雇い主である父親を愛し始め、亡くなった母親の地位につきたいという願望に自らは気づいていなかったことがヒステリー発症の原因と特定された。第三の「カタリーナ」（一八歳くらい）は年号が一部伏せ字となっており、一八九〇年代のどこかでのフロイトと少女との対話である。第四の「エリーザベト・フォン・R嬢」は二四歳、一八九二年の秋に治療が始まっている。「カタリーナ」ことアウレリア・エーム（旧姓クローニヒ）とフロイトとの出会いは一八九三年であることが分かっている。[19] つまり、治療開始時としては「カタリーナ」が最後に位置する。アルプスの保養地を背景とした山岳地に住む素朴な少女との対話は、内容的にはカタリーナに対するおじ（実際には実父）の性的暴行未遂が問題となっているのだが、他の病歴における、長期にわたって鬱積した想起の複雑な追跡に比べると、軽妙な読み物の趣を持っている。四篇の病歴は、その配列によって〝より完璧な症例〟へと至る過程を演出しており、主として都市部に生活する中流・上流層の教養ある女性患者たちを対象にしていることから、年齢や人生経験に個別性が見られるものの、高い知性、才能の豊かさ、子供の養育、父母、夫、きょうだいの看病に象徴される家族内での女性の義務といった点に共通する要素がある。フロイトのヒステリーの原因探求という目的からすると、各患者の伝記は集合的なものの一部として機能し、そこから患者の個別性を超えたフロイトの「ヒステリー女性の像」が形成されていく。ここでは、質、分量ともに重みのある彼の第一病歴「エミー・フォン・N夫人」と、第四病歴「エリーザベト・フォン・R嬢」を中心に見てゆきたい。

女性患者はすべてを打ち明けない――第一病歴「エミー・フォン・N夫人」

「エミー・フォン・N夫人」はバルト海地方出身として設定されているが、実際にはスイスのドイツ語圏出身の貴族で、二三歳のときに四〇歳以上年長の高名な実業家と結婚し、夫の死後、遺産を相続してからは、ヨーロッパで最も富裕な女性の一人と目されたファニー・モーザーである。[20]「病歴」を読み始める読者が出会うのは、苦痛に満ちた表情で横たわる四〇歳の患者であり、当時三十代だった医師フロイトによると「繊細かつ特徴的な彫りのある顔立ちをした、まだ若く見える女性」（五六頁）だ。彼女が深刻な病状をかかえながらも「大企業の運営に参画」し、「子供たちの養育」も「精神的に卓越した人々との文通」もおろそかにせず続けることができた（一三〇頁）、つまり、病人と健常者の二重生活を送っていたことを、読者は病歴の最後に知らされる。病歴「エミー・フォン・N夫人」は、「アンナ・O嬢」とはまた異なった形での患者の二重性を強調している。病歴の結語に表される、「卓越した女性」（一二九頁）エミー・フォン・N夫人への敬意は、必ずしも夫人のためだけではない。サルペトリエール学派のピエール・ジャネ（一八五九～一九四七）が考えた「心的活動力の低下」（一三〇頁）を前提としているヒステリー像に対し、それとは異なる高い精神活動力を持ったヒステリー像を提示するためでもある。夫人への儀礼的な表現は、医学上の野心と重なり合う。フロイトの患者をとらえる視線には複数の角度があり、あるときは患者の回復を願う医師、あるときは興味深い症例を追い求める科学者である。患者の評価もその視線によって多層化しているといえる。

エミー・フォン・Nの症状は、言葉に詰まる、いわゆる吃音や、顔の痙攣、語りを頻繁に中断して「特異な舌打ち」をすること、恐怖幻覚を見るのに伴い、それを追い払うように「動かないでください——何も喋らないでください——私に触らないでください！」と叫んだりすることだ（五七頁）。このほかに、人に対して怯えやすいことや、ハツカネズミやヒキガエルなどの動物に対する激しい恐怖感がある。これらの多様な症状の背景には、一四年前に突然心臓麻痺で死去した夫のこと、現在一六歳と、一四歳になる病気がちの二人の娘、そして夫人の生育した家族における兄たちや母親の病気と死がかかわっている。夫の死後、財産を相続した夫人は、前妻の子供や親族から、夫に毒を盛ったのでは、という疑惑の目を向けられ、深刻な人間不信に陥っていた。また、子供がようやく寝ついたときに、音を立てまいとして、かえって舌打ちをしてしまったことが症状として固定してしまった。このように、病歴の前半は彼女の諸症状と、原因となった出来事との密接な関係を、フロイトが解き明かし、恐怖の回想をことごとく「奪いとる」(七三頁) ことが主題である。症状の改善から約一年後、長女の病状悪化をきっかけとして、夫人自ら「頭の中の嵐」と呼ぶ錯乱がひどくなり、彼女は再びフロイトの治療を受ける。この治療第二期において、夫人は錯乱中に娘の名を叫ぶのだが、それは、錯乱の中でも娘への責務を忘れずにいるためだった。フロイトはこうした夫人の多様な症状に「一つの共通点」を見出す。個々の症状は諸外傷に「はっきりと」結びついており、「これらの諸症状は想起活動の中で、それらの諸外傷の代わりに象徴としてあらわれているのだ」(一一六頁)。

フロイトは一見混沌としたヒステリーの諸症状に、症状が外傷を象徴的に表すという統一的な説明をつけることができた。しかし、彼がヒステリーの要因だと考えている「性的要素」の考察がまだ残っている。エミー・フォン・Nには長年にわたり病因があったはずだが、何か別の原因が加わることで、この数年の間に病気として突発したに違いない。「更に私の気を引いたのは、患者がしてくれた内密な報告すべてに、性的要素——これほど外傷を生み出す誘因を与えるものは他にない——が完全に欠落していたということだ」(一二八頁)。夫人の語りには、侍女の情事に遭遇したことが含まれていたが、夫人の自制的な態度から、フロイトは「諸々の強い感情を抱くこの激しい女性は、苦しい戦いの末になんとか自分の性的欲求に打ち勝っていたのであり」、この強烈な欲動を抑え込んで「心的に疲弊しきってしまうこともあったのではないか」という疑念を抱く(一二八—一二九頁)。エミー・フォン・

Nの症例は、こうして性的要素の克服の事例として、フロイトの抱くヒステリー像につなぎ留められている。

フロイトの視点から描かれたエミー・フォン・Nの像は、魔術師のように催眠術と暗示を操るフロイトによって回想を取り除かれる受動性が目につくものの、病歴には彼女がフロイトに抵抗を示したこともしばしば記述されている。生まれたての次女の看病と、夫の死が重なった経験は、彼女の人生にとって悲痛とはいえ重要なものだった。夫人は、彼女の想起において「まさに最も重要な出来事の中に」「隙間が空いている」と繰り返し訴えるのだが、フロイトはしかし、これを彼の催眠術の効果が持続しているものとして解釈する（一〇四頁）。些細なことに驚愕を繰り返す夫人に、小さなことにこだわらないようフロイトは助言するが、夫人は「中世のどこかの禁欲的僧侶」のように頑なにこの「教訓」を受け入れない（八〇頁）。フロイトの最初の訪問のとき、「お年はいくつですか」という質問に対して、夫人は「私は前世紀から来た女です」と答え、フロイトはこれを覚醒状態に入り込んだ譫妄だと解釈する（六一頁、註8）。しかし、この答えは夫人があらかじめフロイトとの間に隔絶があることを示した、宣戦布告のようなものであったかもしれない。

女性患者がかならずしもすべてを打ち明けてはくれない、というテーマは、他の病歴においても変奏曲のように現れている。催眠術のかからないイギリス人家庭教師「ミス・ルーシー・R」には、額に手を当てて、いくつもの質問を重ねながら想起を促し、フロイトがついに彼女の雇い主への愛について指摘すると、彼女は「私は知らなかったのです」と言う（一四七頁）。病歴「カタリーナ」では、一八歳の少女はすでに男女の性行為を理解している。フロイトは、「彼女のおかげで、私の町の診療所に来る淑女ぶった婦人たちよりもずっと容易に話を進めることができた。こういったご婦人たちにとって《自然なこと》はすべて《恥ずかしい》ことだからである」（一六七―一六八頁）と愚痴めいたことを書いている。「エリーザベト・フォン・R嬢」は、彼女の次姉の夫への情愛をフロイトに「解明」されると、大きな叫び声をあげてそれを「拒絶」しようと必死に努力した（二〇一頁）。

女性の挫折の物語――第四病歴「エリーザベト・フォン・R嬢」

あらためてフロイトの第四病歴「エリーザベト・フォン・R嬢」に目を向けてみる。義兄への愛が道徳的に認めがたいものであったことから、二四歳の若い女性患者は、身体的痛みを生じさせることにより、義兄を愛しているという確信から目をそらすことができていた。フロイトは、そのように、エリーザベト・フォン・Rの両足の痛みと歩行困難が発症したメカニズムを、彼女の性愛との関連性から明らかにすることができた。「分析家としての私の苦労は大いに報われたのだ。相容れない表象に対する「防衛」という考え方、心的興奮が身体的なものに転換されることによりヒステリー諸症状が発生するという考え方、防衛を生じさせる意志行為によって隔離された心的〔表象〕集合体が形成されるということ。これらすべてが、あの瞬間に、手につかめるほどの形で、私の現前にもたらされたのである」（二〇〇頁）。「あの瞬間」とは、義兄との幸せな結婚に恵まれ、第二子を妊娠した次姉が、心臓が弱かったため亡くなったときのことだ。エリーザベト・フォン・Rと母親が湯治場から急ぎウィーンの次姉のもとに駆けつけたときはすでに遅かった。母や妹に看取られることなく亡くなったことを悟らざるを得なかったその瞬間、「〔…〕――まさにその瞬間に、エリーザベトの脳裏に別の考えがひらめいていた。〔…〕それは、「今、彼はまた自由になった。これで私が彼の奥さんになれる」という考えであった」(二〇〇頁)。フロイトの描写では患者は彼女の回想がどこへたどり着くのかをはっきり認識しないまま、話をつづけたことになっている。「この瞬間」の描写は、患者の内面について「エリーザベト」を主役とした物語を、フロイトが代筆しているかのようだ。フロイトが改めてエリーザベト・フォン・Rに義兄への恋着を確認することは、患者に打撃を与えることを意味したが、「病歴」は、やがて彼女が別の男性と恋愛し、結婚したことを伝え、彼女がこの打撃を乗り越えて治癒したことを暗示している(二〇五頁)。

フロイトの「心の分析」で明らかになったエリーザベト・フォン・Rの物語は、自立心豊かで家族を支えようとした女性の挫折の物語でもある。父親は彼女を「息子の代わり」として信頼しつつも、色々な計画を思い描く彼女が女性の「理想型」から離れることに注意の目を向けていた(一七八頁)。父親の死後、目を患っている母親に家族の幸福を与えようとして奮闘したエリーザベト・フォン・Rは、長姉夫婦が家族から距離をおきはじめたことに失望するが、次姉の夫となった義兄の思いやり深い態度に希望を見いだす。彼と二人で散歩したときに感じた脚の痛みは、「自分自身の寂しさと病身の姉の幸せな結婚生活」との間の明らかな差に心が痛んだことから生じている(一九三頁)。男性の助けなくしてもやっていけるという、たくましさのあった女性は、やがて、自分の足では立てない、「女として自分は弱いのだ」という感情を抱くに至る(一九八頁)。エリーザベト・フォン・Rの失立・失歩はその心の痛みを象徴的に示す症状だ。ヒステリーという「黒い獣」は、フロイトの分析の完成によって見事に仕留められた。そこにはエリーザベトの社会規範への従属という代償が支払われている。

5　突発する女性——ツェツィーリエ・M夫人

女性患者の身体に宿る多様な症状にも似て、『ヒステリー研究』という資料集の中に分散し、突然現れる患者がいる。コルプスあるいはコーパス（corpus）とは、研究資料の総体を意味するが、ラテン語の原義は「身体」だ。『ヒステリー研究』という身体の中に、唐突に出現する患者がツェツィーリエ・M夫人である。治療にはブロイアーとフロイトの両者がかかわっていたため、『ヒステリー研究』の二人の報告どちらにも、この患者に関する言及がある。とりわけ目立つのが、フロイトの病歴「エミー・フォン・N夫人」と「エリーザベト・フォン・R嬢」の中だ。エミー・フォン・Nの症状に関連した長大な注釈の後半にはツェツィーリエ・Mについての説明がたっぷりと含まれていて、「彼女のことは本書で言及するどの患者よりもはるかに徹底的に知り尽くしている」という文が挿入されている（八五頁）。しかし、「個人的な事情」から詳細な報告が許されない症例なのだ。エミー・フォン・Nの病歴の結末では、本文にも突如現れる。「我々は、ツェツィーリエ・M夫人の観察において、もっとも重症型のヒステリーには最も内容豊富で独特の才能が共存し得るということ——ちなみに、これは歴史上あるいは文学上重要な女性の伝記から明白に証明される事実である——を見て取ったとすれば、エミー・フォン・N夫人において、ヒステリーが申し分のない性格発展を遂げることもあるし、目的意識を持った人生を送ることもある、という例を見出したのである」（一二九頁）。

エリーザベト・フォン・Rの病歴の「総括」では、この患者に観察された、心的痛みから身体的痛みへの「象徴化による転換」に関して、ツェツィーリエ・Mの症例が集中的に語られる。エリーザベトの失立・失歩が「その場から一歩も前に踏み出せない」などの慣用句を媒介として生じたように（二二五頁）、ツェツィーリエ・Mにおいてフロイトは「象徴化の最も見事ないくつかの例」を観察し（二二六頁）、エリーザベトの場合と「同じ事態」であることを強調する（二二九頁）。たとえば、夫から何か言われたことを侮辱と受け取り、両頬に痛みを感じたツェツィーリエ・Mは、「あれは、まるで顔をぶたれたかのような体験でした」と言う（二二八頁）。フロイトの叙述は、ツェツィーリエ・Mによってエリーザベトの症例を補強しているように見えるが、両者を融合させて、ツェツィーリエ・Mについて述べることの正当性を確保しているようでもある。

ツェツィーリエ・Mは、ウィーンの富裕なユダヤ系実業家エドゥアルト・トデスコの娘、アンナ・フォン・リーベン（一八四七〜一九〇〇）で、早くから絵画、音楽、抒情詩に関心を持った[21]。フロイトも彼女の「芸術的な才能」と「完結した美しさを持つ詩作」に触れることを忘れていない（二三二頁）。一五歳頃から特に婦人科系の不調を訴え始め、五三歳で心臓発作のため死去するまで病気がつねに付きまとった。一八七一年、二四歳のときに一回り年上の銀行家レオポルト・フォン・リーベンと結婚し、その後四人の子供に恵まれている。フロイトによる治療は一八八七年、および一八八八年から一八九三年の約五年間であり、『ヒステリー研究』の他のどの症例よりも長い期間に渡った。この患者からヒステリーについて多くを学んだフロイトは、彼女を「プリマドンナ」あるいは「僕の先生」と呼んでいた[22]。『ヒステリー研究』では、フロイトが暗示、あるいは談話療法を用いて彼女を悩ませていたさまざまな症状――顔面神経痛、幻覚、痛み、記憶障害など――からそのつど解放してやったことが記述されている。彼女の想起の振り返りは三三年間に及んでいた（八五頁）。

『ヒステリー研究』の「初版まえがき」には、教養層を相手にした個人開業の業務から得られた情報を開示することは信用問題に関わると述べられ、こうつけ加えられる。「ゆえに我々は最も有益でまた最も説得力のある観察を載せることをあきらめなければならなかった。こうしたことが該当するのは、当然ながら、何よりもまず、性的なあるいは結婚の状況が病因的な意味を持つようなすべての症例である」(三頁)。ヒステリーの病因に性の問題があるという確信がありながら、それを不完全にしか提示できないというジレンマは本書の冒頭から明らかだった。『ヒステリー研究』の中には、除外された「性と密接に関わる観察記録」(四頁)がツェツィーリエ・Mの症例であることを証拠立てるような記述は見当たらない。「夫」(二八八頁)、あるいは「彼女がきまり悪く感じる相手」(八五頁)は、彼女の対話の相手としてのみ言及される。しかしながら、フロイトが「知り尽くしている」症例でありながら、ツェツィーリエ・Mの叙述はヒステリーの「原因」を回避し、催眠下での回想と語りつくしによる治療の状況、症状の象徴的表現などのテーマを経めぐっている。「ツェツィーリエ・M夫人」は、収まるべき場所に収まらない「動き回る子宮」の痕跡を、『ヒステリー研究』のテクスト上に残したのではないだろうか。

6　結論

二〇二三年にヒルダ・ライリーが発表した論文「フロイトの患者、アンナ・フォン・リーベン――彼女自身による物語」は、親族が保管していたアンナの自伝的詩集の手書き原稿、夫レオポルトの日記（未発表）を発掘し、その手書き原稿の書き起こしに基づいて、解釈学的現象学的分析[23]を行い、一人称の視点から描かれたアンナの病状を追跡している。[24] 詩原稿からは、六つの大きなテーマが抽出され、その第一は「明言することとへの不承知」である。[25] 彼女は肉体的にも心理的にも苦しみを抱えているが、具体的な身体症状についいては語りたがらない。ライリーがさらに注目したのは、二〇歳のアンナが一六歳のときの外傷体験を振り返って書いたと思われる詩「以前と今（Einst und jetzt）」だ。花冠――処女性を象徴する――を頭に載せた「私」は、星の美しい夜、庭に出て露に濡れた草むらの上に横たわり、幸せな夢想にふけるが、それが彼女の最後の幸福な体験となった。人生の春を荒廃させ、健康、強さ、幸福を苦しみに変えた「露」を彼女は責める。ライリーは当初、好ましくない性的遭遇を推測するが、原稿の分析を進めた結果、初潮に関連する心的外傷の可能性にたどりつく。庭は、ヨーロッパの伝統において「快い場所 locus amoenus」とされ、樹木、草、水などの要素を備えた景観であり、性的な出会いの場でもある。ライリーが明らかにしたアンナ・フォン・リーベンの詩に表される「快い場所」のイメージは、喜びと悲しみが混然一体となった分かちがたい世界だ。フロイトは催眠、暗示、自由連想などの技法を駆使し、さらには患者自身が知りえない「真実」を突きつけるまでしてヒステリー女性の性的外傷を明らかにしようとした。しかし、アンナ・フォン・リーベンの一人称の詩は、フロイトが期待したような形では、心身の内実を言語化していない。「心の分析」の行きつく場所が、結局は分割や分析を容易に許さない詩的世界（混沌）なのかもしれないと思うと、あらためて心の深遠な広がりに驚きを感じる。

古代の子宮説に始まる「ヒステリー」の言説は、医学者や神学者によって女性に課されてきたものだった。近代科学の目線でヒステリーをとらえようとした『ヒステリー研究』も、実際にはこの長い歴史の延長線上にあると言わなくてはならない。エミー・フォン・Nの想起に障害を引き起こし、エリーザベト・フォン・Rの「想起のより深い層へと押し入った」（一七七頁）フロイトの、女性患者に対する権威的かつ制圧的な態度はその伝統の一端を示している。また、彼の四つの病歴は、ヒステリーにおける性の要因を首尾一貫して追い求め、「エリーザベト・フォン・R嬢」において完全な分析、つまりは「弱い女性像」の創造に至る。しかしながら、『ヒステリー研究』は、これでヒステリー女性の混沌を完全に払拭したわけではない。

母語のドイツ語を忘れ、外国語を話して周囲を振り回すアンナ・O。フロイトに「彼女の生活史の《生徒用校訂本》」（一二八頁）——分かりやすいバージョン——しか聞かせてもらえていなかったと感じさせるエミー・フォン・N。そしてツェツィーリエ・Mは、「驚くほど豊富なヒステリー発作」（二二七頁）によってフロイトを魅惑する存在だった。『ヒステリー研究』における女性患者の伝記的物語は、彼女たちが必ずしも医師の権威や、理想の女性像に屈伏していたわけではないことを示す痕跡を残している。従順な女性像を破壊し、多彩な能力を誇示し、治療対象者でありながら医師を導く存在でもある。彼女たちはまだ、十分には書き起こされていない混沌として、そこにある。

註

（1）ヨーゼフ・ブロイアー（一八四二〜一九二五）はジークムント・フロイトよりも一四歳年上で、ウィーンでは著名な医師の一人だった。一八八六年に開業したフロイトに患者を紹介し、彼の開業医としてのスタートを援助した人物でもある。
（2）『フロイト全集2　一八九五年　ヒステリー研究』芝伸太郎訳、岩波書店、二〇〇八年。
（3）金関猛「はじめにヒステリーがあった」、ブロイアー／フロイト『ヒステリー研究〈初版〉』金関猛訳、中央公論新社、二〇一三年、五―七五頁。六頁参照。
（4）原純夫「ヒステリー」『新版　精神医学事典』弘文堂、一九九三年、六七〇―六七一頁参照。
（5）『ヒポクラテス全集　第2巻』エンタプライズ、一九八七年、五八四―五八五頁（「婦人病　第1巻」七節）、七〇四―七〇五頁（「婦人病　第2巻」一二三節）。
（6）ジョルジュ・ディディ＝ユベルマン『ヒステリーの発明――シャルコーとサルペトリエール写真図像集』上巻、谷川多佳子・和田ゆりえ訳、みすず書房、二〇一四年、一〇三頁。
（7）原純夫「ヒステリー」『新版　精神医学事典』、および、エティエンヌ・トリヤ『ヒステリーの歴史』安田一郎・横倉れい訳、青土社、一九九八年を参照。
（8）トリヤ『ヒステリーの歴史』、三三〇頁。
（9）ディディ＝ユベルマン『ヒステリーの発明』（上・下巻）参照。また、下巻、九八頁。シャルコーを中心とするサルペトリエール学派が行なったことは「治療」ではなく「実験」ではないか、という議論もあった。同書下巻、一八八―一八九頁参照。
（10）ディディ＝ユベルマン『ヒステリーの発明』上巻、一七五頁参照。
（11）「しかしながらよく知られているように、彼〔シャルコー〕が症候として捉えたと信じた現象は、むしろ彼の意向を患者たちが模したものだった」（福本修『精神分析の現場へ――フロイト・クライン・ビオンにおける対象と自己の経験』誠信書房、二〇一五年、三七頁）。
（12）『フロイト全集1　一八八六―九四年　失語症』兼本浩祐ほか訳、岩波書店、二〇〇九年、一八七頁（「ヒステリー、ヒステロエピレプシー（事典項目）」）。
（13）ディディ＝ユベルマン『ヒステリーの発明』上巻、一〇二―一〇三頁。
（14）これ以降、『フロイト全集2』（『ヒステリー研究』）からの引用頁は本文中の括弧内に示す。ただし、一部翻訳を変えた部分がある。

（15）『フロイト全集2』、四頁。

（16）同右、四三四頁（芝伸太郎「解題」）。

（17）彼女の実名が一九五三年にフロイトの協力者だったアーネスト・ジョーンズによって明らかにされたときは、彼女の親族が不快に思っただけでなく、アンナ・Oとパッペンハイムのあまりにかけ離れた人物像に驚きが広がった。ベルタ・パッペンハイムに関する日本語の図書として、田村雲供『フロイトのアンナO嬢とナチズム——フェミニスト・パッペンハイムの軌跡』ミネルヴァ書房、二〇〇四年を参照のこと。

（18）金関猛「はじめにヒステリーがあった」、一二頁参照。

（19）ÖHM Aurelia, geb. Kronich（1875–1929）, "Katharina". In: Elisabeth Roudinesco; Michel Plon: *Wörterbuch der Psychoanalyse. Namen, Länder, Werke, Begriffe.* Wien: Springer 2004, pp. 746–747.

（20）MOSER Fanny, geb. Sulzer-Wart（1848–1925）, "Emmy von N.". In: *Wörterbuch der Psychoanalyse*, pp. 694–696; Lisa Appignanesi; John Forrester: *Die Frauen Sigmund Freuds.* München: dtv 1996, pp. 129–146（Emmy von N.: Freuds erste Krankengeschichte）.

（21）LIEBEN Anna von, geb. von Todesco（1847–1900）, "Frau Cäcilie M.". In: *Wörterbuch der Psychoanalyse*, pp. 631–632; Appignanesi; Forrester: *Die Frauen Sigmund Freuds*, pp. 123–129（Cäcilie M.: Freuds Lehrmeisterin）.

（22）ジェフリー・ムセイエフ・マッソン編／ミヒアエル・シュレーター（ドイツ語版編）『フロイト　フリースへの手紙　1887–1904』河田晃訳、誠信書房、二〇〇一年、一九頁、二三六頁。

（23）Interpretative Phenomenological Analysis（IPA）とは、個人が自分の経験をどのように意味づけるかを探求する質的研究の方法。

（24）Hilda Reilly: The story of Freud's patient Anna von Lieben — as told by Anna von Lieben. In: *Journal of the Royal College of Physicians of Edinburgh* 2023, Vol. 53（1）, pp. 57–64.（doi: 10.1177/14782715221148647）

（25）このほかに抽出された主題は次の通り。「人格喪失の感覚」「牢獄のように」「死への願望」「自己意識への悪影響」「責任の所在」。アンナの詩「以前と今」は「責任の所在」との関連で分析されている。

不確実な未来と私たちの選択

森永由紀

天気予報の精度は年々向上しているものの不確実性が残るのは、大気にカオスの性質があることによる。カオスの発見に大きく貢献したのは気象学者のエドワード・ローレンツによる一九六三年の論文で、多くの分野でシステムの非線形性を再考するきっかけを与えた。(1)

天気予報は空を眺めて翌日の天気を予測する観天望気から始まったが、一九世紀初めごろからは地上で行われる気象観測データから天気図を描き、嵐の動きも予測するようになり、太平洋戦争中には気象情報が軍事機密にもなった。ちなみに日本では一八七五年六月五日に気象観測がスタートし、九年後から天気予報が出された。

ある時刻の大気の情報を正確に把握することができ、その状態が時間とともに変化する物理法則を理解できれば、天気予報は正確にできると希望的に考えられていた時期があったが、これを否定したのがローレンツの論文である。ローレンツはコンピュータで予測計算を行なっている最中にコーヒーの休憩をとり、メモをとった計算の結果から計算を再開したところ、わずかな差が大きな差になっていることに気づき、これが「カオス」の発見につながったという[2]。大気にはカオスの性質があり、数値予報のための計算をコンピュータで始めるとわずかな初期値の違いが大きな違いに成長していくため、長期的な予報は不可能であることを示した。

現在は初期値である大気の状態をより精密な各種気象観測（地上気象観測、高層観測、航空機観測、人工衛星による宇宙からの観測など）によって把握し、改良された物理過程の計算、以前より性能の上がったコンピュータによる数値計算によって予報を行うことにより、各段に予報精度が上がった。さらにカオスによる影響を小さくするためにアンサンブル予報という確率論的な予測技術（多数の初期値について予測計算をして、それを統計的に処理する）を用いることで予報精度の向上をはかっている。気象庁HPにある東京の翌日についての天気予報の精度検証結果の図から読み取ると、降水の有無の適中率八七％（一九八九年には八二％）、最高気温の予報誤差一・六度（一九八九年には二・一度）となっている（https://www.data.jma.go.jp/fcd/yoho/kensho/yohohyoka_top.html）。

天気予報は日進月歩であり、日本の予報技術は世界最高レベルではあるが、それでも一〇〇％の的中率はのぞめない。七日先の天気予報は降水の有無についてみると七割ぐらいの的中率であり、気象庁はそれより先の予報は精度が下がるため、現在は出していない。

地震の予知はさらに難しい。東京大学地震研究所元教授のロバート・ゲラーは、地震発生というものは非常に複雑な非線形現象で、地球内部の詳細な応力分布などに敏感であり、予知することはできるはずがないと述べる。政府の発表する確率論的地震動予測地図をハザードマップならぬはずれマップであると批判している[3]。のちに東京新聞の小沢慧一記者が、この図は南海トラフだけを高い確率に恣意的に描き、発生確率が低いとされる地域の防災意識を薄めてしまうためにミスリーディングであると指摘している[4]。

地震の予知が困難だとはいえ、地震がプレートのつなぎめで多発し、四枚のプレートの境目にある日本の地震の発生数は世界のそれの一〜二割にも上るという事実はある。断層研究の第一人者の鈴木康弘は、「いつ地震があるかはわからないがどこで起きるかはわかる」という(5)。

地震の多発地域でかつ湿潤地域であるという立地条件から、日本で原発を稼働したり核廃棄物の地層処分を行うことははなはだ無責任なことといえよう。倫理学者のシュレーダー・フレチェットが環境問題に関して世代間倫理（将来世代のために現在世代の行為に自らが制限を課すことを要求する倫理）を主張したとき、倫理学者のダニエル・キャラハンから「将来についての漠然とした推測や将来の不確実な予測に基づいて現在の権利を奪うことはできない」という反論が出た。これに対してフレチェットは「われわれは後の世代のために何をなすべきかを（厳密に言えば）知らないのだが、それでもやはり、われわれが何をすべきでないかについて、われわれは多くの情報をもっている」と述べている(6)。

不確実な未来に関する選択を迫られたときに、将来世代のために何をすべきでないかという視点は有効ではないだろうか。

註

（1）Lorenz, E. N.（1963）Deterministic nonperiodic flow. Journal of the Atmospheric Sciences 20: 130–141.

（2）隈健一（二〇二三）『ビジネス教養としての気象学』日経BP、八九頁。

（3）Geller, R.（1991）Shake-up for earthquake prediction. Nature 352, 275–276.

（4）小沢慧一（二〇二三）『南海トラフ地震の真実』東京新聞、二一一頁。

（5）鈴木康弘（二〇〇一）『活断層大地震に備える』ちくま新書、一六九―一七二頁。

（6）谷本光男（一九九四）「環境問題と世代間倫理」、加茂直樹・谷本光男編『環境思想を学ぶ人のために』世界思想社、二〇二―二〇五頁。

第2部　歴史・社会

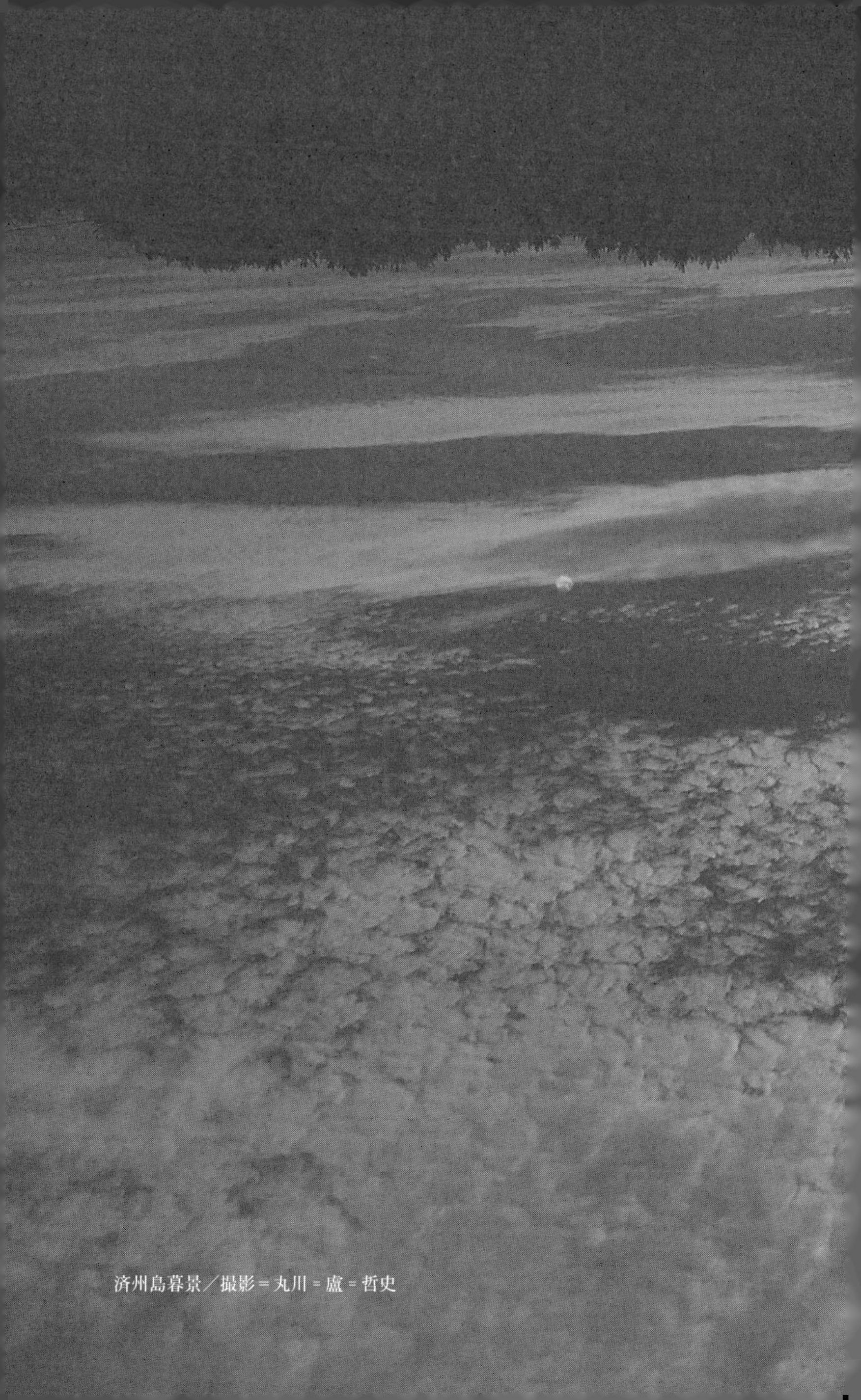

済州島暮景／撮影＝丸川＝盧＝哲史

カウンター・ジハード主義とインターネット・コミュニティ

ノルウェー連続テロ事件とバルカンを結ぶもの

佐原徹哉

カウンター・ジハード主義という言葉が欧米のメディアで使われるようになっている。「カウンター」とは反対するという意味を持つが、カウンター・ジハード主義はアルカイダやＩＳのようなジハード主義組織に対抗するのではなく、ムスリムと親イスラム的とみなした標的に対する殺人や暴力を奨励する思想であり、抽象的で実体のない「ヨーロッパ文明」なり「欧州白人文化」なりを、空想に基づく「イスラムの脅威」なるものから守る戦いを十字軍などのキリスト教的シンボルを援用して擬似宗教的に美化するものである。ムスリム過激派のジハード主義も実在しない「真のイスラム」なるものを空想し、その実現に努める行為が「ジハード」であり最も重要な宗教的義務であるとするものであるから、虚構性のレベルにおいて大差はないので、両者は鏡像の関係にあり、カウンター・ジハード主義はイスラムなきジハード主義と呼ぶことができる。この奇妙な現象が登場したメカニズムを、ノルウェー連続テロ事件を手掛かりに解明してみたい。

1　ノルウェー連続テロ事件

二〇一一年七月二二日金曜日の午後三時二五分にノルウェーの首都オスロにある政府合同庁舎が自動車に仕掛けられた大量の爆発物によって損壊し、八人が死亡し、一二人が重傷を負う事件が発生した。犯人はその後、警察官の制服を着用して、車で一時間半ほど離れた避暑地のウトヤ島で開かれていたノルウェー労働党青年部のサマーキャンプの会場に向かった。午後五時頃、会場に到着した犯人は「こちらへおいで。大事なお知らせがある。こちらへおいで。怖がることはないよ」と呼びかけながら、参加者を集合させた。爆破事件のニュースを聞いていた参加者たちは警察が護衛にきたと信じて集まったが、犯人はいきなり銃を乱射し始めた。生存者の証言によると、「一人一人、生きているかどうか蹴って確かめたり、銃で撃ったりして」おり、強い殺意があったことが分かる。犯行は一時間以上続けられ、六九人が亡くなったが、ほとんどが一〇代のノルウェー人の若者だった。警察が到着し犯人を拘束したのは午後七時頃だった（AFP 2011）。

ノルウェー警察の発表によると、容疑者は三二歳のノルウェー人アンネシュ・ベーリング・ブレイヴィクであり、警察は彼を「キリスト教原理主義者」と形容した。しかし、犯行直前に犯人がウェブ上に掲載した「マニフェスト・二〇八三年、ヨーロッパ独立宣言」と題された犯行声明を分析したスウェーデンの政治学者は、犯人の思想は既存の右翼思想の枠に収まらない特異なものであり、「ヨーロッパの救済」を掲げる「マクロ・ナショナリズム」に属し、「文明の衝突」論にも近いと指摘している（Ranstorp 2013）。ブレイヴィクは「欧州テンプル騎士団の司令官」を名乗り、「マニフェスト」の表紙にも中世のテンプル騎士団のシンボルである赤い十字架が描かれていたが、実際には無宗教だった(Koch 2017)。彼が語る「キリスト教」とは「ヨーロッパの文化と歴史的アイデンティティの基礎」という曖昧なもので、特定の宗派に対する信仰心がないのだ(von Brömssen 2013; Berntzen & Sandberg 2014)。では、犯行の動機はなんだったのだろう。

ブレイヴィクは、外交官の父と看護師の母の間に生まれたが、一歳の時に両親は離婚。父母はそれぞれ再婚した。兄弟は四人で、父の前妻との間の子供が三人、母の連れ子が一人だった。複雑な家庭環境からか、一〇代で不良少年のグループに加わり、父とは一六歳で絶縁した。高校卒業後は大学に進学できずに幾つかの職業を転々とし、二〇代後半からは引きこもり状態で暮らしていた。独身で女性の友人もいなかった(Buruma 2015)。典型的なインセル[1]であり、犯行の動機が社会からドロップアウトした劣等感に起因する反エリート感情であった可能性が指摘されている。その一方で、偽の学位記のネット通販で大金を手にし、頻繁に海外旅行に出かけ、犯行準備のために農場を購入するなど経済的には恵まれた生活を送っていたようでもある(Ranstorp 2013)。

公判では、殺された十代の青年たちに対して「彼らはノルウェーの国民意識を破壊する多文化主義体制の代表であり、当然の報いを受けたのだ」と発言し(Pidd 2012)、労働党の移民政策を「文化的マルクス主義」と呼んでいるが、左翼イデオロギーへの憎悪が主たる動機であったわけではない。彼の「マニフェスト」には、資本主義を批判する内容が含まれているし、多文化主義やフェミニズム批判よりもはるかに多くの分量がムスリムの移民とその脅威の説明に割かれており、ノルウェー人が移民に隷属してしまうという危機感が綴られていた。これを見ると、反移民感情が犯行の背景にあったように見えるし、ブレイヴィクは二〇代前半に反移民を掲げる進歩党の活動に参加していたことも分かっている。しかし、移民に対する憎悪が犯行の動機だったとは言えない側面もある。ブレイヴィクの数少ない友人は移民の子供たちで、ノルウェー人は信用できないが、移民には侠気があるとも語っていたし（Breivik n.d.）、犯行の標的となったのは移民ではなく、ノルウェー人の若者だった。犯行声明や公判での発言から明らかになったブレイヴィクの論理は、労働党の移民政策を止めるために次世代のリーダーたちを抹殺するという迂遠なものだったのだ。

ブレイヴィクが移民政策を憎悪した理由も奇異なものだった。ノルウェーでは一九九〇年代半ばから移民が急速に増加していたが、事件当時は、移民とその子孫を合わせても人口の一割ほどであり、大半は隣国のスウェーデンやポーランドの出身者だった。アジア・アフリカ系の移民は急増していたとはいえ、ノルウェーの文化を破壊するほどの規模ではない。それにもかかわらず、ブレイヴィクが大量殺人に及ぶほどの焦燥感を抱いた原因は彼の特異なイスラムとムスリムに対する認識にあった。犯行声明の半分以上がムスリム移民とイスラムに関する記述で占められていたのはそれを裏付けている。

ブレイヴィクの考えるイスラムとは次のように要約できる。イスラムは、アラーが人類に下した法典であるシャリーアに従う宗教であるが、シャリーアはコーランとスンナに則っているので、そこに人間が介在する余地はなく、ただ盲目的に服従するしかない。シャリーアはあらゆるレベルで社会を統制する包括的な手段であるから、イスラムには宗教と政治を分けるという発想がなく、コーランとスンナに基づかないあらゆる形態の政府と対立する。シャリーアに背き、その権威を受け入れないことは神に対する反逆であるから、アラーを信じる者はそれと戦うことが求められる。神はシャリーアに従うことを全人類に命じたのだから、世界中をシャリーアの支配下に置くことがウンマ（ムスリム共同体）の義務である。ジハードとはアラーの名において世界を征服する戦闘行為を意味し、ムスリムにとって最も重要な義務である。これがイスラムの全ての宗派に共通する特徴である。つまり、ブレイヴィクのイスラム観は通常のイスラムの教義とは異なるもので、ジハード主義者が信奉するサラフ主義に近いものだったことが分かる。

ブレイヴィクはイスラムをこのように解釈して憎悪するとともに、極端な恐怖と被害者意識も抱いていた。例えば、「イスラムの中心的で不可欠な原理とは非ムスリムに対する暴力の行使」であり、「非イスラム的な文明、文化、個人との徹底的で恒久的な戦争状態にあると考えている」であるとか、「大量破壊兵器を使ってジハードを遂行する思想である」であるとか、「イスラムの聖典は全人類の社会制度、政府、経済体制の輪郭を描いており、イスラムの支配に服従しない文化と個人は、それだけでアッラーに反逆した状態にあるので、強制的に服従させねばならない」と考えている「一種のファシズムである」といった主張を展開している（Breivik 2011）。ブレイヴィクによれば、イスラムの「人間を個人としてではなく、ムスリム共同体に属しているかいないかだけで判断」し、「それを信じないものをズィンミー（服属民）の地位に落とす」本質的に不寛容な教義が信者のアイデンティティを規定しているため、すべてのムスリムに「分離主義と対立に向かう」属性があり、個人の思想とは無関係にすべてのムスリムは危険な存在であるという。そして、「イスラム・テロ」は「この宗教が七世紀から続けている世界征服」の手段であり、ムスリムは全員が潜在的なテロリストである（Breivik 2011）。テロを行わないとしてもムスリムの危険性は変わらない。「多くの人は善良なムスリムの隣人がいる。その経験からイスラムを悪いものだとは思わないが、そうした良き隣人は、ムスリムとしてはイスラムの教義を無視する悪い信仰者」であり、ムスリムとしての本分を忘れているか、「移住と出生率を用いてヨーロッパを征服するために」あえて平和的に振る舞っているに過ぎない。大量移住によるヨーロッパのイスラム化はあらかじめプログラムされたこの宗教の属性であり、ムスリムは出身国や民族の違いとは無関係にイスラム化されていない領土を征服する本能を持っている。彼らは、他者への不寛容な特性によって移住先に同化せず、女性が家族に縛り付けられているため本質的に多産であり急激に増殖する。多文化主義によってフェミニズムと同性愛が普及し出生率が低下しているヨーロッパは既に「二〇〇〇年頃にイスラムの人口動態戦争」に負けており、「あと半世紀もすれば欧州人は少数派になるだろう」、多数派になったムスリムは政治権力を握って国家と社会のイスラム化を進め、ヨーロッパの先住民は隷属させられ、民族として消滅してしまう、とも考えていた。

こうした主張は、多くの国で極右が好んで取り上げるテーマである「少子化」論の一種であり、日本の場合は「伝統的家族」の再生という口実で女性を家父長制的制度に従属させる政策に誘導するものだが、西欧諸国では移民問題と組み合わされて、その排斥に向かう傾向が強い。その意味で、ブレイヴィクの主張は欧州でのムスリム移民の増加に対する社会・文化的懸念の一般的な議論を下地にしていると言えるが、それをイスラムによる「征服」であり、「ジェノサイド」と呼ぶ点で過激であった(Berntzen & Sandberg 2014)。

2　ブレイヴィクが語る動機

ブレイヴィクの屈折した論理を整理すると、イスラムは本質的に征服を志向する宗教であり、その一環として人口動態戦争を仕掛けているが、ノルウェーの左翼は多文化主義を掲げて伝統的家族を解体し、移民を呼び込んでムスリムに協力する裏切り者であるから成敗した、ということになるだろう。不条理だが一応の筋は通っている。しかし、「マニフェスト」の中で彼自身が語っている動機はこれとズレていた。その部分を引用してみよう。

個人的にはノルウェーが一九九九年のNATOの空爆に参加したのが動機だ。セルビア人の同胞をアメリカとNATOが攻撃するのは絶対に許せない。セルビア人はムスリムをアルバニアに追い返そうとしただけなのに、アルバニア人がそれを拒否したので武力を用いるしか選択肢がなかった。セルビア人の自衛権を否定したことで、ヨーロッパは墓穴を掘ってしまった。将来、欧州中の首都にミニ・パキスタンが出現するだろう。それは許されない。（Breivik 2011）

この一文は、ムスリム移民に寛容な労働党の政策を止めるために犯行に及んだという論理とは明らかに結びつかない。なぜノルウェーがユーゴ空爆を容認したから、労働党の若者が殺されねばならないのだろう。この謎を解明するには、ブレイヴィクがNATOの空爆の発端となったコソヴォ問題をどのように捉えていたのかを知る必要がある。

コソヴォはバルカン半島の中央部にある盆地で、古代にはイリリア人が居住していた。イリリア人は民族系統が不明な集団だが、少なくともその一部は現代のアルバニア人の祖先と考えられる。その後、ローマ帝国の支配を経て、六世紀から七世紀にかけてスラヴ人が移住した。八世紀中頃から一〇一八年までの一五〇年、コソヴォはブルガリア帝国の版図に組み込まれ、一二世紀後半からはセルビア人の国家であるラシュカ公国の支配下に入り、一四世紀後半にセルビア王国の一部となった。セルビア人は一三八九年のコソヴォの戦いでオスマン帝国に敗れ、コソヴォは一五世紀半ばまでにはオスマン帝国の直接の統治下に入った。その後、二〇世紀初頭までコソヴォはオスマン帝国の領土であったが一九一二〜一三年のバルカン戦争でセルビア王国に併合され、一九一八年にユーゴスラヴィア王国の一部となり、一九四六年にはユーゴスラヴィア社会主義連邦共和国を構成するコソヴォ・メトヒヤ自治州となり、一九七四年の憲法改正でコソヴォ社会主義自治州と改称された。一九九二年にユーゴ連邦が解体した後もセルビア共和国に付属する自治州であったが、一九九八年にコソヴォ危機が発生し、一九九九年にはNATOの軍事介入が起こり、国連の下でアルバニア人の暫定自治政府が作られ、二〇〇八年にはコソヴォ共和国として独立を宣言した。

この歴史的経緯が示すように、コソヴォはセルビア人とアルバニア人の係争地域であった。特に過去一〇〇年は目まぐるしく変化し、セルビア王国による征服、共産主義時代の民族自治、西側の軍事介入、独立宣言を巡る対立を経験した。この間のコソヴォの領有権を巡るアルバニア人とセルビア人の主張は全く噛み合っていない。アルバニア人はコソヴォが古代以来一貫してアルバニア人地域であり、民族的領土であると主張しているが、セルビア人はコソヴォがアルバニア化したのはオスマン支配によるキリスト教徒の抑圧によるもので歴史的にはセルビア民族の領土であったとしている。それによると、中世末期までコソヴォはセルビア人地域であり、その証拠にラシュカ公国とセルビア王国の政治的中心が置かれ、一二一九年に成立したセルビア正教会の総主教もコソヴォ西部のペーチにあり、現在でも中世に建てられたセルビア正教会の多くの教会や修道院がコソヴォ西部に残っている。しかし、オスマン時代に入るとコソヴォのイスラム化が推進され、セルビア人は強制的に追放され、他の地方からアルバニア人が入植したので人口比が逆転したのだという。つまり争点は中世の人口比とオスマン時代の人口動態なのだが、双方の主張を裏付ける統計など存在しないし、近代以前の民族意識を語るのは無意味である。コソヴォの住民構成が統計的資料で確認できるのは一九世紀以降であり、オスマン帝国時代の人口比はムスリムが六割強、キリスト教徒が三割程度であった。最初の民族別の統計は一九二一年にユーゴ王国が行ったものだが、それによるとアルバニア人が六六%、セルビア人は二六%であった。この人口比は一九六一年までほとんど変わらなかった。この事実を踏まえると、コソヴォの多数派は歴史的にアルバニア人であったと見ていいだろう。しかし、セルビア側は次のような事実を逆手にとって執拗に反駁する。

一九六〇年代まで安定していたコソヴォの人口比は一九七一年にアルバニア人が七四%、セルビア人一八%、一九八一年には七七%と一三%とセルビア人の減少に拍車がかかっていた。人口比の変化は経済的要因によるもので、セルビア人は後進地域であるコソヴォを嫌って経済的に豊かなセルビア共和国に移住したが、アルバニア人は移住できなかったので残らざるを得なかったからだ。つまり、アルバニア人の増加はそれ自体がユーゴスラヴィアにおける民族差別の結果なのだが、セルビア民族主義者たちは全く異なる解釈をした。それによると、アルバニア人はコソヴォを民族的に純粋なアルバニア人地域に変えるために自治州政府を牛耳り、セルビア人を追放しているのだという。彼らはこの論理を過去に遡って適用し、コソヴォのアルバニア化はオスマン時代から五〇〇年間続く歴史的陰謀であり、それがなければセルビア人地域のままであったと主張する。彼らによれば、アルバニア化は歴史的ジェノサイドの結果であるから、たとえ現在のコソヴォでアルバニア人が圧倒的多数であってもその権利を認めてはならないということになる。

この奇想天外な主張は一部の歴史家や小説家が語り始めたもので、一九八〇年代末までは見向きもされなかったが、スロボダン・ミロシェヴィチという政治家が登場したことで状況が一変した。ミロシェヴィチはセルビア大統領だったが、ユーゴ連邦政府の支配を目論み、その一環としてコソヴォ自治州をセルビア共和国に併合しようと考えた。州政府が自治権を濫用してセルビア人を迫害しているという民族主義者の主張は、自治州廃止の口実にもってこいなので、ミロシェヴィチは「コソヴォの民族浄化」を政府の公式見解に採用し、メディアと学界を動員して大々的なキャンペーンを展開させた。セルビア人の間でコソヴォが特別な意味を持つようになるのはこのキャンペーンの影響が大きい。また、民族主義者を使って連邦政府を支配しようとしたミロシェヴィチへの反発が連邦解体と内戦の引き金になったことも忘れてはならないだろう。

ミロシェヴィチ政権は一九八九年に憲法を改正してコソヴォの自治権を縮小したが、これに抗議するアルバニア人の運動が一九九〇年代を通じて続けられた。主流派は非暴力不服従の平和的な抗議活動を進めたが、少数のスターリン主義者のグループが「コソヴォ解放軍」を名乗ってゲリラ活動を開始した。当初は散発的な破壊活動に過ぎなかったが、ボスニア内戦終結後、「解放軍」に武器が供与されてゲリラ戦が拡大し、それを鎮圧するためにセルビア軍が投入されて一九九八年にコソヴォ危機が起こった。この時、解放軍に武器を提供していたのはアメリカ政府であった。当時のクリントン政権はNATOを米軍の補助戦力に変えようと目論んでおり、そのために旧東欧諸国をNATOに加盟させる東方拡大政策と、加盟国の領域外での軍事活動を可能にする新戦略構想を進めていたが、コソヴォ危機を新NATOが「民主主義的価値観」を守るために行動する機構であることを示す演出装置として利用した。そのため、NATO諸国ではコソヴォ問題が「独裁体制」であるミロシェヴィチ政権がアルバニア人多数派地域であるコソヴォを民族的に浄化するために市民的自由を奪い、アルバニア人を虐殺しているというキャンペーンが展開され、軍事介入は「民族浄化」というジェノサイドを防止するための高尚な行動であると説明された。ユーゴ空爆が民主主義を守るためだったという言説は西欧ではその後も支配的であり、連続テロ事件当時にノルウェー首相だったイェンス・ストルテンベルグはNATOの事務局長としてベオグラードを訪問した際にNATOは独裁政権を倒してセルビアを民主化したと発言して顰蹙を買っている。

ユーゴ空爆は当時の国際問題の焦点となり、ブレイヴィクもこの頃にコソヴォ問題を耳にしたと推測できるが、それは西側で支配的な論理で説明されていたものであろう。しかし、「マニフェスト」の中では、「コソヴォがアルバニア人によって均質化された原因は、体系的で制度化されたセルビア人への政治的経済的な抑圧であった。ムスリムのアルバニア人は高い出生率によって人口動態戦争に勝利したため、コソヴォのセルビア人は民族的憎悪の対象となり、ジェノサイドの犠牲となった」と書かれており、歴史的にセルビア人地域であったコソヴォはムスリムによって支配されたためアルバニア人多数派地域になってしまったという、ミロシェヴィチ政権が展開した「コソヴォの民族浄化」キャンペーンと同様の認識を持っていたことが分かる。

3　ブレイヴィクとボスニア

ブレイヴィクはコソヴォだけでなくボスニアでも同様の「人口動態戦争」が行われていると信じていた。ボスニアは言語を同じくする南スラブ系の人々が暮らしており、中世まではキリスト教圏であったが、オスマン時代に自発的な改宗が進み、ムスリムが人口の4割を占めるようになった。この歴史的なプロセスをブレイヴィクは次のように解釈している。ボスニアのキリスト教徒は四〇〇年間、トルコ人の暴虐な支配に苦しめられて大規模な強制改宗が行われ、ムスリムのボシュニャク人が増加した。しかし、ボスニアではコソヴォと違ってセルビア人が生き残ったため、ムスリムたちはユーゴ解体に乗じて分離独立を強行し、「少数派であるにもかかわらず、ボスニア全体に対する権利を簒奪し、自分たちだけでボスニアを支配」してセルビア人への「ジェノサイド」を再開した。セルビア人は生き残るために武器を取って抵抗したが、アラブの産油国に操られた西側諸国はムスリムを支援し、セルビア人勢力を空爆した。これは「ヨーロッパの心臓部にムスリム国家を作る」のを手助けする裏切り行為であるが、西側のメディアは「イスラムは寛容な宗教である」という嘘を流布させ「イスラムが人類に対して犯してきた大規模で長期にわたる犯罪」を隠蔽した。これはジェノサイドの否定であり、トルコがアルメニア人ジェノサイドを否定するのと同じ手口である。

こうしたブレイヴィクの主張は、ムスリムが多数派であるボスニアを併合するためにセルビア人が侵略し、軍事的優位を背景に一方的に民族浄化を行ったというNATO諸国の一般的な理解とは全く異なるものであり、セルビア民族主義者の主張に酷似している。つまり、コソヴォ問題でもボスニア問題でもブレイヴィクはNATO諸国で支配的なものとは正反対の歴史観を持っており、その情報源はセルビア民族主義者の言説であったと考えていいだろう。

ブレイヴィクのセルビア民族主義者への共感は、大量虐殺を命じたとして国際法廷で終身刑の判決を受けたスルプスカ共和国の初代大統領のラドヴァン・カラジッチの評価にも見ることができる。「マニフェスト」の中でブレイヴィクは「会ってみたい人物」[2]の一人としてカラジッチの名をあげ、「彼は大量殺人犯でも人種主義者でもない。ボシュニャク人とアルバニア人は数十年にわたって人口動態戦争を仕掛けていた。これはジハードの最も破壊的な形態の一つであり、西欧が現在経験しているものに酷似している。カラジッチは、ムスリム諸国でキリスト教徒に対して行われているのと同じように、ムスリムに改宗するか国を去るかという選択肢を示したが、拒否されたので強制的に移送しようとした。だが、NATOによってそれを妨害されたため戦うことになったのだ。彼が行ったことは民族差別ではなく、イスラムというジェノサイド的憎悪のイデオロギーを除去することだった。イスラムを除去しようとした行為は栄えある十字軍戦士のものであり、ヨーロッパの戦争英雄として記憶されるべきだ」（Breivik 2011）と述べており、カラジッチへの共感は崇拝に近いものだった。

この態度は欧米のネオナチのヒトラー崇拝に酷似している。ブレイヴィクの言説の「イスラム」部分を「ユダヤの陰謀」に置き換えれば、ネオナチのヒトラー擁護と同じになるし、ネオナチズムの本質が、リベラルな言説が絶対悪とするナチを肯定することでリベラル的価値観を否定することであるのと同様に、ブレイヴィクも国際法廷がジェノサイド罪で有罪としたカラジッチという絶対悪を肯定することで、彼の嫌悪するノルウェーの支配的イデオロギーを否定したのである。ブレイヴィクは「マニフェスト」の中で「イスラムを研究して、学校で教わったことが嘘であり、真実を隠す動機がポリティカル・コレクト（政治的妥当性）にあることが分かった」と述べているが、彼がセルビア民族主義に惹かれたのは、支配的なリベラルの言説を真っ向から否定する態度に共感したからであり、ブレイヴィクにとってのセルビア民族主義はリベラル的価値観を否定するための触媒として機能したと考えて間違いない。彼は第二回公判で「国家社会主義が成功するには新たなアイデンティティが必要であり、それはある意味、セルビアから輸入された」とも語っていた（Pidd 2012）。

4 ブレイヴィクとインターネット・コミュニティ

ブレイヴィクはセルビア民族主義の言説にどのような経緯で接したのだろうか。それはインターネットを通じてであったと考えられる。「マニフェスト」によると、ブレイヴィクはネットを通じて知り合った「セルビア民族主義者」の手引きで、二〇〇二年にリベリアに住んでいた「セルビア人十字軍兵士であり、戦場で多数のムスリムを倒した〔…〕最も偉大なヨーロッパの戦争英雄」（Breivik 2011）に面会したというが[3]、そこでどのようなやり取りがあったかは定かでない上、「マニフェスト」にはセルビア語の文献が全く引用されておらず、彼がこの言語を理解できなかったことは明らかであり、彼がセルビア人民族主義者から直接洗脳されたとは考えられない。ブレイヴィクがセルビアを訪れた記録はなく、「マニフェスト」には彼がこの国とセルビア人に格別の愛着を抱いていたことを伺わせる記述も見当たらない。彼はセルビア民族主義そのものに共感したのではなく、その特異な反イスラムの論理に惹かれたのである。「マニフェスト」には二〇〇二年にロンドンで「軍事組織であり法廷でもあるテンプル騎士団」の創設に加わり、英国人プロテスタントの通称「リチャード獅子心王」という人物に師事したという記述があるが、彼が引用する文献のほとんどが英語のインターネット・サイトからの転用であることを考えると、「リチャード獅子心王」の手引きでネット上の反イスラム主義の言説に親しむようになったことが彼の思想形成に決定的な影響を与えたと考えていいだろう[4]（Pidd 2012）。

「マニフェスト」の内容は雑多で、「知的レベルが高いとは言えない」と断言する研究者もいるように（Ranstorp 2013）、相互に矛盾した記述が併記され、同じ内容のものが別々の場所に配置されているなど構成も杜撰である上、テキストの九五％が数人の極右、反イスラム主義者、反フェミニストの論説の一部あるいは全文のカット・アンド・ペーストである。ブレイヴィク本人の考えが分かるのは、末尾につけられたQ&A形式の自己の経歴を綴った部分だけである。つまり、「マニフェスト」の内容はブレイヴィク独自の思想ではなく、他人の議論を適当に拝借したものなのだ。「マニフェスト」のイスラムに関する記述は、欧米の反イスラム主義者のエッセーを主な情報源にしており、その多くがブログサイトの「ウィーンの門」に掲載されたものの切り貼りであることも分かっている（von Brömssen 2013）。「ウィーンの門」は米国人エドワード・メイが運営するサイトで、最初の投稿は二〇〇三年一月に始まっている（BIT 2020）。このサイトは欧米のカウンター・ジハード主義者のフォーラムの役割を果たしており、反イスラム主義の論説が多数転載されている。ブレイヴィクがその中でも特に多く引用しているのはノルウェーの反イスラム主義者「フョルドマン」ことペデル・ジェンセンであるが、彼がこのペンネームで投稿を始めたのは二〇〇五年である。

フョルドマンに次いでよく引用されるは「バト・イェオル」ことエジプト生まれの英国人ギゼル・リットマンで、「ムスリム世界は、ソ連の崩壊と潤沢な石油収入によって国際的なジハードを支援できるようになった」といったブレイヴィクの主張は、アラブ連盟は欧州のイスラム化を企てており、一九七〇年代初頭から西欧の政治家とマスメディアはオイルマネーに買収されてそれに協力しているという内容の二〇〇五年に英語版が出版された『ユーラビア―ヨーロッパ・アラブ枢軸』の議論を下敷きにしている（Bergman 2021）。イスラムのズィンミー制度はキリスト教徒とユダヤ教徒を奴隷として従属させるものだというブレイヴィクの主張もリットマンの受け売りである。[5] リットマンの著作は専門の研究者からは「イデオロギーに基づいて捏造された歴史」と批判され、学術的価値があるものとは見做されていない（Zia-Ebrahimi 2018）。

二人に次いで影響が大きいのは米国の作家、ロバート・スペンサーであるが、彼が二〇〇三年三月に投稿を始めた「ジハード・ウォッチ」は、ジハードはアラビア語で闘争を意味し、全てのムスリムの中心的義務であり、主に戦闘のことだが、資金提供や非ムスリムの土地に移住すること、批判を封じ込めることも含まれるといった奇妙な内容が書かれている。彼の主著とされる『政治的に不適切なイスラム・ガイドブック』の刊行は二〇〇五年であり、もう一つの主著である『ムハンマドの真実――

世界で最も不寛容な宗教の創設者』は二〇〇六年だった（Berntzen & Sandberg 2014）。

こうしたことを総合すると、ブレイヴィクが語る一九九九年の空爆でNATOがイスラムの「人口動態戦争」に加担したのが許せなかったという動機は不自然であり、彼の反イスラム思想は二〇〇二年以降に形成されたと考えざるを得ない。

ブレイヴィクとバルカンを結ぶ鍵となるのはスルジャ・トリフコヴィチというセルビア人であり、彼の著作も「マニフェスト」に頻繁に引用されている。トリフコヴィチは、ボスニアのセルビア人勢力の擁護者で、内戦中はそのスポークスマンの役割を演じ、ハーグ国際法廷ではカラジッチたちの弁護側証人に立ち、スレブレニツァ・ジェノサイドを「神話」に過ぎないと発言したことで知られている。彼は、一九九〇年代から言論活動を始めており、内戦中から反イスラム主義を提唱していた（Galijaš & Kostić 2021）。その主張は、欧州の征服はイスラムの誕生以来の目標であり、セルビア人は身を挺してその脅威からキリスト教世界を防衛してきたが、ボスニアのイスラム国家化を企むアリヤ・イゼトベゴヴィチ（ボシュニャク人のリーダー）がユーゴ連邦を解体しようとしたことが原因で内戦が勃発し、セルビア人はジェノサイドを防ぐために戦わざるを得なくなったといったものである。内戦後もこうした主張を繰り返しており、西側諸国がムスリムに協力したのでバルカンにイスラム過激派のネットワークが作られてしまったであるとか、ボシュニャク人はボスニアをイスラム国家に変えるためにデイトン合意を破棄して中央集権的な憲法改正を求め、中東や北アフリカの移民と難民を積極的に受け入れているであるとか（Trifković 2010）、イスラム勢力は古くからイスタンブルからウィーンに至る「緑の回廊」を作ってバルカンを支配する構想を持っており、その手段としてムスリム・コミュニティを強化して人口を増加させ、地方政府の権力を握って非ムスリムを減少させており、その典型例がコソヴォである（Trifković 2012）、といった主張を繰り返している。

トリフコヴィチはアメリカのペイリオコン系のウェブ・マガジン「クロニクルズ」にも定期的に寄稿し、セルビア民族主義の言説を英語で発信するだけでなく「イスラムの世界支配の陰謀」や「それと結託した欧米のリベラル・エリート」なるものへの批判も行なっている。欧州難民危機の余韻が残る二〇一六年にブダペシュトで開かれた国際会議での報告は彼の思想が簡潔に纏められているがその内容は次のようなものである。西側世界ではムスリム人口が増加しているが、これは長期的な地政学的目標を達成するための手段として人口増加を用いる非対称戦争であり、イスラムの聖典に記された神の命令である。この戦争においてテロと移民は一体の戦略であり、その双方がサウジアラビアやパキスタンに操られている。欧米のエリート層はイスラムの本質を理解していないため、移住促進、多文化主義、ムスリム人口の増加を既成事実として受け入れているが、これではヨーロッパ文明は生き残れない。イスラムの脅威に対抗するには、一致団結した祖国の防衛が必要であり、そのためには、ヨーロッパが自身の道徳と精神と文明の起源を自覚しなければならない。その第一歩は国境管理の厳格化と移住資格の制限である（Trifković 2016）。これを見ると、トリフコヴィチは伝統的なセルビア民族主義の言説に加えて、スペンサーやリットマンの議論も取り入れており、彼がバルカンと欧米のイスラム陰謀論を結びつける重要な接点であることが確認できる[6]（Sells 2011）。

5　ネット上で交流する反イスラムの戦士たち

ブレイヴィクに影響を与えた著述家たちは、一つの団体や組織に属しているわけではなく、出身国も様々で、思想的背景もセルビア民族主義、キリスト教保守主義、毛沢東主義者、シオニスト、リバタリアンなど様々である。それにもかかわらず、彼らの主張が一つの方向に収斂していくのはなぜなのだろう。そのヒントは彼らの叙述スタイルにある。これまで紹介した反イスラム主義者たちはいずれも専門的なイスラム研究者ではない。トリフコヴィチは博士号を持っているが政治学が専門だし、スペンサーの修士号はカトリック神学に関するものであり、リットマンとフォルドマンは大学院にすら行っていない。それにもかかわらず、彼らは反イスラム主義のエッセーを学術論文の体裁で発表している。彼らは論拠となる文献を注に記すことで権威や信頼性が高まると期待しているようだが、引用するのは同じ思想を持つ著者たちの文献ばかりである。例えば、ブレイヴィクが依拠するフォルドマンの情報源は主にトリフコヴィチとスペンサーとアンドリュー・ボストムであり（Jackson 2013）、スペンサーの『政治的に不適切なイスラム・ガイドブック』にはトリフコヴィチが賛辞を書き、リットマンを典拠にしている（Spencer 2005）。トリフコヴィチの『預言者の剣――イスラムの歴史と神学と世界に及ぼす影響』もリットマンを引用している（Trifković 2002）。アンドリュー・ボストムは二〇〇五年に『ジハードの遺産、イスラムの聖戦と非ムスリムの運命』、翌年に『イスラム的反ユダヤ主義の遺産、聖典から神聖な歴史へ』という著作を発表したことで知られる反イスラム主義者だが、本職はブラウン大学医学部教授であり、9・11事件で反イスラム主義に目覚め、イスラムの聖典であるコーランとハディースは反ユダヤ主義に貫かれており、イスラムは本質的に反ユダヤ主義的な宗教であるといった主張をするようになった。ボストムが主な典拠にしているのもリットマンで、彼はリットマンに私淑していることを公言している[7]。つまり、反イスラム主義者たちが根拠とする著作はお互いの著作であり、突き詰めるとリットマンの荒唐無稽なイスラム論に行き着くのである。

彼らは著作を相互に引用し合うだけでなく、頻繁に国際会議を開催し、ウェブ上のチャットを通じて交流している。それを元に出来上がったブレヴィクの「マニフェスト」は、「ウィーンの門」やスペンサーの「ジハード・ウォッチ」に再録されることでフィードバックされ、他の「ネット戦士」に引用されて、新たな言説が生産されている。例えば、二〇一九年にニュージーランドのクライストチャーチで起こった連続モスク襲撃事件の犯人のブレントン・タラントはブレイヴィクに共感し、彼に倣って犯行前にウェブ上に「大代替（グレート・リプレイスメント）」というマニフェストを公開したが、それがロシア語に訳されて、ウクライナ戦争で有名になったアゾフ運動系のサイトにアップされるといった具合である。彼らは直接的な接触や対話だけでなく、言説を循環させることで、共通の世界観を作り出し、その空間に帰属意識を持つのだ。

様々な情報を集めて判断すること自体は正常な人間的行為であり、「間テクスト性」はあらゆるジャンルの言語的表象に共通しているが、学問的訓練を受けたものは、立論の根拠となる情報を広く集めるだけでなく、その精度を吟味し、確実性の高いものだけを採用して、論理的分析を行って結論を得る。それとは対照的に、「ネット戦士」たちは、情報に対する批判的態度が希薄である。ブレイヴィクも、反イスラム主義者の類似した言説を複数併記して、自分の主張の根拠とするという手法をとっているが、これではどんなに多数の「専門家」の言説を引用しても、その情報源は同じであるから、命題の客観性が証明されるわけではない。これは「確証バイアス」の一種であるが、同じ価値観を持つ者たちが類似した言説を増殖させ続けると、その言説は互いに結びつき、新たな「通念」が生まれてしまう。そうなれば、それは一個のエスニシティである。エスニシティとは、特定の価値と象徴のシステムを共有する集団とそれへの帰属意識と定義できるからだ。ブレイヴィクも欧米の反イスラム主義者のネット・コミュニティーに帰属意識を持つようになり、それを通じてトリフコヴィチなどのセルビア民族主義の言説に接し、それに共感するようになった。ブレイヴィクの主張が「マクロ・ナショナリズム」と形容される理由もここにある。

6 結びに代えて

ブレイヴィクが極度に残忍な犯行によって注目を集めたことで、彼の「マニフェスト」は「反イスラム言説を広める拡声器」の役割を果たしており[8]、模倣犯が次々と生まれている。クライストチャーチ事件のブレントン・タラントはその典型例だし、サンディエゴのシナゴーグ襲撃事件の犯人のジョン・アーネスト、エルパソ無差別殺人事件の犯人のパトリック・クルシウスたちはいずれもブレイヴィクの「マニフェスト」に感化され、犯行前にウェブ上に犯行声明を掲載するという手法も真似ていた。彼らの「マニフェスト」もネット上で拡散されており、それによって極右テロが通念化することが懸念されている[9]。

本書のテーマであるカオスに即して、この問題がどのような位置を占めるのかは次のようにまとめることができるだろう。

ブレイヴィクの「マニフェスト」は、ウェブ上の様々な言説を継ぎ接ぎしたもので、その思想は反イスラム主義者のネット文化の産物であった。彼の言動には特定のキリスト教宗派の帰依やノルウェーや北欧の文化・伝統への愛着は見られないし、むしろ北欧の支配的な文化に対する憎悪や反発が目立っている。彼が憎んだのは北欧エリートのリベラリズムであり、「イスラムの脅威」は犯行を正当化するために付け足されたものだった。彼には特定の文化や民族への愛着はなく、抽象的な「イスラムの脅威」を立証するために縁もゆかりもないバルカンの民族主義者たちの反イスラム思想を取り入れたのだった。彼がこの反イスラム思想を知ったのはインターネットを通じてであり、「欧州テンプル騎士団」なる架空の組織に所属し、自らの主張をウェブ上で公開することで「同志」とつながっていると信じていた。彼の帰属意識は欧米の反イスラム主義者のウェブ上のコミュニティにあったが、彼が帰属すると信じるコミュニティは様々な出自と思想を持つものたちによって構成され、イスラムへの憎悪だけで結びついているが、彼らが考えるイスラムとは実存する信仰ではなく、空想や事実の歪曲に基づいて言説的に構築された観念に過ぎない。この言説の集合体はリットマンのズィンミー論やトリフコヴィチの「緑の回廊」などの荒唐無稽な言説を下敷きにしているが、反イスラム主義者はゴミ屑のような言説の断片を相互に引用し合うことで思想的な確信を強めている。国を越え、思想信条を超えたフェイクな言説が融合してウェブ上にヴァーチャルなコミュニティが誕生し、それに帰属意識を持つものたちが現実の殺人を繰り広げるというカウンター・ジハード主義はカオスと呼ぶにふさわしい現象である。

註

（1） インセルとはIncelとはInvoluntary Celibateの略であり、非自発的独身者、つまり、女性に関心があるが交際の機会がない男性を指す。

（2） 彼が会いたいと名を挙げた他の人物は、デンマーク自由党のアナス・フォー・ラスムセン、オランダの極右政党・自由党党首のヘルト・ウィルダース、韓国大統領の李明博、そして日本国首相の麻生太郎だった。ブレイヴィクが麻生に会いたがっている理由は定かではないが、アメリカ研究者の渡辺靖によると、米国の「白人ナショナリストにとって移民・難民が少なく均質性の高い日本社会はお手本であるようだ」とのことで、同じ理由で欧州の極右の間でも日本の政治家は人気があるのだろうか。

（3） ブレイヴィクがリベリアに渡航したことは確認されているが誰に接触したかは分かっていない。ノルウェー警察によるとこの人物はミロラド・ウレメクであるという。ウレメクは一九六五年三月一五日にベオグラードで生まれ、銀行強盗事件を起こした後、国外に逃亡してフランス外人部隊に加わり、チャド、リビア、イラクを転戦した後、ユーゴ内戦が始まるとセルビア人民兵組織「アルカンの虎」に参加し、指揮官としてボスニア各地での残虐行為に関与した。セルビア共和国の治安機構とも協力関係にあり、対テロ特殊部隊の司令官に抜擢されてコソヴォでの対ゲリラ戦にも参加した。二〇〇〇年にアルカンことジェリコ・ラジュナトヴィッチが死んだ後は「虎部隊」の残党を集めたマフィア組織のリーダーとなった。二〇〇〇年のセルビア大統領イヴァン・スタンボリッチの暗殺や二〇〇三年のセルビア首相ゾラン・ジンジッチの暗殺にも関与し、二〇〇四年三月に逮捕されている（Stewart 2008）。

（4） この組織の存在は確認されていない。ノルウェーの裁判所はブレイヴィクが単独犯で共犯者がいなかったことを確認している（Ranstorp 2013）。筆者は「リチャード獅子心王」がイギリスのファシスト団体「英国ファースト」の創設者のジム・ダウスンだったのではないかと推測している。ダウスンは二〇一三年に国際テンプル騎士団というインターネットサイトを立ち上げており、バルカンの極右とも太いパイプを持っている。

（5）リットマンはブレイヴィクなどの極右過激派だけでなく、英国の著名なジャーナリストのメラニー・フィリップスや米国の歴史家ニーアル・ファーガソンや作家のブルース・バワーにも影響を与えているという（Malik 2023）。

（6）トリフコヴィチは、ノルウェーのテロ事件が「信仰からもコミュニティからも切り離された」インターネット漬けの若者が「思い違い」から行動した結果だと語る一方、「読者が犯した罪をその本の著者に被せるのは間違いだ」という表現で、自身の著作がブレイヴィクに影響を与えたことを認めている（Trifkovic 2011）。

（7）ボストムはあるインタヴューで「私はバト・イェオルの英語で書かれた本、随筆、講演録は全て読んだ。ダニエル・パイプス（アメリカの中東研究者）と連絡をとってブラウン大学で特別講義をしてもらった。彼女は私の師である」と語っていた（Bostom n.d.）。

（8）タラントのケースが最も有名だが、事件直後から既にポーランドとチェコで模倣犯が出現していた。ロシアの極右もブレイヴィクを英雄として賞賛している（von Brömssen 2013; Ranstorp 2013）。

（9）極右のテロリストが犯行前にマニフェストを作成してネット上に掲載するという手法は今や大流行している。二〇一四年のカリフォルニア州のアイラビスタ銃乱射事件、二〇一四年のネバダ州ラスヴェガスの警官狙撃事件、二〇一五年のカリフォルニア州のチャールストン教会襲撃事件、二〇一六年のドイツのミュンヘン銃撃事件、二〇一七年のニューヨークの通行人刺殺事件、二〇一九年のクライストチャーチ事件、カリフォルニア州のシナゴーク襲撃事件、ギルロイのガーリック・フェスティバル襲撃事件、テキサス州エルパソのショッピングモール襲撃事件、ドイツのハレのシナゴーグ襲撃事件、二〇二〇年のドイツのハーナウのシシャ・バー襲撃事件などが相次いで起こっている（Ware 2020）。シンガポールでも二〇二一年に一六歳の青年がモスク襲撃を計画した（Ehsan & Stott 2020; Azani 2020; Chen 2021）。

出典一覧

AFP（2011）「生存者が語る、ノルウェー・ウトヤ島の銃乱射事件」（七月二四日）https://www.afpbb.com/articles/-/2815460

Azani, Eitan, et al.（2020）*The Far Right — Ideology, Modus Operandi and Development Trends*, International Institute for Counter-Terrorism（ICT）https://www.ict.org.il/images/The%20Far%20Right%20–%20Ideology.pdf

Berntzen, Lars Erik & Sveinung Sandberg（2014）“The Collective Nature of Lone Wolf Terrorism: Anders Behring Breivik and the Anti-Islamic Social Movement,” *Terrorism and Political Violence*, http://dx.doi.org/10.1080/09546553.2013.767245

Bostom, Andrew（n.d.）*Islam and Antisemitism: An Interview with Dr Andrew Bostom*, https://www.dissentmagazine.org/wp-content/files_mf/1390433537d15Bostom.pdf

Breivik on His Personal Life, https://famous-trials.com/breivik/2581-breivik-on-his-personal-life-an-interview-with-himself

Breivik, Anders（2011）*Manifesto: 2083: A European Declaration of Independence.*

Bridge Initiative Team（BIT）（2020）*Factsheet: Gates of Vienna*, https://bridge.georgetown.edu/research/factsheet-gates-of-vienna/

Buruma, Ian（2015）“One of Us: The Story of Anders Breivik and the Massacre in Norway by Åsne Seierstad — review,” *The Guardian*, [26 Feb 2015].

Chen, Heather（2021）“Singapore Teen Arrested for ‘Christchurch-Inspired Plan’ to Attack Mosques,” *Vice*, [28 Jan. 2021]

Ehsan, Rakib & Paul Stott,（2020）*Far-Right Terrorist Manifestos: A Critical Analysis*, London, The Henry Jackson Society.

Galijaš, Armina & Ivan Ejub Kostić（2021）“Being a Muslim in Belgrade. Ivan Ejub Kostić in Conversation with Armina Galijaš,” *Comparative Southeast European Studies*, 69/1, 109–132.

Jackson, Paul（2013）“The License to Hate: Peder Jensen’s Fascist Rhetoric in Anders Breivik’s Manifesto 2083: A European Declaration of Independence,” *Democracy and Security*, 9/3, 247–269.

Koch, Ariel（2017）“The New Crusaders: Contemporary Extreme Right,” *Perspectives on Terrorism*（Terrorism Research Initiative）, 11/5, 13–24.

Malik, Kenan（2023）“Racism rebranded: How far-right ideology feeds off identity politics,” *The Guardian*, [8 Jan 2023]

Pidd, Helen（2012）“Anders Behring Breivik attacks inspired by Serbian nationalists, court hears,” *The Guardian*, [18 Apr 2012].

Ranstorp, Magnus（2013）“ ‘Lone Wolf Terrorism’. The Case of Anders Breivik,” *Themenschwerpunkt*, 2, 87–92

Sells, Michael（2011）“Breivik, Trifkovic, Bat Ye’or, part 1,” Un unpublished draft of July 2011, https://home.uchicago.edu/~msells/documents/Breivik-Trifkovic-and-Radical-Serb-Ideology.pdf

Spencer, Robert（2005）*The Politically Incorrect Guide to Islam（and the Crusades）*, Regnery Publishing, Washington, DC.

Tarrant, Brenton（2019）*The Great Replacement*.

Trifkovic（2002）*The Sword of the Prophet: The politically incorrect guide to Islam: History, Theology, Impact on the World*, Boston, Regina Orthodox Press.

Trifkovic（2016）“Demographic Jihad as a Weapon of Asymmetric Warfare,” In: Álmos Péter Kiss ed., *Asymmetric Warfare: Conflict of the Past, the Present, and the Future, Conference Conclusions*, Dialóg Campus Kiadó, Budapest.

Trifković,（2010）“Kosovo and the jihadist Green Corridor in the Balkans,” *Global Politics*, http://global-politics.eu/kosovo-jihadist-green-corridor-balkans/

Trifković, Srđa（2012）“The Islamist revival and activity in Bosnia and Herzegovina is the direct consequence of the three-sided war（1992–1995）” *Политеиа*（Бања Лука）, 4.

von Brömssen, Kerstin Erica（2013）“2083 — A European Declaration of Independence” — An Analysis of Discourses from the Extreme,” *Nordidactica*, 1.

Ware, Jacob（2020）*Testament to Murder: The Violent Far-Right’s Increasing Use of Terrorist*, International Centre for Counter-Terrorism, https://www.icct.nl/publication/testament-murder-violent-far-rights-increasing-use-terrorist-manifestos

Zia-Ebrahimi, Reza（2018）. “When the Elders of Zion relocated to Eurabia: Conspiratorial racialization in antisemitism and Islamophobia,” *Patterns of Prejudice*, 52/4, 314–337.

カオス・アメリカ・『スター・ウォーズ』

廣部　泉

米国は国のアイデンティティが、メルティングポットやサラダボウルとされる、いわばカオスの国である。何百年も前から文化や言語を共有して同じ土地に住んでいる人々が多くを占めている旧世界とは異なり、米国では、先住民や旧メキシコ領居住者などを除けば、昔からその土地に住んでいたものはおらず、大半が新来者かその子孫である。人種も違えば言語も宗教も文化も異なる。なにもなければ容易にバラバラになってしまう国である。

それをつなぎとめるものといえば、自由、平等、民主主義という理念だけである。その理念の中でも、つねに第一に来るのが自由である。アメリカ人はとにかく自己の信ずる所と自由を大事にする。人々は自由にふるまう。まとめるのは大変である。アメリカ人ほど団体行動が苦手な人々はいないと思う。自由を大事にすることがまたその国のカオスを拡大させる。

一方で米国はカオスであるがゆえ、オーダー（秩序）を重んじる国でもある。アメリカンフットボールやメジャーリーグなどの主要競技の球場には星条旗が掲げられ、試合前には必ず国歌が流れる。そのとき、選手、観客すべての人々が起立し、胸に手を当てる。あれほど自由を重んじる人々が、このときは全員が従うのである。例外は許されない。小学校では、かならず毎朝、星条旗への誓いを唱和させられる。これはある種、宗教めいたもの、アメリカ教といってもよい。その特徴はいま米国の突き進む方向にも見てとれる。

世界は、中絶の権利は女性のものであるとする方向に向かっており、同性婚をはじめとする性的マイノリティの権利も広く認める方向に進んでいる。長年女性を男性の下において、女性の権利を制限してきたが、今日では女性の権利を拡大する方向に進んできている。また、過去においてイギリスなど同性愛を罪としてとらえてきた国も多い中、性的マイノリティの権利を認め、より多様な社会の構築へと動いているのである。ところが、米国は、そのような世界の大勢に逆行している。近年、米最高裁は、女性の中絶の権利を認める従来の判決を覆し、また、同性婚を認めない方向へと動きつつある。あからさまに人種差別を唱えるトランプの登場によって、人種的マイノリティの立場も危うくなってきている。トランプは、自分に批判的な非白人議員の出身地を「肥溜め」と呼び、有色人種の移民を減らし、北欧などからの白人の移民を増やすように主張した。また、フットボールの試合開始時の国歌斉唱において、起立せずに片膝をつくことで、人種差別に抗議したアフリカ系の選手に対して、「あんなのは首にしろ」とツイートした。アフリカ系や先住民などの歴史的差別の犠牲者に対する差別を是正するために設けられたアファーマティブ・アクション（積極的差別是正措置）も否定されつつある。カオスの国であるがゆえに、カオスを恐れる人々は自分たちが優位に立っていた時代のようなオーダーを求めている。この国ではつねにオーダーを求める人々とそこからの解放を求める人々との間で争いが起きてきた。

米国を代表するサーガともいえるジョージ・ルーカスの『スター・ウォーズ』は、まさに、このようなカオスとオーダーの相克の物語だ。ルーカスがこの物語をつくったのはベトナム反戦運動のころであった。アメリカ社会は、ニクソン大統領の命令に従って「邪悪な共産主義」を倒すためにベトナム戦争介入に賛成する人々と、ヒッピーや同性愛を認める反戦運動を支持する人々に分断されていた。そうした中で、「帝王的大統領制」といわれるほど権力を増大させるニクソンに危機感を抱いたルーカスは『スター・ウォーズ』を創り上げた。

ただ、ルーカスもカオスとオーダーに向かう力が単純に二分できるものとは考えていなかったのだろう。それを象徴するキャラクターがアナキン・スカイウォーカー／ダースベイダーである。そこには一人の人間の中にカオスとオーダーが共存していることが表れている。ダースベイダーは、あるときは帝国のオーダーを支える悪の化身であるが、最後には自滅的にそのオーダーを破壊するための人柱となる。

アメリカ人にとっていまドナルド・トランプがどのような姿で見えているのか。もちろん民主党支持者にとっては悪の化身ダースベイダーに見えている。ただ、トランプ支持者にとっては、救世主として登場した初期のころのアナキン・スカイウォーカーに見えているのではないだろうか。「選ばれし者」と呼ばれ、ケイオティックな世界によき秩序をもたらす存在として。民主党支持者も共和党支持者もともにダークサイドに落ちないアナキン、あるいは人柱になってくれるダースベイダーを待っている。しかし、そのようなものが現れる気配はいまだ見えない。

電子メディア時代のスポーツ

ノルベルト・ボルツのメディア美学と公共圏

釜崎　太

1　はじめに

主導的なメディアの歴史は、口頭、文字、活字、電子へと変遷してきた。なかでもノルベルト・ボルツは、一九九〇年代後半以降の電子テクノロジーの急激な発展によるパラダイム転換を、「書く」という行為に象徴させている(1)。例えば、同一人物によって同一の意図のもとに作成された文章であっても、ペンで紙に書いた文章とキーボードでモニターに打ち込んだ文章が同一のものになりえないことは、多くの人々に共有されている感覚だろう。この感覚は、メディアが単にメッセージを伝えるだけではなく、メッセージをつくるテクノロジーでもあることを端的に物語っている。「人間の拡張」や「メディアはメッセージである」といった表現によってその事実を周知させたのはマクルーハンであったが、ボルツは「書く」という身体技法の変容に、活版印刷によって著者の意図と結びついた知識を普及させる、一五世紀以来の「グーテンベルク銀河系」の終焉を見たのである。

ボルツは、そのパラダイム転換——電子メディアの普及は一八八〇年代頃に始まるが——のオープニングを飾ったのはワーグナーの総合芸術作品であったという。ワーグナーの楽劇（Musikdrama）が、音楽、身振り、言葉の同時性と重層性によって「身体的な記入」と「批判的な距離」を実現させ、文字の解釈学に終止符を打ったがゆえである。ワーグナーの総合芸術作品は、ニーチェによれば、「ひとつの階級の教養語を語らず、総じて教養のある者と無い者の対比も知らない」[2]。なぜなら、「個別者は芸術の根源とは考えられず、むしろ芸術の敵」[3]であり、その個体化を打ち壊すものこそ、ディオニュソスというカオスの力だからである。それゆえボルツは、ニーチェを引きながら、次のように主張したのである。

美学的なメディアに近づけるのは、批判的な精神ではなく、むしろ陶酔した身体である。というのも、陶酔において人間は、自らを美的に形成する、自らのディオニュソス的な力のメディアとなるからである。メディアとしての美の主体、すなわち人間は芸術家ではなく、芸術作品なのである。平たくいえば、芸術は私たちのために存在するものでも、私たちによってつくられるものでもない。この新しいメディアの世界への根本的な誤解は、本当は映像の形像に過ぎない人々が、自分たちをその映像の批評家であると考えていることからもたらされる。私たち自身はすでに総合芸術の世界の「形像であり、芸術的投影」なのである。[4]

グーテンベルクの活字パラダイムには、書き手と読み手の固定化による階層性が存在する。すなわち著者性としての権威（authority）である。[5] この活字パラダイムに付随する「独自の暴力」[6]との戦いを、ニーチェはカオスの力に求めたのであった。その主戦場は、ボルツの見立てによれば、「学問や知識という啓蒙された公共性」の圏ではなく、「新しいマスメディアの空間」なのである。[7]

2　『公共性の構造転換』と現代ドイツのスポーツ

上記のボルツの指摘は、ニーチェの取り上げ方からもわかるように、ハーバーマスの「市民的公共圏」をポストモダンの立場から批判したものである。

ハーバーマスは一九六二年に書かれた『公共性の構造転換』において、民主主義社会の実現にむけて、公論（世論）の形成の場としての「公共圏」を類型化している。その際にひとつのモデルとして理想化されたのが、一八世紀後半の欧州に見られた「市民的公共圏」であった。ハーバーマスによれば、一六世紀以降、近代国家の形成が促され身分的権威がはく奪されると、高い社会的地位の保有者がその権力を誇示する「具現的公共圏」は衰退し、公権力と呼ばれる勢力圏が形成された。これに対して、新しいマニファクチュアを生み出す個人特権が認められ、市場での経済活動が公的な規制の対象となるにつれて公共性が一般の人々の関心事となる。この新しい秩序のなかで登場した「新聞」を行政機関が公示のために利用したことで、市民階級がその受け手としての自覚を持った公衆となり、公権力に対して公共性を自己のものとして主張することで「論議する公衆」による「批判的公共圏」が形成されたというのである。

ハーバーマスは、この「論議する公衆」の起源を「小家族的な親密圏」に求めている。夫婦の愛を中心におく近代的な小家族では、家族の親密さが持続的に経験され、この「愛の共同体」に基づく家族が教養ある人格の成長を保証し、自由意志、愛の共同体、教養という三つの契機によって「人間の絶対的な地位を真に形成する、フマニテートの概念」が構成されたというのである。このフマニテートを備えた公衆によって、例えばサロン、コーヒーハウス、読書クラブなどを練習場としながら「文芸的公共圏」が形成されるが、彼らには同時に、それらの練習場を超えて広がっていた公衆全体に耳を傾けさせる力量が求められ、当初は「手書きの通信」が、後には「印刷された雑誌」が公論の機関となる。この論議する公衆に、国家権力の決定に影響を及ぼそうとする諸勢力が働きかけたことで、「文芸的公共圏」から批判的な審級を備えた「政治的公共圏」が生まれた、とされるのである。

だが、ハーバーマスによれば、一九世紀以降の資本関係の広がりと消費社会の登場のなかで、家庭は「所得とレジャーの消費者」へと変容し、その内面性の教育力が奪われ、大企業やレジャーを中心とする消費社会からの影響が増大する。ハーバーマスは、この家族的な親密圏の崩壊に、都市化やテクノロジーの進歩が拍車をかけることで、読書がテレビ視聴に置き換えられ、地域住民の交流が希薄化し、自由な論議による意見形成と意志決定の場が空洞化したと指摘する。メディアに対する企業からの影響力が強まるとメディアの批判的機能が危険にさらされ、国家によるメディアへの介入が始まるが、行政や政府にとってもメディアを通じた広報は必要不可欠なものであるがゆえに、企業・政党・利益団体の癒着のもとでメディアはその批判的な機能を喪失させたというのである。メディアにおける政治ニュースはスポーツに置き換えられ、かつては「読まれた事柄についての論議交換の公共性」を可能にしていた読者と文字の距離感を映画やテレビが消滅させる。新しいメディアは、商業的な意図を隠蔽しながら、公衆に消費世界の幻想を抱かせる。つまり、アドルノ＝ホルクハイマーの文化産業論が批判したのと同じように、メディアはその外部にある「真の現実」を操作しながら幻想的な消費社会のイメージを流布したというのである。かくして市民社会に特有の圏であった「批判的公共圏」は「受容的公共圏」へと転落する。ハーバーマスがいう「公共性の構造転換」である(8)。

ところが、一九九〇年に『公共性の構造転換』に加えられた新版序文において、ハーバーマスは、右記の診断を「悲観的に過ぎた」と捉え直すことになる。その背後には、ドイツにおける六八年革命以降の断続的な市民運動と東欧諸国における「遅ればせの革命」による批判的な審級の再台頭があった。このドイツにおける「第二の構造転換(9)」を受けるかたちで、ハーバーマスは新しく形成された市民社会において政治や経済に影響を与えようとする社会集団のひとつにスポーツクラブをあげるなど、文化産業に対する見方を修正したのであった。

いみじくも二〇二二年にカタールで開催されたサッカーのワールドカップ（以下「W杯」）は、ハーバーマスが求める批判的な審級が現代のドイツに存在しえていることを知らしめることになった。その大会をめぐって、ドイツでは開催地カタールのカオスな社会状況が連日のように報道され、市民の関心はサッカーの試合よりも人権問題に大きく傾いていった。例えば、ドイツ国営放送がW杯の直前に放映した番組がインターネット上に残されている(10)。その番組によれば、カタールではカファラと呼ばれる差別的な職業制度のために、外国人労働者は劣悪な環境におかれ、賃金の未払いが何ヶ月も続いているが、パスポートさえ雇用主に管理されている彼らには抗議の手段もない。だが、国際サッカー連盟（以下「FIFA」）は、世界有数の富裕国での大会開催を支持し、史上最高額の資金を投じたW杯が実現された。死亡した外国人労働者の数を三人とするFIFAの公式見解に反して、国際人権団体が公表した死者数は一万五〇二一人にのぼる。番組内では、隠しカメラを用いた潜入取材によって、外国人労働者の劣悪な環境はもとより、その外国人労働者の死について「カタールなら本当の死因を〔診断書に〕書くべきでないことは医学生だって知っている」という現地の医者の発言までもが伝えられているのである。

こうしたカオスを抱えるカタールでのW杯の開催に、ドイツでは数多くの抵抗運動が展開された。W杯において「口を手でふさぐジェスチャー」で抵抗の意思を示したドイツ代表の選手たちは、欧州予選の試合においてもユニフォームに「人権」の文字を掲げていた。サッカーファンも、抵抗の意思を表明するバナーをスタジアムに掲げ、関連するイベントへの参加や主催をボイコットした。それればかりか、プロサッカークラブ（以下「クラブ」）の総会においてさえも、カタールへの抵抗の意思が示されたのである。そのようすを伝える国営放送の番組もインターネット上に残されている。(11) 例えば、バイエルン・ミュンヘンの総会では、カタール航空とのスポンサー契約をめぐって、その破棄を会員（市民）のひとりが経営陣に迫っている。経営陣がその議論を拒むと、「バイエルンはお前らのものじゃない、我々のものだ」という会員たちの大合唱が始まり、「利益よりも、価値ある真実を求めるべきだ」という会員の演説に大きな拍手が送られたのである。

この総会のようすもまた、カオスである。ハーバーマスならば、このカオスはコミュニケーション的行為に基づく「合意」によって秩序づけるべきものとみなすだろう。主体中心的な理性が合理性の尺度を真理に求めるのに対して、コミュニケーション的行為はその尺度を論証的方法におく。[12] 論議では、相手を説得するための論証的方法を探ることが強制なき強制となって自己中心的な見方が克服され、合意が形成される。その合意に基づいて道具的理性とは異なるかたちで生活世界が基礎づけられ、その生活世界が論議の母体となる。

先述のように、ボルツはこの規範的なハーバーマスの理論を批判しているのである。ドイツの市民がプロサッカーのスタジアムや総会を抵抗の場とみなすのは、そこが——ハーバーマスが批判した——マスメディアに注目される空間であるからにほかならない。カタールの人権問題に関しても、その内実はメディア・テクノロジーによって暴かれ、親密圏という「強いつながり」ではなく、インターネットという「弱いつながり」で結ばれたヴァーチャルな空間における情報の拡散によって、多様な抵抗運動が喚起されたのである。クリックひとつの弱いつながりが、遠く離れた人々を結びつけ、新しい情報を獲得させる。[13] ボルツのメディア美学は、サイバー空間を社会変容の場とみなしているのである。

3 制御メディアとカオス

ボルツによれば、批判理論は市民的な理性を強調し過ぎるあまり、神話と啓蒙の共犯関係を指摘しながらも、カオスを正当に評価できない。[14] ボルツは、カオスを回収すべき存在としてではなく、リスク計算によって管理する「冒険刺激剤」とみなしている。リスクを偏在化させると、社会は「騒々しい場」[15]となるが、カオスに脅かされることはない。例えば、クラブの破産のように、人々は少なからず不確実な将来に不安を抱きながら生きている。その不安は「貨幣」を持つことで緩和されるが、全ての危険が取り除かれるわけではない。選手の獲得や投資のための貨幣の再支出には、その結果を後悔したり、会員やファンに反発されたりするリスクがつきまとう。しかし、そうした負の選択も、次なるコミュニケーションを誘発し、社会システムを進展させる冒険刺激剤なのである。ボルツは、貨幣のように社会の不確実性を縮減させ、危険を管理可能なリスクへと転換させる媒介物を、ルーマンにならって「制御（成果）メディア」と呼んでいる。

ルーマンによれば、人間の脳は世界から隔絶されたブラックボックスである。それゆえ、他者が考えていることや感じていることを正確に把握することはできない。そのブラックボックスとしての人間同士がコミュニケーションをとるためには、「ありそうもない」ことを高い確率でおこりえるように導く必要がある。その役割を担うのが制御メディアである。ルーマンは、その具体例として貨幣の他にも「権力」や「真理」などをあげているが、それらはいずれも「Yes／No」の二値コードによって危険をリスクへと変換させるのである。[16]例えば貨幣の場合、「支払い／不払い（契約する／しない）」の二者択一を強制することで複雑性を大幅に縮減させる。そのため制御メディアに基づくコミュニケーションには、常に「No」という拒絶のリスクが伴うが、私たちはそれらの二値コードを用いたコミュニケーションの経験から、拒絶される確率を減らすようなかたちでの意味の提示の仕方を日常的に学んでいる。それゆえボルツは、「コミュニケーションを成功させる秘訣は、合意をえる能力ではなく、メディアの訓練」なのであり、「合意とは、純粋にコード技術的に拒絶のリスクを最小化したコミュニ

ケーションの反復的なネットワーク化にほかならない」というのである。(17)

一般的に「コミュニケーション」という言葉で私たちが想起するのは、送信者が伝えたい情報をコード化し、受信者がその情報を復元する、シャノン＝ウィーヴァーのコミュニケーション図式であろう。そこでは送信された情報を受信者が正確に復元することが目指される。しかし、人間の脳がブラックボックスである以上、送信者と受信者の情報が同一のものであるか否かは不可知である。「「受け手」が伝達された内容を誤解することもありうる」(18)のである。ルーマンによれば、コミュニケーションとは「送信者／受信者」の二項ではなく、「情報／伝達／理解（誤解）」の三項で捉えられる。例えば、話し相手が眉を動かしたとき、会話の内容とは別に、話し手はその動きに何かを察知する。しかし、その理解が相手の意図に合致しているかはわからない。むしろ社会にとって重要なのは、コミュニケーションの連鎖と反復なのである。「生活を十分に秩序づけ、予測可能なものにするというコミュニケーションの特別な効果は、情報よりも、冗長性によって達成される」(19)。つまり情報伝達の反復によってコミュニケーションが安定し、情報が共有されることによって社会的な紐帯が形成される。しかし、それはあくまでもコミュニケーションの連鎖によって生じるのであって、集団の規範意識によってではない。

この制御メディアとは別に、新聞、ラジオ、テレビなど、コミュニケーションの範囲を拡大させるメディアを、ルーマンは「伝播（技術）メディア」と呼んでいる。パンデミックが明らかにしたように、現代の伝播メディアはコミュニケーションそのものを「いまここ」の実在性から解き放っている。国家による検閲や市場によるアクセスの制限が残るとはいえ、階層的構造を超えて、誰もが自由にアクセスできる公共的な空間を電子メディアが実現させつつあるのである。ルーマンが「世界社会」と呼ぶこの空間はしかし、ハーバーマスが求めるような合意や同質性の場ではなく、複雑性に満ちた「騒々しい場」なのである。[20]

伝播メディアによってコミュニケーションの時空間が拡張されると、文化的な規範や対面での会話に付随する雰囲気などのメタ・メッセージが失われ、「No」という拒否の力が否応なく高まる。カタールの人権問題をめぐってクラブ総会が紛糾したように、多様な意見が噴出するのである。しかし、既述のように制御メディアはその複雑性を縮減させるばかりか、その独自のコードによって「機能的分化システム」も創発する。例えば、「貨幣」のコードに基づくコミュニケーションは経済システムを創発し、「真理」のコードに基づくコミュニケーションは学問システムを創発する。つまり、各コードが対象の観察の仕方を特殊な視角に制限することで、そのコードに相応しいサブシステムが創発されるのである。こうして伝播メディアが解体した一元的な階層構造を、制御メディアが多元的な機能構造として再編するのである。[21] それゆえボルツは、次のように指摘するのである。

> マスメディアによって現代の世界社会の問題を即座に調整できるようになって以来、時間の構造が合意の構造よりも重視されるようになる。速度が論拠よりも価値をもつ。知的な由来の異質性は、地球的規模で新しいメディア一色に塗り潰される未来の同質性の前で色褪せる。メディア美学が世界政治に取って代わる。カメラが現実の奥深くに入り込んでいって、すべての映像がメディアそのものの痕跡を帯びるまでになる。〔…〕このことは国内政治、国際政治がマスメディア

に処理される場合に明白になる。カメラが持ち込まれ、実際の事件を執拗に追い回すようになると、邪魔立ては一切許されなくなる。政治を規定するのは、権力の秘密ではもはやなく、カメラの前に立つことである。(22)

この主張にしたがうならば、カタールのカオスに必要なのは、親密圏や公共圏ではなく、自由なメディア空間の中東への配線接続ということになるだろう。

4 伝播メディアとスポーツ

ボルツは、伝播メディアをテクノロジーとして分析するのに際して、ベンヤミンの複製芸術論に依拠している。ここではベンヤミンとボルツによる「学校としての映画」という見方を現代的に変奏しながら、スポーツとのアナロジーを試みたい。電子メディア時代のスポーツは「いまここ」というオリジナルが持つアウラを消滅させるが、ベンヤミンが映画に看取したのと同じように——あるいはそれ以上に——スポーツによる「固定観念と大惨事」の大衆の「触知」によって自然に成熟する危険を防ぐという意義を持ちえるからである。(23)

そのひとつの可能性は「時間知覚」と「光学的無意識」の触知にある。(24) ベンヤミンが「交通の加速化」と、次々に更新される「ニュース伝達の速さ」を指摘したように、電子メディアのパラダイムは、人々の生活のスピードを大幅に加速化させた。例えば、スポーツのスタジアムでは電光のメッセージによる刺激効果が「非人間的な速さ」で観客の身体に迫る。しかしその一方で、オーロラビジョンのなかではフェード・オーバーやスパースローモーションによって「「発展」の「流れ」を否認するところを見たい」[25]という観客の深い欲求を満たすのである。そればかりか、メディア・テクノロジーは外科的なまでに対象に接近する。クローズアップとズームアウト、タイムラプスとスローモーションを通して、人間の目では捉えきれないスポーツ選手の「無意識に浸透している空間」[26]を開くのである。こうしたテクノロジーの介在によってはじめて、マラソンや駅伝においては観客が競技の全体を見渡せるようになり、[27]野球の投手が投げるボールの軌道が正確に把握できるようになる。つまり、現代のスポーツは原像《オリジナル》と複製《コピー》の二元論を超出し、その価値を——少なくとも部分的には——逆転させ、「いまここ」の絶対性をはく奪しているのである。

この光学的無意識と関連しながら、「新しい統覚」というスポーツの可能性も浮上する。新しい統覚とは、ひとつの感覚への刺激が他の感覚を刺激するような包括的な感覚を指すが、その統覚によってもたらされるメディア・スポーツの最大の特徴は「技術的世界の異化としての真実性」[28]、すなわち「メディア現実」のある種の「確かさ」に求められる。そのメディア現実のひとつに「現場不在の現実性《アリバイ・レアリテート》(Aribi-Realität)」がある。これは言葉を超えた新しい統覚へのメタ・メッセージによって作者の意図が不可視化すると同時に、撮影の「現場＝過去」と視聴している「現実＝現在」が逆転し融合することでもたらされる。[29]スポーツのライブ中継では、外部の意図が介在しない純粋な試合がおこなわれているという観念が制作者の意図の介入を容易に不可視化させ、スポーツの興奮が自宅やパブリック・ビューイングといった遠隔地での観戦場における臨場感の擬制にその機能を発揮するのである。

メディア・スポーツが生み出すもうひとつのメディア現実に「二次元の現実性」があげられる。例えば、複数のビデオカメラとセンサーの組み合わせによってボールや選手の動きを解析するホークアイ・システムは、人間の眼では捉えきれないメディア現実を二次元の映像に変換し、その「確かさ」をスタジアムのオーロラビジョンだけではなく、テレビやスマホの画面を通じて――解説の言葉とともに――世界中に配信する。しかも重要なことに、それらのメディア現実は新しい統覚によって――ワーグナーの総合芸術作品のように――「身体」に記入され、その身体を通じて私たちが体験している知覚現実（体験世界）の「確かさ」を支えるようになるのである。例えば、サッカー選手や観客が体験したオフサイドではなく、モニターに映し出されたオフサイドこそが知覚現実の確かさを支えているように。

しかし私たちは、電子メディアに特有の感覚をナチスが最大限に利用した過去も知っている。一九三六年にベルリンで開かれたナチ五輪では、一七に及ぶラジオの中継局と三〇個のマイクが競技場内に配置され、世界的規模でラジオ中継された。その映像も映画『民族の祭典』によって世界中に拡散されている。このメディア空間において、音楽には「ドイツの偉大さ」を表現する役割が与えられ、スタジアムでのヒトラーの登壇式ではワーグナーの「感謝の行進曲」が演奏されたのである。[30]

ベンヤミンは、第一次世界大戦における多種多様なテクノロジーの動員に関して、自然の支配をテクノロジーの意味とはき違えた帝国主義者を批判しながら、[31]「技術が社会的な根元的諸力を克服できるほど充分に強力ではなかった」ことにその責を帰している。つまり、問題なのはテクノロジーそのものではなく、「人々の生活の中でその役割がほぼ毎日増大している装置との付き合いを条件づけている新たな統覚や反応を訓練する」[32]ことの不足にあったというのである。この指摘を受けながら、ボルツはメディア現実の確かさを与えてくれるコンピューターやヴァーチャル・リアリティによるシミュレーションの重要性を、次のように強調するのである。

現実性と呼ばれているものは、現実的なものとは、常にほんのわずかにしか関係していない。シミュレーション文化においては、現実性の原理は停止させられるが、このことは私たちが非現実の世界に生きていることを直ちに意味するものではない。単に現実的なものを測る基準が変化しているのである。今日では、いたるところにあるスクリーンが、二次元性を現実性の基準としている。つまり、現実的なものとして保証されたいものは、モニターの上で明確化されなければならない。これに応じて、政治的なものはもはや、市民的公共性の代表空間のなかに現れるのではなく、伝播メディアの前に提示され、配線図についての知において示されるのである。〔…〕こうして啓蒙された世界の地平は、メディアの条件のもとで崩壊する。このことはしかし、喪失としては経験されない。コンピューターマニアと機械愛好家たちは、啓蒙の恩恵から免れていることを楽しんでいるのである。[33]

メディア現実に囲繞されている私たちは、誰しもその影響からは逃れられない。それゆえにこそ、現代社会には親密圏において教養を身につけた知的な市民による批判的公共圏ではなく、メディア・テクノロジーの触知を可能にする楽しい学校が求められているのであり、そのシミュレーションによって現実を危険にさらすことなく、前もってリスクを管理することができる、そうボルツは主張しているのである。

5　おわりに

ハーバーマスが親密圏に由来する精神性に批判的公共圏の成立と民主主義社会の実現を期待するとき、彼は社会秩序の権威としての国家とメディアに対して、グーテンベルク銀河系の著者性と結びついた教養市民を対峙させようとしていたのである。しかしながら、ボルツによれば、その一元的な権威の秩序そのものを電子パラダイムが無効にする。マスメディアが知の編制に無教養者の利害関心を要求するようになり、子どもたちが「大都市の総合的な環境芸術」と「新しいメディア」に夢中になっている現在では、グーテンベルク銀河系の教育機関には必然的にその変革が迫られる。[34] こうしてベンヤミンがいう「無教養の先進的な地位[35]」が、知の公開の必要に迫られた教養知識人に理解されることで、新しいメディアに対する態度が根本的に変化する、そこにボルツはひとつの可能性を見たのである。

ボルツによれば、電子メディア時代にあっては、批判理論が前提したような、特権的な立脚点としての「真の現実」をメディア現実の外部に想定することはできない。メディアがつくりだす現実に囲繞されている現在では、誰しもメディアからの影響を避けられない。とはいえ、知覚現実の全てをメディア現実に還元するならば、スクリーンやモニターのなかの世界が私たちの生きている世界だということになる。ボルツは、これらふたつの陥穽を避けつつ、メディア現実が知覚現実の確かさを身体的なレベルで支えるという「現実的なものを測る基準の変化」を指摘し、シミュレーションによる身体的な触知の重要性を強調したのである。

しかしながら、現代社会を見渡せば、メディアによる権威システムの解体は「ゴミ」とも呼ばれる情報を大量に生み出し、(36)私たちの生活を脅かすような言葉の暴力を溢れさせている。「見たいものしか見ない」大衆のメディア現実を支配しているのは、中東の人権問題ではなく、有名人のゴシップやスキャンダリズムの映像だろう。そればかりか、制御（成果）メディアによって機能分化した経済システムの「成果」は失業率の上昇や貧富差の拡大をもたらし、政治システムや芸術システムにまで多大なインパクトを与え、医療システムの「成果」は人口問題に影を落としている。世界社会は「高度な水準の複雑性」に到達し、予測不可能な変化の増大という、むき出しのカオスにさらされているのである。(37)現在の世界社会を見るならば、「教養」を破壊するディオニュソスの力だけではなく、それと同時に、「教養」の概念を電子メディア・パラダイムに相応しいものとして再定義する――ボルツのメディア美学をひとつのアイロニーとして再解釈するような――アポロの力もまた、必要とされているのである。

註

（1） Bolz, N. (1990), »Abschied von der Gutenbcrg-Galaxis. Medienäsrhetik nach Nietzsche, Benjamin und McLuhan«, in: Hörisch, J. / Werzel,M. (Hg.), *Armaturen der Sinne. Literarische und technische Medien 1870* bis *1920*, Müünchen, S. 139–140.

（2）Nietzsche, F., *Kritische Studienausgabe*, Bd. 1, S. 503.『反時代的考察　第四篇』三光長治訳、『ニーチェ全集5』白水社、一九八〇年、九五頁。本稿の訳文は、必ずしも訳書に忠実なものではない。

（3）Ebd., Bd. 1, S. 47.『悲劇の誕生　あるいはギリシア精神と悲観論』浅井真男訳、『ニーチェ全集1』白水社、一九七九年、五三頁。

（4）Bolz, N., 1990, S. 141.

（5）大黒岳彦「電子メディア時代の教育パラダイム」『メディア教育研究』10号、二〇〇三年、一七頁。

（6）Nietzsche, F., Bd. 1, S. 455. 前掲、三光訳、一九八〇年、四〇頁。

（7）Bolz, N., 1990, S. 140.

（8）以上は、次の文献の要約である。Habermas, J.（1990）*Strukturwandel der Öffentlichkeit. Untersuchungen zu einer Kategorie der bürgerlichen Gesellschaft.* Suhrkamp. Frankfurt am Main.『公共性の構造転換——市民社会の一カテゴリーについての探究』細谷貞雄訳、未來社、一九九四年。

（9）三島憲一「公共性の三度の構造転換」『哲学』五二号、二〇〇一年、二八頁。

（10）WDR. Sportschau. Katar-WM der Schande. Episode2. https://www.youtube.com/watch?v=LOvjCQmK7LI 14.10.2023.

（11）ARD. Das Image-Desaster des FC Bayern München. https://www.bing.com/videos/riverview/relatedvideo?&q=Das+Image-Desaster+des+FC+Bayern+M%c3%bcnchen&&mid=EF20C45C5FB0A9E67A6BEF20C45C5FB0A9E67A6B&&FORM=VRDGAR 11.12.2023.

（12）Habermas, J.（1985）*Der philosophische Diskurs der Moderne.* Suhrkampf Verlag. Frankfurt am Main. S. 366.

（13）Bolz, N.（2012）*Das Gestell.* Wilhelm Fink Verlag. München. S. 116–119.

（14）Bolz, N.（1992）*Die Welt als Chaos und als Simulation,* Wilhelm Fink Verlag. München. S. 27–28.『カオスとシミュレーション』山本尤訳、法政大学出版局、二〇〇〇年、三〇頁。

（15）Luhmann, N.（1988）*Die Wirtschaft der Gesellschaft.* Suhrkamp Verlag. Frankfurt am Main. S. 268.『社会の経済』春日淳一訳、文眞堂、一九九一年、二六九頁。以下の例示は、ルーマンによる貨幣の説明をパラフレーズしたものである。

（16）Luhmann, N.（1982）*Ausdifferenzierung des Rechts*. Suhrkamp Verlag. Frankfurt am Main. S. 55.

（17）Bolz, N.（1993）*Am Ende der Gutenberg-Galaxis. Die neuen Kommunikationsverhältnisse*. Wilhelm Fink Verlag. München. S. 50.『グーテンベルク銀河系の終焉——新しいコミュニケーションのすがた』織名章喜・足立典子訳、法政大学出版局、一九九九年、四九頁。

（18）Edb., S. 42. 同書、四〇頁。

（19）Ebd., S. 41–42. 同書、三九頁。

（20）Luhmann,N.（1997）*Die Gesellschaft der Gesellschaft I*. Suhrkamp Verlag. Frankfurt am Main. S. 147ff.『社会の社会１』馬場靖雄ほか訳、二〇〇九年、法政大学出版局、一五六—六〇頁。

（21）大黒岳彦『〈メディアの哲学〉——ルーマン社会システム論の射程と限界』ＮＴＴ出版、二〇〇六年、二〇九頁。

（22）Bolz, N., 1992, S. 112. 前掲、山本訳、二〇〇〇年、一五七—五八頁。

（23）Benjamin,W.（1977）, *Gesammelte Schriften*, Bd.II, S. 1282.「複製技術時代の芸術作品」久保哲司訳、浅井健二郎編訳『ベンヤミン・コレクション１』ちくま学芸文庫、一九九五年、六二〇—二二頁。

（24）Benjamin, W.（1982）, *Gesammelte Schriften*, Bd. V. S. 115.『パサージュ論１』今村仁司ほか訳、岩波文庫、二〇二〇年、一六八—六九頁。

（25）Benjamin, W.（1982）, *Gesammelte Schriften*, Bd. V, S. 1013.

（26）Benjamin, W.（1974）, *Gesammelte Schriften*, Bd. I, S. 461. 前掲、久保哲司訳、一九九五年、六一八—二一頁。

（27）樋口聡「知の方法論と映像のちから」『体育の科学』四七‐四号、一九九七年、四頁。

（28）Bolz,N.（2012）*Der Gestell*. Wilhelm Fink Verlag, München. S. 111.

（29）Luhmann, 1997, S. 305–306. 前掲、馬場ほか訳、二〇〇九年、三四二—四三頁。前掲、大黒、二〇〇六年、二〇四頁。

（30）Thomas,A.（1996）*Körper, Kult und Politik. Von der »Muskelreligion« Pierre de Coubeitins zur Inszenierung von Macht in den Olympischen Spielen von 1936*. Campus Verlag. Frankfurt am Main/New York. S. 392, S. 400. 大黒によれば、大衆の

態度変容のための道具としてメディアを使用することは、メディア・テクノロジーの黎明期であった二〇世紀前半に、ラジオと映画という限定的なメディア選択のもとで、しかも独裁者がそれを専一的に支配することで可能になったのであり、そうした大衆の一元的な操作をテレビの普及が困難にしたのである。ラジオは受け手に音への集中を要求し、映画館は意識集中のための人工的な環境づくりによって一種の集団催眠を可能にするが、テレビでは「ながら視聴」のような意識の拡散も可能なのである。前掲、大黒、二〇〇六年、二九八―二九九頁。

（31） 柏原全孝は「ホークアイは審判から優越的視点を奪取することで、存在論的権威も自らに纏わせる」と指摘している。ベンヤミンとボルツの視点からいえば、人間から「優越的視点を奪取する」ところにスポーツの学校としてのひとつの意義もある。柏原全孝「正しい判定を作りだすテクノロジー」『スポーツ社会学研究』二六‐二号、二〇一八年、一六頁。

（32） Benjamin, W. (1974), *Gesammelte Schriften*, Bd.I, S. 444f. 前掲、久保訳、一九九五年、五九九頁。

（33） Bolz, N., 1992, S. 131. 前掲、山本訳、二〇〇〇年、一八六頁。

（34） Bolz, N., 1990, S. 152.

（35） Benjamin, W. (1985), *Gesammelte Schriften*, Bd. VI, S. 310f.『モスクワの冬』藤川芳朗訳、晶文社、一九八二年、四九頁。

（36） 大黒岳彦『ヴァーチャル社会の哲学――ビットコイン・VR・ポストトゥルース』青土社、二〇一八年、三〇五頁。

（37） N・ルーマン「「グローバリゼーション」か、それとも「世界社会」か――現代社会をどう概念化するか？」大黒岳彦訳、『現代思想』二〇一四年一二月号、九六頁。

フランスの教育をめぐる情熱とカオス

私立学校では市民を養成できないのか

前田更子

1　公立か、私立か——フランス人が情熱を傾けるもの

フランス人が学校教育に傾ける情熱は計り知れない。教育熱心な家庭が多いという話ではなく、教育問題は政治的にきわめてデリケートな領域で、国の教育のあり方については誰もが一家言を持っているということだ。

二〇二四年一月の内閣改造で、新たに国民教育大臣（スポーツ・オリンピック担当大臣兼任）に任命されたアメリ・ウデア＝カステラは、就任の翌日に訪問したパリ郊外の公立中学校でのインタビューにおいて、自身の子どもをパリ有数のカトリック系私立校スタニスラス（パリ六区）に入れている理由を問われ、「公立校の教員は担当授業時間数が多すぎて、代理の教員も見つからないから」と発言し、物議を醸した(1)。その場に同席していたのは、新首相に就任したばかりのガブリエル・アタル。彼の前職は国民教育大臣だった。アタルは史上最年少の三四歳で首相になった人物だが、彼もやはり小

中高一貫の私立エリート校エコール・アルザシエンヌ（創立時はプロテスタント系）の卒業生である。「国民教育大臣がエリート主義の私立校を選び、公立校を選択しないのは共和国の精神に反する」、教員組合をはじめ、政権に批判的な左派の人々の多くは、こう考えている。大統領のエマニュエル・マクロンはイエズス会系の私立学校で教育を受け、彼の妻のブリジット・マクロンがその学校の哲学教師だったことは、フランスでは有名な話だ。

政治家とその家族の出身校――それも大学ではなく義務教育課程――に世間の関心が集まり、大臣が代わるたびに、その人物の教育選択の志向をめぐって論争に発展するのはなぜだろうか。政治家にももちろん教育の自由は保障されている。だから家族にどの学校を選ぼうとそれは権利であり、個人の自由だという意見もあろう。しかし、公立校を選ぶか私立校を選ぶかがその人物の政治姿勢を図る一つの試金石になってしまうのがフランスなのである。ラジオ番組で、前記のウデア＝カステラの発言を激しく批判した社会党の議員ジェローム・ゲッドは、アナウンサーから「では、あなたのお子さんは公立に行っていますか？」と質問され、一時期私立学校に通わせていたことを認めざるを得なかったときの気まずい雰囲気(2)……。子どもが私立に通っていると、まともに政権批判をする資格がない、つまりまっとうな市民の資格が欠如しているかのようなやりとりに、啞然とさせられる。教育に対する情熱が、カオス的な様相を呈しながら、民主的な討論空間で発散されているのがフランスである。

公立／私立の選択がフランス人にとって重要な政治的争点となるには歴史的、そして今日的な理由がある。フランスの公立学校には特別な使命が課されている（と信じられている）。国の一体性、共生社会の実現をもたらす未来の市民を養成するという使命である。二〇〇三年にシラク大統領によって招集されたスタジ委員会の報告書には、そのことがはっきりと示されていた。引用しよう。

学校の使命は共和国においてきわめて重要である。学校は知識を伝授し、批判的精神を教え込む。職業上の将来だけでなく、自律性、文化の多様性への理解、人格の陶冶、市民の育成を保障する。学校はしたがって、将来の市民たちに共和国のなかで共に生きる覚悟を植え付けるのだ。〔…〕共和国の学校が迎え入れるのは、ただの利用者ではなくて、啓蒙された市民となるべき生徒たちである。かくして、学校は共和国の基礎をなす制度なのである。生徒の多くは就学義務対象の未成年者であって、相違を超えて共に生きることを求められる。ここで問題となっているのは、知識の伝達を平穏になすための、特別な規則に従う特別な空間なのである。（二〇〇三年一二月）

この委員会報告を受けて、二〇〇四年には宗教シンボル禁止法が可決され、フランスの公立小・中・高校では、宗教的標章の着用を生徒に禁ずることになった。キリスト教徒の十字架のペンダントやユダヤ教徒のキッパも禁止の対象となったが、同法の狙いがイスラーム教徒の女子生徒が着用するヴェールにあることは、一九八〇年代以降の経緯・時代状況から明らかだった。この決定は、フランスの政教関係を特徴づける「ライシテ」原則に基づく判断だとされたが、国内の世論は二分され、生徒の人権（信教の自由、学ぶ権利）侵害ではないかと国際的にも大論争が巻き起こった。なぜ、学校でヴェールを被ってはいけないのだろうか。その理由の一つが、報告書にあるように、「学校は将来の市民たちに共和国のなかで共に生きる覚悟を植え付ける」場所、つまり生徒が他者（他の生徒）を尊重することを学ぶ場所であるのだから、というものである。フランスのライシテ原則は、一九〇五年の政教分離法に基づき、「政治と宗教の分離」並びに「信教の自由の保障」という特徴を持つ。その原則から導き出されたルールの延長線上に、市民教育を担う公立学校は、宗教的に中立な空間であるべきで（政教分離）、他者の自由を尊重するために（信教の自由の保障）、自身の信仰を服装で見せびらかすことは許されないという解釈が成り立つのである。

本稿では、制定二〇周年を迎えるこの法律を検討する十分な用意はない。ただ、同法が私立学校には適用されていないというあまり知られていない事実については、注意を促しておきたい。「教育の自由」の観点から、私立学校では宗教教育の実施も可能であり、生徒の服装も各学校が定める校則に則って決められている。市民育成の場であるがゆえに厳格なライシテが求められる公立学校と、「自由」がより保障されているように見える私立学校。このような構図はどのようにしてできあがってきたのか。そしてそれは今でも有効なのだろうか。

2　フランスの私立学校

フランスの私立学校の制度的位置づけから確認しよう。フランスにおける義務教育年齢は三歳から一六歳までであり、私立学校に通う生徒の割合は、幼稚園で一三パーセント、小学校一五パーセント、中学校二〇パーセント、高校二〇パーセント強である。参考までに述べると、日本の私学就学率は、小学校で一パーセント、中学校で八パーセント、高校で二七パーセントである。

同一年齢集団の二割ほどが通っているフランスの私立学校は、日本の私学とは異なり、授業料は比較的安く、年額平均は中学校で六五〇ユーロ（約一〇万円）程度に抑えられている。というのも、フランスの私立学校の大半（九七パーセント）は、一九五九年一二月三一日制定のドゥブレ法（正式名称は、「国家と私立学校の関係に関する法律」）に基づき、国が定める規則に従う代わりに、高額な公費補助を受け取ることができる「契約校」という地位を持つからである。教員の給与から運営費まで、国や自治体がかなりの部分を負担しているために、家庭負担が著しく少なくて済む。また、私立教員は一定の条件を満たせば公立校へ異動することも可能である。つまりフランスの私立校は、半ば公的な機関とも言える性格を有しているのだ。

この「半ば公的機関である私立学校」の位置づけが、近年たびたび論争を巻き起こす。たとえば、私立校は「固有の性格を保持できる」（ドゥブレ法一条）という規定に基づき、上に述べたように特定の宗教を基盤とし、宗教教育を実施する自由が保障されているが、同時に、国との契約関係を結んでいる以上、生徒の「信教の自由」への配慮が義務づけられ、宗教や出自に基づく差別は厳禁である（ドゥブレ法一条）。それなのにこの規定に違反して、先述したウデア＝カステラ大臣の子どもが通うスタニスラス校はカトリックの教理問答を生徒に課していたことが今回の騒動のさなかに発覚し、パリ市からの補助金が打ち切られる事態となった（二〇二四年一月一九日）。また、生徒の社会階層が一部の富裕層に偏っていることもたびたび問題となる。半ば公的な機関で多額の公費補助を受けているのであれば、私立も公立校と同様に、「社会的混交」（様々な出自の人びとが混ざり合うこと）に貢献すべきだというわけである。

私立学校は果たしてどこまで「自由」なのか。私立とはいえ、家庭教育や塾などと違って「学校」であり、しかも多額の公費補助を受けているとなると、それはもはや公立校と同じように、市民養成に寄与すべき公共の事業の一部をなしているのではないか。ここでは、私学の「教育の自由」と国家による教育管理のせめぎ合いが起こっているのだが、実は、こうした対立は、二〇〇年の長きにわたって、フランスの教育史の通奏低音をなしていた。以下、歴史を振り返ってみよう。それは、カトリック教会と共和国の争いの歴史へと通じていくストーリーでもある。

3　ユニヴェルシテ独占体制

一九世紀のフランスでは、ナポレオンの第一帝政下に作られた公権力による教育の独占状況に対して、カトリック勢力が「教育の自由」を盾に学校開設の権利を要求し、それに反教権主義的な世俗勢力が抵抗するという、世俗と教会の対立が繰り返されていた。

国民の精神は誰によって管理され、どのような価値観に基づいて導かれるべきなのか。方向性は一定で単一であるべきなのか、複数存在してもよいのか。教育の独占体制を築き上げたナポレオン一世は、国家の統合のためには、同じ考え方を持つ教員集団による均質な教育が必要であると考えた。そこで一八〇六年に創設されたのが、帝国ユニヴェルシテという名の教員団体であった。その構想の最初の表れは、一八〇五年に二月一六日付の覚え書きにあるとされる。

あらゆる政治問題のうちで、この問題〔教育者団体創設〕はおそらく最重要課題である。確固たる方針を持った教育者団体が存在しなければ、確固たる政体は存在しないだろう。共和政であるべきか、君主政であるべきか、カトリックであるべきか、それとも無宗教であるべきか等々について、幼少期から学習されない限り、国家はひとつの国民を形成できないであろう。国家は不確かであいまいな基盤の上で、混乱と変動とに絶えずさらされることになろう(3)。

帝国ユニヴェルシテは、一八〇八年の法令で具体的に組織化された。ナポレオンは、自らの指揮下にユニヴェルシテを位置づけ、帝国内の公教育を一元的に管理する体制、「ユニヴェルシテ独占体制」を作り上げた。彼の築いた公教育体制の枠組みは、部分的に再編されながらも実は、現在まで続いている。軍人として名高いナポレオンは、フランスの内政にも大きな事績を残した。

当時のフランスは、国民のおよそ九五パーセントがカトリックの信者であり、ナポレオン自身も、一八〇一年のローマ教皇との政教協約においてカトリックを「国民の大多数の宗教」と承認していた。宗教と公教育との関係をみれば、帝国ユニヴェルシテの基本理念にもカトリックが据えられ、宗教は公教育の基盤の一つと考えられ重視された。しかし問題は、その公教育をコントロールする権限が教会にではなく、ユニヴェルシテに付与されていたということである。聖職者や私人の発意で創設される私立学校は容認されたものの、ユニヴェルシテによる認可制であり、行政官の視察を定期的に受け、営業税を支払い、また原則として、私立での教育レベルは公立校よりも低い段階に留まるよう制限された。同じ都市に公立学校がある場合には、私立の校長は一〇歳以上の生徒を日中、公立校に通学させる義務まで負っていた。総じて、私立校には、公立校の機能を補う補習校もしくは寄宿舎としての機能が求められていたにすぎず、「自由」がなかったのである。

こうした公権力による教育の独占状況に対して、カトリック教会を支持する者たち、さらには自由を求める自由主義者たちは批判を繰り返していたが、最終的にユニヴェルシテ独占体制が崩壊するのは、第二共和政期の一八五〇年三月一五日制定のファルー法によってである。

4 ファルー法と教育の自由

このように説明すると、ファルー法は、自由で民主的な法律という評判を獲得しそうだが、当時、議会でこの法案を真っ向から批判した人物に、ヴィクトール・ユゴーがいた。代表作『レ・ミゼラブル』などで知られるこの作家は、一九世紀前半には議員としても大いに活躍していた。ユゴーは、ユニヴェルシテの独占体制に反対し、教育の自由そのものには賛成の立場をとっていたが、同時に、ファルー法案を支持する一部の人々の真の目的が、ユニヴェルシテに聖職者を送り込み、カトリック教会を政治的に復権することにあると見抜いていた。実際、当時は、「自由」を口実に、教会の利益の拡大を目指す人々（「教権党」と称された一派）が政治的に影響力を持ち、熱心にファルー法の制定を支持していた。一八四八年の二月革命によって誕生した共和国は、労働者による「六月蜂起」をきっかけに保守化し、一二月の選挙で大統領に選出されたルイ＝ナポレオン・ボナパルト（のちのナポレオン三世）は公教育・宗教大臣に王党派のアルフレッド・ファルーを任命した。社会秩序の維持のために、カトリック勢力への歩み寄りがなされた結果であった。

議会でのユゴーの有名な演説を、数森寛子の訳から引用しよう（一部改訳）。ユゴーの教権党に対する敵意がむき出しになっている。

> 皆さん、私がいましがた指摘したように、この法案は、政治的意図に基づく法案である以上に、それよりも悪いもの、こう言ってよければ戦略的に作られた法案なのです。〔…〕この法律はあなた方〔教権党のこと〕のための法律だ。いいですか、率直に言って、私はあなた方を信用していません。教育すること、それは建設することです。私はあなた方が建設するものを信用できないのです。私はあなた方に若者の教育を託したくありません。子どもの魂、人生に向かって開花する新しい知性の発展、新しい世代の精神、すなわちフランスの未来を、あなた方に託したくはないのです。〔…〕あなた方の法律は仮面をつけた法律です。それは言っていることとは、別のものを作り出すのです。それは自由という見せかけをまとった、隷属を強いるための思想です。寄付と銘打たれた没収です。受け入れることはできません。これがあなた方のいつものやり口です。鎖を鍛えているときに、あなた方は、ここに自由がある！と言うのです。ある人物を追放しながら、あなた方は、これは罪の許しである！と叫ぶのです。[4]

自由の名の下に自己の利益に都合よく、排他的な態度をとる人間（ここでは教権主義者）に対する、ユゴーの断罪である。他方で、カトリック教会全体、ましてや宗教そのものを彼が攻撃することはなかったことは指摘しておきたい。ユゴーは、教会の役割を認めた上で、政教分離を原則とした、世俗の国家による教育の管理を主張しているのであり、教育の自由に関しても、それは国家のもとでの「自由」であるべきだというのである。

はっきり言いますが、私は、教育の自由を望んでいます。しかし、それは国家の監督の下における教育の自由です。そして私は、この国家の監督が実効力を持つことを望むがゆえに、ライックな〔非宗教的な〕国家、純粋にライックであり、もっぱらライックである国家を望むのです。〔…〕このかくもデリケートで困難な監督という仕事において、国家を体現すべく、私が容認できるのは、もっとも重要な職に従事してはいるが、しかし、信仰の上でも、政治的にも、国民の統一以外にいかなる利害も持っていない人間だけです。つまり、監視のための高等評議会であれ、中等評議会であれ、司教や司教代理を迎え入れるべきではないと、私はあなた方に言っているのです。私は、我々の父祖が理想とした、この古くからある有益な教会と国家の分離を維持し、必要であればこれまでになくその分離を本質的なものにするべきだと考えます。それは国家の利益であるのと同様に、教会の利益にもなるのです[5]。

国家はライックなもの、すなわち宗教に結びつくべきではないというユゴーの政教分離の主張がここにはっきりと読み取れる。ところが、実際に制定されたファルー法では、公教育の最高意志決定機関である高等評議会のメンバーに、高位聖職者が含まれ、ユゴーの理想は果たされなかったことになる。一八五一年にルイ゠ナポレオン・ボナパルトのクーデターが起こると、ユゴーは弾圧を逃れ、ベルギー、そして英仏海峡に浮かぶジャージー島へ亡命を余儀なくされた。

成立したファルー法の中身をもう少し見よう。一七条は、公立校と私立校を定義づける。公立校は「市町村、県、または国家によって創設または維持される学校」であり、私立校はユニヴェルシテ独占からの自由を持つという意味で、「自由学校」と称され、「個人または団体によって創設され維持される学校」と定められた。また、教権主義者の望んだとおり、自由学校に対する公権力の権限は、「道徳、衛生・保健」に関する監督のみに制限された（二一・二二条）。そして修道女は教員免許状の取得を免れた（四九条）。ファルー法は、人口八〇〇人以上の市町村に公立の女子校の開設を義務づける内容も含んでいたが（五一条）、四九条のおかげで、その公立女子校の校長・教員には多くの修道女が任用された。総じて、ファルー法は、教会に有利な法律だったのである

こうして、公立・私立ともに修道会系の学校は一九世紀後半に数を増し、たとえば、一八六八年に公立女子校に通う生徒の六六パーセントは修道女による教育を受けるまでになった。工業化が進展し、科学への信頼が高まる、この一九世紀後半の近代化の時代にあって、教育の分野では修道会が飛躍的にプレゼンスを高めていく。面白いことに、私立学校が公権力の規制をほとんど受けなくなったことは、残された公文書の量からも明らかである。歴史家にとっては厄介なことだが、一九世紀前半に比べて一九世紀後半の私立学校に関しては、公文書館に保管されている史料の量がきわめて少ない。

私立学校への公費補助についてもひと言、触れておこう。ファルー法六九条で、中等教育の「自由学校は、市町村、県または国家から、土地や補助金を受け取ることができる。その額は、学校の年間

支出額の一〇分の一を超えない」と定められた。当時、公費補助を受けた自由学校（私立学校）はわずかであったが、後述するように、この規定は二〇世紀に入ると政治争点化する。

いずれにせよ、このようにフランスにおける教育の自由は、事実上、カトリックに有利な自由という文脈で成立したことが確認できるだろう。

5 第三共和政期の国民教育と私立学校

一八八五年にヴィクトール・ユゴーが亡くなると、第三共和政政府は、彼を共和主義の化身のように半ば神格化させ、フランスの偉人をまつる国民的墓所「パンテオン」に安置することを決定する。一八七〇年の第二帝政の崩壊を受けて亡命先からの帰国を決意したユゴーは、国民的英雄としてフランスに迎えられ、人気を博していた。普仏戦争での敗北、そしてパリ・コミューンによって傷ついた当時のフランスでは、国民の一体性の創出が緊急の政治課題であり、ユゴーの国葬もその一体性の演出に利用された形となる。

一八七九年に共和派が議会で多数派を占めるようになると、彼らは国民統合の実現のために様々な策を講じていく。公教育政策はその支柱であった。一八八一・一八八二年には、初等教育の義務・無償・ライシテの原則を定めた、通称「フェリー法」が成立し、六歳から一三歳までのすべての子どもが無償で教育を受けられるようになる。いまだ国民の大多数はカトリックであったとはいえ、プロテスタントやユダヤ教、さらには信仰を持たない家庭の子どもたちにも開かれるべく、公立学校はここに至ってフランス教育史上初めて、宗教教育から手を引いた。それまで必修であった「道徳・宗教」が学習指導要領から消え、代わって世俗の「道徳・市民」科目が設置された。また、教室からは十字架が外され、校庭に置かれていた聖母マリア像なども撤去される。次いで、一八八六年のゴブレ法によって、教師の資格が非聖職者に限定され、修道士や修道女は公立校を離れざるを得なくなる。

しかし一方で、私立学校の宗教実践、「教育の自由」は保障され続けたことも指摘しておかねばならない。確かに、一八九四年に起きたドレフュス事件（ユダヤ人将校のドレフュスがドイツのスパイとして告発された冤罪事件。世論を二分する事件となり、軍人・保守カトリックの多くがドレフュス有罪を支持した一方で、エミール・ゾラをはじめ、人権・正義を訴える人びとはドレフュスの無罪を主張）をきっかけにフランスは「宗教戦争」のような様相を呈し、一九〇一年のヴァルデック＝ルソー法（結社の自由を認めた法律。ただし修道会はその例外とされた）、並びに一九〇四年の法によって、修道士・修道女の教育活動は禁止され、彼らは私立学校の教壇からも追われていった。この時期に国外へ亡命した修道士・修道女の数は三万人に及び、閉鎖を余儀なくされた学校は一万校以上にのぼるなど、フランス中に反教権主義の嵐が吹き荒れた。ところが、禁止の対象はあくまでも修道会に限られていたため、実際に、カトリック系の私立学校の多くは、状況が落ち着くと、一般の信者たちの力で再建されていく。この時期を境に、フランスのカトリックは、その主な担い手を聖職者から一般信者へと移行させていったと言うこともできるだろう。

もちろんこの状況に危機感を抱いた人たちは少なくはなかった。とりわけ社会主義に傾倒していた左派の知識人や教師たちは、一九二〇年代には、国の統一を守るため、私立学校の全廃、教育の公立一本化を訴えた。

6　二〇世紀後半の「二つのフランス」

二〇世紀後半は、私立の自由を守りながら公費補助を求める右派・保守陣営と、ライシテ原則の遵守を訴え、究極的には公立一本化をめざす左派・ライシテ陣営との間で世論が二分され、「二つのフランス」の対立が浮き彫りとなった時代である。以下、右派と左派の間で振り子のように私立学校政策が揺れ動く様が読み取れるだろう。

まず、第二次世界大戦期のヴィシー政権の時代には、先の第三共和政期とは異なり、カトリック寄りの政策が展開される。左派の教員組合が解体された（一九四〇年一〇月一五日法）一方で、一九〇四年の法で禁止された修道会の教育活動は再開され（一九四〇年九月三日法）、小学校の道徳科目の学習指導要領に「神への義務」の学習項目が復活し、一九四一年には私立学校への自治体による公費補助が認められ、国の奨学金を私立校の生徒も受給できるようになった。カトリック・右派寄りの政策の時代である。

戦後、ヴィシーの政策はほぼ白紙に戻され、公教育のライシテ的価値を再確認する作業が始まる。一九四六年の第四共和政憲法の前文には、「すべての教育段階における無償で、非宗教的な（ライックな）公教育の組織化は国家の義務である」ことが記された。しかしながら同時に、政府内ではキリスト教民主主義の政党「人民共和運動（MRP）」が力を持ち、「公立学校は公的資金で、私立学校は民間の資金で」というライシテ陣営の主張は再検討を余儀なくされた。一九五一年六月の選挙を経て政府が右傾化すると、九月には国の奨学金制度を私学に通う生徒にまで拡大し（マリ法）、また、学期あたり千フランの就学手当を、公立校だけでなく私立校に通う子どもにも給付するバランジェ法が制定される。

こうした一連の流れの到達点に、本章の冒頭で見たドゥブレ法が位置づけられる。同法によって私立学校は、補助金の額と国家に対する義務の程度に応じて、協同契約校、単純契約校、非契約校の三種類に分類され、国家との契約下にある前者二つは、「公共の利益のための私的サービス」となり、教員は国家によって給与が支給され、視察を受ける「公的主体」となった。宗教に関しては先述の通り、生徒の信仰による差別は禁止されたが、同時に、学校の「固有の性格」は保持してよいとも明記された。

ドゥブレ法に対して猛烈な抗議行動を展開したのは左派陣営だった。全国ライシテ普及活動委員会（CNAL）は、一九五一年に教員組合主導で結成されていた団体であるが、ドゥブレ法を政教分離法違反にあたるとして廃止を求める署名活動を開始した。集まった署名は一〇八〇万筆にものぼり、この数字は実に当時の有権者の五六パーセントにあたるものだった。世論の関心の高さを物語っていよう。しかしながら、左派の抗議行動もむなしく、一九七〇年代には契約私立校の自由裁量権を拡大する方向へ向かっていった【図1】。

一九八一年からフランスは再び学校をめぐる大混乱の時代へと突入した。一九八一年の大統領選挙で社会党のフランソワ・ミッテランが当選したからである。ミッテランは選挙公約のなかで、「国民教育のライックで、一本化された巨大な公共サービスが作られる。実施方法は、略奪も独占もなく交渉によるものとする。自治体によって結ばれた私立学校の協同契約は尊重される。民主的な運営評議会が各段階に創設される」と表明していた。この計画の実現を託された国民教育大臣アラン・サヴァリは、一九八四年、ドゥブレ法にあった私立学校の「固有の性格」の文言を削除する法案を準備した。サヴァリがもともと企図したのは、宗教的な価値観に準拠することも可能であるような多元性を含む一本化であったのだが、ライシテ陣営の要請を受けて法案に修正が加えられた結果、私立学校への規制が強い内容に変更されると、カトリック・右派は黙っていなかった。ジャン＝マリ・リュスティジェ枢機卿の呼びかけに応じて、一〇〇万人を超える反対デモが組織され、ミッテランは法案の撤回を

図1　ジャン・エフェル作のCNALのポスター、1960年。フランス共和国の女神マリアンヌに扮した生徒が黒板に、「子どもの頃から私たちを分断させないで。ただ一つの学校だけが、幼いフランス人全員を受け入れるのです」と書いている
https://essentiels.bnf.fr/fr/image/e5a3298d-0729-460b-8df7-54be2f384eac-ne-nous-desunissez-pas-des-enfance-une-seule-ecole-accueillante-tous-petits-francais

余儀なくされ、サヴァリは辞任に追い込まれた。左派の敗北である。

そのおよそ一〇年後、一九九三年末に、今度は右派のバラデュール内閣のもとで、自治体による私学助成金の上限規定（前述のファルー法六九条）の撤廃を求める法案が提出されると、ライシテ陣営は、一〇年前の「復讐」とばかりに大規模な反対デモを組織した。私立学校へますます公費が投じられ、私立を優遇することになるこの法案に対し、ライシテ・左派陣営は、「公教育のために！」「反ライシテ諸法の廃止！」といった横断幕を掲げて街路を占拠し行進した。大臣フランソワ・バイルーの名にちなむこの「バイルー法案」は、結局、憲法評議会からの差し止め、左派の議員の反対を受けて撤回を余儀なくされた。今度は右派の敗北である。しかし、もはやこの時点では、ドブレ法の廃止までを訴える左派は少数になっていたと言われている。(6)

7　結びに代えて

以上からわかる通り、私立学校の位置づけと役割をめぐる議論は、公教育の成立・展開とともに二世紀にわたって、社会全体を巻き込み繰り広げられてきたのである。とはいえ、宗教学者の伊達聖伸が指摘するように、二〇世紀後半以降に私学の自由を守り、権利を要求する右派の人々が、一九世紀末と同じように宗教を根拠に声を上げているとは言い切れないことには注意しなければならない。二〇世紀後半の教育における「二つのフランス」の対立は、一九世紀におけるカトリックと共和派の対立と同じ地平では語るべきではないだろう。(7)今日、私立学校を選択する親の主な動機は、信仰に由来するものではない。ウデア＝カステラ大臣が率直にも述べてしまったように、その教育環境や条件、さらには生徒の社会階層・出自の同質性、つまり端的に言えば、移民系の生徒が少なく、白人フランス人富裕層の生徒が多いといった状況にあるのである。

二一世紀の今、一方では、ライシテの価値を掲げる公教育の理念には、ほとんどのカトリック私立校は賛同している。しかし、教室に移民の子どもがいないとしたら……。そこで語られるライシテ、共生の理想は空虚なものになりかねない。一クラスに二〇もの国籍の子どもがいるような公立学校が直面している現実とはあまりにもかけ離れている。

二〇二三年五月二七日、当時の国民教育大臣パップ・ンディアイ（彼もまた、自身の子どもの学校選択に関して批判を受けた）は、カトリック教育の代表フィリップ・ドゥロルムと一つの協定を交わした。自治体が用意するスクールバスや食堂の利用を私立校の生徒にまで拡大する一方で、私立学校は奨学生（困窮家庭の子どもが多い）を積極的に受け入れ、社会的混交に貢献することを約束するという内容である。だが、現実には富裕家庭の「避難所」である一部のカトリック私立学校が、宗教とは別の意味での、この「固有の性格」を、そうやすやすと手放すようには見えない。「公共の利益のための私的サービス」とは、公費に支えられた私立学校の「自由」とは、一体どのようなものであるべきなのか。市民を育成するとはどういうことなのかが改めて問われている。

大学の授業で教育史を扱う際に、導入として私はよく、「公教育の目的は何だと思いますか」と学生に質問をする。回答としては、「生徒の幸福の実現」、「一人一人の目標の達成を助けること」、「やりたいことができるようになること」といった教育の受け手目線の、しかも個人に注目するものが多い。

しかし、公教育の成立の歴史を見ていくと、公費を投じて国家が主導し教育を組織する目的は、まずもって国の繁栄のためであり、社会秩序の安定のためである。日本でもフランスでもその点は変わらない。一人一人の個人よりも、国民といったマスをどのように方向づけるかが公教育の最大の問題であり続けた。つまり言い換えると、公教育は本質的に、国民国家の形成・発展の歴史と軌を一にして登場し、変容してきたのである。もし学生たちが、国は国民一人一人の幸福のために動いていると感じているとするならば、日本の公教育はある意味でうまくいっているのだろうか。あるいは彼ら・彼女らは大学生になるまでほとんど、国家や公の存在・役割を意識せずに教育を受けてきたということだろうか。フランスの子どもや若者の場合、おそらくそうはいかない。本稿で見てきたように、彼らは、様々な報道や学内外の市民教育の場を通じて、国家と教育の関係を、公教育とは何かを、頻繁に考えさせられるような状況に置かれている。日本の学生たちにも、教育がもっぱら自らの幸福や成功のためだけにあるのだとは誤解してほしくはない。教育問題とは本質的に、どのような社会の実現をめざすのかを決める政治問題なのである。

註

（1）アメリ・ウデア＝カステラは、一月一一日に国民教育・スポーツ・オリンピック担当大臣に任命されたが、一連の騒動の末、二月八日には解任され、スポーツ・オリンピック担当専任の大臣として再任用された。国民教育大臣には、ニコル・ブルベが就任した。

（2）https://www.francetvinfo.fr/replay-radio/8h30-fauvelle-dely/polemique-autour-d-amelie-oudea-castera-remaniementvote-de-confiance-le-8h30-franceinfo-de-jerome-guedj_6284364.html (France Info, samedi 13 janvier 2024) (最終閲覧日：二〇二四年三月三一日)

(3) 前田更子『私立学校からみる近代フランス――一九世紀リヨンのエリート教育』昭和堂、二〇〇九年、二七頁。

(4) Victor Hugo, « La liberté de l'enseignement », 15 janvier 1850, dans *Œuvres complètes*, édition chronologique, publiée sous la direction de Jean Massin, t. 7, 1843–1851, Paris, Le Club français du livre, 1968, p. 255–256. 数森寛子「フランス第二共和政期における「教育の自由」をめぐる議論――ヴィクトル・ユゴーによるファルー法反対演説(二)」『愛知県立芸術大学紀要』五〇号、二〇二〇年、五―六頁。亀甲括弧(〔〕)は引用者補足。

(5) Victor Hugo, « La liberté de l'enseignement », p. 257. 数森寛子「フランス第二共和政期における「教育の自由」をめぐる議論――ヴィクトル・ユゴーによるファルー法反対演説(一)」『愛知県立芸術大学紀要』四四号、二〇一四年、二五―三六頁。

(6) Jean-Noël Luc, Jean-François Condette et Yves Verneuil, *Histoire de l'enseignement en France, XIXe-XXIe siècle*, Armand Colin, 2020, p.299.

(7) 伊達聖伸「フランスのライシテの歴史を読み解くためのキーワード」ルネ・レモン『政教分離を問いなおす――EUとムスリムのはざまで』工藤庸子・伊達聖伸訳、青土社、二〇一〇年、二二四頁。

参考文献

梅根悟監修／世界教育史研究会編『世界教育史大系9　フランス教育史I』講談社、一九七五年。

梅根悟監修／世界教育史研究会編『世界教育史大系10　フランス教育史II』講談社、一九七五年。

大津尚志「フランスの私立学校に関する資料と研究動向」『武庫川女子大学大学院　教育学研究論集』第一七号、二〇二二年。

数森寛子「フランス第二共和政期における「教育の自由」をめぐる議論――ヴィクトル・ユゴーによるファルー法反対演説（一）」『愛知県立芸術大学紀要』四四号、二〇一四年。

数森寛子「フランス第二共和政期における「教育の自由」をめぐる議論――ヴィクトル・ユゴーによるファルー法反対演説（二）」『愛知県立芸術大学紀要』五〇号、二〇二〇年。

今野健一『教育における自由と国家――フランス公教育法制の歴史的・憲法的研究』信山社、二〇〇六年。

谷川稔『十字架と三色旗――近代フランスにおける政教分離』岩波現代文庫、二〇一五年。

長井伸仁『歴史がつくった偉人たち――近代フランスとパンテオン』山川出版社、二〇〇七年。

前田更子『私立学校からみる近代フランス――一九世紀リヨンのエリート教育』昭和堂、二〇〇九年。

ジャン・ボベロ『フランスにおける脱宗教性《ライシテ》の歴史』三浦信孝・伊達聖伸訳、白水社、文庫クセジュ、二〇〇九年。

ルネ・レモン『政教分離を問いなおす――EUとムスリムのはざまで』工藤庸子・伊達聖伸訳、青土社、二〇一〇年。

Victor Hugo, « La liberté de l'enseignement », 15 janvier 1850, dans *Œuvres complètes*, édition chronologique, publiée sous la direction de Jean Massin, t. 7, 1843–1851, Paris, Le Club français du livre, 1968.

Jean-Noël Luc, Jean-François Condette et Yves Verneuil, *Histoire de l'enseignement en France, XIX*^{e}*-XXI*^{e} *siècle*, Armand Colin, 2020.

Bruno Poucet, *L'enseignement privé en France*, Paris, PUF, Que sais-je ?, 2012.

Bruno Poucet, *La liberté sous contrat. Une histoire de l'enseignement privé*, Paris, Éditions Fabert, 2009.

教養を「語」るために

生活のなかの倫理と科学

羽根次郎

日本では、紙巻きタバコの販売本数が、一九九六年の三四八三億本をピークとし、二〇二一年には九三七億本にまで減った。これに、加熱式タバコの販売本数四六〇億本を加えても一三九七億本、ピーク時の四割ほどにとどまる。不思議なのは、減りつづける販売本数に対して、各種たばこ税の税収総額は、一九九六年（二・一三兆円）から二〇二一年（二・〇三兆円）まで、狙いすましたかのように長年横ばいのままであることだ。まるで、税収の維持が、税率計算の前提にでもなっているようで、いささか気味が悪い。だがそれは、政治問題にも社会問題にもなりはしない。

懲罰にも似たこの過酷な課税強化が、なぜ問題化しないのであろうか。おそらく、このような問いかけ自体が、バカバカしいと一笑に付されてしまうことだろう。というのも喫煙が、倫理的に誤った行為として認識されるようになったからだ。その根拠となっているのが、発がん性という有害性の指摘である。とはいえ、同じく有害とされているはずのアルコールや砂糖、食塩の大量摂取には懲罰は課されない。

喫煙のみが倫理的に罪深いとされるのには、受動喫煙の問題が絡んでいる。喫煙者を激減させた「健康増進法」（二〇〇二年公布施行）は全九章で構成されているのだが、なんとそのうち一章が丸ごと受動喫煙に割かれていることはあまり知られていない。この法律が関心を寄せるのは喫煙者というより、受動喫煙者の健康である。「人に迷惑をかけるな」ということだ。なるほど、タバコの煙と発がん性との関係は聞いたことがあるが、酒臭い息と肝臓病との関係など聞いたことがない。

ではそもそも、受動喫煙とはいったい何を根拠としているのだろうか。このときに持ち出されるのが「専門家」という殺し文句だ。専門家がイエスと言えばイエス、ノーと言えばノー。その実、がんの原因は専門家にも不明瞭なままだ。人口統計的な処理を研究に広く活用する疫学という医療分野が教えてくれるのは、「喫煙したらがんになる」という意味での因果関係ではなく、「がん罹患者には喫煙者が多い」という相関関係の強さから推定される因果関係である——余談だが、肺がん罹患者数は一九九六年（六・〇万人）から二〇二一年（一二・七万人）にかけて倍増している。

とはいえ、専門家もまた人間である。人間であるということは、生活者であるということだ。誰でも生活を抱えている。古くは悪名高き七三一部隊と京都帝国大学医学部との関係があり、最近では原子力ムラと御用学者との関係があった。こんな極端な例を引かずとも、そもそも実験室とは非現実的な空間であり、それを拵えるにはカネがかかる。科学者とは多額の研究費を引っ張ってこられる政治家でもある、と喝破したのは科学人類学者ブルーノ・ラトゥールである。

専門家の「中立性」は、「客観的」な実験によって担保される。ただ、実験室はとんでもないカネ食い虫なのだ。懲罰を倫理的に正当化する「専門家の判断」とはそういう環境において作られる。それはある意味、大衆から遊離した環境だ。毛沢東はかつて、どんな病気の病人相手でもつねにマスクをしたがる医者に対して、病人と医者との距離を拡げるだけだと批判した。両者は大衆と専門家に置き換えられよう。また、学生と教員にも置き換えられよう。それを痛感させてくれたのがコロナ・パニックだった。

ソーシャル・ディスタンスや「家飲み」などを強いられれば、最大の感染源は当然、愛する家族や恋人になる。それでも大衆は、愛する人の前ではマスクなどしなかった。「実験室の科学」は、いかに「思いやり」を呼びかけても、愛の前では力を失った。大衆にとり、倫理的に生きる根拠とは「科学」ではなく、愛だった。かかる生活的現実を抜きにして、不織布の感染予防確率を実験室で厳密に測定したところで、社会的意味をなすはずはなかった。我々は、形而上学的な実験室のなかで生きているのではない。混沌とした生活的現実こそが、人間が単なる動物ではなく、社会的な動物であるための決定的な前提なのだ。

二〇二〇年四月、少なからぬ大学教員が、「専門家の意見」を根拠に校門を閉鎖することを支持した。「今日のニューヨークは二週間後の東京」——何度も聞かされたこの合言葉こそ、まさに近代日本から敗戦を経由して、肉から骨へと沁み込んだ日本知識階級の植民地的ドレイ根性の現われではなかったか。教員が、「コロナとの戦い」という戦争の比喩に寄生しつつ、「オンライン授業」でリスク回避をしている（つもりの）なか、学生の多くは、「感染リスク」に身をさらすアルバイトへと、生活のために「学徒出陣」せざるをなかった。それは、「人に迷惑をかけるな」という、「科学」的に構築された愛なき倫理的否定の観念構造の下、喫煙と同様に、「専門家の意見」を都合良く用いて激しく糾弾された。だが、「学徒出陣」はいったい誰が追いやったのだろう。そして、教員の「戦争責任」や「戦争協力」は誰が追及するのだろう。私も例外ではない。

教養にいくばくかの価値を取り戻したいのなら、自らの内なる専門家的態度をまず批判することが肝要だ。生活的現実から遊離してはならない。そのためには、自らの「戦争協力」を認め、掘り返し、忘却に抗うことだ。巧言令色鮮し仁、語りと騙りは紙一重である。だからこそ私は、教養を語るために、まずは我が身を正したい。

「カオス」を診断する

ドイツ・ヴァイマル共和国における犯罪生物学の実践と「市民的価値観《リスペクタビリティ》」

佐藤公紀

はじめに

一九一九年にドイツの地に誕生したヴァイマル共和国は、成立当初から「カオス」の只中にあった。一九一四年八月のドイツによる中立国ベルギーへの侵攻から始まった第一次世界大戦は、数年にわたる激戦を経て、一七年四月のアメリカ参戦によってドイツ不利の形勢に傾いていった。そうした中、一八年十一月に突如ドイツ北部キール軍港で水兵の反乱が生じ、これをきっかけに勃発した革命に伴ってドイツは降伏を余儀なくされ（実際には、敗北を悟った軍部がすでに九月の段階で政府に対し休戦講和を迫っていた）、戦争はあっけなく終結した。革命運動はまたたく間にドイツ全土に波及し、各地に設立された「労農評議会（レーテ）」が権力を掌握する一方、ドイツ社会民主党の政治家フィリップ・シャイデマンによる共和国発足宣言を受け、進退極まったドイツ皇帝ヴィルヘルム二世はオランダへと亡命し、これによりドイツ帝国は瓦解した。

革命の余燼《よじん》が収まらぬドイツでは、男女平等普通選挙の実施（一九一九年一月一九日）、ヴァイマル共和国議会の開催（同二月六日）、ヴァイマル共和国憲法の制定（同八月一四日）と立て続けに新たな試みが実施されていったが、その一方で、新たな国家が対処しなければならない課題も膨大なものであった。過酷なヴェルサイユ条約の講和条件と賠償、過激派による政財界要人へのテロリズム、社会主義運動の分裂、不安定な連立による短命政権の連続、未曾有のインフレ、世界経済恐慌の打撃と失業問題の出来、「大統領内閣」出現と議会制民主主義の形骸化、そしてナチ党の台頭とヒトラー内閣の成立など、政治・社会・経済のありとあらゆる困難に遭遇しなければならなかったのである。「荷が勝ちすぎた共和国」[1]（U・ビュトナー）と評されたヴァイマル共和国は結局、背負わされたその責任の重さゆえに一四年の期間しか命脈を保つことができなかった。

ところで、ヴァイマル時代に波のように押し寄せた「カオス」の一つとして、当時の人びとの関心を駆り立てたのが犯罪の増大という現象だった。[2] 一八八二年に開始され、第一次大戦での中断を経て戦後再開された犯罪統計は、犯罪件数の増加、そしてその中に占める前科者の割合の増大を可視化した。これらは、社会の中に犯罪を犯す危険のある人間が潜んでいることを強く印象づけるものだった。人びとは、いわば社会の「カオス」を引き起こしている当の元凶が、自分のすぐ隣にいる可能性に強い恐怖心を抱いたのである。

このような「カオス」に対処するために、司法当局が着目したのが犯罪生物学という学問だった。当時新興の犯罪学の一部門だった犯罪生物学は、司法関係者の目には、この「カオス」的状況に対して科学的な処方箋を提供してくれる魅力的な選択肢として映った。実際、犯罪生物学はヴァイマル時代に監獄へと導入され、そこで受刑者の改善能力を測定するための犯罪生物学診断が実施されていった。

しかし、こうした犯罪生物学の導入や実践は、第一次大戦によって崩壊しつつあった「市民的価値観《リスペクタビリティ》」の復権を企図する市民層の反応の一つとして捉えることも可能であるように思われる。先に見たように、ドイツでは第一次大戦の敗北による秩序の崩壊とともに、政治的、経済的、社会的次元で「カオス」が出来したが、これは精神的次元においても同様だった。ドイツ史家R・ベッセルは、第一次大戦後のドイツ人の精神状態が「道徳的パニック」に陥っていたことを指摘している。ベッセルによれば、戦争の結果、国民の栄養状態の悪化から始まり、出生数の低下、離婚件数の増加、非嫡出子の割合の増加、性病の蔓延、そして犯罪の増加に至るまでの数々の社会的混乱が「倹約、勤勉、財産の尊重、同胞への敬意という伝統的価値観」を失墜させてしまった、という。(3)

このような観点からヴァイマル期における犯罪生物学の展開を見るとき、犯罪生物学診断は犯罪の増大という「カオス」への科学的対応という次元を越えて、第一次大戦後に大きく動揺してしまった「市民的価値観」を再建しようとするドイツの市民層の危機的反応としても捉えることができるのではないだろうか。本章は、こうした問題意識のもと、バイエルン州における犯罪生物学研究の展開と実践を素描しようとするものである。(4)

1　「カオス」の制圧を目指して

「カオス」の象徴としての職業犯罪者

「カオス」に彩られたヴァイマル共和国の短い生涯において、当時の「カオス」的状況の象徴の一つとして人々の関心を強く惹きつけたのが、犯罪の増大という現象だった。統計的に見れば、第一次大戦後のドイツの有罪判決者数は、一九二三年に八三万三九〇二人に達し、これは戦前の最高値だった一九一二年の一・四五倍に相当した。加えて、有罪判決者に占める前科者の割合も、一九二一年に一八・六％だったのに対して、一九三二年には四二・九％となり、二・三倍に増えた。[5] 犯罪の増大や前科者の増加は、同時代の人びとの大きな不安の種となった。というのも、これらが犯罪を犯す危険のある存在が自分のすぐ隣にいる可能性を強く疑わせるものだったからである。

また、当時の新聞メディアも、連続殺人や猟奇犯罪、強盗事件などの話題をセンセーショナルに書き立てて、事あるごとに犯罪に対する恐怖を煽った。たとえば、一九二一年に殺人の廉で逮捕され、余罪として他に数十件もの殺人の嫌疑がかけられたが、裁判中に独房内で自殺したカール・グロスマン、二四件もの連続殺人を犯して「ハノーファーの人狼」と恐れられ、一九二五年に死刑に処されたフリッツ・ハールマン、同じく連続殺人犯で「デュッセルドルフの吸血鬼」の異名を持ったペーター・キュルテン、銀行強盗を重ね、ついに逮捕されるも証拠不十分で保釈されたザース兄弟などは、ヴァイマル期の犯罪史研究において必ずといってよいほど言及される者たちだが、[6] メディア報道はこれらを事細かに取り上げることで売上を伸ばし、その一方で市民は「危険人物」が社会の中を徘徊していることに強い恐怖と不安を抱いたのである。

やがて市民の不安は職業犯罪者という形象へと結晶化していった。職業犯罪者という用語は、犯罪を生業として繰り返し犯行に及ぶという累犯性を特に強調したものであり、一九世紀後半以降、刑法改革運動や犯罪の医学的研究において繰り返し言及されてきた常習犯罪者とほぼ同義の概念として理解されるものである。

ヴァイマル時代においてこの職業犯罪者イメージの定着に大きな役割を果たしたのが、犯罪学者ローベルト・ハインドルの大著『職業犯罪者』（一九二六年）であろう。

> 犯罪者とは〔…〕大抵の場合、精神的・身体的劣等性の結果である。その際、精神的劣等性とは、決して知的障害を意味するのではなく、不完全な知性、精神的活力と忍耐力の欠如を意味するのである。〔…〕より強く、精神的に優れた人だけが、困難を克服することができる。弱者は、生き残るために最も抵抗の少ない道を探す。〔…〕職業犯罪者の大半は、肉体的に落ちぶれた怠惰な思考の持ち主である。それは、アルコール、コカイン、睡眠不足、不規則な生活、汚い穴ぐらにいること、自慰行為、その他の不摂生がそれを引き起こす。そしてこの劣等性こそが、いつも〔犯罪の〕同じ手口の繰り返しをもたらし、新しい〔犯罪の〕やり口の発想を妨げ、ある種の退屈な日常を職業犯罪者の特徴たらしめているのだろう。(7)

ハインドルが述べた職業犯罪者は、素質と環境によって生じた精神的・身体的な「劣等性」のために犯罪を繰り返す者、というイメージとして通俗的に流布し、「カオス」を招く元凶の一つとして社会に受けとめられた。

常習犯罪者と刑法改革

職業犯罪者、または常習犯罪者に対して、ドイツの刑事司法はすでに一九世紀後半から強い関心を払ってきた。一九世紀後半の刑法改革運動を牽引した刑法学者フランツ・フォン・リストは、犯罪とは遺伝あるいは環境によって歪められた犯罪者の「危険な人格」により行われた行為であるから、刑罰も、行為に対して一律に加えるのではなく、犯罪者の人格に即して個別に形成しなければならないとした。そのうえで、刑罰を科すにあたっては「改善能力のある者」と「改善不能な者」に対象を分け、前者には教育的効果を及ぼす刑罰（教育刑）による改善を、後者には終身刑あるいは不定期の拘禁による「無害化」を行うべきだと主張した。ここでリストが「改善不能な者」の典型としたのが、常習犯罪者だった。具体的には、「プロレタリアートと総称している一連の社会病理現象の一部」、「乞食、浮浪者、売春に関わる男女、アルコール中毒者、詐欺師、最も広い意味でのやくざ連中、精神的・身体的に堕落した人間」などが列挙された(8)。

リストの主張は、後年「改善能力のある者の改善と改善不能な者の無害化」として人口に膾炙し、ヴァイマル時代の刑事政策に広範な影響を与えた(9)。

段階行刑とバイエルン州における監獄制度

リストの主張は、ヴァイマル期の行刑改革に対しても基本路線を敷いた。第一次大戦後、共和国司法省は段階行刑制度をヴァイマル共和国全土の監獄に導入し、そこで「改善能力のある」受刑者には自由を与えて社会復帰を促すとともに、「改善不能な」受刑者には厳格な処遇を実施することを制度化したからである。[10] この制度自体はドイツでは第一次大戦以前から提唱され、一部実験的に導入されていたが、本格的な導入は第一次大戦後まで待たなければならなかった。段階行刑制度導入の立役者が、ヴィルト内閣(一九二一～二二年)のときに共和国司法大臣に就任した自由主義法学者グスタフ・ラートブルフである。ラートブルフは、司法全体のリベラルな刷新を目指し、死刑廃止を盛り込んだ革新的な「ラートブルフ草案」(一九二二年)の作成とともに、新しい全国統一の行刑原則の制定に尽力した。これにより成立した「自由刑の執行に関する諸原則」(一九二三年六月)は、受刑者の社会復帰を刑罰の目標として掲げるとともに、ドイツ各州に監獄への段階行刑の導入を求めたのである。[11]

バイエルン州では、すでに一九二一年に他州に先駆けて段階行刑を取り入れていた。そこでは、「受刑者の改善の意志を呼び覚まし、強化し、道徳的向上を促し、それにより受刑者を再犯から守るに十分な内的沈潜と変化を喚起する」ことを目的に、「厳粛かつ厳格」な処遇が行われる第一段階から「厳格さから解放された自由」を享受できる第三段階までの、三つの段階が設置された。[12]

しかし、「改善能力のある者の改善と改善不能な者の無害化」という目的のためには、刑を科す前に、この両者をより客観的な基準により区分することが必要であった。実際、バイエルン州司法省内では受刑者の処遇を、これまで刑務官の主観的な感覚や経験に頼ってきたことに代えて、新たに科学的方法を取り入れることが重要であるとの議論が行われた。[13] ここで受刑者の改善能力を科学的に診断するための基準を提供するものとして着目されたのが、犯罪生物学だったのである。[14]

2　「カオス」を診断する――バイエルン州における犯罪生物学の展開と実践

フィーアンシュタインと犯罪生物学

犯罪生物学とは、そもそも一九世紀中葉に活躍したイタリア人医師チェーザレ・ロンブローゾが創始した犯罪人類学を祖として発展を遂げてきた犯罪学の一部門である。ロンブローゾは、犯罪者は生まれつき何らかの身体的・人類学的特徴を持っているとして「生まれつきの犯罪者」を提唱したが、これを批判的に受容したドイツの犯罪学・精神医学界では、遺伝的・生物学的要素、環境的要素、心理的要素などの複合的な観点から犯罪原因を説明しようとする努力が行われた。このうち、遺伝的・生物学的アプローチを重視して犯罪者の「犯罪的人格」を究明することを課題にしたのが犯罪生物学であった[15]。

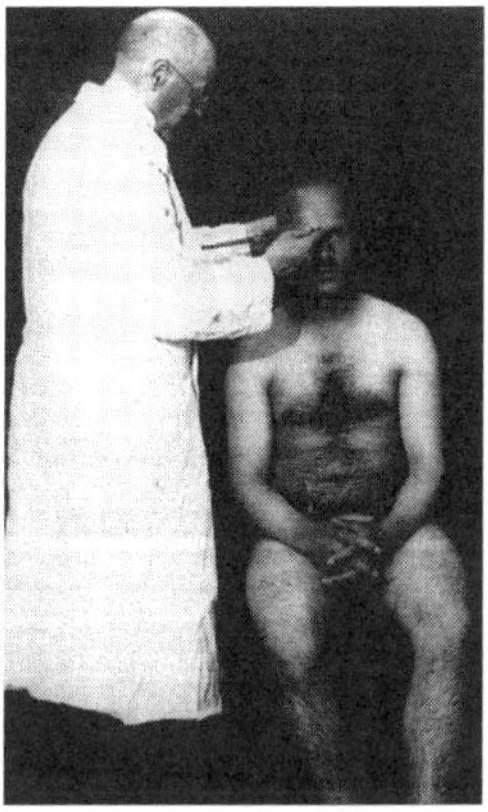
受刑者に犯罪生物学診断を実施するフィーアンシュタイン（1925年頃）（Burgmair, et al., „Die soziale Prognose“, 251）

当時のドイツにおいてこの犯罪生物学研究に最も熱心に取り組んでいたのが、テオドーア・フィーアンシュタインという医師である。彼はバイエルン王国の高級官僚の息子として生まれ、テュービンゲンとミュンヒェンで医学を修めたのち、一九〇七年にバイエルン王国のカイスハイム監獄で監獄医として自身のキャリアをスタートさせた。フィーアンシュタインは、すでにカイスハイム監獄に勤務していた頃から独自に考案した「犯罪生物学質問表」を用いて犯罪生物学診断を実施しており、この実績を買われて一九一六年にバイエルン王国最大のシュトラウビング監獄の主任医師に就任した。[16]彼の研究は、第一次大戦後に段階行刑制度を導入し、受刑者の改善能力の科学的な診断方法を求めていたバイエルン州司法省高官の関心とうまく合致した。バイエルン州司法省は一九二三年一一月三日、バイエルン州全土の監獄に犯罪生物学を導入することを決定し、[17]翌二四年二月には情報の収集と分析を目的としてシュトラウビング監獄内に犯罪生物学収集所を設置してその長にフィーアンシュタインを抜擢したのである。[18]

バイエルン州における犯罪生物学

フィーアンシュタインが実施した犯罪生物学診断は、およそ次のようなものだった。診断にあたる医師は、五二項目からなる「犯罪生物学質問表」に基づいて、受刑者の身体・精神状態、学歴、家族・家庭環境、経済状態、社会的環境、犯罪歴、宗教、「飲酒・浮浪・売春」などの前歴の有無、精神疾患の有無、「てんかんや梅毒」などの病歴の有無などを聴取し、これを基に受刑者の改善能力と「社会的予後」[19]に関する報告書を作成した。一例として受刑者エルンスト・Hの報告書を見てみよう。

Hは一九三〇年、収監先のカイスハイム刑務所で犯罪生物学診断を受けた。Hは仕事がなく困窮していたためにキオスクに押し入り、タバコや食料品を盗んで逮捕された。レーゲンスブルクの裁判所はHに対して、七件に及ぶ加重窃盗罪で懲役三年三ヶ月の判決を下した。今回は、一八九七年生まれのHにとって、一九一〇年の初犯以来一二回目の有罪判決となった。Hは、身体測定を受けるとともに個人環境や生育環境について聴取され、Hの社会性や家族構成、職業、病気、性生活が事細かに明らかにされた。またHの生理的体質、睡眠状況、話し方、気質などについても詳細な聞き取りが行われた。家庭環境については、Hは婚外子として生まれ、九歳のときに母親と継父に家を追い出されたという。以上の聴取の結果を踏まえて、担当医師は、Hの性格が「無思慮」であり、「軽薄な生活態度」に支配されている、したがってHは「無分別かつ不安定で意志薄弱の精神病質者、また分裂病気質の常習犯罪者」であり、ほとんど改善する見込みがないため、社会的予後は「疑わしい、あるいは悪い」との診断を下した[20]。

こうした報告書が、バイエルン州全土の監獄からフィーアンシュタインが管轄する犯罪生物学収集所へと次々と集められた。フィーアンシュタインによれば、一九三〇年までに一万一二五九件、一九三三年までに約二万一〇〇〇件の犯罪生物学報告書が届けられ、そこに記録された受刑者およびその家族・親族はおよそ一四万名に達したという[21]。また、診断結果の内訳は、一九三〇／三一年は「改善能力がある」が五一％、「改善不能」が四九％、一九三一／三二年はそれぞれ三八％、六二％であった[22]。

ヴァイマル時代に犯罪生物学は、バイエルン州のほかに、ザクセン州（一九二五年）、プロイセン州（一九二九年）で導入された。また、一九二七年には犯罪生物学の学問的討究と政策への反映を目指す犯罪生物学会が設立された。こうして犯罪の増大という「カオス」に対処する科学という触れ込みで導入された犯罪生物学は、ヴァイマル時代に華々しい成功を収めたのである。

3　犯罪生物学と「市民的価値観」

道徳的「カオス」と犯罪生物学

ところで、冒頭でも述べたように、第一次大戦後のドイツ社会は、政治的、経済的、社会的に混乱の極みにあった。しかしそれのみならず、同時代人の認識においては道徳的秩序すらも完全に崩壊しているように見えていた。たとえば、カトリック政党・中央党の政治家で、一九三〇年から三二年の間には共和国首相を務めたハインリヒ・ブリューニングは、戦場から復員した直後に訪れたベルリンの状況を目の当たりにして、これを「完全な道徳的無秩序」と表現した[23]。また、プロテスタントの神学者で最も初期のナチ批判者の一人として知られるキール大学神学教授オットー・バウムガルテンは、戦争に負けたことによる「文化民族の道徳的堕落」にひどく落胆した[24]。

こうした心情は、バイエルン州司法省の高官たちにも共有されていた。バイエルン州司法省のある高官は州内の監獄に宛てた通達（一九二二年）の中で「長い戦争と動乱の不幸な結果の一つは、わが民族の広範囲にわたる深い道徳的堕落である。正義と法に対する敬意の低下、まじめで誠実な労働の恩恵に対する感覚の希薄化、楽をして儲けようとする不謹慎な欲求〔…〕。良識、誠実さ、誠意といったかつての概念はすべて踏みにじられ、どんな重大な法律違反も許されると考えられている。〔…〕公共心、犠牲心、愛国心、そして勤労と勤勉と倹約の精神〔…〕が恐ろしいほど欠如している」と述べ[25]、戦争によってかつての道徳や美徳が失われてしまったことへの強い危機感を吐露している。

このようなバイエルン州司法当局の危機感は、自分たちこそが犯罪予防の防波堤であるのみならず、進行しつつある道徳の崩壊を食い止めるための最後の砦でもあるという自覚と表裏一体のものだった。フィーアンシュタインら日々現場で受刑者に接する業務に携わる者たちもまた同様の思いを抱いていた。彼らには、自分たちが遂行する犯罪生物学研究こそがこの道徳的「カオス」に歯止めをかけ、かつての秩序を取り戻す役割を担うものだという強い自負心があった[26]。たとえばニュルンベルク監獄所長オットー・カールは、犯罪生物学は「まずもって犯罪者を改善し、教育し、道徳的・精神知的・肉体的に強くし、人生の闘争に耐えられるようにする」ことに役立つと述べた[27]。このように、監獄の現場で働く者たちは犯罪生物学が有する道徳的な影響力に強い期待をかけていたのである。

教養市民層

ここで、フィーアンシュタインたちのこうした危機感と自負心が彼らの属していた階級に由来するものだったことに注目しておきたい。司法当局の官僚や医師たちは、上層の市民層、ドイツでは教養市民層と呼ばれる階層に属する知的エリートだった。教養市民層とは、一九世紀から二〇世紀前半にかけてドイツの政治、経済、文化を支えた支配エリート層であり、教養と財産を有する特権階層を指す。教養市民層は、一九世紀後半以降、急激な工業化と大衆化の進展に伴ってその地位を脅かされつつあると感じていたが、第一次大戦後に本格的にその脅威に直面することになった。それは、政治的には、ヴァイマル共和国のもとで実現した男女普通選挙による「政治の大衆化」が達成されたことが、これまで政治へのアクセスを独占していた市民層(財産を持つ男性)に衝撃を与えたからであり、経済的には、戦後のハイパーインフレにより資産が消滅し、かつての豊かさが失われて貧困化したことが、彼らの危機感に拍車をかけたからである。[28]加えて、先述したように、戦後の極度の混乱によっていままで自明視してきた道徳が根底から覆されたような感覚が彼らを苛んだ。こうした動揺に対し、かつての古き良き「市民的価値観」の復権を渇望し、これを実践しようとした人びとの中に、バイエルン州司法当局者やフィーアンシュタインたちは属していたのである。

犯罪生物学の言説

こうして、フィーアンシュタインら犯罪生物学者は現下の「市民的価値観」の崩壊を食い止めようとする思惑のもと犯罪生物学診断に邁進していったが、それでは彼らはどのような実践を通じてこの目的を達成しようとしていたのだろうか。以下では、史料に現れる犯罪生物学の言説を、①前歴と生活態度、②セクシュアリティとジェンダー、③宗教の三点に着目して考察してみよう。

①　前歴と生活態度

犯罪生物学診断では、まず受刑者の前歴や生活態度に目が向けられた。たとえば、受刑者の改善能力を判断する際の重要な要素の一つとして、飲酒癖の有無があった。一九世紀以来、市民層はアルコール中毒を下層階級の悪癖とみなし、その撲滅運動をさまざまに展開してきたが、[29]犯罪生物学者もこの観念を維持し、これに基づいた評価を下した。受刑者Bの犯罪生物学診断では、Bは「かなり進行したアルコール中毒者であり、自己弁護、自己満足の際立った特徴と、状況を変えようとする意志の弱さがある」ため、「社会的予後は、全くもって悪い」との診断が下された。[30]

また、「放浪」「物乞い」「怠惰」「労働忌避」という言葉も、犯罪生物学診断で受刑者をネガティブに評価する際にしばしば現れた語彙だった。これらは一八七一年のドイツ帝国刑法典第三六一条において刑罰の対象となっており、またしばしば下層階級の属性とも結びつけて語られてきたが、一九二〇年代の犯罪生物学者もこの前提を共有していた。たとえば、受刑者Sは「社会的に根無し草であり、社会の欠片であり骨片にすぎず、孤立した反社会的な生活を送っている、放浪する徒弟」であるため、「精神薄弱」であり「内因性の痴呆」だと診断された[32]。また、「放浪」「物乞い」「窃盗」で逮捕された受刑者Hは、それまでに同様の罪で一七件もの前科を有していたため、「不安定で、無思慮で、分裂症気質の常習犯罪者」と評価された[33]。

②　セクシュアリティとジェンダー

次に、犯罪生物学診断ではしばしば受刑者の性に関わる事柄にも言及された。受刑者の改善能力の診断に際して、性衝動を抑えることができないとされた受刑者には否定的な評価が下される傾向にあった。たとえば、受刑者Wは「自身の性的欲求と折り合いをつけるには〔…〕その宗教的・道徳的抑制は弱すぎる」ため、「改善能力は疑わしい」という評価が下された[34]。

また、貞淑や節度といった「女性らしさ」の規範に適合しない女性受刑者に対しては、市民層が依拠するジェンダー秩序に基づいた偏見が押し付けられた。三度の離婚歴を有する下層階級出身の女性受刑者Hを診断した医師は、彼女が刑務所に入る前に豊かな生活を送っていたことについて、「強い結婚の絆があったか、もしくは（なんの確証もないが！）売春などの他の何らかの稼ぎのよい経済状況があったのだろう」といった憶測を報告書に記載した。Hに下された診断は、「道徳的に退化し、法律を破り、社会の利害を軽視する」ために「社会的予後が絶対的に悪い」というものだった[35]。

③　宗教

最後に、犯罪生物学診断では宗教的な敬虔さも重視された。この場合、「市民的価値観」に合致する敬虔さは改善能力の評価に際して肯定的に捉えられる傾向にあった。詐欺で捕まった受刑者H（前項の女性受刑者Hとは別人）について、彼の犯罪生物学報告書には「農家を営む父親は、物静かで勤勉であり、倹約家であり、能力があり、地方参事会員を務め、尊敬され、家族思いであり、とても信心深かったという。母親も物静かで人気があり、とても敬虔な人だったという。教育は厳格で、非常にキリスト教的だったようだ」と記載され、両親が敬虔なキリスト教徒であり、そのような家庭のもとで厳格に育ったHには「改善能力がある」という結論が下された[36]。

下層階級の犯罪化と「市民的価値観」に基づく評価

以上の検討から、次のことが言えるだろう。まず、犯罪生物学診断では、受刑者の改善能力を評価する際、遺伝的・生物学的な側面よりも、受刑者の出身階級や境遇、あるいは普段の生活習慣や態度などの外形的側面が重視される傾向にあった。そもそも当時の研究水準では、人格の「劣等性」の主要因が遺伝的・生物学的な要因によるものなのか、出身階級や境遇、あるいは生活習慣や生活態度などの外的要因によるものなのかという点については曖昧な状態だった[37]。にもかかわらず、少なくない医師が、悪い環境や生活習慣といった要素が受刑者を「劣等者」へと変質させたと想定して、受刑者の改善能力を評価する傾向にあった。

これと関連して、犯罪生物学診断を実施した医師は、下層階級の人間は劣悪な生育・家庭環境で育ったがゆえに犯罪者へと変質した者が多いと推測し、ここから、犯罪者は下層階級の人間だという結論を導いた。医師たちは、受刑者の人格における遺伝的影響や環境的影響について詳細に調査したが、最終的には「犯罪者＝下層階級」という偏見に強く左右された。このため、「改善不能」と評価された者は圧倒的に下層階級出身者が多かった。(38) なお、「犯罪者＝下層階級」という見方は、かつてリストが常習犯罪者を「プロレタリアート」（本稿第1章参照）とみなしていたからことからも窺えるように、旧来から根強く続く伝統的な偏見であった。

最後に、犯罪生物学診断に携わった医師は自らの属する階級の規範である「市民的価値観」を基準にして受刑者の改善能力を評価する傾向が強かった。「市民的価値観」の規範に準ずる受刑者（「敬虔さ」）には「改善能力がある」との評価を与えた一方、これに反する受刑者（「飲酒」「放浪」「物乞い」「怠惰」「労働忌避」）には「改善不能」の烙印を押した。また、監獄医はもっぱら市民層の男性であったが、彼らの考える「女性らしさ」の規範に適合しない女性受刑者には平然と憶測（「売春」）を述べ立てた。

おわりに

ベルリン生まれのユダヤ系アメリカ人でドイツ社会文化史の泰斗ジョージ・L・モッセは、著書『ナショナリズムとセクシュアリティ』の中で、ヨーロッパでは一八世紀から一九世紀にかけて、市民層の中で培われてきた「性的な節度、自己管理、強固な規律」を徳目とする「市民的価値観」は、社会を統合する「万人の道徳」となり、それとともに同時期に台頭してきたナショナリズムと互いに手を携えて国民の統合を支える役割を担った、と論じた(39)。そこでは、「市民的価値観」を受け入れない者は、社会的規範に反する存在、たとえば国民としてふさわしくない者、「男らしさ」「女らしさ」を備えていない者、さらには性的異常者や犯罪者とみなされた。このように「市民的価値観」は「同胞/異質者」「正常/異常」の境界線を確定することを本質的機能としたが、その働きを下支えしていたのが一九世紀に長足の進歩を遂げた医学だった(40)。

モッセの指摘は、ヴァイマル時代における犯罪生物学の展開を考えるのに役に立つ。第一次大戦の敗北により生じた「市民的価値観」の動揺という事態に直面した市民層は、刑事政策の分野において問題となった犯罪の増大という「カオス」に対処するために、犯罪生物学という学問を用いて受刑者の改善能力の科学的診断を試みた。しかし、そこで実践された犯罪生物学診断とは、科学の名分を掲げながら、実際には「市民的価値観」に適合する場合には「改善能力がある」として社会に包摂する一方で、これを共有しないとみなされた下層階級の受刑者には「改善不能」の烙印を押して排除するものだった。診断を実施した市民層に属する医師は、自身の「市民的価値観」を受刑者に投影することで、一方で「同胞／異質者」「正常／異常」の境界線を確固たるものにしつつ、他方で揺らぎつつある「市民的価値観」を再建しようとしたのである。それは、犯罪生物学導入以前に行われていた主観的・経験的な受刑者の評価とは、実態としてそれほどかけ離れたものではなかった。

ところで、ヴァイマル期の犯罪生物学はその診断対象を受刑者のみならず、将来的には監獄の外の貧困層や子ども、そして全住民まで拡大して改善能力を診断することを構想していた[41]。これにより「民族」という身体から「劣等者」を取り除くことができると考えたのである。実際にはこれは実現しなかったが、全住民を一つの民族集団とし、「不純物」を取り除いて「民族の健康」を向上させようという思考は当時の考え方としてはごく自然なものだった。一九世紀末のドイツでは、「民族の質」の低下の阻止とその向上を唱えた優生学や人種衛生学などの遺伝理論が反響を呼び、たとえば人種衛生学を旗揚げしたアルフレート・プレッツは、ダーウィンの適者生存の法則に則って遺伝的に「劣等な」要素を淘汰し、「優良な種」のみで社会全体を再編しなければならないと主張した。そして、第一次大戦に敗北して人口動態に大きな変動が起きたドイツでは、この種の主張を受け入れる土壌が広範に生じた[42]。犯罪生物学は、こうした遺伝理論が流行する時代であったからこそ、そのポテンシャルに大きな期待が寄せられたのである。

その後、犯罪生物学は、人種主義が全面化したナチ体制下で重要な発展を遂げていくことになる。一九三六年に帝国健康保健局の管轄下に人種衛生学・人口生物学研究所（一九四〇年に犯罪生物学研究所と合併して犯罪生物学研究機関へと改組）が設立されると、その所長には独自の「ツィゴイナー研究」で名を挙げたテューービンゲンの精神科医ローベルト・リッターが抜擢された[43]。リッターはナチ体制下でドイツの「ツィゴイナー」の家系図の作成や彼らの身体的・精神的・遺伝的情報の収集などの犯罪生物学研究を精力的に推し進め、それらは後に親衛隊全国指導者ハインリヒ・ヒムラーが「ツィゴイナー問題」の根本的解決[44]を実行する際の重要な情報基盤となった。

実のところ、犯罪生物学とナチズムとの結びつきは必ずしも自明なものではない。人種的基準を至上価値とし、これに基づいて「民族共同体」の境界を明確にしようとしたナチ体制は、犯罪生物学を「民族の浄化」と異分子排除のために活用したが、ナチ体制下で実現された「政策としての人種主義[45]」（M・バーリー／W・ヴィッパーマン）は、ヴァイマル時代の犯罪生物学者が思い描いていたものとそのまま地続きではなかったからだ。もちろん犯罪生物学とナチズムの間に親和性が存在しない、ということでは全くない。「改善不能な者」を生み出す犯罪生物学の知は異分子排除を目指すナチ体制にとって便利な道具以上の価値があり、また犯罪生物学もナチ体制下で異例の発展を遂げて国家的学問へと昇格したのだから。こうした連続する面と連続しない面とがどのような関係にあったのか、その複雑に入り組むあり方を見定める作業は、今後もアクチュアルな課題でありつづけるだろう。

註

（1） Ursula Büttner, *Weimar. Die überforderte Republik 1918–1933. Leistung und Versagen in Staat, Gesellschaft, Wirtschaft und Kultur*, Stuttgart 2008.

（2） Sace Elder, *Murder Scenes. Normality, Deviance, and Criminal Violence in Weimar Germany*, The University of Michigan Press 2010, 4–5.

(3) Richard Bessel, *Germany after the First World War*, Oxford University Press 1993, 222–3.

(4) 本章がバイエルン州の犯罪生物学に着目する理由は、①ヴァイマル時代に犯罪生物学を最も早く監獄に導入した州であること、②そのために犯罪生物学診断が大規模に実施されたこと、③また、これに関する史料も豊富に存在すること、④受刑者の社会復帰を目的としたヴァイマル期の行刑制度においてとりわけ厳格な処遇を実践していたこと、等のためである。なお、バイエルン州犯罪生物学に関する研究は他州のそれにくらべてすでに相当蓄積されているが、いずれの研究でも犯罪生物学診断における「非科学性」、すなわち診断者の道徳的価値判断や主観的印象が受刑者の改善能力の評価において決定的な役割を果たしたことを強調している。特にリャンの研究は、バイエルンにおける犯罪生物学診断、ひいてはヴァイマル時代の犯罪生物学が生物学的基盤に基づいて社会の道徳を再建することを目的としていたと指摘する点で、本章にとって重要な先行研究である。Oliver Liang, *Criminal-biological Theory, Discourse, and Practice in Germany, 1918–1945*, Johns Hopkins University, 1999.; Jürgen Simon, *Kriminalbiologie und Zwangssterilisation. Eugenischer Rassismus 1920–1945*, München/Berlin 2001.; Thomas Kailer, *Vermessung des Verbrechers. Die Kriminalbiologische Untersuchung in Bayern, 1923–1945*, Bielefeld 2010. また、以下も参照。拙稿「「教育可能者」と「教育不可能者」のあいだ——ヴァイマル共和国（1919–1933）における犯罪生物学と「教育可能性」の問題」『ヨーロッパ研究』第七号（二〇〇八）、二九—四九頁。

(5) Christian Müller, *Verbrechensbekämpfung im Anstaltsstaat. Psychiatrie, Kriminologie und Strafrechtsreform in Deutschland 1871–1933*, Göttingen 2004, 304–305.

(6) Elder, *Murder Scenes*, 45–81.; Patrick Wagner, *Volksgemeinschaft ohne Verbrecher. Konzeptionen und Praxis der Kriminalpolizei in der Zeit der Weimarer Republik und des Nationalsozialismus*, Hamburg 1996, 172–179.

(7) Robert Heindl, *Der Berufsverbrecher. Ein Beitrag zur Strafrechtsreform*, Berlin 1926, 148–149. 〔〕は引用者補足。

(8) Franz von Liszt, „Der Zweckgedanke im Strafrecht“, in: Ders., *Strafrechtliche Aufsätze und Vorträge*, Bd.1, Berlin 1905, 167（フランツ・フォン・リスト「刑法における目的思想」西村克彦訳、『近代刑法の遺産（下）——ヘップ、フランツ・フォン・リスト、ユーイング』信山社、一九九八年、一八五—二四四頁）。

(9) ヴァイマル期の刑法改革は、基本的にはリストの問題提起に沿って取り組まれた。第一次大戦後の一九一九年に刑法改革草案が公表されて以後、一九二二年、一九二五年、一九二七年、一九三〇年と、計五度にわたって政府草案が作成されたが、いずれも成立しなかった。これらの草案に盛り込まれた常習犯罪者に対する「保安処分」（将来の犯罪の危険性を理由に個人の自由を制限または剝奪する措置）の導入は、ナチ体制が成立した後の一九三三年一一月に「常習犯罪者法」の成立によって初めて実現する（Christian Müller, *Das Gewohnheitsverbrechergesetz vom 24. November 1933*, Berlin 1997 を参照）。

（10）受刑者をその改善能力や服役態度に応じて第一段階から第三段階へ分類し、上の階梯に行くほど多くの優遇措置や自由が与えられる累進処遇制度のことをいう。

（11）ヴァイマル期の監獄改革については、拙稿「ヴァイマル共和国における監獄改革と受刑者処遇の実際——不服申し立て史料の検討を通して」『現代史研究』五五号（二〇一〇）、一—二一頁を参照。

（12）Wolfgang Burgmair / Nikolaus Wachsmann / Matthias Weber, „'Die soziale Prognose wird damit sehr trübe ...'. Theodor Viernstein und die Kriminalbiologische Sammelstelle in Bayern“, in: Michael Farin (Hg.), *Polizeireport München*, München 1999, 252–253.

（13）Ebenda, 250–287.

（14）帝政期ドイツからヴァイマル期にかけての教育刑と犯罪生物学の展開については、拙稿「教育刑と犯罪生物学——ヴァイマルからナチズムへ」、石田勇治／川喜田敦子編『ナチズム・ホロコーストと戦後ドイツ』勉誠出版、二〇二〇年、三—三一頁を参照。

（15）Theodor Viernstein, „Kriminalbiologie“, in: *Der Stufenstrafvollzug und die Kriminalbiologische Untersuchung der Gefangenen in den Bayerischen Strafanstalten* 3, München 1929, 7–8.

（16）Burgmair, et al., „Die soziale Prognose“, 256–267.

（17）Ministerialentschließung vom 3. November 1921 Nr. 57911, in: *Der Stufenstrafvollzug* 1, 10–16.

（18）Ministerialentschließung vom 27. Februar 1924, Nr. 8633, in: Ebenda, 40–42.

（19）「社会的予後」とは、受刑者の改善能力に基づいて、受刑者が出所した後に社会の中で規則や法を遵守する能力や意欲を犯罪生物学的に評価したものである。バイエルン州の犯罪生物学診断では、「良い」「悪い」「疑わしい」の三種類の評価があった。

(20) Bayerische Hauptstaatsarchiv München, Akten der Kriminalbiologischen Untersuchung, Nr. 7305 (1930).

(21) Theodor Viernstein, „Die kriminalbiologische Untersuchung der Strafgefangenen in Bayern", in: *Mitteilungen der Kriminalbiologischen Gesellschaft* 3 (1930), 36; Kailer, *Vermessung*, 346.

(22) Simon, *Kriminalbiologie*, 106.

(23) ハインリヒ・ブリューニング『ブリューニング回顧録　一九一八―三四年　上巻』三輪晴啓・今村晋一郎・佐瀬昌盛訳、ぺりかん社、一九七四年、五〇頁。

(24) Otto Baumgarten, „Der sittliche Zustand des deutschen Volkes unter dem Einfluss des Krieges", in: Otto Baumgarten, Erich Foerster, Arnold Rademacher, Wilhelm Flitner (Hg.), *Geistige und sittlicher Wirkung des Krieges in Deutschland*, Stuttgart/Berlin/Leipzig 1927, 24.

(25) Bayerische Hauptstaatsarchiv München, Justizministerium Nr. 22504 (1921).

(27) Olive Liang, "The Biology of Morality. Criminal Biology in Bavaria, 1924–1933", in: Peter Becker / Richard F. Wetzell, *Criminals and their Scientists. The History of Criminology in International Perspective*, Cambridge University Press 2006, 432.

(26) Otto Kahl, „Die Kriminalbiologische Untersuchung der Strafgefangenen in Bayern", in: *Mitteilungen der Kriminalbiologischen Gesellschaft* 3 (1930), 17.

(28) 白川耕一「二つの市民社会から民族共同体へ――二十世紀前半における市民層、市民社会」、石田勇治／川喜田敦子／平松英人／辻英史編『ドイツ市民社会の史的展開』勉誠出版、二〇二〇年、一六八―一七四頁。

(29) 東風谷太一「下面発酵技術の普及と近代ドイツの統治、禁酒運動、民衆運動」、服部伸編『身体と環境をめぐる世界史――生政治からみた「幸せ」になるためのせめぎ合いとその技法』人文書院、二〇二一年、二〇三―二〇七頁。

(30) Hans Klare, *Das kriminalbiologische Gutachten im Strafprozeß. Eine Untersuchung auf Grund des Materials der bayerischen kriminalbiologischen Sammelstelle in Straubing*, Breslau 1930, 85.

(31) 大谷実「帝政期ドイツ社会における「移動の自由」と「安全」・「治安」――シンティ・ロマ取り締まりをめぐ

って」、服部編『身体と環境をめぐる世界史』、八一―八二頁。
(32) Simon, *Kriminalbiologie*, 123.
(33) Kailer, *Vermessung*, 343.
(34) Klare, *Das kriminalbiologische Gutachten*, 93.
(35) Ebenda, 88–89.
(36) Kailer, *Vermessung*, 321–322.
(37) Ebenda, 324–325.
(38) Ebenda, 319.
(39) ジョージ・L・モッセ『ナショナリズムとセクシュアリティ――市民道徳とナチズム』筑摩書房、二〇二三年、四四頁。
(40) 同、三二頁。
(41) Richard Degen, „Zur Einführung", in: *Der Stufenstrafvollzug und die Kriminalbiologische Untersuchung der Gefangenen in den Bayerischen Strafanstalten* 1, München 1926, 6–7.
(42) 木畑和子「優生学とナチス・ドイツの強制断種手術」、中野智世・木畑和子・梅原秀元・紀愛子『「価値を否定された人々」――ナチス・ドイツの強制断種と「安楽死」』新評論、二〇二一年、二八―三四頁。
(43) M・バーリー／W・ヴィッパーマン『人種主義国家ドイツ 1933–45』柴田敬二訳、刀水書房、二〇〇一年、二八―三五頁。なお、「ツィゴイナー」とは、ドイツにおけるシンティ・ロマに対する当時の呼称である。
(44) パトリック・ヴァーグナー「ドイツの刑事警察・犯罪学とシンティ――二〇世紀におけるエスニック・マイノリティの発見、捕捉そして迫害」猪狩弘美・石田勇治訳、水野博子・川喜田敦子編『ドイツ国民の境界――近現代史の時空から』山川出版社、二〇二三年、二九四―二九五頁。
(45) バーリー／ヴィッパーマン『人種主義国家』、四二頁。

国境をめぐる煩雑な物語
オーストリアとチェコの境界線歴史点描

薩摩秀登

オーストリア共和国とチェコ共和国は、約四六〇キロメートルにおよぶ国境線で接している。国境付近の地形は全体的になだらかで、人の往来を阻む天然の障壁はあまりない。

冷戦時代に、この国境線は鉄のカーテンの一部としてオーストリアと当時のチェコスロヴァキアを隔てていた。チェコスロヴァキア側では、国境線に沿って幅一〜二キロメートルにわたる「境界地帯」が設けられ、一般人の立ち入りを厳しく拒んでいた。オーストリアから見れば、境界線の向こうは自由のない社会主義国家であり、チェコスロヴァキアの人々にとって、この境界線は通常は越えたくても越えられない障壁であった。鉄のカーテンは、結果としては約四〇年間存在しただけであったが、当時の感覚では、半永久的に立ちはだかり、すべてを凍りつかせる冷たく分厚い壁であった。

一九八九年一一月に壁は突如として開かれ、容易に行き来できるようになった。現在、オーストリアもチェコもEU加盟国であり、平和と友好は保たれている。どちらもシェンゲン協定に参加しているので、国境線の通過は（パンデミックのような緊急事態などを除けば）全くフリーである。それでもこの国境は、オーストリア国民とチェコ国民の居住空間を整然と隔てる、明瞭な境界線となっている。

しかし長い歴史を振り返れば、この境界線は決して「整然とした区分線」ではなかった。多くの人々が数百年にわたって、自発的に、あるいは必要に迫られ、時には命からがらこの境界線を越えて行き交い、共存し、また別の場所へ移動していった。境界線の両側は、さまざまな社会的・文化的背景を持った人たちが織りなす、まさに混沌とした様相を呈していたのである。今の様子からは想像もつかない境界地域のたどった歴史の中から、いくつかの局面を拾い出してたどってみよう。(1)

1　オーストリア、チェコ、モラヴィア――歴史的背景

歴史的にみると、境界線の南側には上オーストリア大公領と下オーストリア大公領が、北側にはチェコ(ボヘミア)王国とモラヴィア辺境伯領が存在した【図1】。上・下二つのオーストリア大公領は、もともと一体であったものが分割されたにすぎない。またモラヴィアは中世以来、チェコ国王の統治権がおよぶ範囲とされてきた。オーストリア側では主にドイツ語が、チェコやモラヴィアでは主にチェコ語が用いられていたが、それぞれの話者の居住区域は境界線を越えて互いに入り混じっていた。

しかも中世に展開した活発な植民活動により、多くのドイツ系住民が境界線を越えて入植したので、チェコやモラヴィアの国境沿いは主にドイツ人の居住区域となった。チェコやモラヴィアに住むドイツ人には、二〇世紀に入ってから「ズデーテン・ドイツ人」という、あたかもドイツ民族を構成する

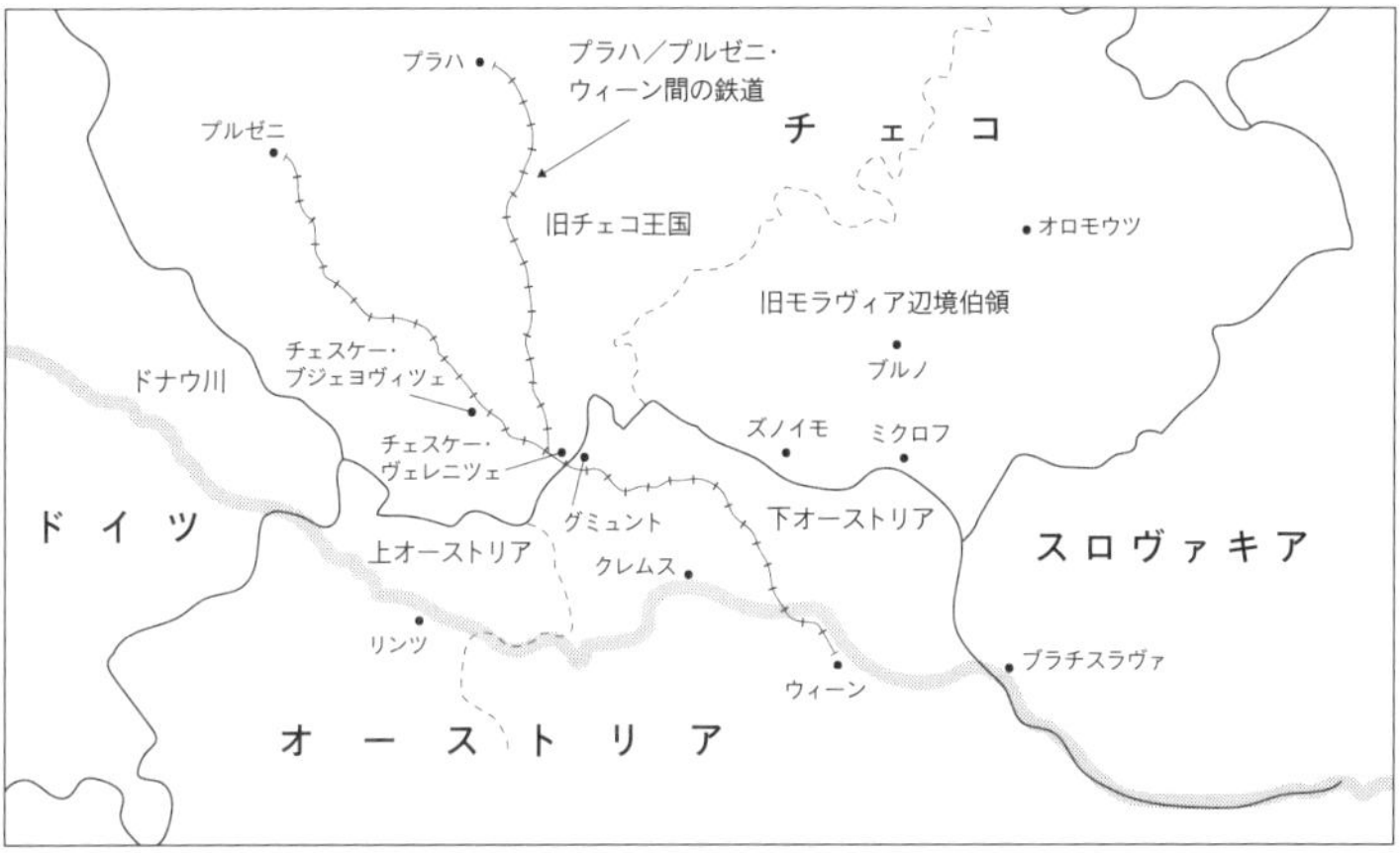

図1　現在のオーストリア共和国とチェコ共和国の国境付近

一種族のような名前がつけられた。しかしそれ以前は、彼らは漠然と「チェコのドイツ人」あるいは「モラヴィアのドイツ人」と呼ばれていたにすぎない。あるいは、オーストリアとの国境沿いに住む人々の場合は、自分たちを「オーストリア人」と意識するようになっていたかもしれない。しかしその呼び名が定着していたわけではないので、ここではオーストリアに近接して住む人々も含めて、ドイツ系住民、あるいはドイツ人と呼ぶことにしたい。

かつては、王国、辺境伯領、大公領などの間に、明確な国境線は存在しなかった。一応、国と国の境目があったにしても、それは統治権の到達範囲を示すにすぎず、もちろんそこに検問所などはなく、人の行き来が妨げられることはなかった。

しかも、一五二六年以来、オーストリアを支配するハプスブルク家がチェコ国王も兼ねるようになったので、両国を隔てる垣根もしだいに低くなっていった。特に、一六一八年に生じたチェコのプロテスタント貴族の反乱が二年後に収束した後、ハプスブルク家は徐々にチェコに対する統治権を強めていった。一七世紀後半からは、ウィーンに本拠を置くハプスブルク家の皇帝が周辺諸国を統治する、いわゆるハプスブルク君主国がしだいに姿を現し、チェコはオーストリアやハンガリーとともに、その重要な構成国となった。結果としてオーストリアとチェコやモラヴィアとの間の境界線は、ほとんど政治的・地域的区分に過ぎないものになっていった。

もちろん、中世・近世の庶民がいつでも勝手に移動できたわけではない。農村民の場合、その多くは領主による人格的支配のもとに置かれていた。勝手に引っ越すことはできなかったし、結婚してよその村に移るにも領主の許可が必要だった。農閑期の出稼ぎでさえ、許可がなければ行くことはできなかった。自治権を持った都市の商工民はもう少し自由に移動できたが、よその領主の支配領域に入るごとに関税や通行税を徴収された(2)。

それでも中・近世のヨーロッパには、頻繁に移動した、あるいは移動せざるを得なかった人々が存在し、オーストリア、チェコ、モラヴィアの境界領域もその例にもれなかった。特にここで注目したいのは、異教徒としてのユダヤ人たち、および、キリスト教徒ではあるが主流派からは疎外された宗教的マイノリティたちである。オーストリア、チェコ、モラヴィアなど今日中欧と呼ばれる地域は、集権的な国家形成が比較的早く進んだ西欧と違い、貴族層など地元の勢力が強い権力を維持したため、ユダヤ人その他のマイノリティがその保護を頼ることができたことがその背景にある。

とりわけモラヴィアは、ユダヤ人や宗教的マイノリティの「避難所」という性格を持っていた。体制としては辺境伯領であったとはいえ、一五世紀前半以来モラヴィア辺境伯は事実上不在で、チェコ王が名目的にこの地位を肩代わりしていた。しかしチェコ王がこの国の政治に介入することはほとんどなく、モラヴィアの統治は、全部で一五から二〇程度の家門からなる大貴族に委ねられていた。誇り高い貴族たちによれば、モラヴィアは「いずれの君主の支配も受けない自由な国」であった。彼らは主にチェコ語を話したが、あくまで自分たちはモラヴィア人であると考えていた。一応、南モラヴィアの都市ブルノが中心であったが、首都といえるほどすべての機能が集中していたわけではなく、各地で貴族たちが自立した所領を構えており、その保護を頼って、社会的地位の不安定な人々が次々と移り住んできた。

2　モラヴィアのユダヤ人

中世初期以来、ユダヤ人はイベリア半島やイタリアなど、地中海沿岸地方で活発な活動を繰り広げていたが、その一部は北方との交易のためにドナウ川流域にも進出していた。ユダヤ人がいつ頃からオーストリア、チェコ、モラヴィアなどに住んでいたか、確かなことはわからないが、中世後半には各地に多数のユダヤ人共同体が形成された。商取引を主な生業とする彼らにとって、政治的境界線はほとんど意味をなさなかった。

同時に、時として生じる異教徒に対する反感も、容易に境界線を乗り越えていった。モラヴィアとの国境に近い下オーストリアの小都市プルカウで、一三三八年の復活祭にささいなでき事から生じたユダヤ人襲撃事件は、オーストリアとチェコ、モラヴィアの境界線をまたぐほぼ全域の都市へと瞬く間に広がった。

それでもこの境界地域は、ユダヤ人にとって比較的安全な住みかであった。プラハなど主要都市の住民の間で反ユダヤ感情が強まる中、追放された多くのユダヤ人が、貴族の保護を求めてモラヴィアに移り住んだ。そして領主から税関や居酒屋を賃借して管理人となり、独自の交易ルートをたどって遠方の品々を搬入し、羽毛、羊毛、毛皮など地元の特産物の販路開拓にも貢献した。一五九四年の復活祭に上オーストリアの中心都市リンツで開かれた市場には、チェコとモラヴィア合わせて二二の村落から八二人のユダヤ人が来て羊毛を商っていた。

領主から羊毛などの販売独占権を得たユダヤ人が各地の市場に進出したことで、オーストリア各地でモラヴィアの特権商人たちへの苦情が相次ぎ、時には通商紛争も生じた。一六〇二年には、ユダヤ人が債務を履行しようとしないことに業を煮やしたスイスのザンクト・ガレンの商事会社の人たちが、リンツやクレムスなどドナウ川沿いの都市で、直接関係のないユダヤ人を多数拘束するという事件が起こった。モラヴィアのミクロフに住み、ユダヤ人の代表を務めていたレフ・ピクトルは、これでは自分たちは怖くてオーストリアの市場に近づけなくなる、そうすれば皇帝陛下の関税収入や通行税収入に深刻な影響が出るだろうと警告した。皇帝が慢性的に金詰り状態にあることを彼らは知っていたのである。結局は、ユダヤ人の後ろ盾であるモラヴィア貴族たちが調停に乗り出すことになった。そしてどうしても財源を確保したい皇帝側と、収益の高い商取引を継続させたいモラヴィア側とで合意が成立し、モラヴィア側が皇帝に多額の税を納める代わりに商取引の安全を確保してもらうことで決着がついた。

その後も、オーストリアやチェコの諸都市ではユダヤ人への反感がおさまることはなかった。逆にモラヴィアの貴族は、三十年戦争で荒廃した領地を復興させるためにユダヤ人亡命者を歓迎し、各地でユダヤ人共同体が新たに成立した。

図2　ミクロフの市街地。中央の建物がかつて領主が住んだ城（筆者撮影）

レフ・ピクトルが住んだモラヴィアの街ミクロフは、オーストリアとの国境線からわずか二キロメートルほどの地点にあり、ドイツ語ではニコルスブルクと呼ばれる。一五七五年から領主となった大貴族ディートリヒシュタイン家の保護下で、この街には、以前から住んでいたユダヤ人と、オーストリアから逃れてきたユダヤ人の二グループが長期間併存した。城主が住んだ壮麗な城の背後にかつてのユダヤ人街があるが、外観からその様子を偲ぶのは今では難しい。しかし城のテラスに立つと、かつてユダヤ人たちが縦横に行き来したはずの、オーストリアとモラヴィアにまたがる丘陵地帯をはるか遠くまで見渡すことができる【図2】。

近代に入ると、他の多くのヨーロッパ諸国と同じく、ハプスブルク君主国でもユダヤ人と一般民を隔てていた区別は徐々に撤廃され、ウィーンやプラハなど都会に移り住むユダヤ人も多くなった。その中からは、企業家、学者、芸術家、政治家、軍人として活躍する人たちも登場する。しかしなおも多くのユダヤ人は、祖先の代から住み続けた地方都市や農村部で暮らしていた。

一九一八年にハプスブルク君主国が解体してオーストリアとチェコスロヴァキアがそれぞれ共和国として成立した後も、国境線を越えたユダヤ人同士のつながりは保たれていた。しかし一九三〇年代後半、ナチス政権下のドイツが東方へ勢力を拡大していくことにより、境界線の両側で数百年にわたって営まれてきたユダヤ人の世界もついに終焉を迎えることになった(3)。

3　再洗礼派

モラヴィアは、キリスト教に属する宗教的マイノリティにとっても、比較的安全な住みかであった。宗教改革とその後の宗教紛争の吹き荒れた一六世紀のヨーロッパでは、迫害を恐れて東方へ逃れる人々、特に急進的プロテスタントがいた。チェコやオーストリアも西欧諸国に比べれば安全であったが、それでも国王や大公による圧迫は避けられなかった。しかしそうした迫害もモラヴィアにはほとんどおよばず、多くの宗派の信徒や指導者がここに逃れた。当時モラヴィアでは「粉挽《こなひき》の数だけ桝《ます》があり、司祭の数だけ信仰がある」と言われたという。

一五二六年にはスイスから再洗礼派（急進的プロテスタントの一グループ。自覚的信仰を重視する立場から、幼児洗礼を否定した）の指導者の一人バルタザール・フープマイアーがミクロフへ亡命してきた。そして再洗礼派の共同体を創設し、何と領主であるリヒテンシュタイン家のレオンハルトまで改宗させてしまった。さすがにハプスブルク家のチェコ王フェルディナント一世はこれを咎め、フープマイアーはウィーンへ護送されて二年後に処刑された。その後も国王フェルディナントはモラヴィアの議会に対して再洗礼派追放を要求した。貴族たちは表向き従わざるを得なかったが、理由をつけて追放を先延ばしした。

急進的プロテスタントを含めて信仰の自由を守ることは、貴族たちの利害にもかなっていた。禁欲的で勤勉な再洗礼派の人々に、貴族たちはしばしば農場、水車小屋、羊小屋、ワインやビールの醸造所、養魚池、果樹園、レンガ製造所などの管理を任せた。庭師、指物師、医者などとして抱えられる人たちもいた。

特に一六世紀から一七世紀初頭にかけてのモラヴィアは、再洗礼派の一部であり、徹底した平和主義を特徴とするフッター派の共同体が多数存在したことでも知られる。彼らは修道院に似た組織を創って共同生活し、財産も原則として共有であった。さまざまな工芸技術に秀でていたことでも知られ、ナイフなど金属製品、陶器、皮革製品、時計、衣服などを生産した。その製品は輸出にもまわされ、オーストリアの領主たちのあいだで、フッター派の作る旅行用馬車、宴会用食器やナイフ、装飾付きの寝台などは広く愛好された。一七世紀初頭のモラヴィアに居住していた再洗礼派は約四万人とも、あるいは七万人ともいわれている。

しかしモラヴィアが再洗礼派にとって、神から授けられた「約束の地」であった時代も、三十年戦争の勃発とともに終わりを告げた。一六二二年に皇帝による完全追放の命令を受けた彼らは、さらに東のハンガリー王国北部（今日のスロヴァキア）やトランシルヴァニア（今日のルーマニアの一部）へと移っていった。一八世紀にハプスブルク家によってトランシルヴァニアのカトリック化が進められると、彼らの一部は今日のウクライナ方面まで移った。一九世紀にはその一部は大西洋を越えて新大陸へ向かっていった。(4)

4　近代化の過程と国境線

近代に入ってハプスブルク君主国政府は、支配領域の統合強化に乗り出していった。領主の特権を切り崩して臣民を直接把握しようと試み、その一環として、各地に設けられていた税関や通行税徴収所を廃止していった。王国や大公領などといった国ごとに設けられていたいわゆる「内国関税」も徐々に廃止され、たとえば一七七五年には、上オーストリアとチェコの間では関税は徴収されないことになった。それでも車両や運搬用家畜にかけられる通行税などは残ったが、物資の流通は大幅に自由化された。

もちろん、一般民がただちに自由に移動できるようになったわけではなく、法的身分や移動の理由などにより、さまざまな制限が設けられていた。それでも移動のための許可証発行は、領主ではなく国の機関が事務的に行うようになり、また労働力需要の高まりに応じて、許可証の取得は容易になった。農民が仕事の合間に、行商人、奉公人、辻音楽師（手回しオルガン弾き）などとして小遣いを稼ぐために遠出する場合も同じであった。

境界線を越えたビジネスも拡大し、一九世紀に入る頃には、製鉄、ガラス器製造のほか、木材、織物、食品産業などで国境をまたぐ事業展開が多数見られた。チェコやモラヴィアのドイツ系企業家でオーストリアに拠点を持っているという例も珍しくなかった。

そして一九世紀半ばには、鉄道の開通も手伝って、ハプスブルク君主国内部での移動、そして居住地の選択はほとんど自由になり、必要に応じて身分証を提示するだけで済むようになった。一八七七年には下オーストリアで、身分証を持たずに隣町で物乞いをしていたところを見つかり、シャツと通行証を渡されて強制送還された男の例がある。身分証携帯義務は、何よりも、政府がいざという時の兵員を確保するために住民の所在を把握しておくための措置であり、人の移動を制限することが目的ではなかった。

こうしてハプスブルク君主国の内部にあった中世以来のさまざまな境界線は、二〇世紀を迎える頃には、ほとんど形だけのものになりつつあった[5]。

しかし第一次世界大戦が大きな転機となる。予期せぬ長期戦となった大戦はハプスブルク君主国の統治能力の弱さを露呈させた。一九世紀半ばから、君主国を自立した複数の民族からなる連邦的な国家へ再編成しようとする声は高まっていたが、戦争が最終局面を迎える一九一八年には、君主国の解体といくつかの新興国家樹立が現実味を帯びてきた。すでに一九一六年にチェコ人やスロヴァキア人の亡命政治家たちが国外でチェコスロヴァキア国民評議会を設立し、一九一八年にはプラハに国民委員会が発足していたが、これらが率いる形で一九一八年一〇月二八日、チェコスロヴァキア建国が宣言された。この新たな国家で人口の三割を占めるドイツ系住民は当初この共和国への所属を拒否し、自立を宣言した。チェコ南部やモラヴィア南部の境界線沿いに住む人々の間では、やはり新たに成立したオーストリアへの併合を望む声が強かった。しかしこれらの動きはいずれも軍事的に抑え込まれた。

こうして戦勝国として戦後世界に登場したチェコスロヴァキアは、連合国とオーストリアとの講和を取り決めたサン・ジェルマン講和会議で優位に立ち、民族の分布に関係なく歴史的境界線に沿った形での国境線を実現させた。それればかりかチェコスロヴァキアは、後で見るグミュントやフェルツベルク（現チェコ領のヴァルチツェ）などの都市において、経済的・戦略的その他の理由を掲げて一部の国境線を引きなおして領土を追加させ、一万八六〇〇人の住民をオーストリアから取り込むことになった。(6) チェコスロヴァキアという国家は民族自決の原則を掲げて登場したにもかかわらず、自分たちにはその権利が認められなかった、とドイツ人側が受け止めたとしても不思議ではなかった。

こうしてチェコやモラヴィアとオーストリアとの間には、史上初めて明確な国境線が出現した。とはいえそれはまだ、冷戦期のような越えられない壁ではなかった。国境沿いに住むドイツ系の住民たちは、その後も境界線を越えてドイツやオーストリアの住民と日常的に交流した。状況が安定するにしたがってドイツ系住民の意識も変化し、一九二〇年代後半には、チェコスロヴァキア政府に閣僚を送り込むドイツ系の政党も現れるようになった。

5 オーストリアからの政治的難民——一九三〇年代

戦間期のオーストリアとチェコスロヴァキアの関係を語る場合、一九三〇年代に起こった事件に触れておかねばならない。一九三二年五月にオーストリアで成立したドルフス内閣は、オーストリア・ナチスに対抗しつつ、左派とも激しく対立していたが、一九三四年二月には左派系の社会民主党・防衛同盟が蜂起を起こし、激しい戦闘の末に鎮圧されるという事件が生じた。蜂起に関わった人たちの多くはチェコスロヴァキアに亡命した。チェコスロヴァキアとの国境は、ウィーンやリンツなど労働運動の拠点から比較的近かったこと、また、オーストリアが国境を接する国々の中で、チェコスロヴァキアでは一応民主的な体制が保たれていたことが背景にある。そしてまたしてもモラヴィアが主な避難所となった。一九三八年六月二三日のブルノの警察本部の報告によれば、一九三四年二月の蜂起の後、一九二三人が移り住んできたという。チェコスロヴァキア全体で、この時のオーストリアからの政治的難民は約三〇〇〇人と推定されている。

ブルノにはオーストリア社会民主党の国外事務局が創られ、チェコスロヴァキア社会民主党などがこれを支援した。チェコスロヴァキアの右派メディアは、自国に数十万人の失業者がいるにもかかわらず外国人を支援しているとして左派政党を非難した。オーストリアからの難民たちはチェコスロヴァキアでの労働許可を得ることができず、生活は困窮した。一九三四年四月から一一月にかけて、「ソ連の社会主義建設への参加機会を提供する」という呼びかけに応じて、七〇〇人から八〇〇人の防衛同盟メンバーがソ連をめざし、その後に約四〇〇人の家族が続いた。後にそのうち一六四人が国際部隊に加わって内戦下のスペインに向かった。また、約二〇〇人がスターリンによる弾圧の犠牲になったという。

ブルノに置かれた国外事務局の主な活動の一つは、オーストリア向けの週刊『労働新聞』発行であった。ブラチスラヴァ、ズノイモ、カプリツェ、ノヴァー・ビストシツェ、チェスケー・ヴェレニツェなど国境のすぐ近くに拠点が設けられ、一九三四年二月末から七月末までに、『労働新聞』七五万部以上、その他の印刷物が一八五万部、内密にオーストリアに持ち込まれた。

チェコスロヴァキア政府は、こうした活動を知りつつ当初は黙認していたが、しだいに制限・禁止する方針に転じた。右派政党や、一九三五年の総選挙で躍進したズデーテン・ドイツ党（チェコやモラヴィアのドイツ人地域で一九三三年に結成されたズデーテン・ドイツ郷土戦線が改称した民族主義的政党）からの圧力を受けたためでもあるが、オーストリアとの関係悪化を回避し、オーストリアとドイツの接近を阻止するねらいもあったという。自発的あるいは強制的な退去により、一九三五年の時点で、チェコスロヴァキア社会民主党に支援されるオーストリア人難民は二二〇人まで減少していた。

一九三八年三月一三日にドイツがオーストリアを合邦した際、チェコスロヴァキア政府は外交官パスポート所持者を除いてオーストリア人の入国を禁止していたので、四年前のような大きな難民の流れは生じなかった。それでもチェコスロヴァキアは、政治的迫害を恐れる人たちやユダヤ人の避難所であり続けたが、それもわずか一年たらずであった。この後数年のうちに、オーストリア（正式にはオーストリアを併合したドイツ）とチェコスロヴァキアの国境線は三回にわたって変更が加えられ、そのたびに国境沿いの社会は大きくかき回され、根底から変貌していくことになる。(7)

6　揺れ動いた国境線——第二次世界大戦前後

一九三八年九月二九日、英・仏・独・伊四ヶ国の首脳が結んだミュンヒェン協定により、ヒトラーの要求通りズデーテン地方がドイツに割譲され、チェコやモラヴィアの国境線は大きく内側に退いた。これを、二〇年前に自分たちが被った不正の代償とみなしたドイツ系住民は多かった。

しかしこの状況も長くは続かず、一九三九年三月にチェコスロヴァキアは解体されて、チェコとモラヴィアは「ボヘミア・モラヴィア保護領」となり、スロヴァキアは独立した。保護領はドイツによる事実上の占領体制であった。第二次世界大戦中、ドイツの占領当局に対する抵抗運動は厳しく弾圧され、ユダヤ人やロマは強制収容所に移されて多くの犠牲者を出した。亡命したチェコスロヴァキア大統領ベネシュはミュンヒェン協定の無効を訴え、将来、共和国が復興した際にはドイツ系住民を追放するという方針を固めていた。

一九四五年五月にドイツの敗戦とともにチェコスロヴァキア共和国は復興し、ドイツやオーストリアとの国境線もミュンヒェン協定以前の位置に戻った。そして戦争終了とほぼ同時に、今度はドイツ系住民の追放が起こり、その過程で多くの犠牲者も出たと言われる。その後一九五〇年までの間に、大統領令にもとづく組織的な「移送」により、三〇〇万人を超えるズデーテン・ドイツ人の約九五パーセントがチェコを去った。留まることができたのは、明確に反ナチス政権の立場をとっていた人たちや、地域の経済活動のためにどうしても必要とされた人たちだけであった。オーストリアへ向かったのは約二五万人であったが、オーストリアには大量の難民を受け入れる余地がなかったため、その半数以上がドイツへ送られた。

オーストリアとの国境に沿った地域を例に、その後の経緯を簡単に見てみたい。そこでは、追放の後にもわずかな「残留ドイツ人」（人口の約六パーセント）がいたほか、ミュンヒェン協定締結の際にやむなく退去したチェコ人も戻ってきた。しかしこれだけでは人口の喪失を埋め合わせることができず、政府の方針にもとづき、各地から新たな住民が移り住んできた。何よりも、農業生産を継続させるために、農民の早期入植は急務であった。

最も多かったのはチェコやモラヴィアの近隣地域出身者であったが、国境付近の厳しい自然条件に適応できずに数年で戻ってしまった人たちも多かった。スロヴァキアからの入植者もいたほか、ルーマニアやハンガリーに移民していたスロヴァキア人も一部が再移民として入植した。これらの中には、農民のほか、牧畜協同組合や国営の林業関連の会社に雇われた人たちもいた。また、戦間期にはチェコスロヴァキアが領有し、戦後はソ連邦の一部となったポトカルパツカー・ルス（現ウクライナ領）から移ってきた人たちもいる。この人たちの多くはルシーン人と呼ばれ、合同教会（ローマ教皇庁の権威を認めつつ、正教会の慣習を保った教会）の信徒が多く、新たな土地でもその習慣を守り続けた。また、チェコスロヴァキア各地からロマが移り住んできたが、その多くは工場労働者となった。

こうしてドイツ人が去った後の国境付近は、非常に多様な出自の、多様な背景を持つ人たちが共存する地域となった。複雑で頻繁な移動があったために、また移住してきた人たちの多くは国勢調査においてチェコ人あるいはスロヴァキア人と回答したため、出身地域別の正確な比率はわからなくなっている。それぞれの集団の文化的・慣習的違いは一九七〇年代までは残っていたが、その後はほとんど消滅しているという(8)。

このようにチェコやモラヴィアの国境線は、二〇世紀に入って激しく移動し、まさに激動の歴史の舞台となったが、最後に、その具体的な姿を、ある分断された市街地の例で見てみたい。

7　国境の街グミュントとチェスケー・ヴェレニツェ

ウィーンとプラハを結ぶ幹線鉄道が国境を通過する地点に、国境線を隔てて、オーストリア側にグミュント、チェコ側にチェスケー・ヴェレニツェという街がある。人口はグミュントが約五三〇〇人、チェスケー・ヴェレニツェが約三六〇〇人で、国境となるラインジッツ川（チェコ語でルジュニツェ川）という小さな河川をはさんで、市街地はほぼ一体となっている。実はこのあたりの本来の国境線は現在よりも数キロメートル北西を通っていた。もとをただせば、市街地全体が、グミュントという下オーストリアに属する一つの街だったのである。

一八六七〜七一年にウィーン・プラハ間の鉄道が建設された際、グミュントを通ることになり、市の中心から西へ約二キロメートルの地点に駅が作られた。中心部には十分な敷地がなかったことのほか、駅に隣接して建設予定の車両修理工場の騒音が市内に届かないようにという配慮でもあった。また、このグミュント駅は、プラハ方面とチェコ西部のプルゼニ方面への線を分ける重要な分岐点となった。一八七二年に稼働を始めた車両修理工場で働く労働者にはチェコ出身者が多かったが、工場ではドイツ語もチェコ語も用いられていた。駅周辺には新興住宅街が発達し、ここもまた二言語併用地域となった。

一九一九年、サン・ジェルマン講和会議において、チェコスロヴァキア側はグミュント駅および修理工場の領有を主張した。その結果、現在見るようにグミュント中心部と駅とを分断する形で国境線が引きなおされ、駅周辺はチェコスロヴァキア領になった。チェコスロヴァキア政府は一九二二年に、ここに新たにチェスケー・ヴェレニツェ市を誕生させた。グミュント駅はチェスケー・ヴェレニツェ駅となり、グミュント中心部近くにあった旅客専用の小さな停車場が、新たにグミュント駅となった(9)。

この変更に伴い、ドイツ人労働者五〇〇名以上が、チェコスロヴァキア領となった市街地からオーストリア側へ移っていったが、近郊の農村部に住むドイツ系住民の多くはとどまった。オーストリアの住民から、いきなりチェコスロヴァキアという未知の国家の住民になってしまったとはいえ、代々住みついてきた土地を捨ててまで出ていくわけにはいかなかったのである(10)。

新たに誕生したチェスケー・ヴェレニツェは、線路に並行した大通りと、ラインジッツ川に並行した大通りが鉤型に交わるだけのシンプルで小さな街であった。しかし一九三四年には、ここがオーストリア社会民主党の『労働新聞』送付のための拠点の一つとなった。チェコ側が無理やり分断してもぎとった街が、オーストリアの労働運動支援のための情報発信地になったのである。

一九三八年のミュンヒェン協定はチェスケー・ヴェレニツェでも大きな衝撃をもって受け止められた。しかしもとはと言えばオーストリアに属していたこの市街地一帯が「ズデーテン・ドイツ」に含められるかどうか、実ははっきりしていなかった。ここもドイツ領になるという決定を住民が聞かされたのは協定調印を一週間過ぎた一〇月六日であり、八日に街は接収されることになった。チェコ人やユダヤ人は持てるだけの財産を持って、大急ぎで「縮小したチェコスロヴァキア」に移らなければならなかった。鉄道工場の機材を一緒に持ち出した人たちもいた。[11]

ほとんど空になった街には、ドイツ人やオーストリア人が移ってきた。またフランス人やイタリア人やベルギー人の戦争捕虜、そしてチェコ人が集団で住まわされ、鉄道修理工場などでの労働に就いた。[12] 大戦末期の一九四五年三月二三日に連合軍がチェスケー・ヴェレニツェを空爆した際には、これらの人たちも多くが犠牲になった。またグミュントに作られたバラック状の建物には、ハンガリーから移されたユダヤ人が収容されていたが、劣悪な条件下で多くの犠牲者を出した。そのうち約五〇〇名がここで死亡し、チェスケー・ヴェレニツェに埋葬されている。また約一二〇〇名がプラハへ、さらにチェコ北部の要塞都市テレジーンの収容施設に送られ、その後の消息はわからなくなっている。[13]

そして戦争が終わって戦前の国境が復活し、今度はドイツ人が退去させられたチェスケー・ヴェレニツェ周辺にも、近隣あるいは遠方から入植者が次々と入ってきた。新たな居住者たちが、この地域の過去のいきさつについて、特にドイツ系住民の追放についてあまり知らなかった、あるいは無関心であったとしても不思議ではない。[14] こうして住民の顔ぶれまで含めて完全に変貌した市街地を、その後約四〇年にわたって鉄のカーテンが分断した。グミュントとチェスケー・ヴェレニツェの間には幅広の境界地帯を設ける余裕はなく、場所によっては互いに顔が見えるほど両者の居住空間は接近していたが、それぞれの住民にとって、壁の向こう側は全くの別世界であった。

一九八九年一一月に国境が開放された時、壁の両側の人々は新たな時代の訪れを祝い、笑顔で互いに迎え合った。この後、チェコスロヴァキアとドイツやオーストリアとの間には、否応なく没収されたドイツ人の財産に関する長い議論が待っていたが、少なくとも隣国との友好関係が戻ってきたことは、大いに歓迎すべきできごとであった。

しかしそれ以降、積極的で活発な交流が続けられているとは必ずしも言えないようだ。チェスケー・ヴェレニツェの中心部には、二〇一五年にチェコ・オーストリア文化交流センター「フェニックス」が設立され、筆者は二〇二〇年にこれを訪問する機会を得た。コンサートや演劇、その他の文化事業、ワークショップ、語学講座など、各種の催しに非常に熱心に取り組んでいるという印象を受けたが、一般住民の関心は必ずしも高いとは言えないという話も聞いた。

図3　チェスケー・ヴェレニツェからグミュントへ向かう国境の検問所（筆者撮影）

「フェニックス」から約一・五キロメートル進めば国境の検問所にたどり着くが、通常はほとんど人もいないらしい【図3】。さらに少し行けばグミュントの中心広場に着く。しかしここまでの沿道には、やや歓楽的な居酒屋や古着屋などが目につく程度で、どこかさびれた雰囲気がただよっていた。このほかに「鉄のカーテン遊歩道」と名づけられた歩行者専用の道もあるが、住民にはあまり利用価値もないらしく、歩く人もまばらであった。

冷戦時代の頑丈な境界線はすでに「解凍」されて久しい。しかし二〇世紀に行われた一方的な国境線の設定、さらにその後の強引な移動、それに伴う住民の暴力的なまでの排除と入れ替え、そして戦後四〇年間の分断は、この地域の様相をすっかり変えてしまったように見える。

近代国家は、明瞭な境界線で地域と人を分断する。それは世界中のあらゆる地域で生じており、ここまで見てきたオーストリアとチェコの境界線は一つの事例に過ぎない。国家の論理にもとづいて整然と区分けし、それに適さない人々がいれば、時には暴力的手段に訴えてまで住民を「整理」する。そうした事態は現在でも世界各地で繰り返し生じている。冷たく立ちはだかる壁の両側では、本来はどのような生活が営まれてきたのか、それを丹念に描き出してみる程度のことは試みてみたい。

註

（1）以下、オーストリアとチェコの国境地域に関しては、Andrea Komlosy, Václav Bůžek, František Svátek (eds.), *Kulturen an der Grenze. Waldviertel-Weinviertel-Südböhmen-Südmähren*, Wien, 1995（以下 *Kulturen an der Grenze*）. 森下嘉之「「国境地帯」の住民構成　二十世紀チェコの事例」、柴宜弘・木村真・奥彩子編『東欧地域研究の現在』山川出版社、二〇一二年、三〇五―三二一頁。

（2）Andrea Komlosy, Ein Land — viele Grenzen. Waren- und Reiseverkehr zwischen den österreichischen und den böhmischen Ländern（1740–1918）, in: *Kulturen an der Grenze*, pp. 59–72.

（3）Helmut Teufel, Händler, Hoffaktoren, Pinkeljuden, 1000 Jahre Jüdisches Leben im Grenzraum, in: *Kulturen an der Grenze*, pp. 121–126.

（4）　Thomas Winkelbauer, Zur Bedeutung der Grenze für Glaubensflüchtlinge. Mähren und Niederösterreich von den Hussitenkriegen bis zum 30jährigen Krieg, in: *Kulturen an der Grenze*, pp. 283–290.

（5）　註2参照。

（6）　Nikolas Perzi, Hildegard Schmoller, Ota Konrád, Václav Šmidrkal（eds.）, *Nachbarn, Ein österreichisch-tschechisches Geschichtsbuch*, Weitra, 2019（以下 *Nachbarn*）, pp. 88–90.　戦間期のオーストリアとチェコの国境線に関しては Winfried R. Garscha, Grenzziehungen und Grenzverschiebungen. Die österreichisch-tschechische Grenze 1918–1945, in: *Kulturen an der Grenze*, pp. 73–78.

（7）　Winfried R. Garscha, Politisches Asyl 1934–1938. Die Tschechoslowakei als Zufluchtsort für verfolgte Österreicher, in: *Kulturen an der Grenze*, pp.301–304.

（8）　Milena Secká, Multikulturelle Dörfer, Die Wiederbesiedlung des südböhmischen Grenzgebietes nach der Aussiedlung der Deutschen, in: *Kulturen an der Grenze*, pp. 337–343.

（9）　チェスケー・ヴェレニツェに関しては Eliška a Jaromír Jindrovi, *Město odkud pocházím, České Velenice*, České Velenice, 2002. が豊富な図版を用いて紹介している。グミュントとチェスケー・ヴェレニツェの歴史の概略については、拙稿「鉄のカーテンが通った街――チェコとオーストリア境界の都市チェスケー・ヴェレニツェとグミュント」『人文科学論集』67、明治大学経営学部人文科学研究室、二〇二一年、三一―四八頁。

（10）　第一次世界大戦直後のグミュントに関しては *Nachbarn*, p. 127.

（11）　Jiří Oesterreicher, Irena Kotrbová, Harald Winkler, *Společná minulost. Gmünd a České Velenice*, České Velenice, 2005（以下 *Společná minulost*）, pp. 48–50.

（12）　*Společná minulost*, pp. 51–52.

（13）　第二次世界大戦中のグミュントに収容されていたユダヤ人に関しては、*Společná minulost*, pp. 53–54.　Muriel Blaive, Berthold Molden, *Hranice probíhají vodním tokem. Odrazy historie ve vnímání obyvatel Gmündu a Českých Velenic*, Brno, 2009（以下 *Hranice probíhají*）, p. 88.

（14）　こうしたチェスケー・ヴェレニツェの住民の意識に関しては *Hranice probíhají*, pp. 80–86.

雲南を巡る銭貨の旅

西川和孝

中国西南地域の雲南省に関する歴史研究に携わってすでに二〇年余りとなる。この間、思いがけないことから三宅俊彦先生（淑徳大学教授）の誘いで、博士課程の学生の身でありながら北ベトナムの古銭調査に参加する機会を得た。

考古学の古銭調査は、歴史学を専攻していたずぶの素人であった筆者にとっては、新鮮なものであり、自らの知見を広げるきっかけとなった。このとき調査対象となった一九世紀初頭に埋められたとされる一括出土銭には、ベトナム銭に混ざって、明朝銭や清朝銭などの中国歴代王朝が鋳造した各種中国銭、さらには日本の寛永通宝や長崎貿易銭と呼ばれる元豊通宝などの外国銭が含まれており、当時の経済交流の広さを身に染みて感じたものである[1]【図1～3】。

このほかにも、大変興味深い事実が浮かび上がってきた。一括出土銭の中に、清初雲南を統治し、三藩の乱を主導した呉三桂および孫の呉世璠時代に鋳造された銭貨、さらには背面に鋳銭局の名が記されている雲南鋳造の清朝銭が多数含まれていたのである[2]。

期せずして北ベトナムと中国西南地域の経済交流を裏づける貴重な物的証拠となった雲南鋳造の銭貨

右上：図1　銭貨が入っていた壷
左上：図2　調査の作業風景
右下：図3　ホテルから見たハノイの街並み

であるが、この地で銭貨鋳造が本格化したのは一八世紀前半頃である。この背景には、意外にも私たちが住む日本の存在が関係していた。中国は、当時世界的な銅の産出量を誇っていた日本から、清朝銭の原材料であった銅を輸入していたが、鉱山資源の流出を危惧した江戸幕府が正徳五（一七一五）年に厳しい輸出制限をかけたのである。そのため、新たな銅資源の供給地として豊富な鉱物資源を有する雲南省に白羽の矢が立てられた。以降、雲南産銅は、銭貨の原材料として、省内を含む、中国各省の鋳銭局に主に河川を利用して運ばれ、清朝の貨幣政策を支える屋台骨の役割を果たすこととなった。

さて、清朝期を通して、膨大な数量の銭貨を世に送り出す原動力となった雲南であるが、清代雲南における銭貨鋳造の始まりは、明清交代期と呼ばれる一七世紀半ばにまで遡る。明清交代にともなう政治的余波が続いた雲南省では、崇禎一七（一六四四）年に明朝最後の皇帝である崇禎帝《すうていてい》が紫禁城の北にある景山で自縊してから、呉三桂《ごさんけい》が主導する三藩の乱が平定される康熙二〇（一六八一）年まで、目まぐるしく政権が入れ替わった。まず、明末農民反乱のリーダーとして頭角を現した張献忠《ちょうけんちゅう》の率いる大西軍に加わった孫可望《そんかぼう》が、四川に拠っていた養父の張献忠の敗死にともない、李定国《りていこく》ら残党とともに貴州、そして、雲南に侵入し、占領した。続いて、明の桂王朱由榔《しゅゆうろう》が、孫可望らを頼って、雲南に逃げ込んだ。さらに桂王朱由榔を追って雲南に進攻した呉三桂が、平定後に藩王として半独立勢力を築き、最終的に清朝に反旗を翻すにいたったのである。(3)

雲南では、支配者が頻繁に交代する中で、孫可望の統治時期には大順通宝（雲南では一六四七年初鋳）と興朝通宝（一六四八年初鋳）(4)、さらに朱由榔の受け入れ後は興朝通宝を廃止して永暦通宝（一六四七年初鋳）の鋳造を引き継いだ。そして、続く呉三桂時代には利用通宝（一六七三年初鋳?）および昭武通宝（一六七八年初鋳）、孫の呉世璠《ごせいはん》時代には洪化通宝（一六七八年初鋳）と、正統な政権として自らの鋳造権を誇示するように、各々の支配者のもとで銭貨が絶えず鋳造された。四〇年足らずの間に六種類もの銭貨が鋳造されるというまさに銭貨鋳造においてカオスともいえる時代であった。

ただし、短い期間ながら続々と鋳造された銭貨が、後世に残した影響は決して小さくなかった。とりわけ、呉氏の統治時期には、雲南の東南部で鋳造された銭貨が紅河の水運を利用して運ばれ、ベトナム側に輸出された。(5) さらに、ベトナムでは、これを模倣して亜鉛を材料とした銭貨が鋳造された。(6) 一括出土銭にもまとまった量が含まれていた呉氏の銭貨は、一九世紀阮朝期ハノイの鋳銭局に貯蔵されていた銭貨の中にもその存在が確認できることから、現地で模鋳されたものも含め、北ベトナムで一定数流通していたと考えられる。(7)

これに加えて、呉氏鋳造の銭貨は、若干ではあるが、インドネシアのバリ島でも出土しており、用途は異なるものの、その使用範囲は、東アジアという枠組みを超えて、東南アジアの島嶼部にまで広がっていた。(8)

明清交代という歴史の狭間に咲いたあだ花ともいえるこれら短期政権であったが、その時々に鋳造された銭貨は以降も広い地域で使用され、現在においてもアジア各地でしっかりとその爪痕を確認できるのである。

註

（1） 三宅俊彦二〇〇八「I 調査報告編 第3章 調査報告」三宅俊彦ほか編『ベトナム北部の一括出土銭の調査研究』（昭和女子大学国際文化研究所紀要Vol. 12）、一五―一六頁。壺に銭貨が詰められた一括出土銭（1号資料）は、全体で一二〇キロあり、一部さびて分離できないものを除き、二九〇一八枚の銭貨が確認された。大半を占めるベトナム銭以外に、中国銭である北宋銭一〇二八枚、明朝銭三五枚、清朝銭一八五一枚、そして、日本銭である寛永通宝七枚、元豊通宝二三六枚がそれぞれ含まれていた。

（2） 三宅俊彦二〇〇八「東アジア銭貨流通におけるベトナム出土銭の位置づけ」三宅俊彦ほか編『ベトナム北部の一括出土銭の調査研究』（昭和女子大学国際文化研究所紀要Vol. 12）、一七八―一八六頁。清朝銭一八五一枚のうち雲南鋳造の銭貨は、一一七一枚にのぼる。これに、呉氏統治時期の利用通宝一四〇枚、昭武通宝五七枚、洪化通宝一一一枚を加えれば、雲南鋳造の銭貨が一四七九枚となり、清代に鋳造された銭貨全体二一五九枚のうち約七割を占めることとなる。

（3） 明末清初の雲南省を巡る一連の歴史については、神田信夫二〇〇五「平西王呉三桂の研究」『清朝史論考』（山川出版社、一九三―二四三頁）および綿貫哲郎二〇二〇「孫可望及其家族」『満語研究』（第二期総第七一期、一一〇―一一四頁）に詳しい。

（4） 興朝通宝や利用通宝に関しては、鋳造の背景や歴史および歴史的意義について論じた劉舜強氏の研究がある（劉舜強二〇一五「〝利用通宝〟考」『故宮学刊』第二期、九七―一一九頁。同著二〇一七「〝興朝通宝〟考」『故宮学刊』第一期、二三四―二四六頁）。

（5） （清）鄂爾泰等修『八旗通志』一九七巻、名臣列伝五十七、正白旗漢軍名宦大臣二、蔡毓栄（李洵、趙徳貴主点一九八五『八旗通志』（初集）東北師範大学出版社、第七巻、四六一〇頁）。関係

する史料の記載は以下の通り。「また、蒙自の鋳銭局を調査したところ、むかし逆賊の呉がここで偽銭を鋳造し、もっぱら交趾（現在のベトナム）に送り、交趾の銀両と交換していた。蒙自の南方二百里は、すなわち紅河の蛮耗（現在の箇旧市蛮耗鎮）であり、関所が設置されている。さらに水運で二百里すすむと、壩灑《はさい》（現在の河口市河口鎮壩灑）という場所にいたる。そこでマーケットを立て、偽銭を売買していた。交趾の人々は、喜んで偽銭を手に入れたため、蒙自の鋳銭局は、これにより利益を得た（再査蒙自一局，前此呉逆鋳出偽銭，専発交阯，以易交條銀両。蒙自迤南二百里，即交江之蛮耗，設有関口。又水路二百里，至地名壩灑，立市売銭。交人喜於得錢，蒙局因以爲利）」。

（6）　劉舜強氏の研究によれば、呉氏統治期の雲南鋳造の銭貨は、主な成分は、銅（六〇～八五％）、亜鉛（四～一四％）そして、鉛（一～二七％）であるが、ベトナム製造の模鋳銭は、亜鉛（八〇％）と錫（二〇％）が九九％以上を占めているという（劉舜強 二〇二一「越南仿铸利用、昭武、洪化銭的初歩研究」『絲綢之路』第三期総第三八四期、九三－九九頁）。

（7）　多賀良寛二〇一五「19世紀ベトナムの銭貨流通における非制銭の位置づけ――「古号銭」の問題を中心に」『待兼山論叢（史学篇）』第四九号、二七－五六頁。

（8）　三宅俊彦二〇一三「インドネシアにおける出土銭の調査（二〇一一～二〇一三年）」『研究論集（淑徳大学人文学部）』第七号、一二三－一五三頁。呉氏鋳造の銭貨は、バリ島の寺院改修中に出土していたことから祭祀儀礼的に使用されていたと推測される。

第3部　文学・芸術

窓と猫／撮影＝丸川＝盧＝哲史

安吾『白痴』が上演した戦争と廃墟の「道」

丸川哲史

1　戦争＝メディアのはじまり

古来より戦争は単に武器を敵に突きつける直接的な攻撃、つまり物質的破壊のみを目指すものではなく、敵、味方、また第三者にも向けられた、ある種の心理的効果を演出するものであった。しかして二十世紀、いわゆる総力戦体制に入ると、戦争は、劇的ともいえるメディア技術の開発とも連動するようになった。すなわち、ポスター、ラジオ、映画、大規模集会など、メディアにより仕掛けられた威圧と催眠と憤激を惹起する、精神諸力の動員のことである。大戦間期の戦争テクノロジーの進展と、それを巻き込んだメディア技術の進化は、その後も全人類を巻き込み続け、その波動は現在に至るまで止まらない。例えば今日も、人工衛星から送られてくる俯瞰的把握と、カメラアイを搭載した無人飛行体ドローンによる多方向に渡る把握とが可能となり（いわば地上にある人間のリアルを押しのけ）戦争の映像が、私たちに次々と届けられる。

いずれにせよ、戦争＝メディアは自己革新を続けているが、それと連動する国家と国家の在り方そのものの変質をも強いてきた。結果として、国家が己自身を破壊する／破壊されることも厭わない、既成のレベルを越えた、一種の終末論的徴候をも出現させた。つまり核兵器の登場は、これまでの戦争にかかわる関数を一変させ、核兵器使用のスタンバイ状態が恒常化することにより、人類は既に九十年近くの時間を「人質」に取られている。私たちは、この目下の時代の趨勢を鑑みるにも、二十世紀以降の国家、また資本主義に関わる問題系について、特にメディアの変容と連動した私たち感覚、あるいは想像力の変容をも考察しなくてはならなくなった。

第一次大戦からの経緯を外観してみる。戦争は特に、写真そして映画テクノロジーの隆盛と切り離せないものとなった。すなわち、航空機からの撮影の全般化が、参謀本部の地図に代わって、世界全体にかかわる戦略上の決定権を持つようになる。それが大衆の側に降りてきた形態として、戦場を映すニュース映画の登場が一つの画期を為したと言える。また歴史のもう一つのメルクマールとして、例えばプロパガンダの魔術師ゲッペルスの登場も挙げられよう。彼が目指した効果は、民衆をして確実に、力への崇拝を、高さへの憧憬を、そしてスピードへの熱狂を掻き立てたわけだが、その波はハリウッド映画の世界制覇を経てさらに拡大し続けている。ベンヤミンが述べた政治や戦争の美学化にかかわるテーマは、今もアップデートし続けられている。

2　『白痴』の上演

私たちは、坂口安吾という作家が、いわば無意識のうちにこのような感覚の変容の場としての戦争=メディアに触れ、その只中で思考した痕跡を『白痴』に確認することができる。

本格的に『白痴』について論じる前に、およそ作家、坂口安吾が如何にして『白痴』を書き得たかを説明するためにも、その意図を比較的分かりやすく説明した『堕落論』の叙述に触れておきたい。既に知られたように、『堕落論』において安吾は、戦後日本人の「堕落」と対比するためであろう、戦中の日本は「嘘のような理想郷で、ただ虚しい美しさが咲きあふれていた」などと記していた。その前提として、安吾が実際に映画会社の嘱託として働いていた事実、このことをまず念頭に置かねばならない。安吾は「戦きながら、然し、惚れ惚れとその美しさに見とれていた」と記すが、それは決して思弁的経路から来たのではない。具体的に何かを「目」撃し、身をもって感覚の変容を体験したことが重要である。

曰く「当時日本映画社の嘱託だった私は銀座が爆撃された直後、編隊の来襲を銀座の日映の屋上で迎えたが、五階の建物の上に塔があり、この上に三台のカメラが据えてある。空襲警報になると路上、窓、屋上、銀座からあらゆる人の姿が消え、屋上の高射砲陣地すらも掩壕に隠れて人影なく、〔…〕先ず石川島に焼夷弾の雨がふり、次の編隊が真上へくる。私は足の力が抜け去ることを意識した。煙草をくわえてカメラを編隊に向けている憎々しいほど落ち着いたカメラマンの姿に驚嘆した」とある。

安吾は空襲の情景に酔っているのだが、その際カメラマンの非情なる動きに惹きつけられ、驚嘆していること——このことが最も肝要である。そこにはまた、自身とカメラマンとの間に、微妙であるが決定的な差異が仄めかされている。つまり、空襲に応接したカメラアイの運動を、「書く」人間の側から、十全に捉えんとしたのだと言える。『白痴』においてナレーターの役割を担う主人公伊沢は、その語りの部分では、「書く」人間の視点に立っている。しかし、それが後半において不可能になっていくのだが……。

伊沢の仕事は、自ら「賤業中の賤業」と卑下している職業、プロパガンダ国策映画の嘱託であり、実際の安吾そのままである。端的に、安吾の諸作品の中でも、珍しいことでもある。裏を返せば、この設定こそがこの作品の肝にあたる。前半において伊沢は戦争＝映画を観照する立場であったのだが、ストーリーの半ばにおいて、むしろ戦争＝映画という光源に照らされ、街の中をさまようこととなる。つまり戦争＝映画において、むしろ映画の中に映り込む「客体」へと入り込むのである。

ここでもう少し止まって、映画を作る主体と客体のあり様をトレースしておく。国策映画への忌避感を示す伊沢に対する部長の恫喝が象徴的である——「おい、怒涛の時代に美が何物だい、芸術は無力だ！　ニュースだけが真実なんだ！」。ここで間違えてはならないのは、この言葉は、伊沢に外在するものではなく、伊沢の内部に巣くうアイロニーの声そのものであることだ。ここで対比的に思い出されるのが、先に挙げたゲッペルスである。彼がフルトヴェングラー宛の手紙に書いた、政治と芸術に与えたテーゼが示唆的である。すなわち「政治は、存在するもっと高く、もっとスケールの大きな芸術だといえるかもしれません。芸術と芸術家の使命は、〔…〕もっと深遠なものです。創造し、具体的な形をあたえ、病んでいるものを排除し、健康なものに道を拓くこと」といった物言いと極めて相補的である。

より細かく見てみよう。伊沢がかかわっている映画のコンテ（台本の見出し）に並べられたさまざまな文句である。――「『焼夷弾の消し方』『空の体当たり』『ジャガ芋の作り方』『一機も生きて返すまじ』『節電と飛行機』不思議な情熱であった。〔…〕芸術家たちの情熱は白熱的に狂騒し『神風特攻隊』『本土決戦』『ああ桜は散りぬ』何ものかに憑かれた如く彼らの詩情は興奮している」と。これらの言葉の連なりを分析してみると、まさに「焼夷弾」「節電」「飛行機」「消し方」「作り方」などのマテリアルな記号と、それとは対称的な「体当たり」「返すまじ」「神風」「ああ」「散りぬ」などの呪術的な記号が混じり合っており、まさに知覚のカオスを指し示している。

ここで思い出されるのは、イタリアファシズムの協力者、マリネッティーがカメラアイと飛行テクノロジーとの複合的発展を予告した「トリポリの闘い」の章句だ。曰く「身体から離れ、自由に伸びていて、空気のように軽くなった身体と同じように離れ始めた脳髄もずっと遠くに来て、ペンから繰り出される思いがけない文章を高いところから、そして恐るべき透視力をもって見つめている」など。

安吾が示した日本総力戦の呪術的アイロニーに比すならば、ヨーロッパにおいて展開した思想には、さし当り呪術的要素が少なく、乾いた感覚が貫徹している。この点を深く掘り下げるなら、おそらく二つの戦時における主要国家の動員文化の差異が解析できるであろう。ここで直観的にも思うのは、世界の戦後映画における戦争像は、ハリウッド映画などを見れば分かるように、明らかにマリネッティーの系譜を引き継いだことである。フラー、コッポラ、キューブリック、ルーカス、彼らが制作した戦争映画のシリーズは、私たちの知覚に対して予期しない攻撃的効果を、ポスト総力戦の時代を生きる私たちの感覚に及ぼし続けてきた。

3　戦争の時間

少しだけ近過去の視点も取り入れておく。冷戦構造の崩壊を告げつつ出現した第一次湾岸戦争、またそれに打続く米国（と多国籍軍）主導の「反テロ」戦争である。それらの戦争は、人道や人権を政治カードとして、ポスト総力戦の時代の趨勢を極端な形で見せつけつつ、世界中に爆弾を降らせ続けた。その突端にある第一次湾岸戦争はまさに、「死体」を消去せんとした「きれいな戦争」を見せかけ、束の間成功した。しかしその成功の代償は、鈍い形で、その後の統治期間において、米国において決して見たくない「悪夢」を招来させることとなった。9・11事件をきっかけとしたアフガン戦争（二〇〇一年）は二十年以上の時間を経て今日、米国の敗北を印象づけ、またその戦争目的とされた政権転換は、その有効性が危ぶまれることとなった。しかしその米国にとっての危機を今一度巻き返す行動として、今次の米国によるウクライナ戦争への「介入」があるのだが、これへの論評は既に本論の任務をはるかに越えている。後日、別の機会を持ちたい。

ここで暫時的に言えることとは、冷戦終焉後の初めての戦争が「きれいな戦争」を遂行し、また「きれいな政府」を作ることにあったとして、その「政府」は、実際のあり様として腐敗に塗れきったわけであり、また「戦争」も、むしろ街頭あるいは荒野において死体の「悪夢」を晒し続け、それは今度の「ガザ攻撃」においても然りである。つまり戦争の美学化という問題は、そのなれの果てとして

「悪夢」が否応なく回帰するものなのだ。

しかしそれは、文学の「書き手」として応接する場合に、一見したところ、かなり変形されたものともなり得る。周知のように『白痴』は戦後に書かれたものであり、むしろ戦後特有の解放や希望が戦時に遡って投影されたものとも読み取れる。そのあり様を凝縮した表現として、例えば「ああ日本は敗ける。泥人形のくずれるように同胞たちがバタバタ倒れ、吹きあげるコンクリートや煉瓦の屑と一緒くたに無数の脚だの首だの腕だの舞いあがり、木も建物も何もない平な墓地になってしまう。〔…〕けれどもそれはもし生き残ることができたら、その新鮮な再生のために、そして全然予想のつかない新世界、石屑だらけの野原の上の生活のために、伊沢はむしろ好奇心がうずくのだった」とあるのはその典型である。

ここに記される「再生」「新世界」「好奇心」などは、むしろ戦後的であるわけだが、伊沢によって「蒼ざめた紙の如く退屈無限」と嘯くプロパガンダ映画を裏返したネガとして、戦中の「夢想」として描かれていることが肝要である。いわば戦争体験の戦後的な書き換えなのだが、しかし単に事後的な過去への投影とのみ言い切れない「何か」がある。例えば、一九四五年三月十日に始まり、四月から五月にかけて断続的に遂行された首都大空襲における絨毯爆撃である。記念碑的とも言える三月十日の爆撃によって十万人以上の人間が亡くなっている。にもかかわらず、生き延びた人々は、さらに潑溂として希望をもって戦争遂行に挺身していた。後の資料から、三月十日の東京大空襲の翌日から、人々は鉄道を動かすべく瓦礫や死体を片づけ始めている。また、首都からの鉄道の流れ、船舶の流れはその後も継続しており、三月以降も、例えば内地から満州への移入活動は続いていた。今日では信じられないことである。が、そのように日本列島に住まう人間が戦中を生きていたこと、この感覚は不思議な残余として滞留し続けていたとも言える。おそらくそれを、安吾は「嘘のような理想郷」「虚しい美しさ」と記したわけだ。

テキストに戻ろう。伊沢が「新鮮な再生のために、そして全然予想のつかない新世界、石屑だらけの野原の上の生活」と吐露したテキスト内の時間において、まだ伊沢はいわば映画の製作者、あるいは観照する側にいるだけだ。伊沢が実際に空襲に遭遇することになる後半の描写において、まったく別のステージ（舞台）へと転換される。先に述べたように、この転換こそが最大のポイントである。

伊沢は、自分の仕事に嫌気がさしていた頃、偶然にも「白痴の女」を自分の部屋にかくまうことになる。空襲が街を焼き尽くす前、伊沢は「戦争がたぶん女を殺すだろう」とニヒルに呟きながら、確実に足手まといになるはずの女を連れて逃げる。が、その逃走の最中、大転換が起きる。突然伊沢は狂ったように、この女を愛おしく感じ始める。「伊沢は気違いになりそうであった。突然、もだえ、泣き喚いて盲目的に走りだしそうだった」と。また共に歩みだす女の印象も同時に一変し、以下のような伊沢の内心の呟きが出てくる。「気違いと常人とどこが違っているというのだ。違っているといえば、気違いの方が常人より本質的に慎み深い」と、伊沢の中にあった正常と異常を転倒させる。それはまさに、伊沢自身が（戦争の）狂気に触れたことを意味しよう。

先に述べたように、十万人もの人間が亡くなっているのに、死体や瓦礫をさっさと片づけ、鉄道、また船舶を動かし、満州国を作り続けていた日本人全体が狂っていたと言える。伊沢は、白痴という「鏡」を通じて、そのような狂気に触れたことになる。すなわち、この「白痴の女」とは、伊沢の狂気を映し出す白いスクリーンなのだ。

ただここで少しだけ立ち止まって、その女のキャラクターをもう少し掘り下げておく。この女はまず、誰かの妻であったのかもしれない、また母親となっていたのかもしれないし、さらに身体を売っていた女であったかもしれない。が、ひょんなことで、伊沢の部屋に逃げてきた。戦争期、女性一般は「銃後」の身分と任務を与えられていたが、描かれ方として、このキャラクターほど、最もそこから遠い存在はない。つまり当時において、最も「役立たず」の木偶として設定されている。分かっているのは、またそのまま放置されれば、死ぬ確率の高い、そのような無名無数の民、翻ってみれば、無名のまま亡くなった膨大な「死者」を代表しているようにも読める。

すなわち安吾は、戦争の死者が傍にあるかのようにして、『白痴』を執筆したことになる。だからこそ、この伊沢と「白痴の女」は、この空襲の最中において、特別の時間を生きているように描かれた。そこで描かれたのは、まさに生と死を取り換えること、また狂気と正気を入れ替えることであった。端的に、二人の空襲における道行こそ、平時とは区別された切迫の時間（死の時間）を指し示している。伊沢に視点をおいた筆致は、以下のようにその時間感覚を記述している。「戦争という奴が、不思議に健全な健忘症なのであった。まったく戦争の驚くべき破壊力や空間の変転性という奴はたった一日が何百年の変化を起し、一週間前の出来事が数年前の出来事に思われ、一年前の出来事などは、記憶の最もどん底の下積みの底へ隔てられていた」と。ここでいう戦争の時間とは、つまり人類滅亡の危機が切迫した時間でありつつ、その危機自体を忘れて行く時間でもあった（別の観点を採れば、特に日本において戦後とは戦争を忘れて行く時間としてあったし、今も忘れて行く時間の途上にある）。

しかし、この戦争の時間は、人為的に設定された戦中／戦後の区分けを乗り越え、持続しているものである。それは、無差別爆撃において主題化し、広島、長崎の原爆投下の後、さらに原子爆弾が発射スタンバイとなる一九五〇年代以降へと延長され、また原子力発電所が稼働するようになった一九七〇年代以降の時間の在り方として、やはり地続きである。つまりここで言いたいことは、私たちが享受している（戦争の）時間とは、簡単に言えば、人類の消滅に向かう狂気の中にありながら「正気」を装っている時間。私たちが享受しているこの時間こそ、狂っているとも言える。

『白痴』においてそのような狂気と正気の反転は、端的に二人が空襲の下で逃げ回る、地獄巡りの道行において顕現する。が、それはまさしく『堕落論』の中で安吾が、「虚脱や放心と種類の全く違った恐るべき充満と重量をもった無心であり、素直な運命の子であった」と述べたところの、戦災直後の日本人に取り憑いた時間感覚そのものであった。すなわち、「白痴の女」とはそのような戦時／戦後の時間感覚の交換を現わしている――「その健康な健忘症の雑多なカケラの一つの中に白痴の女がやっぱり霞んでいる。〔…〕それらの雑多の間にはさまれて白痴の顔が転がっているだけだ」というその「顔」――これこそ、戦争の時間を結晶させた表情なき「顔」、カオスそのものである。

4 廃墟の「道」

その女の「顔」は虚ろであり、一切表情がない。ただ一箇所、女の「口」から言葉が発せられるのだが、それとても直接話法ではなく、伊沢の述懐として「ごめんなさいね、という意味も言ったけれども、あれこれ無数の袋小路をうろつき廻る呟きの中から意味をまとめて判断するので、ごめんなさいね、がどの道に通じるのかは判断できないのだった」とある。ここで気にかかるのは、まさにどの「道」に通じているかだが、この伏線としてあるのが、先に述べた東京大空襲のその日、幾度か十字路に行き当たった人々がどの「道」を選択するかで生死が分かたれてしまった重い事実である。

米軍は首都を爆撃する際、住民の数と地域コミュニティーの地図を既に情報として入手しており、数度の方向を変えた連続爆撃の効果を最大値化するため、あらかじめ大規模な人流をシミュレーションしていた。そして、そのデータを利用して避難者の退路を塞ぎ、文字通り火の海に多数の住民を沈める作戦計画を実行した。すなわち、首都大空襲の夜、大きな人流に入って逃げようとした人間ほど、地獄にはまったことになる。『白痴』執筆の時期、安吾はこの爆撃の意図自身は知らないはずであるが、ある程度正確に、上記のあり様がテキストに反映されている。

伊沢と女の二人の避難は何度かの十字路に出会い、その都度選択に迷う。伊沢は最後の十字路での「道」の選択を行うが、そこでこのように叙述されている――「小さな十字路に来た。流れの全部がここでも一方をめざしているのは矢張りそっちの火の手が最も遠いからだが、その方向には空地も畑もないことを伊沢は知っており、次の米軍の焼夷弾が行く手をふさぐとこの道には死の運命があるのみだった」とあって、伊沢の「判断」で二人は別の「道」を選び、二人は生き延びる。作家安吾は米軍が為した空爆のあり様を知人、友人、また被災の実地を見聞する中で知り得たはずであるが、いわば戦後に姿を現した廃墟から、そこを逃げた人間の「道」を復元したことになる。

ここで指摘しておきたいのは、先に述べた米軍の空襲作戦というものが、同時代において出現させた無差別殺戮の思想として、ナチスの収容所に通じる道筋だったということである。既に知られているゲルニカ、重慶、ドレスデン、東京、広島、長崎と世界を一周する出来事の連鎖であるが、ここにナチスの収容所も加えてもよいであろう。ただ一点違うとすれば、ナチスの収容所の場合には、あらかじめ死ぬべき運命の人々は、人種（あるいは障碍の有無）によって選別されていたが、絨毯爆撃の際には、その地域、区画、街に住んでいる、あるいはそこに投宿していたことでは、ほとんど何の差別もない。しかし、それでも生き延びた人間がいたことは事実である。つまり、街が焼けても、「道」は残っていた。しかし「道」があったと言えるのは、生き延びた人間がいたからに他ならない。

ここで思い起こされるのは、ベンヤミンのエッセイ『破壊的性格』である。そこで叙述される「破壊的性格」が目指す「目的は瓦礫ではなく、瓦礫を縫う道なのだ」という言葉は実に示唆的である。廃墟に帰した後でも、街は瓦礫を縫う「道」を残してしまう。読めば分かることであるが、『白痴』において建物の描写は少なく、瓦礫を縫う「道」が実に際立つ叙述となっている。生き延びた避難者は逃げる「道」を選択したわけだが、その記憶は「道」とともに生き続けることになる。

しかし『白痴』における二人の逃走に対して、また別の解読も可能である。つまり、人々は空襲を契機として、街が構成していた秩序から解放され逃げ出したのだ、という解釈である。というのも、興味深くも実際に、空襲によって都市は壊滅し、日本社会は一時、それまで恒常的かつ宿命的でもあった、農村と都市の階層差を一時的に撤廃したからである。逃げ延びた都会人が向かった先は、食糧のある農村（漁村）であり、安心して暮らせる疎開先の村であった。その時、農民（漁民）は食糧との引き換えに、高価な着物や宝石類を安価に手に入れた、と言われる。珍しくもこの時、食糧は極端な売り手市場となっていた。一般的には、戦後の一様に虚脱した日本人のあり様だけが残存するフィルムで強調されるわけだが、戦争はむしろ共産主義革命に匹敵するような階級制度の崩壊を、一時なりとも実現していたとも言える。つまり、疑似的なものではあれ解放の「道」であったのかもしれない。というのも、「白痴の女」は、寓話的な設定として、扉のない窓だけがある奇妙な住処に閉じ込められていた。いわば、空襲は、彼女をその住処から解放したとも言える。空襲は、街に巣くう差別の眼差しも、実際の差別関係も、巨大な光の下に容赦なく撤廃したことになる。

翻ってまた、廃墟はこの時、まさに（世界中において）映画のスクリーンともなっていた。戦後映画を紐解けば、廃墟の「道」を行く者が世界中の映画に登場することとなったことが見てとれる。イタリアの『自転車泥棒』（デシーカ）、『アッカトーネ』（パゾリーニ）、『道』（フェリーニ）に代表的な、ネオリアリズモの試みとして私たちの知るところ、また日本の独立プロが一九五〇年代前半までに撮ったさまざまなフィルム――『日本の悲劇』（亀井文雄）、『どっこい生きている』（今井正）、『太陽のない街』（山本薩夫）などで、そこには、まさに逃げ延びた無名無数（プロレタリア）が映り込んでいた。この『白痴』においても符合するのは、まさに伊沢と女は、そのような戦後映画の登場人物へと生成すべく、廃墟の「道」へと解放されて出てきた無名無数の象徴として読めることだ。

だがこの廃墟の「道」へと解放されてきた無名無数に、幸せな結末があるとは限らない。元より、筆者の読解によれば、「白痴の女」はまた無名無数の死者を代表する象徴物でもあった。最後、逃げ延びた末に飛び込んだ雑木林の中で伊沢は眠る女を見つめ、「今眠ることができるのは、死んだ人間とこの女だけだ」と呟いていた。しかしながら、この休息の時間において、この女が何の価値もない木偶であることを伊沢は再び思い起こし、その眠りの鼾声に豚の鳴き声を連想してしまう。その鼾声は、伊沢の子ども時代、近所の餓鬼大将たちが、悪戯に生きた豚の尻の肉を削った記憶とつながるものであった。総じて、先に挙げたイタリアと日本の敗戦後初期の映画作品に特徴的なのは、まさに廃墟の中でモノや仕事を取り合う人間、裏切りの末に人を捨てて立ち去る光景であった。

さらに伊沢の妄想の中において、女の尻の肉を喰う者とは、自分ではなく、上陸してきた米兵なのであった。瓦礫の中、米兵が女の尻の肉を毟り取って食べ、女がそれをぼんやりと受け入れるイメージ――それは端的に、日本の戦後的風景の中での定番たる、米兵を相手に身体を売る街の女の表象に他ならない。ただそれは、テキストにおいて、あくまで「妄想」として出てくるイメージである。テキストの中の時間の結末としては、雑木林で過ごした後の途方に暮れる瞬間が訪れ、この女を「捨てる張り合いもなく」捨てきれず、太陽の光が指す夜明けを待って立ち上がろうとするところでテキストは閉じられる。

5 「周期」の時間――まとめに代えて

一晩のうちに十万人も亡くなっているのもかかわらず、まるで意に介さないように人々は、鉄道に乗り（船舶に乗り）、どこかへ流れていこうとした。この流れは、一九四五年の春以降だけでなく、また同年の八月十五日以降の推移でもある。ただ人の流れのベクトルは、外側から内側へと逆転し、鉄道また船舶は外地からの大量の引き揚げ者を内地に呼び込み続けた。

当時、内地へと帰ってきた人々を迎えた歌は、よく知られた「りんごの唄」であった。その歌に人々は希望を寄せて生きた、と典型化した戦後的語りがその含意を説明している。「リンゴは何も言わないが、その気持ちが分かる」――というその歌詞は、分かりやすくリンゴを国民の象徴とし、そのリンゴを「可愛い」と表現する――ある意味、これほど安吾に似つかわしくない歌詞もあるまい。

ただ、『白痴』の最後に提示された、まだ出て来ぬ太陽を待ちわびる伊沢の身振りにも、あるといえば「希望」が宿っているとは言える。が、それは「日本の再出発」と呼ばれる、通俗的な戦後のトーンとはまったく違ったものである。私が感じるのは、太陽がまた登るというのは、実に人間社会のレベルを越えたものの「力」のことである。そのことを語るように、安吾にとっての「希望」とは、むしろ避けられない「原罪」のようなものとしてある。

ここで焦点化しているのは「太陽」である。別のより大きな概念として示すなら、「自然」である。それはしかし、決して静態的なものではなく、むしろ（不規則ではあれ）周期的なものである。だからそれは、帰るべきところではなく、むしろ帰ろうとすれば虚しく突き放される、そのような意味での周期的なものである。だからそれは、昔から日本人が崇拝したような、人間もがその中で揺蕩《たゆた》いつつ、生きられるような「自然」とも違う。安吾が捉えた「自然」とは、人間のその都度の願望を越えたものであった。だから「太陽」なのだ。太陽は地球を視点とすれば、地球の回りを回っているように見え、実はそうでないことは地動説が説明した通りである。その地動説とは、つまり人間の視点のことである。ただ、ここで忘れてはならないことは、自転する地球と公転する太陽という区分は厳密には無効であり、実のところごくわずかではあれ、太陽もまた地球の回りを回っている――これは理論上も実際上もそうなのだ。すなわち、人間と人間が発明した戦争も、まさにそのような関係にある。本論で扱った戦争＝メディアというものも、まさに人間と戦争の間の引力関数の内実を表わす装置であった。いずれにせよ、国策映画会社に勤めていた安吾が、戦争と戦争の映像（イメージ）との間にあって、また殺される側と殺す側との間にあって、あのカメラ（マン）の動きに驚いたところに、安吾のセンスが集約される。それは端的に、人間の歴史を戦争の側から、さらには人知を超えた「自然」の側から描くことであった。だからこそ、戦争の火のイメージの由来、あのプロメテウスの「太陽」が最後の予感として、つまり周期として現前することになる。

戦争の焼け跡が夜明けの太陽によって照らされ、闇夜に埋もれていた「道」がその姿を現す。人間が作った建物はすべて破壊されたにせよ、瓦礫を縫う「道」だけは残されていた——このことを戦争の破壊の中を生き延びた無名無数は目撃していたはずだ。『白痴』とはそのような、「道」を見出す無名無数を体現した作品であった。最後に、『白痴』のラストシーンを中国古典哲学の「天命」と「道」の関係に擬えて論じたかったのだが、紙幅が尽きた。別の機会（道）を探したい。

参考文献

ポール・ヴィリリオ『戦争と映画——知覚の兵站術』石井直志・千葉文夫訳、平凡社ライブラリー、一九九九年

石川啄木の『ローマ字日記』

隠れ蓑の中でのカオス

池田功

石川啄木は、ローマ字で日記を書いた。一九〇九年四月六日から六月一日までと、それに「二十日間」の要約がつけられた日記である。時代背景として、一八八五年の「羅馬字会《ローマジ》」や一九〇五年の「ローマ字ひろめ会」の運動があり、北原白秋等がローマ字で詩を書いていた。啄木もローマ字の時代に敏感に反応し、「明治四十二年創作ノート」にローマ字による小説断片「Sakaushi-kun no Tegami」を書いている。

また、啄木はこの日記を書く前年四月に、家族を函館の友人に預けて単身で上京し、金田一京助の世話になりながら創作活動をするが、その売り込みに失敗し生活に困窮して焦燥と悲哀に呻吟していた。ところが、友人の紹介で朝日新聞社の校正係の正社員になり、三月一日から出社して一応経済的には安定したが、その代わり函館に残してきた家族を上京させなければならなくなった。家族が上京する直前の、四月六日からローマ字による日記が書かれ、家族の上京とともに日記は終了する。

なぜローマ字で日記を書いたのか。啄木自身は妻に読まれたくないためと書いているが、妻の節子は女学校を出ているのでローマ字は読もうと思えば読めた。しかし、ローマ字は、読もうと意識しない限りは読みにくい日本語表記である。そのことをドナルド・キーンは、以下のように指摘している。「他人が読めない、あるいは多分読めないことを前提にして、この日記の場合は何も心配しなくてよい、どんなことを書いても他人には絶対に読めない暗号のようなものだ、という安心感があって、普段は決して表現しないような記述も平気で、ありのままにできました。〔…〕隠れ蓑《みの》だったのです」（「ローマ字でしか書けなかった啄木の真実」）と記している。

それでは、その「隠れ蓑」の中で、どのようなことが書かれたのであろうか。もちろん多くのことが書かれているが、特に仮面の告白のように赤裸々に書かれたのは性的なことと、そして生の不安と死のことである。以下に、性的なことが記された部分を引用する。

Ikura ka no kane no aru toki,Yo wa nan no tamerô koto naku, kano, Midara na Koe ni mitita, semai, kitanai Mati ni itta. [...] 10 nin bakari no Inbaihu wo katta. [...]

Obi wo toku de mo naku, “sâh,” to itte, sono mama neru: nan no Hadukasi-ge mo naku Mata wo hirogeru. [...] Onna wa Ma mo naku nemutta.Yo no Kokoro wa tamaraku ira-ira sita, dô site mo nemurenai. Yo wa Onna no Mata ni Te wo irete, tearaku sono Inbu wo kakimawasita.

このようなローマ字による激しい性の描写が続くが、漢字ひらがなに改めたものを読むと、白日の下にさらされ何とも奇妙なグロテスクさえ感じさせる。また、この性の描写とともに、生の不安と死への願望と恐怖の入り交じった、変性意識状態のようなものも記される。ローマ字文との相違を示すこともあり、あえてこちらは漢字ひらがなに変換した、桑原武夫編訳の岩波文庫版『ISIKAWA TAKUBOKU ROMAZI NIKKI（啄木・ローマ字日記）』のものを引用する。

予は　ただ安心したいのだ！――こう、今夜はじめて気がついた。〔…〕ああ！　安心――なんの不安もないという心持は、どんな味のするものだったろう！〔…〕予の性格は　不幸な性格だ。予は　弱者だ、たれのにも劣らぬ　立派な刀をもった　弱者だ。戦わずにはおられぬ、しかし、勝つことはできぬ。しからば死ぬほかに　道はない。しかし、死ぬのは　いやだ。死にたくない！　しからば　どうして生きる？　なにも知らずに　農夫のように　生きたい。予は　あまりかしこすぎた。発狂する人が　うらやましい。〔…〕

死だ！　死だ！　わたしの願いは　これたったひとつだ！　ああ！

あ、あ、ほんとに　殺すのか？　待ってくれ、ありがたい神さま、あっ、ちょっと！

このような生と死の混沌とした意識の流れが、そのままに描写されている。この赤裸々な告白は、もちろんローマ字という仮面があったからできたのであるが、ありのままに赤裸々に描くことが賞賛された日本の自然主義文学と関係しているとも言える。しかし、この『ローマ字日記』は、決してありのままを記しただけの日記ではない。啄木の緻密な計算があって成り立っている。この日記の現物は、函館市中央図書館啄木文庫に収蔵されているが、一字一句の誤りのないきちんと清書されたものである。つまり、下書きがあって完成作品として成り立っているのである。

また自分だけがわかればよい日記とは異なり、冒頭には家族のことや主人公の置かれた苦悩がきちんと描かれ、脚本の前書きと同じになっており、また第三者にもわかるような客観的な人物描写がなされている。さらに、新聞記事等の社会性が一切カットされ、主人公の内的世界を構築することだけに専念されていたり、前の日とのつながりを持たせたり、『花の朧夜』等の江戸時代の艶本の閨房描写が踏まえられたりしている。決して、ただその日にあったことを書いただけの日記ではなかった。それゆえにここに描かれた混沌（カオス）も、物語としての読みやすさや面白さを引き出すたくらみとして計算されたものであり、そのことによって若者の心の闇を記した青春文学として、今日に読み継がれる作品になっているのである。

カオスと消尽

開高健『日本三文オペラ』をめぐって

畑中基紀

『野生の教養』が、めでたく第二弾を出すことになって、こんどはカオスで書けという。それならばと、「野生、教養、カオス」による三題噺を考えてみる。いま仮に〈野生〉を、人が自然のものごとと直接的にかかわるときにもたらされる発見、ということにして、〈教養〉を、その発見を可能にするその人の認識をつくりあげてきた知性や経験と仮定してみよう。ぼんやりした人なら見すごしてしまうような、身の回りのカオスに気づき、驚くことのできる力、とでも言おうか。そんな力としての教養について考えてみたい。

たとえば、山あいの渓谷にキャンプにでも行くとする。涼しげな音を響かせている川の流れをよく観察してみよう。のっぺりとしたコンクリートの壁の中をゆくU字溝の水流などとはちがい、岩場のごつごつとした複雑な地形をぬって、意外に速いスピードで駆け抜けていく水は、随所で障害物にぶつかり、向きを変え、流れどうしが分かれたり、また、ぶつかりあつて合流したりと、ひとつとしてまったく同じもののない運動の集成として成り立っていることがわかる。それ自体、実にさまざまな要素の合わさった複雑な運動体でありながら、全体としては一本の水流、川の流れである。少なくともわたしたちはふつう、これは川だ、と、ひとつの自然現象のように思っている。

一九六〇年代のはじめ、ドイツの流体力学者のシュベンクは、『カオスの自然学』のなかで、こうした水流を「多くの縒糸が捩り合わせられ」た「一本の綱」のように見立てる考え方を提示した。水流は河床や河岸の地形に合わせて屈曲するときに回転し、「河川の中では、さまざまな螺旋型の流れが互いに上下になりながら、色々な方向に生じ[1]」つつ、一本の川として、岩をうがち大地を削って、わたしたちの目にする自然の姿をつくりあげている。ただし、局所的に見れば、川の中での水の流れ方は、そこにどんな岩や石があるか、傾斜はどれほどか、その時の水の速度や量など、さまざまな要素が作用し、さらにはその作用どうしが複雑に関係しあうことによって決まるために、それぞれの場所によってまったく異なる。シュベンクは、このような水の性質を、一八世紀の詩人ノヴァーリスの、「感じやすい混沌（das sensible Chaos）」という比喩を引用しながら、水の感応力[2]と呼んでいる。そうした、いわばロマンティックな表現の当否はともかくとして、たしかに、局所における水のふるまいは、水温、気温や気圧まで含む詳細なデータをその場所で計測し、水の分子や含有物の分子のふるまいにかんする原理、あるいは摩擦などの条件を係数としてふり当てることで、あたかも人間の感覚が外部の刺激をどう受けとめ、身体がそれにどう反応するかを解説する場合と同じように、秩序だったふるまいとして、物理学的に正確な説明ができると言えるかもしれない。だが、重要なのは、それに対して、全体として見れば、そんな運動が、厖大に、しかもまったく無秩序に合わさっていることだ。しかも、そのことによって、一本の川の流れという、やはり秩序だっていると見なされる現象として成り立っている。ここに見出せるのは、一見すると秩序と無秩序とが同居したような構造であり、それこそがカオスの本質である。

じっさいに自然科学の分野で、カオス理論が大きく発展したのは、一九八〇年代のアメリカにおいてである。「ひじょうに単純な力学的法則が並はずれて複雑な振る舞い[3]」をもたらす自然のシステムの追究に、多分野の俊才たちが取り組む学際的な場（サンタ・フェ研究所）が実現し、さかんに議論が交わされた。いまの渓流の例のように、ひとつの場所で観察すれば、物理の法則にきっちり従っているかのように規則的な運動、あるいは現象が、全体としてはまったく不規則な合わさり方で、しかも厖大な数で集成し、さらにそのプロセスが不断に繰り返されることで、平衡しているとはとても言えないはずなのに、まるで平衡状態にあるかのように安定してみえる自然。一回性の現象であっても、そこには同様の系が見出せるはずだ。たとえば、私たちが大きな石をどぼんと川に投げ込めば、その当座は流れの中に大きな渦ができ、いわば混乱が生まれたように見えても、やがてそれは無数の小さな渦に分散するように消えていき、たたきつけられた破壊的なエネルギーはどこへ行ったのか、まるで霧消してしまったかのように、安定した元の流れがそこにある。この短い出来事のなかで、どれだけの無秩序と秩序、どれだけの規則性と不規則性が関係しあってプロセスを形成していることか。そこに見出されるカオスが「「でたらめさという仮面をかぶった秩序」という、微細な幾何学的構造[4]」として追究されたのが八〇年代である。

こうしたカオスが発見できるのは、なにも自然現象に限らない。有名な渋谷のハチ公前交差点を思いうかべてみてほしい。四方向から一斉に歩行者が交差点内に進入する。行列を作って歩く人たちはまず見かけない。それぞれ目指す方向の異なる大勢の人々が交錯する。早足の人もいれば、二人連れで話しをしながら歩くひとたちもいる。運動の方向も速度もバラバラという意味では、きわめて無秩序だ。だが、化学の授業で習ったブラウン運動のようにあちらこちらで衝突が頻発するわけではない。けっして人々は「でたらめ」に歩いているわけではなく、他人の進路を塞がず衝突を避ける歩行マナーを皆が守っている。バラバラに歩く何百人、ときに何千人の、一人一人の歩行はそれぞれに秩序だっていると言えるわけだ。その意味でカオスでありながら、すべての人が目的の地点に向かって交差点を渡るという行為を完遂しているわけで、交通量の多い二本の道路を大勢の人間が越えるという、横断歩道としての機能が、きわめて合理的に果たされている。

わたしたちの身体の内部にもさまざまなカオス的構造が見出せるだろう。たとえば血管だ。心臓に出入りする太い血管は次々に枝分かれして、しまいには網目状の毛細血管となる。それらをすべて一本に繋げると、総延長は一〇万キロメートルにもなると言われている。それだけの長い長い管が、一人のヒトの体内に納められているのだ。その位置をトレースしようとするなら、これはもうカオスとしか呼びようのない配管図ができあがるだろう（ただしこの場合は正確にいえばフラクタル構造なのだが、ここでは触れないでおく）。しかし、そのことによって血液の循環による機能がきちんと実現している。一〇の一三乗という気の遠くなるような桁数の数にのぼる全身の細胞に、くまなく酸素と栄養が届けられる合理的なシステムである。

いっぽう、カオスという語の本来の意味は、世界が生まれる前の世界の状態という、なんだか矛盾したような説明がなされるのがふつうだが、そこから無秩序とか、混乱した、何がどうなっているのか分からないような状態を指し示したりするために用いられるのが一般的なようだ。比喩的に言えば、世界を生まれる前の状態にひき戻すような、徹底した破壊を人々の目の前で繰り広げ、この世にカオスを出現させたのが二〇世紀の戦争だ。東京、大阪をはじめ日本の多くの都市も、第二次世界大戦中の無差別絨毯爆撃や原爆投下によって何もない一面の焼け野原や、建築物の残骸が折り重なり、無秩序に散乱する廃墟と化した。

だが、都市空間と、そこで生きる人々の営みを構成していた秩序が、ほとんど丸ごと破壊された跡地にも生き残った人々は舞い戻り、これから生き延びるための空間をそこに再建しようとする。廃材をふくむ、あり合わせの材料で建てられたバラックがつくる街並みは、混沌とした世界が出現したともいえるが、都市の一員として、都市での生活を再開しようとする人々の意志が集合すれば、もともとそこにあったものとは異なるとはいえ、一定の秩序にもとづく空間が作り出されていっただろう。誰もがまず、自分と自分の家族が生きのびることを考え、なりふりかまわぬといった体で食べ物を求めながら、周囲との調和もはかることで身の安全を確保しようとしたはずだ。つまり、誰もが生きるために利己的に振るまうという意味では無秩序な状況でありながら、その自己を守るという同じ目的から、集団としての秩序を維持しようとする。そのような意味で、焼け跡の都市も一種のカオスであった。

そうした状況を生きぬこうとする人間のバイタリティーを問い、まさにその生き方を描き出そうとする文学作品が数多く生みだされたなかに、開高健の小説『日本三文オペラ』(5)がある。徹底的に破壊され広大な廃墟となった大阪の陸軍砲兵工廠跡地から、くず鉄を盗み出し換金することで生きる糧を得ようとする「アパッチ族」と呼ばれた人々と、それを阻止し摘発しようとする官憲との攻防が繰り広げられる現実の出来事に取材した、長編としては彼の最初の作品である。実際の事件が展開し、大阪の新聞各紙が「アパッチ族」の動向をさかんに報道したのは一九五三年(6)のことであるが、作品中に年代を特定する具体的な記述はなく、そのことからも、まさに「焼け跡」的空間を生き抜く人間の生を、小説という形式で表現することに主眼をおいたであろうことが推測できる。そこに「戦後」的なるものの再発見」(7)を目指した開高が注目したのは、カオス的状況における生のあり様であったと言えるだろう。

『日本三文オペラ』において、そのような主題をアレゴリカルに表現する要素のひとつとして繰り返し用いられるのが、食に対する人間の欲望であり、その表象としての食べる姿への言及である。

> 彼らはてんで口ぐちにわいわいがやがやさわぎながら洗面器と七輪のまわりに群がって内臓を貪りはじめた。七輪のそばにはゴンがつきっきりで長い竹箸を使いながら肉を焼いたり、タレに浸したりしていたが、男たちのあるものは生《なま》のまま臓腑をひきちぎって頬張ったり、まっ赤にトウガラシをまぶしつけて食ったりした。おとなしく焼けるのを待ってちゃんとタレに浸して、箸を使って、というのはひとりもなかった。（第三章　二）

生き抜くためのエネルギー源を獲得するための手段としての、食うことが重要なテーマであることは、この小説の冒頭に主人公フクスケが「ジャンジャン横町」をさまよい歩くシーンが配置されていることによって、もっともよく象徴されている。ジャンジャン横町（横丁～「ジャンジャン町」とも呼ばれる）とは、一九〇三年に開催された第五回内国勧業博覧会の会場跡地に新しく開け、多くの大衆の足を引きよせた近代大阪有数の繁華街のひとつである「新世界」から、やはり大正期以降に栄えた飛田新地へと抜ける道の両側にいつしか飲食店が簇生した、新世界から「不格好に下に突きだしている」「いわば欲望の重力によって南へとのびた、といった体の路地[8]」である。

この新世界とジャンジャン横町というところは、まさに、年がら年じゅう夜も昼もなく、ただひたすら怒って騒いで食うことにかかりきっているようで、栄養と淫猥がいたるところで熱っぽい野合をしていた。

フクスケは道のはしを軒づたいにうなだれて歩いていった。ホルモン、すし、ライスカレー、ごった煮、おでん、あめ湯、大福餅、天ぷら、シュウマイ、酒まんじゅう、やきとり、カツ丼、かば焼き、にぎりめし、みそ汁、刺身。たがいにおしあいへしあい腫物のように重なり合い、くっつきあって、いっせいに匂いをもうっと吹きつける。思わず藁みたいに震えると、麻雀屋の窓でけたたましく陰惨な声か「食うてこませ！」と叫んだ。（第一章　二）

現実の大阪に焼け跡が拡がっていた終戦直後には、それまでの統制経済のもとにきずきあげられていた流通機構が麻痺し、生活必需品をはじめとした物資の供給は日本国中でまったくの機能不全におちいり、まさに無秩序な混乱状態にあった。そうした状況のなかで自然発生的に形成された供給網の末端が各都市部に出現したのが闇市である。米はもちろん、味噌、醤油から酒、さらには塩までもを全世帯に配給していた巨大なシステムが、ほとんど崩壊したこの時代、都市に生きる人々が食を確保するための手段がヤミであり、その需要に応えることが可能な供給体制を、それなりに安定させていたのが闇市だ。カネさえ払えれば何でも手に入れられる場所（「市」）を維持するための、いわば非正規の秩序が、社会をまわす新たなシステムを支え、人々の生活を規制していたその闇市を、ある意味で象徴する食べ物が、右の引用中に数え上げられたメニューのなかにある「ごった煮」だ。この小説が発表された当時、まだまだ闇市の記憶の新しい読者の多くは、この名前に、闇市に通ったカオス状況下の生活のリアリティを思い起こしたはずだ。そのリアルな「ごった煮」を開高自身が小説の記述として再現すると、たとえばこのようになる。

ドラム罐を半切りにした奇怪なバケツでゴッタ煮がグツグツ煮られ、そのそばを通ると脂っぽい大泡がむくりボコッ、むくりボコッとはじけるのが見られ、たまらなくうまそうな渾沌の匂いを発散している。そのなかにはタバコの吸殻とか、ダラリとのびた用済後のコンドームなどがまぎれこんでいるというもっぱらの噂であったが、イヤ、そいつは栄養があってええデなどと評判でもあった。人びとはドンブリ鉢をヒシと胸もとにかいこみ、氷雨のなかにしゃがみこみ、ビシャビシャずるずるとすするのに夢中であった。異物がでてくると、あわてず、さわがず、ソッと箸でつまんで捨て、ものうげなまなざしでそれをふりかえるということもしなかった。それが「通」のシックとされていた。(9)

そして、この「ドラム罐」鍋の中身さながらに、ただし用をなさなくなった鉄材やコンクリートによって、まさに「渾沌」そのものの様相を呈していたのが、フクスケもそれに加わることになるアパッチ族が出没していた、大阪砲兵工廠の廃墟である。

一九四五年三月以降、八回にわたって、大阪は大規模な空襲にみまわれた。砲兵工廠はもちろん民間の軍需工場もたびたびその目標とされたが、なかでも玉音放送の前日、八月一四日の空襲は、砲兵工廠を重点的に狙い、一五〇機のB29型爆撃機が一トン爆弾を集中的に投下することで壊滅的な被害をもたらした。(10)この時点で、工廠の敷地はおよそ一一六ヘクタールにまで膨張しており、今日の大阪ビジネスパーク、大阪城公園、JR森之宮電車区や市立森之宮小学校、森之宮第二団地などを含む城東区森之宮二丁目一帯を合わせた範囲に及び、約六万八〇〇〇人の職工が働いていた。(11)戦後しばらくは、被害を免れて残った使用可能な機械などを回収、清掃、梱包し、戦時賠償としてアジア各国に送る作業が行われたほかは、(12)膨大な量の廃材も国家の資産であるということで近畿財務局の管理下におかれ、数人の守衛が常駐していたが、大阪市内からほぼ焼け跡が消えた一九五三年に至っても事実上放置されていたのは、小説のとおりである。

破壊を尽くされたうえに有用な資財を取り去られたこの広大な無秩序の空間を「杉山鉱山」と名づけ、いわばくず鉄を掘り出して生きる糧に換えるために危険な廃墟に夜ごと分け入っていく『日本三文オペラ』のアパッチ族たちの営為は、いったい何を象徴しているのだろう。見つけ出した鉄材はもはや瓦礫の底に眠っているものである。「煉瓦山をどけてからコンクリート台を叩きやぶって鉄板を剝がし、滑車でうえへつりあげて、穴の外へ運び出す」、そしてそこからさらに敷地内の瓦礫の森をぬって闇の中を人力で運び、川を越えて外へと、まるで訓練を重ねた特殊部隊のように、みごとなチームワークを発揮して持ち出そうとするのである。掘り出した「畳一枚ほど」の大きさの鉄板を数人で担いで走るその重さは、「八十五貫、いや、六貫か」という。換算すればおよそ三二〇キロ前後である。「フクスケはかついだ瞬間、全身に兇暴な重量が走るのを感じた。これまでに使ったことのない部分の筋肉の細枝までがけいれんし、背骨がミチッと、いやな音をたてた」(第一章 二)。たが、ふだんなら考えられないほどの筋力を爆発させ、ひつようなあらゆる能力を身体から引き出して、信じがたいほどの重量に耐えて走り続けるほどのエネルギーの奔出は、あたかも祭りの昂奮のなかで神輿を担ぎ、巨大な山車を引く人々の陶酔をともなったエネルギーの濫費のようでもある。つまり、どこか祝祭的な空気を彼らの行為はまとっている。

二〇世紀の総力戦はそれ自体破壊の応酬であり、ことに都市の徹底的な破壊は、まるで資本も財もすべて消尽してしまう快楽を求める人間の欲望の発露とも見えて、どうしようもなく無益ではあるが、同時に、ある意味で派手な祭りにも似た、巨大な暴力と炎と熱によるカオスを街に現出する一大イベントでもある。そのように過剰をきわめた破壊衝動の名残を保存しているかのような廃墟、徹底して有用性を掃き去られた廃墟に有用性を発掘し、そこから価値を生みだそうとするアパッチたち。しかしそれは、国有財産を盗み出す犯罪でもあり、したがって、小説では、それを許さぬ官憲と、出し抜こうとする彼らとの攻防戦が展開される。戦争の恐怖なり闇市時代の飢餓なりをもたらす元凶として、いつの世にも人々を翻弄する国家の鼻を明かしながらたくましく生きるアパッチたちの姿には、カオスから有用性を引き出すマジックとでもいうような、いわば濫費の跡地を濫費する祝祭的行為の色合いが添えられ、そのことがこの小説を読む快楽を生みだしているとは言えないだろうか。

執筆前の取材の段階で開高を案内した現実のアパッチ族のなかに、詩人の金時鐘とのちに小説家となる梁石日がいた。梁はあるインタビューのなかでアパッチの仕事についての質問に答えて次のように述べている。「開高健の『日本三文オペラ』はおもしろいけどね。でも、あの廃墟はわからないよ。入ってみないとね。あれは話してもわからない。開高健は鉄をかついだこともないしね。警察に追われたこともないし」[14]。おそらく開高の狙いもアパッチの実態を伝え、彼らがいかに悲惨な生を送っているかを訴えるというようなところにはなかったであろう。金はまた、「ヤーさんや、チンピラくずれみたいなのも」いたが、「アパッチ族の八割は同胞。そのころのわれわれなんて……日本社会ではなにものでもない。社会的な権益保証が絶無の時代です」[15]と答えている。現実のアパッチ族はいわば社会から排除された人間たちの集まりでもあり、そのことは小説も匂わせてはいる。だが、そもそも「アパッチ族」という呼称はマスコミが喧伝しはじめたものであり、同じ時期、市内各所に残るバラック住まいの人々もまた「バラック族」などと称され、大阪市も不法占拠者として排除しようとしていた[16]。

また、大阪最初の地下街である梅田地下街は、地下道に浮浪者が住みつき、無許可の業者が闇市を形成したのを排除するために市が特定の業者を配置することで生まれた「排除の空間」である[17]。思い起こせば「太陽族」にしろ「暴走族」にしろ、「族」という呼称は、異質なものと認める人間たちをマイノリティとして排除しようとするときに「日本社会」が持ち出す慣用表現といえるものだ。「アパッチ族」という名が象徴するのは、「焼け跡」の時期を過ぎて復興から経済成長期へと転換していく時代の、バラック住まいを脱し新たに安定した都市生活の日常を獲得していく過程で、マイノリティを排除することで均質性の高い集団を確立しようとする日本人の心性である。しかし開高はむしろ、犯罪と見なされるという意味で反社会的な行為にエネルギーを濫費させ、生命を燃焼させるアパッチの営為に、カオスの本質を見抜き、活用しつくすことで生き抜こうとする彼らのバイタリティーに瞠目し、そこに、善悪を超えた人間の価値を見出した。

開高健は一九五四年二月に、壽屋（のちのサントリーである）の宣伝部に入社し、コピーライターとして、また『洋酒天国』などのPR誌の編集者として活躍した。一九五八年二月に短編小説「パニック」で芥川賞を受けた後も、小説家との二足のわらじをはき続けたことはよく知られている。一九五六年の正月広告からは、柳原良平とのコンビで、「二日に一回のペース、毎月三十種類以上の広告制作をこなして」[18]いたという。そうした開高の仕事の中で、ことに広く記憶されているは、ウィスキー「トリス」の広告コピーのシリーズである。

「人間」らしく
やりたいナ

トリスを飲んで

「人間」らしく
やりたいナ
「人間」なんだからナ

広告コピーも詩的表現の一種である。そしてこれは一九六一年二月の広告用に書かれたものではあるが、「「人間」らしく／やりたいナ」の反復と「「人間」なんだからナ」という結句には、『日本三文オペラ』から一貫して、開高が表現しきることを目指し、追い求めていたものを読みとることができるのである。

註

（1）テオドール・シュベンク『カオスの自然学』赤井敏夫訳、工作舎、一九八六年五月、九九頁。
（2）同書、二〇九頁。
（3）M・ミッチェル・ワードロップ『複雑系』田中三彦・遠山峻征訳、新潮社、一九九六年六月、一一頁。
（4）ジェイムズ・グリック『カオス――新しい科学をつくる』上田睆亮監訳／大貫昌子訳、新潮社、一九九一年一二月、四四頁。
（5）一九五九年一月～七月に『文學界』に連載。同年一一月、文藝春秋新社より単行本刊行。なお、以下本稿での引用は新潮文庫版（一九七一年六月）から。
（6）この点に関しては、越前谷宏「開高健『日本三文オペラ』――ルポルタージュ的方法の陥穽」『國文學論叢』五

四、二〇〇九年九月、に詳しい。三重野ゆか「資料紹介――開高健『日本三文オペラ』関連記事」『国文研究』三九、一九九六年三月も参照のこと。

(7) 丸川哲史『帝国の亡霊――日本文学の精神地図』青土社、二〇〇四年一一月、一二七頁。

(8) 酒井隆史『通天閣――新・日本資本主義発達史』青土社、二〇一一年一二月、一一九頁。

(9) 開高健「やってみなはれ――サントリーの七十年・戦後篇」(山口瞳・開高健『やってみなはれ みとくんなはれ』新潮文庫、二〇〇三年九月、一七三―一七四頁)。なお、この作品はサントリー株式会社の社史刊行に際して、そこに収載するために執筆されたもので、同時に『小説新潮』一九六九年八月号にも掲載された。

(10) 橋爪紳也『都市大阪の戦後史――復興・再生・発展』山川出版社、二〇二三年七月、二〇頁。

(11) 河村直哉『地中の廃墟から――《大阪砲兵工廠》に見る日本人の20世紀』作品社、一九九九年九月、一一頁。

(12) 同書、一六三・一七四頁。

(13) この取材の経緯に関しては、開高自身があちこちに書いた回想や、いくつかの証言が残されているが、相互に事実関係が異なる記述が散見し、はっきりしない部分も多い。詳細を知りたい向きには、小玉武『評伝 開高健 生きた、書いた、ぶつかった!』ちくま文庫、二〇二〇年一〇月、の「第5章『日本三文オペラ』の衝撃――荒地と祝歌」(二六九―二〇九頁)がよく整理されていて便利。

(14) 註11、河村直哉『地中の廃墟から』二一二頁。

(15) 同書、二一六―二一七頁。

(16) 吉村智博『近代大阪の都市周縁社会――市民・公共・差別』近現代資料刊行会、二〇一二年五月、八八頁。

(17) 加藤政洋『大阪――都市の記憶を掘り起こす』ちくま新書、二〇一九年四月、八四頁。

(18) 坪松博之『壽屋コピーライター開高健』たる出版、二〇一四年四月、一〇五頁。なお、同書によれば、開高は一九五八年五月に壽屋を退社し、身分としては嘱託となっている。しかし同社の広告制作に関わる仕事は、その後も長く続け、宣伝部が独立して結成された広告制作会社サン・アドの取締役も務めた。

猫石の謎

永井荷風『日和下駄』の描写から

嶋田直哉

永井荷風『日和下駄』（籾山書店、大正四・一一）で以前から気になっている一節がある。「第八空地」のなかの一節である。

有馬の猫塚は釣道具を売つてゐる爺さんが咄したよりも、来て見れば更につまらない石のかけらに過ぎなかつた。果してそれが猫塚の台石であつたか否かも甚だ不明な位であつた。私達は旧造兵廠の建物の一部をば眼下に低く見下す崖地の一角に、昼猶暗く天を蔽うた老樹の根方と、また深く雑草に埋められた崖の中腹に一ッ二ッ落ち転げてゐる石を見出したばかりであるが、然しこゝに来るまでの崖の小径と周囲の光景とは遺憾なく私等二人を喜ばしめた。

『日和下駄』はテーマごとに十一の章が立てられている。この箇所は文字通り「空地」がテーマである。大正三年五月頃、荷風は友人の久米秀治と二人で、当時の勤務先であった慶應義塾近くの三田の空地に猫塚を探しに行ったところ、それが「つまらない」石のかけらで落胆した、という場面である。荷風の猫塚周辺の描写はどこそこ別天地の雰囲気が漂ってきて興味深いが、しかしこの台石しか存在しない「猫塚」とは一体何なのか？

荷風が足を踏み入れた空地は、そもそも江戸時代には久留米藩有馬中務大輔の上屋敷であった。明治維新後、このお屋敷は日本橋へ移転し、その後明治一六年三月にこの跡地には海軍造兵廠（兵器工場）が開設された。しかしそれも明治四三年一二月に築地（現、築地市場跡地）へと移転してしまう。やがて大正四年一二月に北里柴三郎を院長とする済生会芝病院がこの地に開設され、これが東京都済生会中央病院となって現在に至る。この有馬屋敷は現在の港区三田一丁目の六割ほどの地域に該当する。この区画には先述した東京都済生会中央病院の他に、三田国際ビル、都立三田高校、三田ガーデンヒルズ（現在建設中）、麻布十番ビルなど比較的大きな施設が立ち並んでいる。有馬屋敷がいかに広大であったのかがわかる。

荷風が探し求めた「猫塚」というのはこの有馬屋敷で起きた通称「有馬猫騒動」に由来している。これは化け猫退治の怪奇譚で、その猫の怨念を鎮めるために建てられたのが「猫塚」であった。これは現在も有馬屋敷の跡地にあたる港区立赤羽小学校内に存在しているが、現在同校グラウンド工事のため入構禁止で確認することができない。残念に思っていたところ、赤羽小学校のX（旧Twitter）公式アカウントでこの「猫塚」の写真がアップされていた（令和六年三月二七日投稿）。その画像を確認すると、崖下の木の根元に「猫塚」と刻印された石が台座の上に鎮座しており、荷風の描写の雰囲気が何となく伝わってくる。私は「これがあの『日和下駄』に登場する猫塚か～」と満足しかかった。しかし、気を取り直してこの画像をよく見ると、何となく微妙な雰囲気が漂っている。

荷風は近くの老爺に「猫塚といつても今は僅にかけた石の台を残すばかりだ」と教えられ、荷風も実際に「つまらない石のかけら」の台石を確認しただけである。つまり荷風が足を踏み入れた時点で「猫塚」の石（通称猫石という）はすでに存在していなかったのである。そもそも大正三年の時点で存在していなかった猫石がなぜ令和のXの画像に写っているのか？ さらにこの猫石そのものに「猫塚」と刻印されていることもよくよく考えれば不思議である。なぜならもし江戸時代からその石が猫石であったならば、最初からその由来を明示する「猫石」という刻印があったとは考えにくいからだ。おかしいといえば、台座と猫石の雰囲気が微妙に違っているような気もしてくる。どうもこれは荷風が見たかった猫石とは違うようだ。いったいこの石は何なのか？ そして荷風が結局見られなかった猫石はどうなったのか？ 猫石をめぐる謎は次々に浮んでくる。

図1　猫石（左）と樊獪石《はんかいせき》（右）（令和6年3月、筆者撮影）

その後調査を進めるうちに、荷風が見られなかった猫石は目黒区中目黒二丁目に存在していることが判明した。場所は防衛装備庁艦艇装備研究所内の庭である。築地にあった白河藩松平定信の下屋敷内の名園浴恩園に据えられていた樊獪石《はんかいせき》という石とともに、この猫石は並んでいたのである【図1】。猫石そのものは高さ一・二メートル、幅一メートルはあろう。化け猫の恐ろしさを感じるに十分な堂々たる姿である。荷風がこの猫石を実際に目にしていたら、まったく違う感想を抱いたに相違ない。そして次なる疑問が起こる。なぜ三田にあった猫石が目黒区にあるのか？　しかも築地にあった浴恩園の石と並んでいるのはどのような事情なのか？

これには海軍造兵廠の変遷が大いに関係してくる。先述したように明治一六年三月に三田の有馬屋敷跡に開設された海軍造兵廠は、明治四三年一二月に築地へと移転する。当時海軍関連の施設が数多くあった築地だが、そもそも江戸時代には先述した松平定信の下屋敷の浴恩園があった。その後大正一二年四月一日に海軍造兵廠そのものが廃止され、海軍技術研究所へと吸収される。やがて築地のこの研究所用地が築地市場に指定されたために、昭和五年九月この研究所は海軍火薬庫のあった目黒へと移転したのである。これが現在の防衛装備庁艦艇装備研究所の前身である。つまりこの猫石は海軍造兵廠の移転とともに三田→築地→目黒へと移設されて、現在に至るのである。特に築地から目黒への移転の際に、浴恩園の樊獪石とともに一緒に移動され、同一の地点に設置されたと考えるのが妥当だろう。これが猫石と樊獪石が現在並んでいる理由である。

荷風が有馬屋敷跡の空地に足を踏み入れたのは大正三年五月のこと。その三年ほど前にお目当ての猫石は築地へと移され、空地には台石だけが残されてしまったのだった。どうやらそれが荷風が知り得なかった裏の事情なのである。荷風はこの台石だけを見て「つまらない石のかけら」と落胆したのだった。なお、赤羽小学校内にある「猫石」と明記された猫石は後年設置されたものらしいが、この石そのものの由来は未詳である。

猫石。たかが一つの石である。しかし、それは歴史的側面から考えてみると実にカオスな存在なのである。

＊本文の内容は令和六年四月現在のものである。

参考文献
海軍有終会編『近世帝国海軍史』九四―九九頁（海軍有終会、昭和一三年一二月）

混沌の際《きわ》

芸術の使命

虎岩直子

はじめに

地図上の場所を探すのは好きだ。中学校一年の地理の教師が授業の始めや終わりの時間、地名を挙げて、生徒にその土地の経度緯度を答えさせるという遊びをした。目敏く土地の名前を地図上に探して真っ先に手を挙げる。ナポリやパレルモのような大都市だけではなくモンレアーレやコルレオーネなど小さな街もうまく探し当てた。高校生になって山に登り始めたとき、地図を読む訓練をした。地図の記号から起伏の傾斜や谷の深さを想像し、東西南北の取り決めや尺度換算から山頂への路を的確に見極める。やがて、物理的な地表を辿ることと地図を辿ることが必ずしも一致しないということを何度も経験することになった。わたしは必ずしも地図を規則通りに読むことは得意ではなかったということが判明した。だいたい県境に地図上にあるような線があるわけではない。健脚ではある。稜線を足早に進むのが得意だった。切り立った尾根を跳ね歩いていく。崖から転げ落ちることなど怯えず恐れずに森林限界を越えて痩せた岩の細道を歩いた。そんな姿を見て、「キミはカモシカみたいな足取りだね」と言った友人がいた。「カモシカのように狩人の手から、鳥のように鳥撃ちの手から、自らを自由にせよ」という箴言がある。「悪い金貸しの罠に掛かったら、迷わず逃げよ」という聖書からの教えらしいが、良し悪しにかかわらず、自分を縛る人間界の取り決めから自由になれ、という意味と取りたい。カモシカは狩人や木こりが行く杣道から人間が拓いていない森へと走り去って行く。

自分の毛皮だけで美しく生きるカモシカの比喩が気に入っているにもかかわらず、私は装うのも好きだ。冬は暖かく夏は涼しく、季節を問わず快適に纏えるシルクが好きだが、コットンやリネンやなるべくなら天然素材がよい。周囲に優しく溶け込むパステルカラーよりも際立つヴィヴィッドな色合いの、かたちは奇抜すぎず平凡すぎないくらいのもの、ボディコンシャスと言われる類よりも、少しゆったりとした長めのものを纏って街を歩く、のどかな里山も歩く。自然に襞ができるほどたっぷりしていることはとても大事だ。

少し険しい山道も、D・H・ロレンスやV・ウルフが辿ったコーンウォールのリザードのような切り立った海岸線もひらひらと裾を翻して歩く。飛沫を上げて砕けるセント・アイヴスの波を眺めながら、アイルランド西部のモハの絶壁を思い出しながら、能登のヤセの断崖の風花を思い浮かべながら、エーゲ海の青、イオニア海の満月に復活祭の晩に驚いて、オデュッセウスの旅を想像してみる。

1　『オデュッセイア』

木馬を仕掛けて巧くトロイを滅ぼしたイタケの王オデュッセウスは、戦のあと妻子が待つ故郷を目指すがなかなか帰れない。その間イタケで留守を預かる妻のペネロペイアはオデュッセウスの父親の死装束のための布を織っては解いている。生死が知れぬオデュッセウスの留守中求婚してくる者たちに、布が織り上がったら返事をするという約束だ。

西洋古典の傑作のひとつ『オデュッセイア』が伝える物語である。海上と小さな島々を移動し続けるオデュッセウスと、屋敷内に留まって朝になればまた同じ作業が始まる家事に似て、織っては解くという繰り返しの作業をしているペネロペイアの姿は、男性の仕事と女性のそれの原型とも言うべきものの対象を提示しているかもしれない。共通点もある。どちらも「沈黙の塊・身体《ボディ》」を覆って何らかの意味を与える人間の営みであるということだ。陸と海で構成される地球、そして人間の肉体というボディである。

ペネロペイアが織っている布はひとつの身体の生と死の区切りを確定する印だ。一方のオデュッセウスは、未知の土地と海を巡り、探検し、その冒険を語ることによって、彼の冒険と苦難に耳を傾ける、あるいは本のページの文字を必死で追っている聴衆や読者に、英雄が辿った路の像、地図を思い描かせる。地図は食せる樹木や動物や水、危険や避難場所、ときには敵との境界など空間上のサヴァイヴァル情報を提供する。もちろん地図を作り情報を授受するのは人間であり、海や陸とは関係がない。衣服も、刻々と変化している人間の物理的な身体とは別に存在している。衣服と地図は言語と相似で、一つの共同体の中で意思疎通には有効な道具である(1)。

だが、ペネロペイアの織っている布の模様は判然とせず、物語の終わりに織り上がってもいないように、オデュッセウスの道行きの図も、決定版がないままホメロスの詩を享受した者の想像の中にのみ存在する。風向きなど科学的な根拠を想像に付与して、英雄の辿った道筋を現実の地球上に見出そうという試みが続けられてきた。たとえばオデュッセウスの家来を喰ったひとつ目の怪物が棲む島は、現在のイタリアに属しているシチリア島だという説は有力だ。噴火を続けるエトナ山がひとつ目を喚起するのだろうか。あるいはシチリアと言われる島に古代ギリシア時代に住んでいた部族はなかなかギリシアに友好を示さなかったのだろうか。ギリシア帰属の印は、アグリジェントやシラクーサやタオルミーナなどに現在もそこそこに残ってはいるのだが、ホメロスの時代にはまだギリシアの植民地ではなかったかもしれない。

いずれにしても、こうしたことは想像に過ぎない。「過ぎない」という語句は「実態」「現実」が「想像」より勝っていることを前提とするが、「現実」「実態」とはなにか。わたしは実体験絶対主義者ではないが、地球上の地面を歩くのが好きだ。シチリアの樹木や花々やヤギや海を見て、ああ、このあたりまでオデュッセウスはやってきたのかもしれないと想像する。地図も衣装もある種のルールの完成を目指す人間的行為で、それらがなければ人間を含む動植物の身体も土地も海も言語的には沈黙で、人間の求める秩序に従っているわけではない。

一九二九年ユダヤ人の両親のもとパリで生まれた米国人文芸評論家ジョージ・スタイナーはホメロスの叙事詩について、人間を取り囲む莫大な沈黙の一部を古代ギリシアの大詩人が言語に翻訳したと論じた。「言語こそが、非分節言語の領域、すなわち存在のより大きな領域を占めている沈黙から、人間を切り離しているのだ[2]」と彼は書いている。「存在のより大きな領域を占めている沈黙」をホメロスが逆説的に表し得ている、とスタイナーが読み取っていることが肝要だ。彼は晩年、ガーディアン紙のインタヴューで「私の全生涯はホロコーストの記憶、死にまつわるものだ」と語っている。沈黙とは、言葉――いわゆるロゴスという西洋的な秩序――がない状態である混沌と同義とするならば、負であれ正であれ有り余る力と可能性と言語化できないものが渦巻いている混沌状態を、人間の言語は覆い尽くして翻訳することはできないということを、ホロコーストという混沌を見たスタイナーは熟知している。翻訳をゆったりとしたローブに喩えたベンヤミンは[3]、ローブに覆われた部分に「真実」が有るはずと希求したが、実は「真実」は覆い尽くせない。が、もちろん、ベンヤミンの衣服と言語の比喩は古典的でありながら秀逸で、スタイナーの言うところの「存在のより大きな部分を占めている」沈黙は覆いきれないが、限られたひとつの事象――たとえば「薔薇」の真実について、あるいはボードレールの一篇の詩が伝える真実には、ゆったりとした古代ギリシア時代の彫刻が纏っているようなローブがそれぞれ覆おうとする試みがなされている、と考えてみることになる。もちろん幾百万の言葉を費やそうと、たった一輪の薔薇の真実も伝えられはしないのだが。

優れた芸術とは、スタイナーがホメロスの叙事詩に感知したように、人間の技術が秩序立てている部分と、その周辺に渦巻いている圧倒的な混沌の沈黙を露わにする。それによって読者・観客の場所に座る人間は、自己の力とその非力、そして自己を存在させている世界、いや宇宙を知る。「すべての人間は、生まれつき、知ることを欲する」とアリストテレスは書き、「知は力なり」という言葉を残したのはフランシス・ベーコンだが、新たな対象との関係を拓いていくのが知るという欲求で、芸術は絶えず変化している未知の混沌との関係を探るきっかけとなる「際《きわ》」を作る。芸術の享受者はその「際」に立つことによって混沌を垣間見る。そして、ひとつの存在や有り様についての人間の言葉による名付けが変化するにつれて、つまり、ひとつの作品についての別訳、翻案、が繰り返し施されることによって、それぞれの版の差異から垣間見える混沌の景色が変化し、際を構築している芸術のその際の先のさまざまな様相が顕わになってくる。

衣服の比喩で続ければ、袖のある服と袖無し、スラックスとホットパンツとでは、同じ身体を覆っていても見えるところも見え方も異なる。地図と衣服は、ボディを守る役割を持つと同時に秩序付与の装置であり、人間にとって最重要の道具といえるだろう。それゆえ、ホメロスに窺えるとおり普遍的な比喩でもあるが、とりわけ、被征服・被植民地経験をした土地では、見慣れない衣服や承服できない地図を示されたりしてきたことにより、仕掛け自体についての意識化が強力となり、さまざまなかたちで見え隠れしている人間の秩序が「際」をなす混沌が露わになる。カモシカの喩えを使えば、「狩人」の他者性が植民地的な場所では際立つといえるだろう。カモシカを先住の集団、あるいはヒトとは異なる種とすると、後から入ってきた「狩人」の使う言葉や衣服は異なったものだし、「狩人」が土地把握のために作る地図はカモシカを追うためめか排除するため、または家畜のように囲い込むためのものだった。そのような状況が顕著に現れてきた場所のひとつがアイルランドである。

2 『ユリシーズ』

初めてダブリンに行ったのは四〇年以上前、雨だった。留学中の復活祭休暇のときだったから三月の終わりで寒かった。大通りさえ泥濘《ぬかる》んでいたような気がする。灰色の雨の細い筋を通して、八百屋に並んだ野菜の色ばかりが鮮やかだったのを覚えている。

アイルランドの首都ダブリンの語源が意味するのは「黒い水たまり」だ。二〇世紀を代表する小説家のひとりジェイムズ・ジョイス（一八八二〜一九四一）は長編小説『ユリシーズ』で『オデュッセイア』を翻案して枠組みとして借用したが、(4) ターコイズブルーやエメラルドグリーンのような明るい青色で形容される地中海の海域に代わって、『ユリシーズ』の主要登場人物たちが一九〇四年六月一六日に移動するのは黒いとは言わないまでも灰色の街路だ。一八世紀に整ってきたダブリンの街には周辺の土地や他の地域から持ってきた石で造った建物が立ち並んでいる。

ところで、ジョイスは『オデュッセイア』を借用したと書いたが、「ユリシーズ」という名前を勇者オデュッセウスの代わりに用いたのはローマ人、というよりローマの支配下に下ったグレコ・ローマンの詩人たちである。紀元前三世紀ころにルキウス・リウィウス・アンドロニクス（紀元前二八四〜二〇四年頃）という文筆家が、現在のイタリア共和国南部に位置する故郷ターラントを征服したローマ人の師弟の教育のために『オデュッセイア』をギリシア語からラテン語に翻訳したときに「ユリシーズ」という語を用いたということだ。リウィウス・アンドロニクスはギリシア風のローブをローマ風に作り変えたわけだ。

イエズス会の学校で教育を受けたジョイスは、もちろんラテン語には堪能だったが古典ギリシア語は読まなかった[5]。ゆえにラテン語の『ユリシーズ』に親しんだことに不思議はない。ジョイスの『ユリシーズ』は「翻訳」の「翻案」である。言うまでもなく、わずか数十行しか残っていないリウィウス・アンドロニクス訳のものではない。

さて、長編小説の構想を練っていたとき、エグザイル作家ジョイスはすでに祖国を離れイタリアの何処かにいた。これまでも自分の作品の場としてきた街を空間的にも時間的にもさらに探っていくのだというアイディアをおそらく念頭に置いて、兄思いの弟にローマから送った手紙で、ダブリンの地図があればいいのだが、と書いている[6]。地図としてはすでに基準となっていたはずの「英国陸地測量局」制作のものをジョイスが下敷きにしていることについては様々議論されてきたし、最近ではコリン・パーソンズによる『全国陸地測量とモダン・アイルランド文学[7]』という優れた研究書がある。一八二四年にアイルランドで始まった英国陸地測量局による一マイルあたり六インチという通常より詳しい縮尺で平面上に抽象簡略化する土地把握がいかに英国の権力行使と結びついていたか、そしてジョイスをはじめとする文学者がどのようなかたちで「科学」を装った測量行為とそれを反映した地図の限界を作品で示してきたかをパーソンズは論じている。

ジョイスが読者に提示する地図は言語によって描かれている。ジョイスの言語表現は多様だ。新聞のヘッドライン風の見出しつきで進行する第七挿話「アイオロス」。第一四挿話「太陽神の牛」は、言語の変遷を異教呪術的祈禱を真似た文体からラテン語歴史書、古英語、中英語、一九世紀の小説スタイルへと辿りながら進行する。ドラマ仕立ての挿話は「キルケー」（第一五挿話）である。さまざまな表現はそれぞれの限界と表しきれない事物を仄めかし、そうした多様なかたちの表象と出会う読者の想像の中で広がるイメージもまた千差万別。二次元平面に特定の記号を使って土地の表象を試みた測量局地図よりも、ジョイスが読者の想像力の中に描き出すダブリンの地図は多視点で、縮尺があるとしたら、例えば第一章冒頭で青年がひげ剃りの剃刀と洗面器を持って現れる場面のように、現場に突入する場合の縮尺は圧倒的に大きいし、あるいは、第一三挿話の書き出し「夏の夕暮れはその神秘の抱擁に世界を包み込み始めていました」のように、空と大地との関係を俯瞰する場合は極めて小さい。『ユリシーズ』の愛読者、とはいわずとも、愛好者は多数。そのうちの実体験崇拝者を誘うほどのダブリンの街の情景が『ユリシーズ』には叙述されている。ダブリンの地図を辿って、『ユリシーズ』の主人公ブルームが歩いた跡を、一世紀以上を経たいまでも辿ってみようとする人が後を絶たない。『ユリシーズ』愛好者で現場主義者はブルームがサンドイッチを買ったデイヴィ・バーンズというパブに立ち寄ってブルームが食べたゴルゴンゾーラのサンドイッチを味わったり、ブルームが買ったレモン石鹸を売るスウィーニーズに寄ったりもする。彼らにはやがて、測量局地図が場所について伝えることとの限界とともに、ジョイスの言語の森の中の言語表象と現実のズレも露わになってくる。言語表象が数え切れないほどの読者それぞれと結びつき、ひとりひとり異なったイメージを生み出していくことに対して、限定的な三次元の場として存在する現実のサンドイッチやレモン石鹸に落胆したりもするのである。ゴルゴンゾーラはもっとマイルドであったに違いない、レモン石鹸はポケットに収まるはずだからもっと小さいのでは？　色はもっと黄色みを帯びているのでは？

地図表象は、たとえ事物を覆いきれないとしても、事物の場所をできるだけ忠実に記号化しなければならない。だが、芸術は違う。表象は表象である限りそれを取り囲む無限の混沌の中の要素と読者を介して結びつき、そのつど異なったものを生み出す可能性を持つ。『ユリシーズ』は、英国を含む政治権力による領土掌握の限界と、言語芸術による表象の豊かさとその限界とを読者に伝える。ジョイスの「芸術作品」は、表象で覆いきれない圧倒的な混沌を見渡す場、そして混沌との接合を積極的に招いている際となっているのである。

ところで、『オデュッセイア』のペネロペイアに相当するブルームの妻モリーは、布を織っては解くという仕事をしてはいない。『ユリシーズ』最終挿話のベッドの中で、夜着は身につけているはずだが昼間の秩序のもとに定められた衣服を纏っているのではないモリーは、とりとめもなくその日一日を反芻している。クライマックスは夫ブルームの留守中の昼間の情事で、詳細に性交の模様を辿りながら、モリーは夢現《ゆめうつつ》すなわち夢と覚醒の間にいるようだ。ペネロペイアの死装束の完成を目指す(または目指さない)織る解くの繰り返しは、モリーの意識の流れを辿る語りに反映されているともいえる。彼女の想念のかなりの部分を占めているのは間男との性交だ。動物としては新たな生命の生成を目指して、または快楽を優先するために目指さないかたちで、性の営みは繰り返される。また、モリーの独白は句読点のない長い八つ目のセンテンスで構成されていて、最初と最後に'Yes'が置かれているので、ウロボロス的構造のうちに夢現が繰り返されるという解釈もあるし、このエピソードの最後で彼女は夫ブルームからプロポーズを受けたときの最初の抱擁を思い出しているのだから、間男との遊びのあとブルームのもとに戻る、つまり、ペネロペイアのように帰還した夫との関係を回復すると考えることもできる。モリーの語りは「巨大な地球儀がゆっくりとむらなく転がるようなものだ(8)」と言ったのはジョイス自身だ。織っては解くペネロペイアの布のように転がり続ける球体は転がることで増えも減りもしない。

さてロゴスではなく肉体の言葉を体現しているとも言われるモリーの意識の流れを辿るジョイスの言葉は理解可能な領域にある。昼の服の規範から外れてはいるが、モリーの語りは、語りが存在しない、比喩を使えば夜着も纏わない、混沌の世界とは異なるということだ。

3 紛争という混乱の際《きわ》

北アイルランド出身で一九五〇年生まれの詩人メーヴ・マッガキアンの文体をモリーに喩えた評者がいる。(9) 句読点の少ない長くて判じにくい詩行で作品を構成しているからである。だが、モリーの半分眠っているような自己反省しない肯定的な独白に対して、押し付けられた男性中心的言語を使わなければ沈黙するしかないという状況を、嫌でも纏わずには外を歩けない衣服の比喩を用いて繰り返し表すマッガキアンの詩、とりわけ一九八四年出版の『ヴィーナスと雨』(10) に収められた詩の語り手は、衣服について不満げだ。以下は「鳥籠」(11) の冒頭。

どれだけ嘘があるのかとお聞きになるかもしれないわね
また歩けるようになったばかりのわたしが
男みたいなオーバーオール姿で旅支度のマントを羽織っているように見えるとき

身ごもっている姿を男たちの眼差しから守るために纏っていた
姿隠しの黒っぽい服を着替えたとき。

歩けば地表に足跡が残るので、白い紙に文字という跡を残していく「書く行為」は「歩く行為」にしばしば喩えられる。もちろん詩の強弱のリズムを構成する詩脚（'foot'）という語から「歩み」と「詩を書く」の比喩はコンヴェンションだ。「鳥籠」の語り手は出産の後「歩ける」＝「書くことができる」ことができるようになったとき、「男のような服を着なければならないがそこにはどのくらい嘘があるのか」＝「男性中心的に作られてきた言語と詩の伝統に従って詩作しなければならないが、そこにはどれくらいの嘘があるのか」と、「歩く」「書く」と「言語（翻訳）」「衣服」の比喩を使って問いかけている。

身の安全のために女性が男性の装いをして行動するというのはシェイクスピアの芝居には頻繁に登場するモチーフだし、現実でも、男性の名前を名乗って出版するというのはブロンテ姉妹を挙げるまでもなく社会に認められるための常套であった。くわえて、一九八〇年代初めの北アイルランドでは、「衣服」と「衣服」が象徴するものについて大きな混乱が生じていたことが、「衣服」と「言葉」へのマッガキアンの態度に確実に影響している。発端は一九七六年の英国政府による政治犯に対する特別措置廃止である。それまで政治犯は囚人服を着る必要はなかったが、「特別カテゴリー」といわれる取り決め廃止により、囚人服着用が義務づけられ、それに異議を唱えるため囚人たちは囚人服を着ずに「ブランケット闘争」として毛布を纏い、しばらく後には糞尿で収監施設を汚し、一九八〇年代に入るとハンガーストライキを始める。

英国政府への意義申し立てとして、政治犯たちは自分たちの身体という物質を象徴として使用した。「囚人服」を強制することによって英国政府が彼らに被せる「間違った意味」に対して、彼らの裸の身体は「純粋」「真実」を象徴することになる。ここでもう一度、ベンヤミンによる翻訳に対する「純粋な言葉」を考えてみるとよいかもしれない。「純粋な言葉」とは存在するのか。すべて言語は「純粋な混沌」のある部分だけ翻訳できるのに過ぎないのではないか。物理的身体に狭義の意味を付与してしまうとどうなるのか。「裸の身体」に狭義の政治的な意味を付与し過ぎれば、その意味が否定されたときに身体が否定される。身体が置かれている場所で意思疎通可能な共通の言語を通して、身体は表現され、守られもする。

「鳥籠」の語り手の態度は服装倒錯的である。男性中心父権的構造を支えるものとして言語があり、それでは女性の意識は伝えられないというフェミニスト的意識を強く持っている。そして、なんとか社会の中で生き延びて「偽り」ではない真実の自分自身と想定されるものを伝えるためには共通言語を使うしかない、と詩人は知っている。男性の服を纏い変装をする必要性を痛々しくもこれみよがしに主張する。男性の服を脱いで女性のドレスを纏えるのか。書くためには男性の言語、衣服を纏うしかない。服を脱げば、表現しようのない混沌があるのみだという身振りで、マッガキアンはジョイスのモリーとは異なった混沌を読者に感知させる。

一九八〇年代アイルランドで「翻訳」実践が極めて活発になったことは、政治犯の抵抗運動と紛争の膠着化に関係がある。際《きわ》を作る壁にも等しい「囚人服」のような人間による表象物と表象行為への信頼が揺らいでいるときに、翻訳への関心が高まる。際の見事さと脆さ、際《きわ》の外の領域を露わにする方法は、言語表象による翻訳のみならず、地図の作り直しや着せ替えが比喩する「翻訳」行為全般である。

ベルファストやデリーのような北アイルランドの都市では文字通り壁が際《きわ》に聳え、壁が囲む集団の帰属価値表象をなしてきた。概ねカトリック系ナショナリストの住民と概ね英国に帰属意識を持つプロテスタント系の人々が暮らす地域を分ける壁には、それぞれの宗派や歴史を反映する絵が施された。一九九八年に一応の紛争集結に至ったあとも、分断の歴史としての観光資源として、あるいは環境保護や世界平和を訴えるモチーフへと絵柄を変えて壁は残存している。こうしたプロパガンダとして機能してきた壁群はひとつのグループの際《きわ》をなすが、わたしが強調したい根源的な混沌とのあいだの際をなす芸術とは異なっている。しかしそれでも、隣の集団の秩序を認めない、すなわち他者の表象は否定的な意味での混沌であるとして無化したいという意識は明らかだ。根本的にはどの表象も混沌の中に打ち立てられたもので、やがてその秩序は崩れていくのだが、何らかの秩序は他者と意思疎通を図りながら生きていくためには必要かもしれないことを意識化する仕掛けにはなっている。

北アイルランドの共同体間の違和が紛争というかたちで顕在化していく当初は、所属しているグループの特徴を確認して、自己の所属グループの特徴とその重要性を強調するという表象活動が盛んに行われた。ノーベル賞詩人シェーマス・ヒーニー（一九三九〜二〇一三）の最初期の作品の「掘る」（*Death of a Naturalist*, Faber & Faber, 1966）がその例となるだろう。しかし、八〇年代に入り紛争が膠着化すると、壁や人間で構成される他者グループとの境界をつくるという行為、地図を作るという行為自体の意味と無意味についての作品が目立つようになる。

あの村を覚えているよね
通りの真ん中に境界線が引かれた村だよ
肉屋とパン屋が違う国に分かれることになっちゃってさ。
きょう彼は言ったのさ、俄雨《にわかあめ》が
ゴライトリー通りのところできれいに止んでたってね。
ひょっとしたらガラスの壁だったのかもだ
それがひっくり返っちゃった。彼はそこに佇んで、長いこと
考えてた、どっちの側にいたらいいかな、「側」ってのがあるとして。

この詩は一九八〇年にポール・マルドゥーンが出版した『なぜブラウンリーは去ったのか』という詩集に収められている「境界委員会」[12]だ。マルドゥーン特有の不条理で滑稽な味わいも持ち、まさに詩行が「軽く進んでいる《ゴーライトリー》」小噺《こばなし》的な八行でまとまっている。小さな詩だ。まるで作者の生まれた村を象徴しているようだ。マルドゥーンは一九五一年に北アイルランド、ティローン県のモイという小さな村で生まれた。八〇年代半ば、再婚した妻の国アメリカに移住したが、ヒーニーのあとに名誉あるオックスフォード詩学教授に選ばれたこともあり、しばしばイギリス諸島のあちこちに戻ってくる。二〇一五年の「オン・ビーイング」というラジオ・インタヴュー番組で生まれ故郷について、「アーマー

県とティローン県の間にある村で、アーマーに属しているが実際にはティローンにある、そして反対の方にチャールモントという小さな集落がある」とかなり詳しく語っている。[13] マルドゥーンはおそらくアーマーの方に親近感があるからこのような表現になっているのだと察するが、実際の政治的区分ではモイはティローン県に属している。モイはまさに「あいだの場所」だ。

ベルファストからレンタカーでアーマーの大聖堂とマルドゥーンの別の詩に登場するモイのイタリアン・スクウェアを探したことがある。夏の昼下がりなのに誰とも会わない。小さな静かな村だった。夕立が降った。虹が架かった。このような村に住人の生活を分断するような境界線が引かれるのか、と思った。もちろん、地図上の境界線など無視して住人は肉屋とパン屋に行くはずだ。

さて、タイトルの「境界委員会」は詩のトーンとは不釣り合いに重い。アイルランド島が北と南に国土が分断されることになった二〇世紀初めに、その境界を決定すべく一九二一年に「境界委員会」が設けられた。この委員会はあまり機能しないまま一九二五年には解散となり、その「境界」と想定されるものの北側でこの詩は書かれている。実際、居住者にとっては理不尽に引かれた境界であったはずだ。いかに土地に生きる生活者の意思を無視したものであったかを、この詩はひとつの村の「肉屋」と「パン屋」が別の共同体に分かれてしまうというかたちで表す。「肉屋」と「パン屋」は、アダム・スミスが人間生活を営むうえで基本的な機関であるとしている商売だ。『国富論』の第二章でスミスは以下のように書いて、社会生活のルールの基本を経済的な基盤にあるとしている。

肉屋、酒屋、パン屋の温情によってではなく、商人たちが彼らの利益を考慮することでわたしたちは晩餐の糧をえられる。商人たちの人間性にではなくかれらの自分自身への愛、わたしたちの必要性ではなく、彼らの利益へ訴えかけるのだ。（第一章第二篇）

アダム・スミスの言葉は、経済の仕組みを身近な商売を使って簡潔に説明しているが、身も蓋もない。ことさらに情を排除している。過酷なルールによって社会経済は進行し、人間の生活は混乱せずに成り立っていると了解しなくてはならないようだ。しかし同時にスミスは人間《ヒト》という種について最も自然なルールを語っているのに過ぎないのかもしれない。優しい気持ちとか隣人愛が溢れるがゆえにパン屋や肉屋があるわけでない。生存していくために必要なルールに従っている。

詩に登場する「境界」は、「肉屋（butcher）」「パン屋（bakery）」――同様に同じ子音ではじまり、これもなくてはならない商売であるとしてアダム・スミスが挙げている「ビール醸造所（brewery）」は詩行には登場しない――という同じ共同体にあるべき商売を分断している。つまりふたつのコミュニティの際《きわ》を作る新しく設置される仕掛けは、それより以前に存在していた村の経済構造を支えるルールをないがしろにしているわけである。人間社会の自然なルールが混乱している。ある共同体のシステムに則った整然とさせる仕掛けのはずのものが混乱の元だ。そこに、マルドゥーンの慧眼は「俄雨」という自然現象を持ち込んでくる。天候は人間《ヒト》とはことなったルールのもとに変化し、人間《ヒト》はその影響は被るけれども天候を左右することはできない、というのが二〇世紀後半くらいまでの常識であろう。人間の支配を越えて刻々と雲は動き、雨は落ちる、雪も降り風も吹く、陽も照る、という状況は地球温暖化や気候変動という言葉が頻繁に使われるようになった現在では疑わしいが、少なくとも人間の希望を越えたかたちで気候は変動しているとは言えるだろう。この詩では、本来人間《ヒト》という種のルールには従わない雨が、人間が引いた境界線のところでピタリと止まっているというまことに不自然な状況を報告して、大地に境界を設置して、それを地図に表象させ、それ以降はその表象された境界を認知して、人間は不自然に生きるという不自然さを際立たせる。詩の最後の行で「側っていうのがあるとして」と、俄雨を登場させたあと「境界」の存在を仮定的なものとすることで、「地表」というのは元来切れ目なく広がっているもの、空海大地はひとつであることを読者に確認させる。人間の意味づけを越えた沈黙の自然が覗き見える。記号が混乱している。そして混乱を表出するこの詩が作る際《きわ》のむこうに、人間的な記号を越えた世界、自然という人間の意志を越えた混沌が見えるのだが、その混沌は、この詩では人間を飲み込む恐ろしいな姿をしてはいないようだ。

小噺のような、と先に書いた。マルドゥーンの作品の特徴として、必死に声高に何かを主張することはないということが挙げられる。詩人を取り囲む世界のちょっとした不思議不条理謎について、この詩の中の「彼」のように、おそらく少し頭を傾げながら考え込んでいる姿を、淡々と描き出してみるというのが彼の方法のひとつである。とりわけ、紛争がまさに激しさを増していく頃に出版された『なぜブランリーは去ったか』では小さなミステリーがなぞなぞのように繰り返し現れる。「なぜブラウンリーは去ったのか、そしてどこへ行ったのか／それがいまでもミステリー。／だって、満足していた男は最後の一畝に鍬を入れずに、畑も家畜も放りだして蒸発してしまう。あとに残った「黒馬が二頭、夫婦のように、身体の重さを片足からもう一方へ移動させながら、未来をじっと見ていた」。マルドゥーンは大げさに騒がない。だから「境界委員会」でも、「境界」の不条理を糾弾するわけでもない。もしかしたら、こんな不条理はすぐそこに、足元に、五メートル先にでも、犬も歩けば棒に当たるようにストンと在るのではないか、という気がしてくる。ガラスの壁が割れて崩れるように、雨だって、仮想境界上を、ある程度垂直平面を保ちながら降ってくる場所と、止んでいる場所がすっぱり分かれているときだって在るかもしれない、そんな気もしてくる。なにしろ妖精の住む国なのだから。[14]

人間の世界は、それとは別のルールが支配している領域と共存しているという意識は、「妖精の国」というキャッチフレーズで人々を魅了するアイルランドを含めて異界伝説が根づいている共同体では強いだろう。異界を眺める仕掛けのひとつが、異界を語る言葉によって構築される文学だ。言葉によって異界の様相が翻訳されているといってもよい。もちろん完璧な翻訳ではなく、言葉に出来ないものを言葉の形に変えてみているという程度の翻訳だ。ここで、伝説や英雄譚を積極的に収集した一九世紀末から二〇世紀初頭にかけてのアイルランド文芸復古運動について詳しく語ることはしないが、普遍的に人間がもっている人間《ヒト》を含む自然に対する信仰のような意識は、キリスト教の広がりにもかかわらずアイルランドでは政治的に強く意識化された。それが、二一世紀になって環境主義とうまく、あるいは悲しくも結びついていくことになる。

マルドゥーンに戻ろう。彼が見晴らしのよい際《きわ》を築いているとは思わない。むしろ先に書いたように、気がつかないうちに転ばなくても済むほどの穴が空いていて、その穴に足を踏み込んだときに身体が傾いてそれまでとは違ったように日常が見えるというかたちの際《きわ》だ。高さではなく凹みとしての際《きわ》ともいえる。それは映画『カリガリ博士』[15]（一九二〇）の背景のように【図1】、あるいは荒川修作＆マドリン・ギンズ作の《養老天命反転地》【図2】のように世界をそれまでとは違った視点から見せて、日常世界のすぐそこにある豊かな混沌を表出する。そして、荒川&ギンズのテーマパークが堅固な材料で視覚的に調和の取れた「美しい」ものであるように、マルドゥーンの言葉で出来た際《きわ》も堅固だ。芸術の際《きわ》は混沌とは別物でありながら、芸術の言葉という衣服の下からはみ出している混沌とした世界を感知させ、まだ実現されていない混沌との新たな結びつき方、異なった意味の生成の可能性を見渡す場となる。

図1 『カリガリ博士』(© The Hulton Archive)

図2 《養老天命反転地》(筆者撮影)

マルドゥーンにとって、というより、あらゆる詩人と言葉で表象する芸術家にとって、言葉はレンガのような際《きわ》を作る堅固な材料だ。マッガキアンのように衣服＝言葉への違和感を嘆くとしても、嘆きの身振りを他者に伝える言葉は堅固だ。しかし堅固であるということが、表象するものが変化しないということを意味するわけではない。以下はマルドゥーンが一九八三年に出版した『クウーフ(16)(*Quoof*)』の表題詩の前半だ。

幾度となく僕はうちの家族の言葉を運んで行った
それは湯たんぽという意味で
見知らぬベッドへと運んだんだ
真っ赤に熱くなったレンガのかけら半分
上手に古い靴下に入れた父さんが
子供の頃、寝床へと運んで行ったようにね。
僕はとてもたくさんの可愛いオツムの中にそれを入れた
でなけりゃ、僕らのあいだに置いたんだ、刀のようにね。

語り手は幼い頃に自分の家族のあいだでだけ「湯たんぽ」として使われていた「クウーフ」という言葉を、セックスの相手の女の子に囁いてみる。その行為を、父親が子供の頃熱くしたレンガを古靴下に入れて自分の寝床に持って行った思い出に喩えている詩だ。ここでは、文字列としても音としても奇妙な「クウーフ」という語と、それを目的語として「運ぶ」、「入れる」、「置く」、という物質を移動させる極めて単純な動詞が使われていて、言葉の物質性が強調されている。

さらに「クウーフ」という聞き慣れない言葉は、語り手の父にとっては湯たんぽ代わりの温めたレンガであったが、語り手とベッドの中にいる女の子には「侵入」あるいは壁のように境界を定めるものの象徴となる。異質なものとの出会いが、快感となるか違和感となるかはその出会いの都度異なるのだ。意味は状況に応じて変化していく。しかし、レンガのように固く、湯たんぽのように暖かく、詩人にとっては、たとえベッドの中の女の子との他者関係を明確にする境界をなしても、なお、ひとつの意思疎通の方法にはなっている言葉だ。言葉は詩人にとって根本的には肯定的なものであろう。固く気持ちのよいレンガのような言葉で作り上げる詩人の構築物は、読者の読解に伴い変化して、新たな読者との出会いの度に新たな生成が実現していく。それは言語という装置が、意味は変化しても、記録の手段が発達した現代ではとりわけ持続可能《サステナブル》であるからだ。完成した詩という際から見渡すわたしは、すぐ横の他者を越えて、さらに彼方に存在するいまだ言葉も地図も衣服も覆っていない混沌を幻視する。

4　際《きわ》の向こうへの招待

芸術とは混沌との際《きわ》を成し、そして読者・観客がその際《きわ》に立つごとに、あらたな混沌との出会いへの、新たな関係の構築へと誘う招待状だ。最後に、北アイルランド紛争をとりあえず終結へと導いた、

図3　ベンジャミン・ド・ブルカ作 *The Trouble with context* © Context Gallery

一九九八年の「良い金曜日協定」から一〇年経った頃出版されたシネード・モリッシー（一九七二〜）の『四角い窓越しに』（二〇〇九）中の一篇、「招待」[17]を見てみよう。

「招待」には「ベンジャミン・ド・ブルカのために／倣って」という献辞がある。二〇〇九年北アイルランドのデリーにあるコンテクスト・ギャラリーでの『コンテクストの厄介な問題』という展覧会で、ド・ブルカは、北アイルランド紛争という文脈に編み込まれた景観を見せるベルファストやデリーの党派的壁絵の画像を、切り刻み、コラージュ的に混ぜ合わせて張り合わせたインスタレーションを展示した【図3】。ひとつの秩序のもとに編み込まれているテキストを解いて、同じ糸を混ぜ合わせて他のかたちに編み直す。ネオマテリアリズムを強引に当てはめれば、変化した物質群が分子レベルの諸要素と総量では変わらず、一旦混沌状態に戻ってから別の結びつき方をして別の様相を持つ物質として、もういちど可視・可触世界に存在し直しているような具合だ。

さて、その「ド・ブルカに倣って」という献辞通り、モリッシーの「招待」も、日常の衣装の網目を解く試みだ。三つのパートから成る詩のパートIは、安全に見えていた肘掛け椅子のある部屋の床に裂け目が出来て、それが窓のところまで裂けていくよ、と語り手が「キミ」に告げるところから始まる。

キミは安全だと思っているね？　みんなこのままだってね？
高々と積まれた火は堅固、二月は追い込まれて
窓の向こう側？　本を置いて。時計を外して。
ポケットを空にして。唯一握れるものは光、
肘掛け椅子の下の断層線が裂け目を宣告するそのとき――ひらくのは髪一筋の裂け目、
ひっそりと、床板に埋め込まれた日照りでひび割れた窓狭間飾りのところまで裂けていく――
〔中略〕
穴が、入り口が、足下で開いている、マントルピースが崩れ
リネン戸棚が階段を転がり落ちる。キミの居間には軸が
あったなんて知らなかったがそれが突然大回転、キミは動転、立ち尽くした。
夜の空が満点光り輝くという光の確かなパラドックスを手に取って。跳べ。

家具がさかしまになるような大混乱を起こしている部屋とは、まるでデ・キリコの子供の頃の地震の思い出の絵、あるいはそれこそ荒川修作&マドリン・ギンズが作った空間のようだ。日常に突然現れた非日常の混沌の中に、語り手は「翔べ」と誘う。パートⅡは逆転した世界での冒険だ。「キミ」と呼びかける声が「キミ」を案内する。パートⅠの最終行で翔んだ「キミ」は不思議の国のアリスのように「垂直落下、ウサギ穴や周囲の井戸より、さらに暗い、さらに艶やかなところへ」落ちていく。

日常とは異なる秩序に支配されているらしい世界を「キミ」に案内する声が「トリックスターみたいなもの」だと判明するのはパートⅢである。


ボクは誰？　キミはボクに二度出会っているよ。一度は日本のタニグミ、一度はアムステルダム。タニグミの一番古い神社の門には梁に千人の巡礼の履物が打ち付けられてた。

そして門に至る参道の脇、木立の中の奥まったところ、瀕死の神道の祭壇の上、狐の像だよ。

トリックスターみたいな神さま！　手なずけられない悪戯の臭いが立ち上った、その脇腹から湯気みたいにね。王立博物館の《やっかいなキューピッド》が二度目の僕の顕れさ……


……………………………………………


さあ、キミを勢いよく持ち上げよう、リフトシャフトを抜けて窓の下のキミの待ち合いの場所へ戻そう。床は再びなめらかだ。瀬戸物は平穏。それでもなにか奇妙なものが留まるんだよ。覚えているかいアリスを？

歯櫛――怒気――ブラブラクサ――霜――

ひとたび破れれば、浸透性のある薄膜は軽く触れるだけで破れるんだ。

「トリックスター」とは山口昌男が簡潔に定義しているように秩序の混乱者、あいだのもの、二つの世界を往来できる存在だが、(18)モリッシーは神社の狐とアムステルダム王立美術館所蔵のキューピッド像にトリックスターの顕現を見ている。狐については、ヨーロッパに広がるいたずら者のレナード狐の伝説に由来してトリックスターの代表とされるのは腑に落ちる。またアイルランドの妖精と神道の神の使いのひとつとされる狐の共通点を考えても納得できる。だが、なぜ「キューピッド」なのだろうか。アムステルダム王立博物館所蔵のエティエンヌ＝モーリス・ファルコネ（一七一六〜一七九一）によるキューピッド像は【図4】、なるほど邪悪さとイノセンスを兼ね備え持つ風情で、正当な社会秩序の外にいる者のようにも見えなくもない。だがよくわからない理由よりも、モリッシーが「芸術作品」のひとつを日常世界の秩序とその秩序が通用しない豊かな混沌との際《きわ》をなすものとしていることが肝心だ。

図4　キューピッド像（著者撮影）

さらに留意すべきことは、この詩は「招待」だということである。異世界への「訪問」ではない。詩の言葉のルールは現実世界のルールに則ったものであるからだ。モリッシーの詩は言葉と混沌の沈黙、あるいは沈黙の混沌、そのあいだを分かつ壁として際《きわ》をなしているが、いうまでもなく言葉の側に存在しているのだ。ここでトリックスターは「ひとたび破れれば、浸透性のある薄膜は軽く触れるだけで破れる」ことを警告している。戦争や紛争、あるいは災害や疫病かもしれない、そうした出来事によってひとたび日常の秩序が乱れれば、そのあとに平穏の装いが施されても、いつでも装いの薄膜は破れて混沌が溢れかえる、ということを意味している。

芸術は際《きわ》をなし、混沌を見る招待状として機能する。詩人はトリックスターの「ボク」のように、日常の軸が斜めになって、食器が歌い、アリスがうさぎ穴に落ちる世界、いやもっと言葉にならない世界を見せようとしている。それは恐ろしい状況だろうか。恐ろしくても面白くても、おそらくわたしたちはそのことを知っていなければならない。

二一世紀もふたつ目の一〇年が過ぎた現在、モリッシーを含めたくさんの芸術家たちが積極的に向かっている方向は、混沌とした状態で存在している自然や宇宙と人間《ヒト》との関係である。混沌を否定せず、地図を制作し過ぎることもせず、ぴったりとした制服を纏わせず、さまざまな可能性を秘めた混沌が「薄膜」の下に、そして覆いきれない豊かさとして蠢いていることとの意識を育てること、際《きわ》から外を見ることへの招待だ。

註

（1）ポスト構造主義といわれる、それまでの二項対立、意味するものと意味されるものとの峻別による意味作用、表象作用を疑うという観点から発する批判地理学や想像的および想像的存在としての地図理解などについて、たとえば若林幹夫の『地図の想像力』（講談社、一九九五）参照。

（2）Steiner, George, *Language and Silence: Essays on Language, Literature, and the Inhuman*, Macmillan, 1967.

（3）Benjamin, Walter, 'The Task of Translator', *The Translation Studies Reader*, ed. Lawrence Venuti, Routledge, 2000.

（4）ジョイスは一九二〇年に友人のカルロ・リナッティ（Carlo Rinati）、一九三〇年スチュアート・ギルバート

（Stuart Gilbert）をはじめ数人の友人と批評家に、古典『ユリシーズ』と自分の小説との対応表を手紙で送っている。ジョイス自身が書いているように、この対応表がなければ古典の枠組みを言い当てるのは難しい。

（5）支援者の一人ハリエット・ショウ・ウィーヴァー（Harriet Shaw Weaver）に宛てた一九二一年六月二四日の手紙で「僕はギリシア語は知らない」と書いている（*Selected Letters*, Faber 1975, p. 284）。

（6）以下参照。Letter to Stanislaus Joyce, 6 Nov. 1906; in *Selected Letters*, ed. Richard Ellmann, Faber 1975, p.125; *Letters*, II, 1966, p. 187. 数日後の一一月一三日「ユリシーズ」を書き始めたと弟に書き送っている。

（7）Parsons, Cóilín, *The Ordnance Survey and Modern Irish Literature*, Oxford University Press, 2016.

（8）*Letters*, Vol. 1 p.170; *Sel. Letters*, ed. Ellmann, p. 285.

（9）Docherty, Thomas, *Alterities: Criticism, History, Representation*, Clarendon Press, 1996, p. 127.

（10）McGuckian, Medbh, *Venus and the Rain*, Oxford University Press, 1984.

（11）McGuckian,1984, p. 26.

（12）Muldoon, Paul, *Why Brownlee Left*, Faber and Faber, 1980, p. 16.

（13）*On Being*, https://onbeing.org/programs/paul-muldoon-a-conversation-with-verse/

（14）髙岸冬詩による「マルドゥーンの境界《ボーダー》を巡る表象」は「境界委員会」を含めこの詩人の境界の意識についての優れた論文である。『人文学報　表象文化論』三八六、首都大学東京、二〇〇七年三月。

（15）この作品も『ユリシーズ』同様、ヨーロッパが第一次世界大戦とスペイン風邪という大事件を経験したあとに発表されているのは偶然ではないだろう。

（16）Muldoon, Paul, 'Quoof', *Quoof*, Faber and Faber, 1987.

（17）Morrissey, Sinead, 'Invitation', *Through the Square Window*, Carcanet, 2009.

（18）山口昌男は『トリックスター』（ポール・ラディンほか著、晶文社、一九七四年）に解説「今日のトリックスター」を掲載。

セペフリーの「空《くう》の里」

山岸智子

ソフラーブ・セペフリー（一九二八〜一九八〇）は、イランの近代詩を代表する詩人の一人で、画家でもあった。彼の詩は多くの芸術家にインスピレーションを与えており、映画監督キヤーロスタミーもその一人である。キヤーロスタミーの名を広く知らしめた映画の「友だちの家はどこ」というタイトルもセペフリーの詩からとられている。

ペルシア語の流麗な古典詩は、西洋の多くのオリエンタリストたちを魅了したが、それらの古典文学を自らの国民的文化とするイランでは、二〇世紀に入って、古典詩の韻律やモチーフにこだわらない新体詩を謳う詩人たちが現れた。セペフリーはその新体詩の旗手であったニーマー・ユーシージに強く影響を受けたとされる。

セペフリーの生きた時代は、いわゆる「近代化」政策で西洋文化が夥しく流入し、イランの石油収入が激増し、セペフリーはその恩恵にも浴したのだが、一九五〇年代の終わりごろから東洋の文化にも強い関心を持つようになった。英語やフランス語の詩歌に加えて日本の詩歌を翻訳し、一九六〇年には日本に半年ほど滞在して、平塚運一のもとで木版画を学んだとされ、彼の画風には東洋美術の影響もみられるという。同時代の知識人仲間とは違って彼が（左翼的な）政治運動にあまり関わろうとしなかったことや、その詩歌のあまりにもシンプルな言葉遣いについて、とかく批判もあるが、ファンも少なくない。彼は、後半生、故郷の町カーシャーンを詩に詠みつつも、テヘランの郊外に隠棲し、水音に耳を澄まし花（バラ）を崇拝する生活に耽溺しようとしていたようだ。

図1　セペフリーの肖像画（Wikimedia commons）

以下に彼の一九六七年の作「ちょっとの間のオアシス」の仮訳を試みた。この詩で印象に残るのは「ヒーチスターン」という語である。これは「ヒーチ＝何もない」という意味の語に場所を示す接尾辞「スターン」をつけて作られた造語である（「～スタン」というペルシア語の接尾辞のついたいくつかの地名・国名は日本でも知られているだろう）。「ヒーチ」を仏教用語の「無」と訳すこともできるかもしれないが、セペフリーの詩はどこか般若心経の「色即是空　空即是色」を思わせるところがあり、「空《くう》の里」と訳してみた。

「ちょっとの間のオアシス」
ぼくの様子をもし見に来てくれるなら
ぼくは空《くう》の里の裏手にいるよ
空《くう》の里の裏手では、タンポポの種が大気を脈打ち
大地の一番遠いところで花が開いたと知らせてくれる
砂の上には人を載せた馬たちのひづめの跡も細やか
天空旅行の丘の上にケシは行ったんだ
空《くう》の里の裏手では、望みという傘が開いている
渇望の微風が葉の根元を走れるように

図2　セペフリーの墓石。訳出した詩の原文の最後の3行が彫られている（Wikimedia commons）

雨のうちつける音がする
ひとはここでは孤独だ
そしてこの孤独のなかを一本のニレの木の陰が永
　遠にむけて流れている
ぼくの様子をもし見に来てくれるなら
そおっと忍び足で来ておくれね
孤独の薄い陶器にひびが入ったりしないように

この詩からは、手垢にまみれた美文調や新時代の「文明」からいったん離れ、独居して「自然」とのふれあいに自らの創作の原点を見出そうとしたセペフリーの思いが読み取れるように感じられる。「空《くう》」そのものにとどまることは適わず（彼は欲〜渇望を全否定することはない）、世知と無の境地の間隙にたたずみ、時代を越える絵画や詩（木そのものではなく木の陰）を送り出そうとしていたのだろう。そして独りでいることを重んじながら、ぼくの様子をもし見に来てくれるなら、と繰り返し謳うところに、人との邂逅への期待もみられる。

ドタバタと足音を立てて来られると孤独の薄い陶器が割れるかも、という心配に、私は「渾沌」に七つの穴をあけたら死んでしまった、という『荘子』の話を思い出す。秩序／体制／システムが無遠慮に創作の場（「空の里」）を犯せば、その魂に取り返しのつかない傷を与えてしまう・殺してしまう、という寓意を共有するように思われるのだ。

交錯する価値観

『常陸国風土記』における土地の神への向き合い方

伊藤　剣

はじめに

現代日本の教育体系において、風土記は文学史や文化史を説明する文脈の中で紹介されるのが通例である。しかし、風土記はそもそも行政文書として成立した。中央集権を目指す古代国家にとり、国内各地の掌握は切実な課題となる。そこで政府は、和銅六年（七一三）に地誌の提出を各国に命じた。これを契機に編纂されたのが、現在風土記として知られる文献である。この内、比較的まとまった形で現在に残っているのは、わずかに播磨・常陸・出雲・豊後・肥前の五ヶ国のみとなる。右の内、『常陸国風土記』は、冒頭で国司の解文《げぶみ》だと明記する。これは、朝廷から派遣された国の長官が中央に提出した行政文書たることを示したものである。

行政文書と聞くと、最低限の情報のみを記した素気ない姿を思い浮かべる向きもあろう。しかし、風土記は必ずしも無機質なものに終始するばかりではない。その地の歴史や地形の説明、産物に関するデータなどが、文学的関心とともに記される場合もある。そして、それらの複数の要素が混在していても違和感なく受け容れられるのが、古代日本の文筆活動の持つ一側面なのであった(1)。

このように、専門性が細分化された現代の学問体系の枠組みの中には収まりきらぬ混沌ぶりを象徴するのが風土記である。いわゆる学際的な研究が期待され、これからの可能性を秘めた文献だと言える。また、風土記の編纂には、原則として中央出身の国司があたったとはいえ、全ての記事が国家の論理のみで構成されたわけではない。ときに地方の論理が姿を現す場合もあるなど、複数の価値観が入り混じり、まさに混沌とした様相を呈する例も散見される。そこで小稿では、『常陸国風土記』の中から、主として行方《なめかた》郡の開発の歴史に触れた記事を考察の対象に据え、筆者の授業での学生の反応を紹介しつつ、混沌に関する小文を認めてみたい。

なお、『常陸国風土記』は基本的に正格漢文で記されるが、小稿では私に訓み下した文を引用し、その後、現代日本語訳を付した。引用文中の亀甲括弧〔 〕は分註であることを示す。

1　行方郡開発の記述

古代の常陸国行方郡は、流海《ながれうみ》と呼ばれた現霞ヶ浦の北岸から南に向かって突き出た半島部にあった。『常陸国風土記』によれば、当郡は孝徳天皇の癸丑《みづのとうし》の年（六五三）に建てられた。小稿でとりあげる当地の開発記事の内容は次の通り。

【訓み下し文】

古老《ふるおきな》の曰はく、「石村玉穂宮《いはれのたまほのみや》に大八洲《おほやしま》所駅《しろ》しめしし天皇《すめらみこと》の世《みよ》に、人有り、箭括氏麻多智《やはずのうじまたち》といふ。郡より西の谷の葦原を点《し》め、墾闢《ひら》きて新に田《た》に治《は》りき。此の時《とき》に夜刀神《やとのかみ》、相群《む》れ引率《ひきゐ》て、悉尽《ことごと》く到来《いたりき》、左右《かにかく》に防障《さ》へて、耕佃《たつく》ることなからしめき〔俗《くにひと》の云はく、「蛇《へみ》を謂《い》ひて夜刀神と為《な》す。その形は蛇の身にして頭に角あり。率引《ひきゐ》て難《わざはひ》を免《まぬか》るる時に、見る人有らば、家門《いへ》を破滅《ほろぼ》し、子孫《うみのこ》継がず。ⓐ凡《すべ》て此の郡の側《かたはら》の郊原《の》に、甚多《いとさは》に住めり」と〕。是《ここ》に麻多智、大《いた》く怒《いか》りの情《こころ》を起こし、甲鎧《よろひ》を着被《つ》け、自身《みづか》ら仗《ほこ》を執《と》り、打殺《うちころ》し駈逐《おひや》ひき。乃ち山口に至り、標《しるし》の梲《つゑ》を堺の堀に置《た》て、夜刀神に告げて云はく、「此《ここ》より以上《かみ》は、神の地《ところ》と為すを聴《ゆる》す。此より以下《しも》は、人の田と作《な》すべし。今より以後《のち》、吾、神の祝《はふり》と為りて、永代《とこしへ》に敬祭《ゐやまひまつ》らむ。冀《ねが》はくはな祟りそ、な恨みそ」といひて、社を設《ま》け初めて祭りき」ⓑと。即ち還《また》、耕田《たと》一十町余《まちあまり》を発《ひら》き、麻多智の子孫、相承けて祭を致し、今に至るまで絶えず。ⓒ

其の後に、難波長柄豊前大宮《なにはのながらのとよさきのおほみや》に臨軒《あめのしたしろ》しめしし天皇の世に至り、壬生連麿《みぶのむらじまろ》、初めて其の谷を占め、池の堤を築かしめき。時に夜刀神、池辺の椎樹《しひのき》に昇集《のぼりつど》ひ、時を経れども去らざりき。是に麻呂、声を挙げて大言《たけ》びしく、「此の池を修めしむるは、要《かなら》ず孟《つと》めて民を活《い》かすにあり。何《いづれ》の神《あまつかみ》、誰《いづれ》の祇《くにつかみ》そ、風化《おもむけ》に従はざる」と。即ち、役民《えだちのたみ》に令《の》りて云はく、「目に見ゆる雑物《くさぐさのもの》、魚《いを》・虫《むし》の類は、憚懼《はばかりおそ》るることなく、随尽《ことごと》に打殺《うちころ》せ」ⓓと。言ひ了る応時《すなはち》、神《あや》しき蛇避隠《さりかく》りき。いはゆる其の池は、今に椎井《しひのゐ》と号《なづ》く。池の西の椎株《しひのき》より清泉《しみづ》出づれば、井を取りて池に名づく。即ち、香島《かしま》に向かふ陸《くが》の駅道《うまやぢ》なり。

【拙訳】

古老が言ったことはこうである。「石村玉穂宮で天下をお治めになった天皇（継体天皇——筆者註）の御世に、ひとりの人物がいた、箭括氏麻多智という。郡役所より西の谷の葦原に境を設け、切り開いて新たに田を開墾した。この時夜刀神が、群れをなし引き連れて、全てやってきて、あれこれと妨害をし、耕作をさせなかった〔現地で言うには、「蛇を夜刀神と言っている。その姿は蛇の体で頭に角がある。一族を引率して災難から逃れる時に、振り返って夜刀神を見る人がいると、一族を滅ぼし、子孫も後継者も絶える。ⓐ夜刀神は郡役所の側の野原に、たいへんたくさん棲んでいる」〕。そこで麻多智は、激しく怒りの情を発し、甲鎧を身に着け、自身で仗を手に持って、夜刀神を打ち殺し追い払った。そして山の入口にきて、境界の印の杖を堀に立て、夜刀神に告げた。「ここから上は、神の地とすることを認めよう。ここから下は、人の田を作るべきだ。今後は、私が神に仕える者となって、永遠に敬い祭っていこう。どうか祟らないでくれ、恨まないでくれ」ⓑ。そこで社を作り初めて夜刀神を祭った」（以上、古老の言——筆者註）。そこでまた、耕田十町余りを開墾し、麻多智の子孫が、代々受け継いで祭祀を行なって、今に至るまで絶えないⓒ。

その後、難波長柄豊前大宮で天下をお治めになった天皇（孝徳天皇——筆者註）の御世になって、壬生連麿が、初めてその谷を占有し、池の堤を築かせた。その時に夜刀神が、池のほとりの椎の木に昇り集まって、いつまでたっても去らなかった。そこで麿が、大声をあげて叫んだ。「この池を造らせるのは、専ら人々を活かすためである。どこの何の神が、天皇の徳による教えに従わないのか」。そして、課役された民に命じて言った。「目に見えるさまざまな物、魚や虫の類は、躊躇うことなく、悉く打ち殺せ」[d]。言い終わるやいなや、神的な蛇もその場を去り隠れてしまった。ここで言ったその池は、今、椎井と名づけている。池の西に椎の根元から清い泉が出るので、井をもって池に名づけた。これは、香島に向かう陸の駅道にある。

引用箇所は、大きく二つの段落に分けられる。第一段落では、箭括氏麻多智による開発の歴史が、古老の話をもとに展開される。それによれば、麻多智は開墾を妨害する存在を神と認めた上で祭祀の対象にした。これは、継体天皇（石村玉穂宮《いはれのたまほのみや》に大八洲《おほやしま》所馭《しろ》しめしし天皇《すめらみこと》）の時代の出来事として語られる。

第二段落では、『常陸国風土記』の編者の立場から見た同地の開発の歴史が記される。すなわち、壬生連麿による夜刀神の制圧を伴う築堤の顛末である。これは孝徳天皇（難波長柄豊前大宮《なにはのながらのとよさきのおほみや》に臨軒《あめのしたしろ》しめしし天皇）の治政下での出来事とされる。記事の最後（「いはゆる其の池は」以下）には、『常陸国風土記』編纂時点での現状の説明が置かれる。

第一段落で活躍する麻多智の出自は不明だが、この地の開拓と祭祀とを執り行い、彼の子孫もそれを継承している。そのため、現地の有力人物だと考えて大過ない。また、第二段落の主人公たる麿は、行方郡の記事の冒頭近くに置かれる建郡説明条で、国造だったと説明される。国造とは、大和朝廷が現地の有力者を任じた地方官である。麿もまた常陸国内に力を持つ豪族である。その一方で、建郡記事によれば、彼は中央政府の定めた小乙下なる冠位を持つ人物でもあった。

引用箇所では、麻多智と麿とで夜刀神に対する発言の内容が大きく異なる。これは傍線ⓐで記される当国風土記編者の分註による解説とも符合する。この註記は夜刀神を知らない中央の人間に向けた説明である。中央の人間には蛇としか認識できない存在であっても、在地の観念では夜刀の「神」なのだった。さらに、現地の人間が恐れる神威のほどが、一家断絶という具体的事例をもって説明される。つまり、「俗」という土地の観念が、麻多智による祭祀の申し出につながり、現地の神を蛇と断じる中央の観念が、麿による「魚《いを》・虫《むし》の類《たぐひ》」という認識や「随尽《ことごと》に打殺《うちころ》せ」といった発言になって現れるのである。

このような引用箇所をどのように理解するべきか。筆者が授業で学生に問うと、人間と自然とをめぐる関係が、共存から人間優位へと変化していった歴史が示されるという答えが返ってくる場合が多い。つまり、開拓の結果、葦の繁茂する原野が水田に変わり、池も整備されていった来歴が語られる——このように考えるのである。

継体朝（五〇七〜五三一）から孝徳朝（六四五〜六五四）までには百数十年が経過している。学生にとって、自然を畏怖する心が生み出した神という存在から、人間がその地位を剝奪していくだけの力をつけるのに、この時間の経過は十分だったと感じられるのだろう。人による開墾を妨げようとする蛇を、自然の表象とみなすのである。ここには、川の神が凋落したのが河童なのだという、よく聞く言説が投影されているのかもしれない。

もっとも、風土記の記載が歴史的事実をそのままに伝えるとは考え難い。そのため、右の引用記事もあくまで歴史認識の次元の話である点は断っておく必要がある。これに加え、筆者がより根本的に問いたいのは、開拓の前に立ちはだかる夜刀神に対する人間の態度が、それほど単純に図式化できるものなのかという点である。筆者の見るところでは、磨の開発を機に価値観が一変し、夜刀神に対する現地での信仰が途絶えたとする図式化は、乱暴に過ぎる理解になりそうだ。そこで、節を改めて箭括の氏麻多智・壬生の連麿の言動を掘り下げて検討したい。

2 箭括の氏の麻多智の話の背景

まずは麻多智の言動の背景から分析する。角を持つ蛇の存在や、それを祭祀の対象に据える彼の行為に対し、現代の日本では奇異な印象を抱く人が多いかもしれない。(2) しかし、『常陸国風土記』の中には、このような蛇に言及する例が他にもある。

【訓み下し文】

以南《そのみなみ》に有る平原《はら》を、角折《つのをれ》浜と謂ふ。謂はく、「古に大蛇有り。東の海に通はむと欲《おも》ひて、浜を堀りて穴を作るに、蛇の角折れ落ちき。因《よ》りて名《なづ》く」と。

或いは曰はく、「倭武天皇《やまとたけるのすめらみこと》、此の浜に停宿《やど》りましき。御膳《おほみけ》を羞《すす》め奉《まつ》る時に都《かつ》て水《みもひ》無し。即ち鹿の角を執りて、地《つち》を堀りしに、其折れき。所以《ゆゑ》に名《なづ》く」と。（香島郡）

【拙訳】

その南にある平原を、角折浜という。伝えてこう言う。「昔、大蛇がいた。東の海に通おうと思い、浜を掘って穴を作ったところ、蛇の角が折れて落ちた。よって名づけた」。

ある説にはこう言う。「倭武天皇が、この浜にお宿りになった。お食事を差し上げようとした時に全く水が無かった。そこで鹿の角を手にとり土を掘ったところ、その角が折れた。よって名づけた」。（香島郡）

角折浜の名称起源譚である。ここでは、海へ出ようとした蛇の角が折れた故に浜の名とされる（傍線部）。角のはえる蛇の形状は夜刀神と通底する。おそらく、この蛇は現地で畏怖される存在だったのだろう。それだからこそ、地名の起源を説く話でも主要な役割を担いうるのであった（なお、この話に倭武天皇による同地の名称起源を説く別伝がつくことに関しては、第4節で簡単に言及する）。ひとまず角の有無を別にすれば、蛇を信仰の対象に据える営み自体は、古来珍しい話ではない。第4節で引用する大神駅家条の「大蛇」の使用例を念頭に置くと、ここの「大蛇」は「おほかみ」と訓じるべきだと考える。

以上を踏まえた上で、麻多智の段落に戻ろう。蛇を神と見做す麻多智を含めた現地の人間の認識自体は、決して不当なものではない。傍線ⓐの中にある、一家を率いて難を逃れる時に、見る人がいると、家門が断絶するという説明（「率引《ひきゐ》て難《わざはひ》を免《まぬか》るる時に、見る人有らば、家門《いへ》を破滅《ほろぼ》し、子孫《うみのこ》継がず」）に注意すると、この蛇が自然の表象のみに収まる存在かどうかには慎重な判断が求められようが、夜刀神を自然の象徴とするのは穏当な理解だろう。

　このような夜刀神に対し、麻多智は山口を境界とした神と人間との住み分けを提案する。そして、自ら祝となり子々孫々に至るまで祭祀を絶やさぬと誓う（傍線ⓑ）。さらに、麻多智の約束が風土記編纂時点に至るまで履行されている旨が、地の文により説明される（傍線ⓒ）。確かに、麻多智の態度は夜刀神に礼を尽くしたもののようにも映る。

　また、山の麓に社を設けて山上の神を祀る当該条のような祭祀形態も、『播磨国風土記』揖保郡伊勢野条に例がある。その記事によれば、当初この地では人の定住が叶わなかったようだ。しかし、衣縫《きぬぬひ》の猪手《ゐて》・漢人《あやひと》の刀良《とら》等の祖《おや》が、山の岑に坐す伊勢都比古命《いせつひこのみこと》・伊勢都比売命《いせつひめのみこと》を山本の社で祭祀したところ、当地に安住できるようになったとある。伊勢野条や麻多智条の祭祀は、山本に人為的な建築空間を造って神を祀る実例を反映した可能性がある。[3] また、傍線ⓑの麻多智の言葉は、実際の祭式を踏まえているとも説かれるところである。[4] このように見てくると、麻多智の言動に、自然への敬意やそれを踏まえた神祀りの在り様を読みとろうとする学生の見解は、妥当なように思われてくる。

　しかし、見落としてはならないのは（実は学生が見落としがちなことなのだが）、傍線ⓑ・ⓒに先立ち、麻多智が夜刀神に対し怒りの感情を覚え、自ら武装してこれを打ち殺し追いやる点である（波線）。研究史では、この描写から英雄として記憶される麻多智の姿が見出されたり、[5] この記事の背後に麻多智による討伐伝承の性格が見てとられたりもする。[6] しかも、これらの指摘はいずれも真相を突いたものである。筆者の見解を示しておくと、麻多智の事跡を記す第一段落は、人間による開墾と荒ぶる神の祭祀による現地の秩序化を語る、極めて人間本意とも言える性格を帯びた内容なのである。

前節で触れた通り、かなりの学生は、麻多智・麿両条を目して、人間と自然との共存から人間による自然の征服への移行という紋切り型な構図を描きがちだ。その際に不都合になりかねないのが、麻多智の神殺しになる。そこで神の殺害と神の祭祀という、一見すると異なる価値観が交錯するかのような状況をどのように説明するかを学生に問うと、返答に窮する場合が多い。現代社会では、複雑な物事を単純化するよう求められがちだ。しかし、簡単に図式化することは、不都合な事実が目に入らなかったり、重要事項にもかかわらず意図的にそれを切り落としてしまったりする危険と隣り合わせである。

3　壬生の連麿の話の背景

次に、壬生の連麿の言動を記した第二段落を分析してみよう。麿の「何《いづれ》の神《あまつかみ》、誰《いづれ》の祇《くにつかみ》そ、風化《おもむけ》に従はざる」という発言の中にある「風化」は、天皇の徳による風俗の教化を意味する。彼は皇威を負って現地の神に対峙するのだが、類例の一つに、養老四年（七二〇）に成立した史書『日本書紀』が記す推古天皇二十六年（六一八）是年条がある。『日本書紀』も正格漢文を志向した文献だが、ここでは拙訳のみを掲げておく。

この年に、河辺臣〔名を欠く〕を安芸国に派遣し、船を造らせた。山に行って船材を求めた。良材があったので、伐ろうとした。その時ある人が次のように言った。「雷神の依り付く木です。伐ってはいけません」㋑。河辺臣が答える。「雷神といえども、どうして皇命に逆らえようか」。そして多くの幣帛《へいはく》を供えて祭り、人夫を遣わしその木を伐らせた㋺。すると大雨が降って、雷鳴がとどろき電光が走った。この時河辺臣は剣の柄を握り、「雷神よ、人夫を攻撃するな。我が身を傷つけよ」と言って、天を仰いで待った。十回あまり落雷したが、河辺臣を害することはできなかった。そして小さな魚になって、樹の枝に挟まった。そこでその魚を取って焼いた。ついにその船を造った㋩。

天皇の命令の下に神木の伐採を図る河辺臣の対応を記した記事である。彼の言動を受けて激しい雷雨が生じており、傍線㋑に示される現地の人間の認識は誤りでなかったことが分かる。この木はまさしく霹靂の神木として存在するのだった。

ただし、こうした樹木も、結局のところ天皇権威の前に船材として切り倒されてしまう。あまつさえ、河辺臣は魚と化した雷神を焚き殺してまでいる（傍線㋩）。この記事の眼目は、天皇の命を現地の論理に優先させるところにある。中央政府にとっての正当な歴史認識を示す『日本書紀』としては、この一件を機に、現地の論理が天皇を絶対視する観念の下に一新されたと主張したかったのだ。

これに対し、『常陸国風土記』の場合はどうか。河辺臣・麿両者の言動が根で通じ合うものを持っているのは確実だ。ただし、強硬手段に出る河辺臣も、一方では雷の「神」と認め、幣帛を用意する。王命の絶対性に触れる発言も、その上でなされたのだった（傍線㋺）。この点と比較をすると、夜刀神を討伐の対象にしかしない麿の認識（傍線ⓓ）は、河辺臣とは異なるようにも感じられる。また、夜刀神の側も、麿を相手どったさらなる抵抗を試みもせずに、彼の発言を受けて遁走してしまうのである。

第一段落で既に箭括氏麻多智による開発に触れる一方で、第二段落では壬生連麿の開発に触れる際に「初めて其の谷を占め」とある。これは、麻多智による住み分けを公の歴史として認めない中央政府の立場を示したものだろう。具体例の紹介は省略するが、麿の生きた孝徳天皇の時代を行政上の画期とみなす歴史認識は、『常陸国風土記』の随所に見られる。当該条もこうした向きと関係がある。

第二段落の麿の話は、中央の価値観によって土地の人間の価値観が否定され、この地に「風化」が及んだことを示す話として紹介される場合が多い[7]。確かに、この指摘は的を射ている。ただし、夜刀神は麿の発言の前に退散こそするものの、その根絶が語られるわけではない点に注意しておきたい。

これと呼応するのが、第一段落の最後の一文である。そこでは、地の文（つまり、『常陸国風土記』編者の立場）で「麻多智の子孫、相承けて祭を致し、今に至るまで絶えず」と明記される。つまり、夜刀神の撲滅も辞さずに否定しようとした麿の意図とは裏腹に、夜刀神信仰は『常陸国風土記』編纂時点でも生き続けていた。

また、第二段落にも夜刀神信仰の継続を窺わせる記述がある。麿の築いた池は椎井と名づけられるが、それは清水が湧き出る場所に生える椎の木に因んだものだった。この椎こそが、その地を開墾しようとする麿の前に夜刀神が姿を現す際に拠り立つ場所である。蛇がしばしば水神視された歴史を踏まえれば、夜刀神も、椎を象徴とするこの湧水地の神だった蓋然性は高い。となると、椎井なる名称は、麿による築堤の論理とはあべこべに、この地の蛇を神と認める在地の認識が成り立たせていると考える余地さえ残すことになる。

確かに、麿は夜刀神を魚・虫の類と断じ、害をなす蛇と認定するだけで、これを一方的に駆逐する。しかし、夜刀神をめぐるこのような認識は、現地の中で自然に起こったのではなさそうだ。麿が「風化」を持ち出すように、これは土地の論理とは異なる外部の概念がもたらしたものである。「俗」として記される傍線ⓐのような現地の精神構造が一掃されたと読み解くのには、躊躇せざるをえない。

麻多智・麿両者の事跡は、双方ともが、現地の開墾の歴史の一齣と、秩序化された現状世界とを描くものだった。[8] 一連の記事からは、現況に対し別々の認識を持つことにつながる交錯する価値観を見出すべきであろう。

4 複数の事実を記す『常陸国風土記』

ところで、『常陸国風土記』は夜刀神の他にも蛇をめぐる話を載録する。そして、そこでも異なる認識が入り混じる形で記事を構成する。

たとえば、第2節で引用した香島郡の角折浜条では、蛇の角が折れた話とは別に、倭武天皇による名称由来の異伝も付記していた。夜刀神を否定する中央政府の立場としては、蛇を神とする見解に通じる現地の起源譚などは容認し難い。名称起源を天皇に求める行為が、この態度と表裏一体の関係にあるのは贅言を要すまい。ただし、倭武天皇を本伝として先に記すのではなく、角を持つ蛇の伝の次に記すのは、夜刀神信仰を切って捨てるだけに終わらずに、その存在に言及する姿勢とも響き合う。[9]

蛇と関わる記事の中から、交錯する価値観が認められる例を、もう一つ挙げてみよう。

【訓み下し文】

（『常陸国風土記』に云ふ。）新治《にひばり》郡。駅家《うまや》、名を大神《おほかみ》と曰《い》ふ。然称《しかい》ふ所以《ゆゑ》は、大蛇《おほかみ》多《さは》に在《す》めり。因《よ》りて駅家に名づく。（云々）　（仁和寺本『万葉集註釈』巻第二所引『常陸国風土記』逸文）[10]

【拙訳】

（『常陸国風土記』にこうある。）新治郡。駅家の名を大神という。そう呼ぶ理由は、大蛇がたくさん住んでいるからである。そこで駅家の名とする。（後略）

常陸国内にあった大神駅家の名称由来を説いた記事である。ここでは、大蛇に対し「大神」なる字を用いた駅家名の起源が記される。この蛇に関しては、角に対する言及こそ見られはしない。しかし、夜刀神や角折浜と同様に、蛇を神とみる思想が当地に根づいている状況があってこそ、初めて論理が成り立つ話である。土地にあっては、神の存在をもって地名が起こったのだった。

その一方で、名称起源譚中では、当地で大神と認識される存在が「大蛇」と記されるわけだが、この表記をとったのは編述者である。[11]同じ存在に対しても、立場が異なると位置づけの仕方が異なるのは、夜刀神条と同じである。駅家の設置は国家の交通政策に基づくが、その名称の中に、中央政府の見解では否定される蛇への信仰に対する思想的基盤を負う点で、この記事も複数の価値観が交錯した上に成り立つ事例だと言える。

以上のように、一本化されない観念を錯綜させた記事を作るのが『常陸国風土記』の特徴と言えそうだ。[12] ただし、夜刀神をめぐる記事に即して断っておくと、土着の信仰と天皇権威とを並べた際に、中央政府が後者を優先するのは間違いない。現地の認識を土俗の類として抹殺しきらないとはいっても、評価をめぐり格差のある両者を指して、価値観が共存していると言えるのかは甚だ疑問である。

右のような条件が付いた上ではあるが、混沌を論じる小稿にとって、複雑な現況を描く夜刀神条は、重要な示唆を与えてくれる。第2節では、箭括氏麻多智の言動を単純化する弊害に触れたが、ことは夜刀神条全般にわたる。

麻多智以上に強硬な態度で自然に臨む壬生連麿によっても、夜刀神信仰が根絶されるわけではなかった。風土記編纂時には、夜刀神信仰を是とする人間と、それを否定し天皇権威を前面に出す人間との双方が存在した。また、たとえ相手が神であろうとも、自らに害をなすと判断した麻多智が敢然と立ち向かい、その殺害に及んだ点も忘れてはなるまい。事実は込み入ったところに存在するものなのである。

おわりに

繰り返しになるが、夜刀神条は、人間が自然を征服していくという紋切り型の構造をとるわけではない。風土記編纂時における現地の社会は、さまざまな価値観が交錯する上に成り立つものであった。

情報が氾濫する現代社会では、分かりやすさの名目の下、図式化に典型的なように、複雑な物事を単純化して説明することが推奨されている。しかし、都合の悪い点に対し目をつむったり、考えようとしなかったりすると、かえって真実に辿り着けない場合があることも事実である。自戒を込めて述べるならば、快刀乱麻を断つ際に前提にしなければならないのは、物事をただ単純化するのではなく、複雑なものがどう複雑なのかを見極める目を養い、その複雑さを分かりやすく説明する態度なのではなかろうか。

混沌としたように感じられる状況に直面した際に、まずはそれをそのままに受け容れてみるのは難しいことである。多様な価値観が交錯する状態を思考するには、忍耐力も必要になる。夜刀神条を読むことは、このような訓練を積んでいく上で、好個の例になりうると思われる。

さらに付言すれば、多様性を強調しつつ夜刀神条を読むことは、別の作用ももたらしてくれそうだ。現代の社会には、同時共存を許さない雰囲気がとかく蔓延している。そして、それが排他的な言動となって現れがちである。夜刀神条の精読は、このような社会の在り様を検証する一助にもなると考える。

註

（1）拙稿「実務性と表現効果——産物記事をめぐって」「律令官人出雲臣広嶋の風土記編纂意識——『出雲国風土記』秋鹿郡恵曇浜条を中心に」（『出雲国風土記の神話と思想』新典社、二〇二三年）。

（2）角をもった蛇もいるという観念は、古代の常陸国内に限らずに存した。一例として、スサノヲが八岐大蛇《やまたのをろち》を退治する有名な神話をとりあげてみよう。この話を記す現存最古の文献たる『古事記』（七一二年）や『日本書紀』（七二〇年）では、大蛇に角があるとは明記しない。しかし、後世にこの怪物を図像化する際は、角が生えた龍の姿をとることが多い。そして、その描写に違和感を覚える人間も少ないようである。蛇が龍として描かれる背景に関しては、及川智早「ヤマタノヲロチ退治の演出法」（『日本神話はいかに描かれてきたか——近代国家が求めたイメージ』新潮社、二〇一七年）に詳しい。

（3）松尾充晶「古代の祭祀空間——『出雲国風土記』にみる地域社会の神と社」『史林』九八‐一、二〇一五年一月。

（4）秋本吉徳『常陸国風土記　全訳注』講談社、二〇〇一年。

（5）森昌文「〈夜刀神〉伝承考」『帝京大学理工学部研究年報　人文編』八、一九九八年十二月。

（6）赤塚史「夜刀神の伝承について」『国文学研究』一五六、二〇〇八年十月。

（7）桜井好朗「歴史叙述における神々と縁起」『神々の変貌』筑摩書房、二〇〇〇年、井上辰雄「開墾と夜刀の神の章〈行方郡〉」『『常陸国風土記』にみる古代』学生社、一九八九年など。

（8）赤塚史前掲論文註6。

（9）なお、『日本書紀』では英雄として描かれるヤマトタケルであっても、そこではあくまで皇子のまま生涯が閉じられる。中央の史書で即位しない人物を天皇とする点に、『常陸国風土記』の独自性がある。ただし、紙幅も都合もあり今は深入りを避け、この問題も小稿で論ずる交錯する価値観と通じることに触れるだけに止めておく。

（10）逸文について簡単に説明しておく。現存する『常陸国風土記』は、書写の過程で省略した旨を断る本で、大神駅家の記事は漏れている。それにもかかわらず現在この一条を知ることができるのは、鎌倉時代の仙覚という僧が、『万葉集』巻二・一〇四番歌を注釈する際に、当時存した『常陸国風土記』の一節を理解の便として引用した結果である。このように他文献に引用される形で現代に伝わるものが逸文である。

（11）飯泉健司「注——本文の生成」『風土記の方法——文学の知恵』おうふう、二〇一八年。

（12）異なる価値観を併記せざるをえなかったとして消極的な営みを認めるのか、あるいは、あえて併記したと積極的な姿勢を見出すのかにより、『常陸国風土記』の編述態度に対する評価は変わってくる。夜刀神をめぐる記事に即して確認してみよう。前者のように理解するならば、国家の論理が在地の論理を一変できなかった結果とみる考え方（多田一臣「夜刀神説話を読む」『古代国家の文学——日本霊異記とその周辺』三弥井書店、一九八八年）へと発展する可能性がある。一方、後者のように理解するならば、在地の論理と国家の論理とが併存した状況をみてとる指摘（居駒永幸「『風土記』に見る祟り神信仰」『国文学　解釈と鑑賞』六三－三、一九九八年三月）へも通じていこう。

カオスと神の国

スチェヴィツァ修道院の壁画を読み解く

瀧口美香

プロローグ

旅に出る前のわたしは、まったく知らない土地で道に迷ったらどうしよう、切符の買い方やバス乗り場はちゃんとわかるのか、スリに遭ったりお釣りをごまかされたりしないか、慣れない食べ物でお腹をこわしたりしないか、ホテルでは熱いお湯がちゃんと出るか……次々に不安なことが出てきて、(自分で行くことに決めたにもかかわらず)怖くなって何だか行きたくなくなる。

実際、日本の旅行会社を通して手配していたはずの現地ドライバーと会うことができず、深夜の空港でえんえんと待たされたり、ようやくドライバーと会えて車に乗り込むも、予約を入れていたのとは別のホテルの前で降ろされたり、空港での手荷物検査の際、小分けにして持参していた洗剤の白い粉を麻薬と疑われて、機関銃を持った警備の人にゲートで足止めされたり、路線バスの運転手に「○○のバス停に着いたら教えて」と言って乗り込んだのに、いつの間にか通り過ぎてしまって(どうやら運転手はわたしの英語を理解していなかったらしい)、焦ってバスを飛び降りたものの、そこからどの方向に歩き始めればいいのか見当がつかずに立ち尽くしたり、長距離列車で予約したはずの席に別の人が座っていて、英語がわからないふり（？）をして頑として席をどこうとしないので、「誰か英語を話せる人はいませんか」と車両中に聞こえるような大声を出したり、入口に「ж」と「м」の略語しかなくて、どちらが女子トイレかわからなかったり……旅のトラブルは数え出したらきりがない。

それなのに、帰国するともう「次はどこへ行こうか」と考え始めてしまうほど、旅はいつも新しい発見に満ちている。インターネット上の画像を検索していると、見知らぬ土地のことであっても、次々に情報が出てくるので、わざわざ行かなくても、まるでわかってしまったような気分になることがある。しかし、いったん旅に出てみると、日本にいる時にPCの画面上で見ていた町の光景が、いかに平面的で無味乾燥なものだったかということに気づかされる。濃い輪郭線とともに鮮やかに立ち現れる町の姿を目の前にして立つ時、現在そこで暮らしている人々の営みのみならず、その町が経てきた歴史のありようまでもが、信じがたいほど多くのことをわたしに語りかけてくる。

東京とは明らかに異なる空気の匂い、石畳を歩く足の裏の感触、城壁の門をくぐり抜けて初めて気づく壁の厚み、石造りの建物の青銅扉を押し開ける時の重み、早朝でもおかまいなくスピーカーから鳴り渡るアザーン（礼拝への呼びかけ）、バケツ単位で売られているヨーグルトや酢漬けのキャベツ、皮を剝がれ目を見開いたまま積み上げられる羊の頭、手動扉が二重に取り付けられた旧式エレベーター、地下宮殿かと思うほど深くて巨大な地下鉄（戦時下はシェルターになる）、午後の日差しと混じりながら聖堂の丸天井に向かって高く立ち上る香炉の煙、イコンに額をつけて祈り、病を癒すという「聖なる水」を聖堂内の井戸からペットボトルに詰めて、戸口にキスして聖堂を出ていく人々。

旅に出れば、「ああ、今回わたしはこれを見るために、はるばるこの土地まで足を運んだのだ」と思うような出会いが必ずある。世界は（わたしが知らないだけで）美しいものに満ちている。

今回わたしは、ルーマニアに出かけた。イスタンブール経由でブカレストに降り立ち、ブラショヴ、シギショアラ、シゲトゥ・マルマツィエイを経てスチャヴァまで移動しながら、いくつもの聖堂建築を訪れた。なぜ町から離れたこんな山の中に聖堂が建てられたのか、なぜこんなふうに聖堂の外壁全面に絵を描いたのか、そもそもこれらの図像はいったい何を表しているのか、聖堂を訪れて壁画を見上げた人々は、ここからどんなメッセージを読み取ったのか。メモを取ったり写真を撮ったりしながら、わたしは時間をかけて聖堂の中や外を歩き回った。現地で資料を買い集め、帰国後も文献を取り寄せて、とことん調べていくうちに、「ああ、そういうことだったのか」と、疑問に思っていたことが次々にほどけていく。本稿もまた、(出発前にはまったく想像していなかったような)大きな発見と感動が詰まった、ひと夏の旅の結果として生まれた。

はじめに

中世のルーマニアは、南部のワラキア、西部のトランシルヴァニア、そして北部のモルダヴィアの三国に分かれていた。ワラキアはブカレストを中心とする地方で、ブルガリアと接している。トランシルヴァニアはハンガリー、セルビア、ウクライナと接する地方で、モルダヴィアはウクライナ、モルドヴァと接している。それぞれの地方は、ハンガリー(カトリック教会)、セルビア(正教会)、ウクライナ(正教会)など異なる文化圏の影響のもとにあったことから、聖堂建築の様式も地方ごとに大きく異なっている。

中でもモルダヴィア地方の聖堂群は、内部と外壁の全面にフレスコが描かれているという点に特徴があり、ユネスコの世界遺産に登録されている。[1] 一五世紀、モルダヴィアのシュテファン大公（在位一四五七〜一五〇四年）の寄進により、多くの聖堂や修道院が同地方に建立された。外壁が壁画で覆われるようになったのは、その息子ペトル・ラレシュ公（一四八三年頃〜一五四六年）の時代以降のことである。

モルダヴィア地方北西部の都市ラダウツィからおよそ一八キロの場所にあるスチェヴィツァ修道院は、外壁面に描かれた「天国への階梯」でよく知られている。本稿では、「天国への階梯」図像を取り上げ、壁面に表されたカオスと神の国の対比的な描写に注目するとともに、両者の境界を分ける梯子の意味について探ってみたい。

第一に、スチェヴィツァ修道院の歴史を概観する。第二に、壁画の「天国への階梯」図像を記述する。第三に、図像の典拠となった『天国への階梯』と題されるテキストと、その著者であるヨアンネス・クリマコスについて紹介する。第四に、スチェヴィツァ修道院ゆかりの聖人パコミオスと、「天国の階梯」図像のかかわりを探る。第五に、キリスト教図像に見られる梯子のモティーフ（旧約聖書の「ヤコブの梯子」、梯子を手にする聖母子のイコン、「キリストの磔刑」の場面に立てかけられた梯子）を見ていく。最後に、クリマコスの名に含まれるもう一つの意味を手がかりとして、カオスと神の国の対照を視覚化した「天国への階梯」図像の背後に、どのようなメッセージが込められているのかを解読することを試みたい。

1　スチェヴィツァ修道院の歴史

スチェヴィツァ修道院は、スチェヴィツァ渓谷の豊かな緑に囲まれた正教会の修道院である【図1】。モヴィラ家の三兄弟であるイエレミヤ（一六〇六年没）、シミオン（一六〇七年没）、ゲオルゲ（一六〇五年没）が建設にかかわったことが知られている。イエレミヤはモルダヴィア公、シミオンはワラキア公であった（シミオンはイエレミヤの没後モルダヴィア公となった）。ゲオルゲはラダウツィ主教で、後にモルダヴィア府主教となった。

図1　スチェヴィツァ修道院（Wikimedia Commons）

もともとここには、一五世紀頃に建てられた木造の修道院があった。[2] 修道士パフォミーに帰せられる修道院である。ゲオルゲ・モヴィラは、それと同じ場所に聖堂を再建し、「主の顕現（エピファニー）」に献堂、初代の修道院長を務めた。献堂の正確な年月日を示す銘文は残されておらず、一五八六年と一五九一年の記録には、「主の復活」に献堂された旨が記されている。聖堂は礼拝をささげる場所であると同時に、墓所としての機能を備えており、イエレミヤとシミオンがここに埋葬された。

イエレミヤ・モヴィラは、一五九五年にモルダヴィア公となったのち、修道院の敷地を取り囲む厚い壁と塔を増築した。

そのため、スチェヴィツァは修道院でありながら要塞のような外観である。聖堂の内部と外壁のフレスコは、一五九五年から一五九六年にかけて、二人のモルダヴィア人画家（イオアンとその兄弟ソフロニー）の手によって描かれた。聖堂西側の壁面が描かれなかったのは、兄弟が足場から落ちて亡くなったためであると伝えられる。

聖堂の内装と外壁は多数の場面で埋め尽くされており、キリストの生涯を表す説話場面（キリスト伝サイクル）、キリストの家系を表す「エッサイの木」の図像、創世記を典拠とする「天地創造」や「楽園追放」の物語、聖ニコラオス、聖パコミオス、新ヨハネ（一四世紀のスチャヴァ出身の殉教者）らの生涯を表す場面（聖人伝サイクル）が見られる。中でも特筆すべきは「天国への階梯」（北外壁）の図像である。

2　スチェヴィツァ修道院の「天国への階梯」図像の記述

聖堂外壁に大きく描かれた「天国への階梯」図像を見てみると、右下から左上に向かう斜めの梯子によって、壁面が二つに分割されている【図2】。梯子の上側には、整然と並ぶ天使の一群が描かれている。一方、梯子の下側では、梯子から転落する人々が大口を開けた怪物に飲み込まれていく。つまり、梯子の対角線がカオスと秩序の世界とを区切る明確な境界線となっている。

軒天のすぐ下には、六枚の翼を持つセラフィムの列が描かれている【図3】。外側二枚の翼を上に向かってV字型に開いた天使、下に向かってΛ字型に広げた天使が交互に表され、花模様のようなパタ

図2　「天国への階梯」スチェヴィツァ修道院（筆写撮影）

図3　セラフィムの列と「天地創造」スチェヴィツァ修道院（筆写撮影）

図4　「神の国の扉」スチェヴィツァ修道院（Wikimedia Commons）

ーンを作り出している。壁面の最上部にセラフィムが連なって列を作るさまは、天使の翼によって聖堂の屋根が支えられているかのような視覚効果を生み出している。

その下には、「天地創造」から始まる創世記の説話場面が帯状に展開している【図3】。梯子の最上段がちょうどその高さまで達していることから、アダムとエバが罪を犯す前の楽園の高みを目指して、人々が梯子を上ろうとしていることがわかる。

梯子の到達点では、天使たちが天の扉を左右に開き、扉の向こうは無彩色の天使たちの姿でいっぱいである【図4】。キリストは、高い崖の上で腹ばいになっている人のような動作で身を乗り出し、梯子の最上段まで上り詰めた人の手首をつかんでいる。天使が背後からその人の頭に冠をかぶせかけている。

梯子を上がっていく十五人は、等間隔の踏み桟を規則正しく進んでいく【図5】。それぞれの背後に天使が一人ずつ付き添っており、頭上に冠を準備している。長い梯子を一段ずつ上がる人たちを、背後から励まし見守っているかのようである。

天使の群勢は、斜めの梯子と平行に引かれた六列の線上に整然と並ぶ。上の列にいくほど天使の数

図5 「天国への階梯」
スチェヴィツァ修道院
(筆写撮影)

が減っていき、右上角を頂点とする三角形の構図を作り出している。天使たちは全員同じ方向を向き、V字の翼と円形の光背が等間隔に配置されていることから、秩序と統一感のある全体を作り出している。そのようすは、集団で行われるダンス演技（マスゲーム）や軍の隊列を思わせる。自由に空を飛び回る天使のイメージとはかけ離れており、示威的にも見える印象を生み出す。

規則正しく列をなす天使たちとは対照的に、脱落していく人たちの動作は、てんでばらばらである【図6】。ある者は折り曲げた膝を梯子に引っかけて逆さまにぶら下がり、サーカス団の曲芸さながらである。またある者は、すがるようなしぐさで梯子にしがみつく。腰をくの字に折って鉄棒で前回りをする時のような体勢を取っている者や、細い手足をむき出しにして真っ逆さまに落ちていく者たちもいる。一方、悪魔たちは人々の裾を引っ張ったり、必死で梯子にしがみつく人の腰に手を回して引きはがそうとしたりしながら、あちこちを飛び回っている。悪魔と両手をつなぎながら落ちていく者は、空中を舞っているかのようである。

悪魔も翼を有しているが、天使の翼とは明らかに異なっており、魚のヒレかラッパのような形状である。一糸乱れぬ群舞のような天使たちの翼に対して、悪魔の翼はばさばさと音を立てて空気をかき乱す。

壁画の制作に携わった二人の画家は、足場から転落して亡くなったと伝えられるが、その姿はまさに梯子から落ちていく人々と重なる。画家たちの振る舞いが実際どうであったのか知る由もないが、転落事故は、彼らのよからぬ行いの結果であるとでも言わんばかりの逸話である。描かれた梯子が現実に威力を持つという証を、画家自らが示したことになる。当時の人々にとって、壁画の梯子がどれほ

図6 「天国への階梯」
スチェヴィツァ修道院
（筆写撮影）

ど現実味を帯びたものだったのか、画家の死にまつわる言い伝えから推し量ることができるだろう。

壁面下部は剝落が激しく、判然としない部分もあるが、双頭の怪物が大口を開けて落ちてきた人たちを頭から飲み込んでいる【図7】。怪物にまたがって（?）上を見上げる大きな悪魔は、ちょこまか動き回る小さな悪魔たちの親玉だろうか。転がり落ちていく人たちの頭の向きはバラバラで、人も悪魔もともに手足や翼をバタつかせ、梯子の下はまさにカオスである。

ギリシア語のカオス（χάος）は、abyss（底知れぬ深い穴、奈落の底）、chasm（裂け目、隔たり、亀裂）、infinite darkness（計り知れない闇）を意味する語である。(3) その χάος の語源をたどっていくと、χάσκω（大きく口を開ける）という語に行きつく。(4) このことから、スチェヴィツァの壁画で大口を開く怪物の姿は、カオスの擬人像とも言えるだろう。

スチェヴィツァ修道院の壁画に描かれた怪物の姿は、ヨナを飲み込んだ大きな魚を想起させる【図8】。旧約聖書のヨナ書によれば、預言者ヨナは、アッシリアの首都ニネヴェに行くよう神から命じられた。しかしながら、ヨナがその命令に従わずに逃げ出したので、神はヨナの乗った船を嵐に遭わせた。船乗りたちは、神の怒りを鎮めるべく、ヨナを海に投げ込み、ヨナは大きな魚に飲み込まれてしまった。魚の腹の中からヨナは主に向かって叫び、祈った。ヨナの祈りに応えて、神は魚に命じてヨナを陸地に吐き出させた（ヨナ書第二章一節以下）。三日三晩魚の腹にとどまったヨナは、十字架上の死から三日目によみがえったキリストの予兆とされる。(5)

ヨナの乗っていた船のマストは、明らかにキリストが磔にされた十字架をかたどったものである【図8】。マストが十字架を表すとともに、船体は聖堂を表している。ギリシア語で船は ναῦς、聖堂は ναός

図7 「天国への階梯」スチェヴィツァ修道院（筆写撮影）

図8 「海に投げ込まれるヨナ」4世紀頃 聖ペトロとマルケリヌスのカタコンベ ローマ（Wikimedia Commons）

で、語源は異なるものの綴りがよく似ている。聖堂を船になぞらえるという見立ては、人々を洪水から救済したノアの箱舟を聖堂になぞらえる、古来の教父の解釈にまでさかのぼる。[6] 双頭の怪物と悪魔の輪郭線【図7】は、船とマスト（＝聖堂と十字架）の形【図8】に近いようにも見えるが、その意味内容は真逆である。ヨナは魚から吐き出されたが、スチェヴィツァの壁画の怪物に飲み込まれた人々には、もはや吐き出される望みはない。

3　ヨアンネス・クリマコスと『天国への階梯』

「天国への階梯」図像の典拠となったのは、ヨアンネス・クリマコスの著作『天国への階梯』である。ヨアンネス・クリマコス（五七九年頃〜六四九年）は正教会の主要な聖人で、シナイ山聖エカテリニ修道院の院長を務めた。[7] クリマコス（Κλίμακος）というのはギリシア語の梯子（κλῖμαξ）から来ており、『天国への階梯』という自身の著作の題名にちなんで、この名で呼ばれている。[8]

『天国への階梯』は、修道士の信仰生活の指針を示したもので、神のいます天上へと向かって、自らの魂と体を高めていくための方法を説いた書物である。各章を梯子の一段一段になぞらえ、合計三十段から成る梯子（章）は、キリストが洗礼者ヨハネによって洗礼を授けられた年齢（洗礼を機にキリストの公生涯が始まる）と呼応している。禁欲的な生活や悪徳の克服など、より高い徳を目指して梯子の段は続き、「祈り」の段、「静寂」の段などを経て最終的に「愛」の段へと至る。クリマコスの著作は正教会の信者らの間で広く読まれ、一五世紀にはルーマニアでも筆写されていた。

シナイ山聖エカテリニ修道院所蔵のイコン（一二世紀）は、クリマコスの著作をもとに描かれた「天国への階梯」図像の代表的な作例である【図9】。イコンには、列をなして天上へと続く梯子を上がっていく者たちと、真っ逆さまに落ちていく者たちが対比的に描かれている。さらに、上方で修道士たちを見守る天使、その逆側で彼らを梯子から墜落させる悪魔が描かれ、悪魔の中には、弓矢で修道士を射抜こうと狙っている者、大曲《おおまがり》形の杖の先で修道士の首を引っかける者、梯子から落ちかけた修道士に馬乗りになって木槌を振り上げる者などがいる。悪魔はみな黒く塗りつぶされ、金地を背景にして目立って見えるが、実際には人の目には見えない存在を黒色によって暗示しているようにも思われる。すぐ近くにいたとしても（目に見えないので）人は悪魔の存在に気づかず、ふとしたきっかけで

図9　「天国への階梯」　12世紀　シナイ山聖エカテリニ修道院（Wikimedia Commons）

簡単に足元をすくわれてしまう。宙に浮かぶ悪魔の姿は軽妙で、素早くあちこちへと移動して、わずかでも足元にぐらつきのある者や、気持ちに迷いのある者を見逃さない。そのような人たちは、悪魔と格闘する様子もなく、力ずくで引きずり下ろされているわけでもないのに、いとも簡単に梯子を踏み外す。イコンは、誘惑や唆しに弱い人間のありようを示しているように見える。

イコン右下の小高い丘の前に、修道士の一団が立っている。これから梯子を上ろうという人たちだろうか、落ちていく人たちの姿を「明日は我が身」と思いながら見ているのかもしれない。このイコンがシナイ山にある聖エカテリニ修道院の所蔵であることを考えると、右下の小高い丘は、シナイ山を示唆するものであるようにも見えてくる。シナイ山はモーセが神から律法を授けられた聖なる山であるが、その山を越えてさらなる高みへと梯子は続く。

梯子下の地面は波打っており、地面の輪郭線に重なって黒々とした大きな顔が口を開き、落ちてくる人を頭から飲み込んでいる。梯子からの脱落者は、地の底へと吸い込まれていくかのようである。シナイ山のイコンには、上方にかたまって浮かぶ天使の一団と、ばらばらに動き回る悪魔たちの対比が見られるものの、梯子の上側にも悪魔がいることから、スチェヴィツァ修道院の壁画のようなカオスと秩序の明確な対比は、それほど意識されていないことがうかがわれる。

また、イコンと壁画を比較してみると、梯子の向きにも違いがあることに気づかされる（梯子の先端が右上に向かっているか、あるいは左上に向かっているか）。スチェヴィツァの聖堂全体をやや離れた場所から眺めてみると、壁面に描かれた梯子の向きが、建造物の屋根の上に立つ塔に向かっていることに気づかされる【図10矢印】。そのため、梯子を経て到達する天上の神の国が、聖堂の屋根を越え

図10　スチェヴィツァ修道院（Wikimedia Commons）

てさらに高いところへと続きゆくような視覚効果が生み出されている。

4　「天国への階梯」と聖パコミオス

スチェヴィツァ修道院外壁の「天国への階梯」図像の隣には、エジプトの隠修士パコミオス（二九二年頃〜三四八年）の生涯を表す場面が描かれている。パコミオスは、四世紀にエジプトで修道院を設立した聖人である。現在の聖堂が造営される以前、スチェヴィツァには修道士パフォミーに帰せられる修道院があった。パフォミーという名前は、エジプトの聖パコミオス（Παχώμιος）に因んだ名である。そのため、スチェヴィツァではエジプトの聖パコミオスに重きが置かれ、壁画に描かれたと考えられる。壁画の聖パコミオスの生涯は、梯子の右上に整然と並ぶ天使の行列の右横から始まっている【図11白枠】。

このような場面配置から見て、聖パコミオスは、「天

図11 「聖パコミオス伝」（部分）スチェヴィツァ修道院（筆者撮影）

国の階梯」図像とのつながりにおいて何らかの役割を果たしていると考えられる。それを探る手がかりとなるのが、両者がともに描かれた「天国への階梯」イコンである【図12】。

イコンには、スチェヴィツァ修道院の壁画と共通の要素（梯子を上がる人々、天上で彼らを迎え入れるキリスト、人々を梯子から引きずり落とす悪魔、落ちてきた人を飲み込もうと口を開ける怪物）が見られる【図12】。ただし、壁画のような天使の群勢は、イコンには含まれていない。一方、右上に向かう梯子と左上に向かってそびえる崖（シナイ山）がX字形に配される構図は、壁画にはない要素である。偶然かもしれないが、X字形はカオス（χάος）の頭文字と合致する。

イコン左上で、シナイ山の頂に置かれた石棺に横たわるのは、シナイ山聖エカテリニ修道院ゆかりの聖人エカテリニである。燃え上がる炎の輪の中に描かれた聖母子と、それを見上げるモーセの姿は、旧

図12　「天国への階梯」制作年代、所蔵不明（Wikimedia Commons）

約聖書の出エジプト記（第三章二節以下）を典拠とする図像である。山の中腹で向き合って立つ二人は、修道士を装った有翼の天使と聖パコミオスである【図12拡大図】。伝説によれば、祈っているパコミオスの前に天使が現れ、修道士の共同体を設立するよう彼に告げた。天使は、修道士が身に着ける衣服と頭巾を自らまとい、パコミオスに模範を示したという。そのパコミオスが、スチェヴィツァの梯子の隣にも描かれているということである。

ところで、パコミオス（Παχώμιος）という名前は、コプト語の鷹あるいは隼に由来する。[9] 鳥類の名を持つパコミオスは、有翼の天使に近い者と言えるかもしれない。それを踏まえて改めてイコンを見てみると、パコミオスと向き合って立つ有翼の天使は、パコミオス（＝隼）の鏡像であるようにも見えてくる【図12拡大図】。

スチェヴィツァの壁画に描かれた聖パコミオスの生涯は、「天地創造」の真下に配され、天使たちの翼のすぐ隣から始まっている【図11白枠】。パコミオス（＝隼＝翼ある者）を天使に近い者ととらえ、楽園に近いところに配するという工夫は、大きな壁面を前に、画家が入念に場面の構成を考え、聖パコミオスにふさわしい配置を作り出した結果であろう。聖パコミオスが天上に近いところにいる一方、翼を持たない人々は、当然のことながら空を飛ぶことはできず、梯子を地道に一段ずつ上がっていく他ない。翼を持つ者（聖パコミオス）と、翼を持たない者（梯子を上る人たち）との対比がここに浮かび上がる。聖パコミオスの生涯を描いた聖人伝サイクルは、その隣に配された「天国の階梯」図像と密接なつながりを持つものであったことがうかがわれる。

5 描かれた梯子

① 創世記の「ヤコブの梯子」

キリスト教図像の中には、「天国への階梯」以外にも、梯子のモティーフが登場することがある。その例としては、「ヤコブの梯子」を真っ先に挙げることができるだろう【図13】。ヤコブは、旧約聖書の創世記に登場する人物である。年老いた父イサクを騙し、本来であれば兄エサウに渡されるはずだった長子の権利を、ヤコブが奪い取ってしまった。そのため、ヤコブは兄エサウから命を狙われることになり、逃亡を余儀なくされた。旅の途中、日が沈んだのでヤコブは野宿することにした。すると、天まで届く階段が地に据えられ、神の御使いたちがそこを昇り降りするという夢を見た。目覚めたヤコブは、その場所を「ベテル」（ヘブライ語で「神の家」）と名付けた（創世記第二八章）。

図13 「ヤコブの梯子」4世紀 ラティーナ街道のカタコンベ ローマ（Wikimedia Commons）

イエス・キリストは、自らを「ヤコブの梯子」になぞらえている。ヨハネによる福音書（第一章五一節）によれば、イエスは「天が開け、神の天使たちが人の子の上に昇り降りするのを、あなたがたは見ることになる」と語った（「人の子」とはイエスを意味している）。神であり人であるイエスは、まさに天と地をつなぐ梯子ということである。したがって、旧約の「ヤコブの梯子」は、キリスト自身を予示していることになる。となると、「天国への階梯」の梯子もまた、キリストに見立てることができるだろう。つまり、梯子を上っていく人々は、キリストの体を足の裏に踏みしめていることになるのかもしれない。

② 梯子を手にする聖母子のイコン

正教会の聖母子のイコンには、さまざまなバリエーションが見られるが、梯子のモティーフを含む珍しい作例をここで紹介したい【図14】。聖母の体を介して神の御子イエスがこの地上に生まれたことから、聖母は「神の御子が降った梯子」と言われる[10]。キリストが天と地をつなぐ梯子に譬えられるように、聖母もまた梯子に譬えられるということである。イコンの聖母は、右手で梯子に触れており、一方の肩からもう一方の腕に向かって、虹がゆるやかな弧を描いている。虹もまた天と地をつなぐものであり、聖母マリアの役割を示す。

虹の下の階段状の切り立った崖は、聖母の柔らかな体のラインとはそぐわないようにも見えるが、岩場はダニエル書に出てくる山を表している（第二章三四、四五節）。聖母を山に譬え、イエスを山から「人の手によらず」切り出された石に譬えるという、教父の教えに基づく図像である。[11] つまり梯子、虹、山は、いずれも聖母を象徴するモティーフとしてここに描き込まれた。イコンと同じ「聖母＝神の御子が地上へと降った梯子」という図式を、スチェヴィツァ修道院の壁画に当てはめて見るなら、かつてキリストが降ってきた梯子（聖母）を、今や人々が逆方向に上っていく、ということになるだろう。

③　十字架に立てかけられた梯子

北マケドニアの聖ニコラオス聖堂に、十字架に立てかけられた梯子をイエス・キリストが自ら上っ

図14　「ネルコセチナヤ山の聖母」
1560年代　ソロヴェツキー修道院
（Wikimedia Commons）

図15　「十字架昇架」聖ニコラオス聖堂　1298年　北マケドニア　プリレプ（https://artandtheology.org/2023/03/29/the-ascent-of-the-cross/）

ていく図像がある【図15】。ユダヤ教の祭司と武装したローマ兵が、十字架の下に集う様子が描かれている。

イエス・キリストは神の国について宣べ伝え、数々の奇跡を起こし、多くの人に慕われたが、ローマ帝国に対する反逆という罪状で磔刑に処せられた。地面に置かれた十字架に死刑囚を仰向けに寝かせ、広げた両手を横木に釘付けした後、十字架ごと起こして地面に立てるというやり方ではなく、ここではイエスが自ら梯子を上っていく。梯子に手をかけるキリストの姿は、自らの意志で十字架の死へと踏み出すことを示している[12]。

さきほどイコンで見てきたところの「梯子＝聖母の象徴」という見方をここにあてはめるなら、十字架に立てかけられた梯子もまた、聖母を表すことになる。すなわち、キリストは聖母（＝梯子）を降って地上に降り立ち、梯子（＝聖母）を昇って天へと帰っていくことになる。スチェヴィツァの梯子の最上段から身を乗り出して人々を迎えるキリストは、自らもまた、この梯子を経て地上に降り立ち、梯子を経て天上へと戻っていったことを、下から来る人々に告げているようにも見える。

聖ニコラオス聖堂の梯子上のキリスト【図15】とスチェヴィツァ修道院の壁画を比較してみると、キリストの受難と、梯子を上がる人々の難行苦行が重ねられていることがうかがわれる。また、キリストが自らの意志で茨の道へと進んでいったように、彼らもまたその険しい道を自ら選んだのだということが見えてくる。

聖ニコラオス聖堂の梯子の下には、キリストの処刑に加担した者たちが描かれている。このような配置は、梯子によって画面を大きく二つに分けるスチェヴィツァの構図と共通する。十字架の下に立つ祭司やローマ兵は、かたまって整然と並んでいることから、むしろスチェヴィツァの天使たちに近いのではないかという反論もありうるが、梯子の下側に位置することから、やはり彼らは梯子から落ちていく人たちと同じ側にいるものと見なすことができるだろう。

④ 拷問台としての梯子

『天国への階梯』の著者ヨアンネス・クリマコス（Κλίμακος）の名前が、梯子（κλῖμαξ）に由来することはすでに述べた通りであるが、κλῖμαξには「梯子型の拷問台」という意味がある。(13) 木枠によって囲まれた長方形に棒状の横木が渡され、ここに拷問を受ける人が手足を縛り付けられた【図16】。このことから、スチェヴィツァの梯子の描写には、拷問具の隠喩を見てとることができるかもしれない。

図16　梯子型の拷問台
（Wikimedia Commons）

スチェヴィツァの梯子に聖母（＝神の御子が降った梯子）の含意を読み取る解釈と、梯子＝拷問具とみなす解釈は、同時には成立しないようにも思われる。しかしながら、愛する子を磔刑によって失った聖母マリアの痛みは、拷問に耐える人の苦しみに近いものだったと想像される。スチェヴィツァ修道院の梯子では、両者が一体となって、カオスと神の国を分ける境目となっていると言えよう。

おわりに

本稿では、スチェヴィツァ修道院の外壁に描かれた「天国への階梯」をテーマとして、カオスと神の国の対照を視覚化した図像の背後に、どのようなメッセージが込められているのかを解読することを試みた。まずはスチェヴィツァ修道院の歴史を振り返り、壁画の記述を行うとともに、図像の典拠となったクリマコスの著作を紹介した。また、同じ図像を有するイコンとの比較を通して、スチェヴィツァ修道院ゆかりの聖パコミオスが、「天国への階梯」図像に隣接して配置された理由を考えてみた。さらに、梯子のモティーフを有する三つの作例との比較によって、「天国への階梯」図像の背後に、キリスト教図像の伝統に基づくさまざまな含意が見られることが明らかになった。

対角線上に置かれた梯子は、聖母と拷問台という、一見両立しえない二者を同時に体現するモティーフであるが、梯子を上っていく者たち足取りは、救いの軽やかさと拷問の重さを交互に体感しながら進みゆく。それは、平坦な地面を歩くのとは大きく異なる歩みだっただろう。壁画上では、カオスと神の国の秩序が梯子によって明確に分けられていたが、わたしたちの人生の一歩一歩は、そのどちらかに簡単に分けられるようなものでは決してない。

註

（1）六鹿茂夫編著『ルーマニアを知るための60章』（明石書店、二〇〇七年）やルーマニア観光局のサイト（https://www.romaniatabi.jp/regions_cities/moldova.php）では「モルドヴァ地方」と表記されているが、モルドバ共和国との混同を避けるため、ここでは中世以来の呼称であるモルドヴァを用いる。
　モルダヴィア地方の聖堂群については、以下を参照。ヴァシーレ・ドラグーツ著、濱田靖子監修、中村一夫訳『モルドヴァの教会壁画』（恒文社、一九八〇年）、三宅理一・羽生修二監修『モルドヴァの世界遺産とその修復——ルーマニアの中世修道院美術と建築』（西村書店、二〇〇九年）。

（2）C. Nicolescu, *Sucevița*, trans. E. Madolciu（Bucharest, 1977）, 7.

（3）https://outils.biblissima.fr/fr/eulexis-web/?lemma=χάος&dict=LSJ

（4）https://lsj.gr/wiki/χάσκω
https://outils.biblissima.fr/fr/eulexis-web/?lemma=χάσκω&dict=LSJ

（5）A. P. Kazhdan, ed., *The Oxford Dictionary of Byzantium*, vol. 2（Oxford, 1991）, 1071, s. v. <Jonah>.

（6）Kazhdan, *The Oxford Dictionary of Byzantium*, vol. 3, 1489, s. v. <Noah' s Ark>.

（7）Kazhdan, *The Oxford Dictionary of Byzantium*, vol. 2, 1060–1061, s. v. <John Klimax>.

(8) 『天国への階梯』は、*Κλίμακα Ιωάννου*というギリシア語タイトルの他に、*Scala Paradisi*というラテン語のタイトルでも知られている。

(9) Kazhdan, *The Oxford Dictionary of Byzantium*, vol. 3, 1549, s. v. <Pachomios>.

(10) 聖母マリアのアカティストス（讃歌）において歌われる。Kazhdan, *The Oxford Dictionary of Byzantium*, vol. 1, 44, s. v. <Akathistos Hymn>.

(11) Kazhdan, *The Oxford Dictionary of Byzantium*, vol. 1, 583, s. v. <Daniel>; K. Corrigan, *Visual Polemics in the Ninth-Century Byzantine Psalters*（Cambridge, 1992）, 37–39.

(12) 十字架に立てかけられた梯子には、旧約の「ヤコブの梯子」が重ねられているという解釈もある。T. F. Mathews and A. K. Sanjian, *Armenian Gospel Iconography: The Tradition of the Glajor Gospel*（Washington, 1991）, 131–132.

(13) https://outils.biblissima.fr/fr/eulexis-web/?lemma=%20κλῖμαξ&dict=LSJ

ベケットがとらえた孤高の芸術家

ジャック・B・イェイツ頌

井上善幸

内田百閒の「サラサーテの盤」のおふささんの奇妙で哀切な言動といい、ボルヘスの「バベルの図書館」における全体性を破砕するマウトナー経由のルル的思考機械といい、ベケットの『ワット』における論理学的思考のはてに主人公を襲う単語や文字列の転倒現象といい、これらは第二次世界大戦の惨禍ぬきに思考することは困難ではあるまいか。[1]「私たちは科学的真実を広島の上に落とした」のだから。[2]

サミュエル・ベケットは若くしてジョイスを論じ、プルースト研究も上梓したが、ベケットが真のベケットに変貌するのは第二次大戦以降のフランス語による作品群を待たねばならなかった。『ゴドーを待ちながら』をはじめ、『モロイ』や『名づけえぬもの』などの傑作の森は、母語から離脱する形で創作された。「平和なアイルランドより戦争のフランスを選んだ」後に生まれたのである。[3] エコール・ノルマルで知りあったトマス・マグリーヴィーとは対照的な生を選ぶこととなるが、そのような二人の間で同郷の画家ジャック・B・イェイツをめぐり批評的対話が生まれた。その一端がマグリーヴィーのイェイツ研究に対するベケットの書評執筆である。前者がイェイツをアイルランドの国民的画家であると見なすのに対し、ベケットは「出口なき実存の苦境」に光をもたらす「芸術家」としてのみ扱い、アイルランドに帰属させることを選ばない[4]。『パンチ』などに漫画的素描を描いたりしていた頃とは異なり、とりわけベケットと知りあう三〇年代以降、イェイツは混沌を混沌として描く、あるいはその混沌に場を与えるような形式を選びとるに至る。のちにベケットは「今日の芸術家の任務は混沌を受け入れる形式を見いだすことなのだ」と述べる[5]。そのような作家にとり、擁護すべき芸術家とは、混沌に向き合いそれを呈示する芸術家、あるいは描くべき対象が表舞台から消え、画家の内面の闇から現れ出るもののみをカンバスに定着するものが真の芸術家といえる。「非人称の作品、非現実の作品」、創造主体の限りなき不在と対象の限りない不在という「二重の抹消」を経ることになる[6]。それは画家の眼と対象との間に介在してきた「調整作用」が機能停止する世界、『ワット』の中でピアノの調律師が破綻する世界の出現と重なる。予定調和としての円環は破壊されたのである[7]。

イェイツの『旅まわりの野営地——アベルの血』(一九四〇年)【図1】は、マグリーヴィーによれば「人類全体の苦難の旅」を象徴し、世界は一時的な野営地にほかならず、人間はそこから出てそこに帰ってゆく。「個々の人間は互いに孤立し、世界は混沌状態にあり、そこでは流血が生じている」。この最高傑作は「どんな世代も出会ったことのないあのおぞましい戦争をめぐる画家の芸術的表明なのだ」とマグリーヴィーは評する[8]。当時ダブリンに帰省していたベケットは、間違いなくこの作品をみたはずで[9]、のちに画家の「狂おしいまでに差し迫ったイメージ」に言及し、ひとを「安心させる偉業のための場所や時間は存在しない」とイェイツを讃える[10]。

ベケットがこのイェイツ頌を発表するのは一九五四年だが、すでにこの芸術家の死が間近いことを予感していたのではあるまいか。この「孤高の芸術」は自己の内面以外に外部をもたず、精神の最深部にひそむ沼地を潤す水源をそなえた作品であって、そ

図1　Jack B. Yeats, *Tinker's Encampment: The Blood of Abel* (1940), from: *Jack B Yeats 1871–1957: A Centenary Exhibition*, p. 92.

れ以外のどんな光によっても明かすことのできないものだ。それは「類例なき奇妙さ」に貫かれ、いかなる世襲財産への同化にも抗するもので、これほどケルト的表現様式から遠いものはなく、生み出そうとする対象もしくはその切迫した必然性に息吹きかけられた芸術家の類いまれな手によって制作されたものだという。アンソールやムンクといった保証人もあまり役立たず、自己の存在を賭したこの芸術家はどこから来たのでもなく、祖国や兄弟ももたないと言明する。画家の兄はあのW・B・イェイツであるにもかかわらず、である。芸術家は作品を通して存在の証としての杭を地表に打ち込むのであって、激しいまでの欲求につらぬかれ、差し迫ったイメージを猛り狂わせ、それらの秩序を混乱させることによって、ついには視像の地平を突き破るまでに至る。存在するものといえば「この偉大なる内的現実」だけであって、そこに存在しうるのは生者や死者の亡霊のみで、自然と無、存続するものも存在することなきものも、唯一の証言となって唯一の証拠のためだけに統合され、この究極の巨匠の手は統御しえぬものを前に打ち震えつつそれを受け入れるのだという。[11]

孤高の画家を前にしたベケットの深い感嘆が如実に伝わってくるオマージュであり、それがまずフランス語で書かれ、のちに作家の手により英訳されたことの意義は大きい。特定の言語や文化から距離を保ち、匿名的主体によって掘り出された薄明の世界を言語間の差延的経済において描くこと、それこそがベケットを類いまれな二ヶ国語作家たらしめているからだ。[12]

註

(1) 「サラサーテの盤」の初出は『新潮』昭和二三年(一九四八年)一一月号であり、「バベルの図書館」の初出は一九四一年の日付をもつ。『ワット』は一九四一年二月一一日に着手され、一九四四年一二月二八日に初稿を終えている。したがってこれらの作品には第二次大戦がなんらかの形で影を落としている、とみることは可能だろう。なお「バベルの図書館」におけるルルの思考機械については、拙論「ボルヘスの記憶術」『明治大学教養論集』(二〇一二年五六二号)およびFritz Mauthner, 'Denkmaschinen', *Wörterbuch der Philosophie. Zweite, vermehrte Auflage*. Leipzig: Felix Meiner, 1923, Vol. I を参照されたい。また「反転言語」とも呼ぶべきワットを襲う言葉の崩壊に関してはRuby Cohn, 'Translation of Watt's Anti-Language', *Samuel Beckett: the Comic Gamut*. New Brunswick: Rutgers UP, 1962, pp. 309–10が参考になる。

(2) Kurt Vonnegut, Jr., *Wampeters, Foma & Granfalloons*. New York: Delacorte, 1974, p. 161.

(3) Qtd. in Israel Shenker, 'An Interview with Beckett' (1956), Lawrence Graver and Raymond Federman, eds. *Samuel Beckett: the Critical Heritage*. London: Routledge & Kegan Paul, 1979, p. 147.

(4) Thomas MacGreevy, *Jack B. Yeats: An Appreciation and an Interpretation*. Dublin: Victor Waddington, 1945; Samuel Beckett, 'MacGreevy on Yeats' (1945), *Disjecta: Miscellaneous Writings and a*

Dramatic Fragment. Ed. Ruby Cohn. London: Calder, 1983, pp. 95–97. すでに二人の間では、書簡を通してイェイツについて意見交換がなされていた。もっとも重要な書簡の一つは一九三七年八月一四日の日付をもつもので、そこでベケットはイェイツ絵画の最終的な特質は「あらゆるものに対する究極的な無機物性の感覚」であるとし、画家ワトーと比較して、彼の描く人物は「ミネラル」であると述べている。Samuel Beckett, *The Letters, Vol. I: 1929–1940*. Eds. Martha Dow Fehsenfeld, Lois More Overbeck, George Craig, and Dan Gunn. Cambridge: Cambridge UP, 2009, p. 540; original underlines.

（5） Qtd. in Tom F. Driver, 'Beckett by the Madeleine', *Columbia University Forum*. Vol. IV, Number 3 (Summer 1961): 23.

（6） Samuel Beckett, 'Henri Hayden, homme-peintre' (1955), Beckett, *Disjecta*, p. 146. See also John Pilling, 'A Poetics of Indigence', James Knowlson and Pilling, *Frescoes of the Skull: The Later Prose and Drama of Samuel Beckett*. London: Calder, 1979, p. 253.

（7） Samuel Beckett, *Peintres de l'empêchement* (1948), *Le Monde et le pantalon,* suivi de *Peintres de l'empêchement*. Paris: Minuit, 1990, p. 57; Samuel Beckett, *Watt*. New York: Grove Press, 1959, pp. 70–74 & pp. 128–29.

（8） MacGreevy, *Jack B. Yeats*, pp. 35–36.

（9） Beckett, 'MacGreevy on Yeats', pp. 96–97. See also John Pilling, *A Samuel Beckett Chronology*. Houndmills: Palgrave Macmillan, 2006, p. 94; Hilary Pyle, *Jack B. Yeats: A Catalogue Raisonné of the Oil Paintings*. Vol I. London: André Deutsch, 1992, p. 474. またノウルソンも示唆するように、『ゴドーを待ちながら』との類似性を示すイェイツの『二人の旅人』（一九四二年）も画家のアトリエでみている可能性がある。マグリーヴィーはこの絵画も「傑作」として言及している。See James Knowlson, *Damned to Fame: The Life of Samuel Beckett*. London: Bloomsbury, 1997, pp. 378–79; MacGreevy, *Jack B. Yeats*, p. 37.

（10） Samuel Beckett, 'Hommage à Jack B. Yeats', *Les Lettres nouvelles*. 2e année, no 14 (avril 1954): 619.

（11） Beckett, 'Hommage à Jack B. Yeats', 619–20;

Beckett, 'Homage to Jack B Yeats', *Jack B Yeats 1871–1957: A Centenary Exhibition*. Ed. James White. London: Martin Secker & Warburg, 1971, p. 10. See also Vivian Mercier, *Beckett/ Beckett*. New York: Oxford UP, 1970, pp. 111–12, and Beckett, 'Homage to Jack B. Yeats', trans. Ruby Cohn. *Jack B. Yeats: A Centenary Gathering*. Ed. Roger Mc Hugh. Dublin: The Dolmen Press, 1971, pp. 75–76.

（12） Cf. Ann Beer, 'Beckett's Bilingualism', *The Cambridge Companion to Beckett*. Ed. John Pilling. Cambridge: Cambidge UP, 1994, pp. 216–17. なお、二ヶ国語作家としてのベケットを考えるうえで、同じ著者の『ワット』論はまことに示唆に富み、教えられることが多い。See Ann Beer, '*Watt*, Knott and Beckett's Bilingualism', *Journal of Beckett Studies*, Number 10 (1985): 37–75.

【特別寄稿】

荒ぶる知と「虎ノ門事件」

山泉進

1

「カオス（khaos）」は、辞典的にいえば天地創造以前の状態である「混沌」や「混乱」を意味する。あるいは、「秩序」ある世界である「コスモス（cosmos）」と対比される概念である。その意味では「カオス」は「秩序」へと向かう「混沌」として創造のエネルギーであるが、天地創造以後においては、より高い「秩序」を求める破壊のエネルギーとして機能することもある。そのことを、大杉栄は「生の拡充」（『近代思想』一九一三年七月号）のなかで次のように言っている。「生の拡充の中に至上の美を見る僕は、この反逆とこの破壊との中にのみ、今日の生の至上の美を見る。征服の事実がその頂上に達した今日に於ては、諧調はもはや美ではない。美はただ乱調に在る、諧調は偽りである。真はただ乱調に在る」と。その翌年、一九一四（大正三）年一〇月、苦労の末に発行にこぎつけた月刊『平民新聞』創刊号は、即日発売禁止処分を受けた。その翌月号に掲載した「秩序紊乱」では、「真に自己の為めなると同時に、又他の同類の為めなる、最も美はしき激情の爆発。最も大いなる献身。最も崇高なる人道愛の発現。是れ即ち「秩序」の「紊乱」である」と定義し、自己の生をそれに重ねた。「噫、僕等は遂に、生涯を通じて此の「秩序」の下に蠢動しつつ、其の「紊乱」に従はなければならぬ。「秩序」は僕等の真の死であり、其「紊乱」は僕等の生である」と。

大杉栄の主張する「秩序」の「紊乱」の問題は、「生」に限らず、「知」の領域においても妥当する。そもそも大杉の「秩序」への叛逆は、彼の来歴に由来する。一八八五（明治一八）年、現在の香川県丸亀市において軍人の父のもとに生まれ、名古屋の陸軍幼年学校に入学、しかし学生間の傷害事件で退校となった。その後、東京の私立順天中学を卒業後、東京外国語学校仏語学科に入学、満二〇歳で卒業した。在学中から幸徳秋水らが創立した平民社に出入りし、社会主義者としての人生を歩み始めることになる。東京市の電車賃値上げ反対運動で兇徒聚衆罪に問われて以来、新聞紙条例違反等で入獄を重ね、一九〇八（明治四一）年六月には「赤旗事件」で二年六ヶ月の重禁錮刑を受けた。自らを「監獄でできあがった人間」と称し、「一犯一語」を目標にして外国語の習得に努めた。「大逆事件」後の一九一二年、大杉は荒畑寒村と共に、時代の閉塞を打ち破るべく月刊『近代思想』を創刊した。青年期の大杉にとって、「知」の創造は「破壊」のなかにあった。仮に「大正教養主義」が、学歴エリートたちの学校のなかで身につける、非社会的な「人格の陶冶」を求める平穏な「和らぐ知」と呼ぶことができるとするならば、大杉栄の教養は、秩序の「破壊」をめざす「荒ぶる知」として対比させることができよう。

一九二三（大正一二）年九月一日の関東大地震は、自然がもたらした社会秩序の破壊であった。その

「カオス」のなかで、同月一六日、憲兵・甘粕正彦らによって伊藤野枝・橘宗一とともに東京憲兵隊本部に連行され殺害された。大地震の威力は、人間の理性や教養を吹き飛ばし、流言蜚語のもとでのむき出しの暴力となって朝鮮人・中国人の大虐殺、また平沢計七らの亀戸事件などと共に大杉らの虐殺を生み出した。私は、これらの事件を「国家犯罪」として捉え、「国家によって正当化された人道（人権）にたいする複合的・構造的犯罪」と定義している。甘粕らの殺人行為は、社会の破壊者である無政府主義者から社会を防衛する行為として、最終的には軍法会議において正当化された。もちろん甘粕には軍法会議において懲役一〇年の刑が言い渡されたが、「甘粕事件」として陸軍のスケープ・ゴートにされただけで、恩赦により二年一〇ヶ月で出獄した。百年後の今日でも、「国家犯罪」の実態はいまだに闇の中に隠されたままである。

大震災時における「朝鮮人たちが東京中の井戸に毒薬を投じている」という流言は、日本の朝鮮統治の失敗からくる日本民衆の恐怖心に根ざしたものである。物理学者・寺田寅彦は、もしそれが事実であるとすれば、毒薬の種類を確定し、濃度を決定し、毒薬の総量を測定し、市中の井戸の総数を推定し、さらにはそれを実行するに必要な人数と輸送方法を考える必要があるとして、「科学的常識」の必要性を説いた（「流言蜚語」、『天災と国防』一九三八）。もちろん、寺田寅彦という「和らぐ教養人」の発した言葉である。これに対抗する「荒ぶる知」は震災後にどう引き継がれたか。私は、もはや教養や知という枠組みを超えて、対極にある「テロリズム」へと引き継がれたと考えている。その行為の一つが「虎ノ門事件」であった。「虎ノ門事件」は、難波大助という一青年による「国家犯罪」に対する復讐として現出した。

2

事件は、関東大震災と同じ年の一九二三（大正一二）年一二月二七日午前一〇時四〇分頃に起こった。事件の現場は「琴平町一番地先」の「虎ノ門電車交叉点」で、東は芝口、西は赤坂見付、南は飯倉、北は桜田門、それぞれから来た東京市電が交差する交通の要所であった。しかも交差点の西南角には交番があった。摂政宮裕仁（後の昭和天皇）の御召自動車は、赤坂御所を出て第四八帝国議会の開院式に向かっていた。西の赤坂見付方面から東の芝口方面へと進み、少し左へとカーヴして真直ぐに虎ノ門交差点に向かおうとしていた。交差点の交番からおよそ三〇メートル手前、「あめりか屋」（西洋家具店）前にいた犯人は、拝観者を規制する憲兵と警官の間から躍り出て、約一一メートル北方向へと走って市電の線路を越えて、左側から進行してくる御召自動車の右側に肉薄、ステッキ銃（散弾銃）で狙撃した。逮捕直後の犯人の自供によれば、「皇太子ノ自動車ノ横ノ真正面ニ進ミ、恰度《ちょうど》皇太子ガ硝子戸ノ方ニ顔ヲ向ケテ居リマシタカラ、恰度夫レト三寸位離レテ銃真〔身〕ガ一致シタ時ニ引金ヲ引イタノデス。夫レカラ直グ其ステツキ銃ヲ持ツテ革命万歳ト大声デ連呼シツツ、約五間位自動車ヲ追駆ケマシタ」（一二月二七日、第一回予審調書）ということになる。「三寸」は一〇センチ足らず、逮捕された場所は、「検証調書」（同年一二月三〇日付）によれば、狙撃地点からおよそ三三メートル北側の道路上であった。まさに至近距離から「腰をおろし、銃を構えて」（正力松太郎の言葉）摂政宮の顔面を目掛けて発砲したのである。

鹵簿《ろぼ》といえば、儀仗を備えた行幸や行列のことをいうが、日本において儀装馬車に加えて、鹵簿に自動車が導入されたのは一九一二（大正元）年の大正天皇の即位式からであったとされる。事件当日の自動車もイギリスから輸入されたデイムラー（Daimler）社製で、貴賓車第一一号と呼ばれるものであった。以下、「一間」を一・八メートル、「一尺」を三〇センチ、「一寸」を三センチとして計算すれば、この車の全長は四・五メートル、幅一・五メートル、高さ二・一メートルということになる。車台は暗褐色、「ルーム」部分の上部は黒色であった。「ルーム」内の広さは、幅が一・四メートル、長さ一・八メートルほどで、摂政が着座する席は、後方に幅四八センチ、高さ四五センチ、天井からは九九センチ、窓からは三〇センチほどの所に置かれていた。また、その中央前方に侍従長の席が設けられた。座席の左右の窓には、幅約八五センチ、高さ約五八センチ、厚さ約三・八ミリのガラス板が嵌め込まれ、また左右のルームドアにも約五八センチ平方のガラス窓があった。

犯人が発砲した弾丸は、座席右側のガラス窓の前方から一三センチ、下から三五センチ（地上からは約一・八メートル）のところを貫通し、タテ四・二センチ、ヨコ五・四センチの楕円形の穴をあけ、室内一面にはガラスの破片と粉末、それに弾片が飛び散り、部分的には堆積する状態であった。散弾は左側の後部の天井に達し、五箇所に人差し指大の弾痕を残したが、天井を貫徹するには至らなかった。また、車の外側の車台部分にはステッキ銃の接触によって生じた長さ七センチ、幅が一センチ前後の疵ができ、ドアー部分にも長さ二二センチほどの擦り疵があり、漆が剝がれ鉄板が露出する状態であった。これは銃口が車体に接触したまま車が進行したために出来た疵とされている。先の「検証調書」には、「皇太子殿下カ、当時如何ニ危険ノ状態ニ在ラセラレタルカヲ推察スルニ余アリ」との言葉が刻まれている。が、幸いにも皇太子に怪我はなかった。ただ同乗していた入江為守侍従長はガラス片をあびて顔から出血があった。車は止まることなく開院式に向かった。事件は、発生した場所名を付して「虎ノ門事件」と呼ばれている。

3

摂政宮の暗殺を企てたこの事件が、当時の刑法第七三条の大逆罪に該当する大逆事件であることは明白であった。第七三条は、「天皇、太皇太后、皇太后、皇后、皇太子又ハ皇太孫ニ対シ危害ヲ加ヘ又ハ加ヘントシタル者ハ死刑ニ処ス」との規定で、この事件は「皇太子」に対する散弾銃による狙撃という「危害ヲ加ヘ」た既遂事件であった。ところで、大正天皇嘉仁は一八七九（明治一二）年八月三一日生まれ、一九一二年七月三〇日に明治天皇の崩御をうけて践祚したが、幼少時より健康にめぐまれず、一九一八年頃からは公式行事にでることができない状態であった。翌年には正式に病状が公表され、一九二一年一〇月四日には摂政を置くことが公表されていた。そして摂政に就任するのは、原敬内閣のもとで一九二一（大正一〇）年一一月二五日からである。摂政については、皇室典範第一九条以下に規定があり、第一項では天皇が「成年」に達していない場合、第二項では長期間の「故障」により「大政ヲ親《みずか》ラスルコト」ができない場合、の二つが想定されていた。前者の場合は天皇の「成年」は満一八歳とされ、「親王及王」、「皇后」、「皇太后」等の順位で摂政がおかれた。後者の場合には、「成年」に達している「皇太子」または「皇太孫」が任命された。この場合は、皇族会議および枢密顧問の議を経る必要があった。刑法第七三条の規定には「摂政」の文字はないので、この事件には「皇太子」に対する大逆罪が該当した。

ところで一般的には、刑法第七三条は大逆罪を規定した条項であり、これに該当する事件を大逆事件とよんでいる。近代日本においては、幸徳秋水を首謀者として明治天皇他に対する暗殺謀議があったとして二六名が被告となった「幸徳事件」、関東大震災後の「虎ノ門事件」と「朴烈・金子文子事件」、それに一九三二（昭和七）年一月に昭和天皇の馬車に向けて爆弾を投げつけた「桜田門事件」（李奉昌事件）の四つが知られている。しかし、刑法の条文に「大逆罪」の文字があるわけではない。解釈上は、刑法各論にあたる「皇室ニ対スル罪」としては、第七三条と第七五条の「危害罪」、第七四条と第七六条の「不敬罪」に分けられている。「危害罪」が、天皇または皇族の「生命、身体」に対して「危害ヲ加ヘ」または「加ヘントシタル」罪に該当し、裁判所構成法により大審院において「第一審ニシテ終審トシテ」（第五〇条第二項）裁かれ、第七三条においては有罪と判断されれば「死刑」だけが宣告された。その法的な根拠は、大日本帝国憲法に規定された天皇の地位にもとづいている。すなわち、「大日本帝国ハ万世一系ノ天皇之ヲ統治」（第一条）し、また「天皇ハ神聖ニシテ侵ス」（第三条）ことのできない存在であり、「国ノ元首ニシテ統治権ヲ総攬」（第四条）し、さらには大元帥として「陸海軍ヲ統率」する権限を有していた。

その意味で、大逆事件は一般的な犯罪とは異なって、国家統治の根幹にかかわる事件であり、内閣の政治的責任にまで及ぶことになる。関東大震災直前の八月二六日、首相の死亡により加藤友三郎内閣が総辞職、外相の内田康哉が臨時首相代理となり、地震直後の二日に緊急勅令（第三九八号）と勅令

（第三九九号）を公布、東京市ほかに戒厳令を施行した。この日の夜七時四〇分、山本権兵衛内閣の親任式がおこなわれ、山本内閣（第二次）が正式に発足する。治安維持にあたる内務大臣には後藤新平、陸軍大臣には田中義一が就任した。そして三日に勅令第四〇〇号によって関東戒厳司令部が設置され、司令官には陸軍大将・福田雅太郎が就任した。同日に出された関東戒厳司令官命令第一号は、「警視総監及ヒ関係地方長官及ヒ警察官ハ時勢ニ妨害アリト認ムル集会若クハ新聞紙、雑誌、広告ヲ停止スルコト」、「各要所ニ検問所ヲ設ケ通行人ノ時勢ニ妨害アリト認ムルモノノ出入リヲ禁止シ」等々を内容とするものであった。このような戒厳状態は同年一一月一五日の勅令第四八〇号による関東戒厳司令部の廃止と東京警備司令部の発足まで、七五日間続いた。ただし、九月三日に出された緊急勅令第四〇三号（治安維持ノ為ニスル罰則ニ関スル件）、いわゆる流言浮説取締令だけは廃止されることなく、一九二五年四月二一日に公布された治安維持法の付則により廃止された。

4

第四八回帝国議会開院式は、予定通りこの日午前一一時貴族院において挙行された。『東京朝日』（二八日付、二七日夕刊）によれば、摂政宮は午前一〇時四五分に陸軍歩兵中佐の通常服にて貴族院に到着、徳川貴族院長の先導にて便殿《べんでん》〔休憩用の御殿〕で小休憩、それから秩父、閑院、伏見、久邇の各宮殿下ならびに山本首相以下の各国務大臣を謁見、「徳川〔家達〕、黒田〔長成〕、粕谷〔義三〕、松田〔源治〕の両院正副議長を先頭に、貴族院議員は式場の右側、衆議院議員は左側に整列、各宮殿下並に各国務大臣は階上の左右両側に居並び、定刻に到るや、摂政宮殿下には各供奉員を従へ式場に臨ませられ、山本首相の捧持せる勅語書を受けさせられ、満場最敬礼中に開院式勅語を捧読あらせられた徳川議長は鞠躬如《きくきゅうじょ》〔慎み深い〕として歴階して昇り、勅語書を拝受」したとある。摂政宮の「開院式勅語」は、「朕茲ニ帝国議会開院ニ式ヲ行ヒ、貴族院及衆議院ノ各員ニ告ク／帝国ト連盟各国トノ交際ハ益《ますます》親厚ヲ加フ、朕深ク之ヲ欣《よろこ》フ／朕ハ国務大臣ニ命シテ、大正十三年度予算案及各般ノ法律案ヲ帝国議会ニ提出セシム、卿等克《よ》ク朕カ意ヲ体シ和衷審議、以テ協賛ノ任ヲ竭《つく》サムコトヲ望ム」という文言であった。これにて摂政宮は、午前一一時一〇分に式場を退出、一一時三〇分には狙撃された自動車を乗り替えて赤坂御所に還啓した。

午後、貴族院は緊急の「全院協議会」を開催、徳川議長から貴族院を代表して「天機奉伺《ほうし》」と皇后・摂政宮の「御機嫌奉伺」を決定、また衆議院の政友会、憲政会、革新倶楽部も「天機奉伺」を決定した。午後零時三〇分には、山本首相と湯浅倉平警視総監が赤坂東宮御所へ「伺候」したことも報じられている。また沼津の御用邸に滞在中の大正天皇と貞明皇后のもとへは、珍田捨巳東宮大夫が派遣されたとのことである。そして、同日の五時一五分、山本首相は全閣僚の辞表を取りまとめて赤坂離宮に参内、摂政宮に辞表を捧呈するも、摂政宮からは「御沙汰を待つべし」との「優渥《ゆうあく》なる御諚《ごじょう》」があった。もちろん、警備責任者として内務大臣の後藤新平はいち早く辞表を提出、塚本清治内務次官、山梨半造東京警備司令長官もこれにならった。摂政宮からの留任の「優諚《ゆうじょう》」があったにもかかわらず、山本首相の辞意は固く、二九日一時からの臨時閣議で総辞職を決定した。その間、二八日には内大臣秘書官長の入江貫一が松方正義と西園寺公望の両元老を訪問、事件の報告と政局についての意見を聴いている。翌年一月一日午後四時半、枢密院議長の清浦奎吾に組閣の大命が下った。組閣は難航し、一月七日午前一一時赤坂離宮において親任式が行われた。同日の『大阪毎日』号外には、警備上の責任が問われ、内務次官・塚本清治、内務省警保局長・岡田忠彦、警視総監・湯浅倉平、警視庁警務部長・正力松太郎、警視庁警視（芝・愛宕警察署長）・弘田久寿治に懲戒免官の処分がなされたことが報道されている。犯人の一撃は警備責任者の首にとどまらず、一内閣をも吹き飛ばしたのである。

5

狙撃犯は、その場で散々な暴行をうけて逮捕された。犯人は一八九九（明治三二）年一一月七日、山口県熊毛郡周防村の名家に生まれた難波大助という満二四歳の青年であった。犯人が発砲したステッキ銃（仕込み型の散弾銃）についての検証調書はのこされていないので、製品名や外形、性能については知る事ができない。ただ大助の父親・難波作之進に対する一九二四年一月六日付「証人訊問調書（嘱託）」によれば、「明治四十二、三年頃、私ノ友人林文太郎ガ朝鮮ヨリ帰リ、徳山町ノ旅館ニテ会合シタル際、同人ガ御示ノ銃ヲ所持シテ居リマシタ。当時日露戦争後ニテ私ハ満洲視察ノ希望ヲ抱イテ居リマシタカラ、其際ノ護身用ニシ、且ツハ小鳥ノ狩猟ヲモ仕度イト考へ、文太郎ニ請ヒ貰受ケタルモノデアリマス」と答えている。一説には伊藤博文がロンドンで購入したものが人手に渡ったともいわれている。そして、昨年一一月一日に大助が「乙種二等狩猟免許」を採ったことをきっかけにして、物置より取り出し手入れをして、台所の箒などを懸ける所へ掛けて置き、大助がこれを使うことを許したわけではないが、禁じることはしなかったと答えている。銃の使用方法については、大助は、小学生のときにステッキ銃で鵯《ひよ》を撃ったことがあり、その後は昨年暮まで使ったことはなかったが、どの位の距離で撃つのが有効であるかを試し、「近カ寄レバ近カ寄ル丈ニ効果ハアルト云フ事ガ判カリマシタ」(一二月二七日付、第二回訊問調書)と自供している。「被告ハ皇太子殿下ノ何処ヲ撃ツ考デアツタカ」との問いには、「顔デス。首カラ上ヲ狙フ積リデアツタノデス」(同前)と答えている。

難波大助が、旅費を調達して故郷を出発したのは、犯行の一週間ばかり前の一二月二二日の午後一時一〇分柳井津発の汽車、翌日午後一時に京都駅で下車、友人の京都府立医科大学予科生の岡陽造の下宿に滞在、二五日頃の新聞で摂政宮の開院式行啓のことを知り、二六日午後七時四五分発の汽車で東京に向け出発、その汽車のなかで新聞により午前一〇時三〇分に赤坂離宮を出発することを知った。また、東京駅には二七日午前八時二〇分頃に着き、駅構内でステッキ銃に実弾一発を込め、レインコートの左側に隠し、丸の内の裏通りを通って日比谷の交差点過ぎにいき、そこから天現寺行の電車に乗って桜田本町で降り、飯田橋駅の電車に乗換え虎ノ門交差点の手前で降りて、交番の後ろを通って待機した(同前)。弾丸等を購入したのは、その前の年の一二月半ば過ぎ、二番目に大きい弾丸、他に「発火金」や「雷管」、「火薬」を入手したことを述べている。現代の散弾銃の弾(ショットシェル)は、プラスティック製のケースと金属製のワムから構成され、雷管、無煙火薬、ワッヅ、弾丸、薬莢の五つの部位から成っているが、難波大助が使用したものは円筒型の紙製の薬莢(ケース)に雷管、発火金、火薬、弾丸を自分で装塡して作製したもので、威力は小さな鳥を狩猟するため程度のものではなかったかと考えられる。

「テロリスト」となることを自覚し犯行に及んだ動機については、一月四日付の「第三回予審調書」において、「思想上の経歴」として整然と供述されている。「国家犯罪」への復讐という視点からみれば、一つには、一九二〇（大正九）年四月、上野図書館で幸徳秋水らの死刑判決の翌日の新聞記事を読んで、「二十四名ニ対シテ死刑ノ宣告ガ下サレテ居リ、二名ニ対シテ無期懲役ノ判決ガ下シテアルノヲ見テ、一個ノ吾々ト同様ナ人間ニ過ギヌ天皇ヲ只《ただ》殺サントシタト云フ丈ケデ、〔中略〕実ニ暴虐ト云ハウカ非人道ト云ハウカ、之レ以上残念〔忍〕ナ法律ガ世界ノ何処ニアルダロウカト云フ事ヲ感」じたこと、いま一つには、関東大震災における「大杉栄氏等ノ虐殺事件、亀戸ニ於ケル組合労働者、之レハ悉ク共産主義的思想ヲ抱イテ居ル其組合労働者ノ虐殺事件、及ビ一般労働者及鮮人虐殺事件」について、これも新聞で読んで、復讐に及んだことを指摘することができる。大助は、犯行当日の第一回予審調書で、自分の思想は「共産党ノ共産主義」であり、自分が「テロリスト」となって皇太子を殺害することは、「社会革命ヲ遂行スル手段」として「有効」であると考えたと自供していた。

6

支配者の側からみれば、一発の銃撃で作り出された「カオス」は秩序へと修復されなければならない。そのための方策としては、まずは「カオス」を隠すこと、いいかえれば秩序が維持されていることを国民へと示すことから始まり、犯人の行為が誤解に基づいたものであり、犯人が反省のもとに謝罪した姿を示すことが必要である。大逆事件は、近代日本の天皇制支配の法的根幹をゆすぶるだけにとどまらず、二千六百年近い天皇支配の神聖性と不可侵性の歴史的根源をも危うくするものでもあった。つまり、大逆罪は、刑法に定められた死刑という罰則で完結するものではなく、「あってはならない」事件として国民の前から威嚇をもって隠され、犯人の反省と謝罪によって償われなければならない犯罪であった。

『東京朝日』（一月二七日夕刊、前掲）によれば、狙撃を受けたにもかかわらず、摂政宮は「些《いささか》の亢奮《こうふん》の状も示され給はず」、「悠然《ゆうぜん》」と開院式に臨み、翌日の朝刊には、御所への帰還後には、侍従を相手にして四時頃まで「平生とお変わりなくテニスの御運動」をしたことが報じられている。そして、一月一二日官報でもって公示され、同月二六日には婚約中であった久邇宮良子女王との成婚の儀が行われた。他方では、内務省は事件直後から新聞報道の規制に乗り出し、各地方長官また植民地各関係官庁にいたるまで通牒を発して、内務省からの発表があるまでは、「本件ニ関スル一切ノ事項」を掲載することを禁止して事件を隠蔽した。ただ、宮内省と内閣府が事件概要を公表したために一部で報道が漏れることになった。九ヶ月以上にわたる隠蔽の後、九月一三日に公判期日が一〇月一日とすることが決定され、公判開始後の三月二八日に各官庁に通達されていた①犯罪事件名、②公判期日、③裁判所係判事、検事、④被告人、弁護人についてのみ公表するという方針が実行され、突然九月一五日から記事差止が解除されることになった。このとき初めて難波大助という名前が新聞紙上で公表された。さらに同月二六日には、内務省は司法省に打診して、判決文そのものを掲載することを許さず、判決主文と「梗概書」だけを公表することも決定して、事件を国民から隠すことに努めた。

公判（裁判）は、一九二四年一〇月一日に横田秀雄が裁判長、検事総長の小山松吉が担当検事として開かれ、人定訊問の後に公開禁止となった。ここでも裁判所は事件を隠蔽した。翌日第二回の公判が開かれ、裁判長の被告人訊問、検事の論告求刑、弁護人の最終弁論、それに被告人の最終陳述が非公開のうちに行われ審理は終結した。そして、一一月一三日大審院特別刑事部は死刑の判決を下し、翌々日の午前九時、市ヶ谷刑務所で死刑が執行された。事件が難波大助の単独犯であることは、発生三日後の一二月三〇日には明確になっていた。ところが、一〇月一日まで公判を延期し続けたのは、大助に対して犯行が間違っていたことを自覚させ、摂政宮に謝罪することを、裁判全体が求めたからである。その説得には、弁護人・今村力三郎の推薦で松村介石、司法大臣・横田千之助の推薦で近角常観、平沼騏一郎の推薦で日蓮信者の山口清、つまり大審院長から弁護人までもが説得に当たったが、効果はなかった。大審院長・横田秀雄の要請で官選弁護人となった花井卓蔵は、被告人が「本来の良心を呼びさまし、出来るならば、我国民としての心境に立ち帰らしめ、無道の大罪を自ら浄化せしめた上で裁判せられたい」との意向であったが、難波大助は種々の説得にも応じず、花井はこれに不満だったのか、公判開始前の九月一五日に弁護人を辞任している。死刑の判決言渡しが終わるや否や、難波大助は大声を発して「日本無産者労働者、日本共産党万歳、ロシア社会主義ソビエート共和国万歳、共産党インターナショナル万歳」と叫んだと、今村力三郎は書き残している。そして、当局は思想そのものを取り締まる治安維持法の制定へと向かうことになった。それから百年の歳月が過ぎた。いま、「荒ぶる知」はどこを彷徨《さまよ》っているのだろうか。

参考文献

寺田寅彦「流言蜚語」（『天災と国防』一九三八年、『ドキュメント・関東大震災』草風館、一九八三年、再録）
今村力三郎「難波大助事件」（『文藝春秋』一九五〇年四月号）
正力松太郎「虎ノ門の狙撃」（『文藝春秋』特集「天皇白書」一九五六年一〇月号）
『難波大助大逆事件――虎ノ門で現天皇を狙撃』（増補版）、黒色戦線社、一九七九年
『アナーキズム』（続・現代史資料3）みすず書房、一九八八年
『虎ノ門事件』（全3巻、専修大学今村法律研究室編、今村力三郎・訴訟記録第33巻〜第35巻）、専修大学出版局、二〇〇四―二〇〇六年
山泉進「「虎ノ門事件」の裁判記録」（『初期社会主義研究』第32号、二〇二四年六月）

おわりに——

カオスによるつながり

今日、教養教育は曲がり角に来ている、と言われている。

戦前から戦後にかけて隆盛を誇った教養主義は、人文科学と古典の熟読をベースにしたものであり、学問をすることが人格の修養とも結びついていた。しかも、旧制高校以来の少人数によるエリート教育に適したものでもあった。しかし、戦後の高度経済成長とともに大学進学率が飛躍的に増加し、大学の大衆化が進むにつれ、教養主義は現実離れしたものになっていった。さらには、インターネットによる情報量の飛躍的な拡大によって、いかにスピーディーに情報を整理し判断するかが求められる今日、教養主義は完全に時代遅れのものになってしまった感がある。

それに対して、戦後、教養教育としてアメリカのリベラルアーツ教育を真似て二年間の教養課程が大学につくられたが、教養教育というものの理念があいまいで、決められた知識を広く浅く学ばせることに終始し、高校の延長ではないのかと見る学生もいるし、大衆化された大学では旧来の教養教育のような効果も期待できないし、教養／専門という惰性的な二項対立それ自体を問い直すべきだという声も聞く。

大学における教養教育のこういった行き詰まりをよそに、今日、「教養」は流行っている。というのも、教養というタイトルを冠した本がおびただしく出版されているのだ。いくつか挙げてみると、『教養としての東洋哲学』『教養としての半導体』『教養としての投資』『教養としての和食』……枚挙にいとまがない。

これだけ多くの教養本が出版されているところをみると、多くの人が教養に飢えており、教養を身につけたいという願望はあるのだ。欧米のビジネスマンが仕事のこと以外にもシェイクスピアのことをよく知っていたりして教養あふれた会話を楽しんでいるのに、日本のビジネスマンは無知をさらけだしてしまうから、教養を身につけなければならないそうだ。そこで、数多くの教養本が出版されているというわけである。

しかし、『教養としての〜』をたくさん読みまくったところで、本当に教養は身につくのだろうか。こういった本が与えてくれるのは、それぞれの分野の知識であり情報である。そういった知識の集積が、本当に教養と言えるのだろうか。かつて教養人と言われた人は、独自の世界観や人生観を持っていたのではないだろうか。知識や情報を整理して運用するだけでは、教養を身につけているとは言えないのだ。

このように教養は混乱している。教養はあこがれの的だが、その内実はよくわからないというのが現状だろう。多くの教員や学生も専門だけ学ぶだけではだめで、教養も必要だとは思っていても、教養の内実が旧態依然であったり、正反対なものであったりする場合も多い。

そうした状況下で、大学のあり方も変わってきており、教養教育のなかで、リベラルアーツ（自由学芸）の「自由」に比重を置き、自由な思考力を養うことを主眼とする教育が行われ、教養を新しく解釈したり、実践したりする試みが誕生し始めたのである。

以上を踏まえて、明治大学大学院教養デザイン研究科の教員たちが二〇二二年に出版したのが、『野生の教養』である。

「野生の教養」は、教養を新しく考え直すための試みだった。そのために私たちは、教養をその起源に遡って考えてみた。

教養という言葉の英訳はカルチャーである。この言葉は、アグリカルチャーと関係が深い。このことから、教養＝文化は農耕を前提にしている、ということがわかる。例えば、大学のゼミという言葉のもとは、ゼミナールというドイツ語で、英語で言えばセミナーである。この言葉は、「種まき」を意味する。ゼミでの教育は、学生たちが播かれた種を受けとり、発芽させるということなのである。教養も文化も、畑を耕し種を播き、作物を育てて実らせ収穫する農耕に基づいた概念なのである。教養を語るとき、薄っぺらな知識の寄せ集めではなく、地に足のついた知識の体得のイメージが幅をきかすのは、大地に根ざした農耕が前提になっているからである。

しかし、このことによって、教養概念が根本的に排除してきたものがある。それは狩猟・採集の「文化」である。農耕以前のこういった「文化」は、富や知識の集積とは無縁で、発展性のない野蛮なものと見なされてきた。野生の教養とは、この狩猟・採集の「文化」にまで遡って、教養と文化を問い直す作業なのである。これは、教養が排除してきたものを取り込み、さらにはこの取り込んだものを起点として教養概念を練り直す作業とも言えるだろう。これは、前代未聞の教養を考えることで、教養概念を刷新していくことであった。

1　カオス

今回、『野生の教養』の第二弾を上梓するにあたって、研究科長の丸川哲史氏と協議して決めたテーマは、「カオス」であった。

学問、文化、社会は、ふつう何らかの秩序や統一性をもっている。だから、混乱したカオスの状態であることを嫌う。古代ギリシャでは、宇宙の生誕前の混沌とした状態がカオスであり、そこから宇宙（コスモス）が発生したと言われている。同じように、学問や文化は無秩序な状態から何らかの秩序を発見していく。社会も野蛮な戦争状態や混乱した無法状態から法による秩序を作り上げる。カオスという混乱した状態を克服するのが、学問、文化、社会の責務とも言える。教養も学問、文化、社会と密接に関わっているかぎり、カオスを制御し支配しなければならないだろう。しかも、教養が農耕を起源にもつかぎり、荒地を開墾し田畑という秩序をつくるのであり、これは無秩序な自然を支配し人為的な秩序に変えていくことである。だから教養は、その根本においてカオスを秩序に変えていくものなのである。

だが、カオスは秩序を破壊する危険がある。例えば、農地に台風が襲い、作物はすべて台無しになり、土地は荒れ果ててしまったとしよう。これはもとのカオスへの逆行である。カオスの無秩序は農耕にとって危険な存在である。だから、人間は長い歴史においてカオスを封じ込めてきたのである。これは教養＝文化においても同じである。

しかし、こういった教養のあり方が排除してきたもの、忘却してきたものをもう一度考え直すのが「野生の教養」である。教養は野生であるかぎり、無秩序としてのカオスとともにあることを考える必要があるのではないだろうか。教養というものが秩序や調和を求めるものであるならば、そういった理念のもとで見落とされてきたものにも注目すべきであろう。

ここでジル・クレマンという現代フランスの庭師の『動いている庭』（山内朋樹訳、みすず書房、二〇一五年）を取り上げてみたい。この書物は、カオスという主題に沿って「野生の教養」を考えるのに最適だと思われるからである。

庭、さらには庭園と呼ばれるものは、先ほど述べた農耕のための土地利用の延長上にある。庭は何の手も加えないと雑草が生い茂り荒れ放題になる。これはまさにカオスである。だから、人は自分たちが植えた草花を育てるために、よそから入り込んだ雑草を除去することで、カオス化を避ける。このような排除の作業を通して、庭の秩序は保たれるのだ。特に西欧の庭園の発想は、自然を支配して人間の秩序を打ち立てることにある。自然の産物を対象にしつつも、人為的な秩序をそこに作り上げるのであり、カオスの危険はつねに遠ざけなければならないのだ。

ところが、ジル・クレマンの作る庭は違う。庭のなかで、人が植えた草花と雑草が共存しているのだ。彼は、カオスの原因である雑草とともに庭を作っている。それはどういうことかと言うと、草花を植えたあと、生えてきた雑草を引っこ抜くのではなく、それに合わせて新たに草花を加えたりして、全体を整えていくことなのである。この場合、雑草はもはや除去する対象ではない。むしろ、庭の秩序を作り上げる要素として、積極的に活用されるものなのである。雑草の種は偶発的に庭のなかに入り込む。発芽し成長した雑草を除去するのではなく、その存在を認め肯定していくのだから、庭の秩序はカオスの危険に不断にさらされることになる。この秩序は、偶発的に紛れ込んだ雑草の増加とともに、絶えず変化し続けるのだ。カオス化しかねない雑草とともに、クレマンは庭を変化させながら秩序を作りつづけている。だから、庭は動いているのだ。これは、人為的な秩序か荒地かの二項対立ではなく、秩序もカオスとともにあるということを示している。

この庭園論は、「野生の教養」にも当てはまるだろう。教養も、農耕に基づかないものを排除するのではなく、取り込むことによって新しい秩序をつくることができるのではないだろうか。狩猟・採集の「文化」は、のちに文明を生みだす農耕文化にとっては一段低いものと見なされがちである。文化の名に値するものではないのだ。ふつうの教養概念からすると、「野蛮なもの」として排除の対象になるだろう。この「文化」を教養のなかで農耕起源のもののさらなる起源として認めることは、教養概念そのものを矛盾させ意味の混沌に陥らせるかもしれない。しかし、カオスをもたらす危険のあるものは、克服すべき対象ではない。協力して新しいものを生みだす糧なのである。排除されていたものを取り入れて、カオス化の危険をはらみながら、教養はつねに自己を刷新できるのではないだろうか。ここに「野生の教養」があるのだ。

この意味で、カオスは「野生の教養」にとって大変重要な主題と言えるだろう。

2　カオスによるつながり

本書に寄稿された論文やエセーは、各人がカオスというテーマについて自由に執筆したものである。本書を手に取った読者は、カオスについての各人の考えが多種多様であることに驚くかもしれない。丸川氏が序文で述べているように、「一人に一つカオスがある」のだ。各個人がそれぞれ内にカオスを持っており、それに衝き動かされてカオスについて書いている。しかし、「一人に一つカオスがある」という言葉を、表面的な意味でとらえてはならない。丸川氏がそこで強調したいのは、カオスの個人主義ではなく、内なるカオスを通して個人の枠をこえて各人がつながり合うということなのである。その結果、内も外もない、単数も複数もない交流が生まれるのだ。こういった交流によって、読者のなかでもカオスが呼び覚まされるのである。

本書は3部に分かれている。第1部は「思想・科学」、第2部は「歴史」、第3部は「文学・芸術」である。

このカオスによるつながりの視点から、各部の論文とエセーを概観しながら説明しておこう。

第1部　思想・科学

今の時代、資本主義の行き過ぎは気候変動、経済的格差、人間関係の希薄化をもたらしている。地球の気温の上昇がとまらず、このままでいくと北極の氷がとけて水没する国があらわれ、人類の生息も危機的になる状況である。貧富の差も進み、富裕層とそうでない人たちの格差も開くばかりである。

フランスの経済学者ピケティは、現在の中間層の大半は没落し、将来は一握りの上層の人たちと圧倒的多数を占める下層の人たちの時代を予測している。多くの分野で市場原理が進んだ結果、古い村社会の慣習的なつながりは失われていき、人間の孤立は進んでいる。

資本主義を批判してきた社会主義はソ連の崩壊とともに勢力を失い、共産党の支配する国も資本主義への道を歩みだしており、同じような問題に直面している。しかも、共産党の全体主義的な体質は、個人の自由を抑圧しているという批判がやまない。

こういった状況で、近年、アナーキズムが注目されている。アナーキズムは、資本主義と旧来の社会主義の両方を批判しているからである。そもそもアナーキーとは、何ものにも支配されない状態をさすから、カオスとかかわりが深い。その結果アナーキズムは、自由の思想と呼ばれたりしてきた。現代で注目されているアナーキズムは、国家の体制のなかでも国家に依存しない部分を作っていくこと、そのためにお互いに助け合うことである。秩序からの逸脱を許容する、ゆるいつながりのコミュニティの思想である。

「野生の教養」のカオスも、広い意味でのアナーキズムやアナーキーと関係をもっている。

まず田中氏の論文は、反資本主義的で非中央集権的なbolo'boloというアナーキズムの近未来的なユートピアを紹介しており、また特別寄稿の山泉氏の論文は虎の門事件を題材にしており、それぞれアナーキズムそのものを問題にしている。

次に佐久間氏の論文は、村の秩序に収まらないヤブの存在が現行の経済システムを変革する力を秘めていることを論じており、また岩野論文は何かを狂わせるカオスとの関係が人間の共同性の基礎になっていることを示しており、両論文とも今日アナーキーなるものとどうかかわっていくべきかを考えさせてくれる。

さらに、ホームレスと図書館の秩序のあいだのケアの空間の必要性を語った石山氏の論文、軍隊を混沌とが同根であることを指摘した加藤氏のエセーは、それぞれ広い意味でのアナーキズムとかかわりをもっている。

科学に関しては、カオスというアナーキーなものと秩序化のあいだの葛藤が主題化されている。そこにはＡＩなどの飛躍的な発展が喧伝されているが、カオスは克服されないという考え方である。科学がカオスを克服することではなく、科学がカオスとどう対話するかを示した勝田氏の論文、天気や地震の予測不可能性から未来の不確実性について語った森永氏のエセー、非線形性というカオスの特性から一〇〇％の制度の解明は不可能だとする浅賀氏のエセーは、アナーキーなものの可能性と危険性を問い続けている。

また、身体と精神の症状の混沌から秩序を発見したフロイトを扱った広沢氏の論文も、カオスと秩序のあいだの葛藤を問題にしている。

第2部　歴史・社会

歴史や社会をどう解釈するかは大変むつかしい。ただ、歴史・社会においてもカオスやアナーキーとの関係も重要ではないだろうか。ヴァルター・ベンヤミンの『暴力批判論』によれば、法に関する暴力として「法措定的暴力」と「法維持的暴力」の二つがある。前者は権力を掌握した個人や集団が法を制定することによって秩序を生み出し体制を支配することであり、後者は自分が支配する秩序を維持するための法に則った権力の行使である。ベンヤミンは両方を暴力と見なす。こういった体制を作り維持する暴力がある反面、この体制を破壊してしまう「神的暴力」というものをベンヤミンは考える。これはあらゆる法の秩序を壊してすべてをカオスにしてしまう暴力である。法による秩序には必ずそれを根こそぎにするものの可能性が伴われているのだ。秩序はアナーキーの可能性と組になっているのである。

廣部氏のエセーは、人種や文化の多様なカオスであるから逆に秩序を求めるアメリカでカオスと秩序が共存するダース・ベイダーのような存在が生みだされる皮肉を描いている。

また、薩摩氏の論文は、オーストリアとチェコの国境の秩序が絶えず変動し混乱にさらされてきたことをたどり、佐藤氏の論文は、ヴァイマール共和国の混乱なかでの犯罪の増加に対して犯罪生物学の導入による秩序の回復を指摘し、前田氏の論文は、フランス現代の公教育をめぐる論争のカオス的状況にふれ、それぞれ秩序とアナーキーなカオスのあいだの緊張関係を豊富な事例とともに立証している。

カウンター・ジハード主義がWebのヴァーチャル空間のなかで荒唐無稽に増殖してカオスの状態になっていくことを示した佐原氏の論文、電子メディアの普及が学問・知識の公共性を脅かすことについて語った釜崎氏の論文は、インターネットのアナーキーなあり方に一石を投じている。

コロナ禍などで専門家の「客観的」な言説が現実の混沌とした生活感覚に寄り添わずに抑圧したことから教養の必要性を説く羽根氏のエセー、中国の雲南で支配者が絶えず交代する時代に、交代の度ごとに銭が発行されてカオス的な状況であることを指摘した西川氏のエセーは、現実を見ない専門家や支配者の権力による秩序志向が逆に混乱を招いている事実を暴いている。

第3部　文学・芸術

文学や芸術が秩序と無関係ではないのは自明のことである。どのような美もある種の調和と結びついているし、どのような芸術も形式的な作業を経なければならない。一見すると破壊的に見える作業にも何かしらの秩序は存在している。ただ、一方で秩序を打ち立てたら、どこかでその秩序をはみ出すもの、秩序を未完成に終わらせるものが文学や芸術の特性ではないだろうか。それはもちろん、秩序を破壊するものの場合もあるだろう。あるいは、秩序の過剰の場合もありうる。過度の秩序も秩序を破壊するものだからである。これを狂気とも呼ぶこともできよう。しかし、この狂気は秩序と不可分なのである。フランスの哲学者ジル・ドゥルーズの言葉に、カオスモスというものがあるが、これはカオスでありコスモスであり、両者は区別できないということである。文学も芸術もこのカオスモスなのではないだろうか。つまり、秩序であるとともにアナーキーなものなのではないだろうか。

丸川氏の論文は、坂口安吾『白痴』の読解しながら、空襲で廃墟と化した瓦礫の混沌のなかに無数の道を見つけることで、カオスのなかでの秩序の可能性を期待させてくれるし、虎岩氏の論文は、芸術は未知の混沌との際にあることを受容者に垣間見せることで、カオスと秩序の密接な関係を示している。

ルーマニアのスチェヴィツァ修道院の壁画における神の国の秩序と奈落のカオスの関係を読み解い

た瀧口氏の論文、カオスに場所を与えるために形式を変えていったベケットのイェイツ論を描いた井上氏のエセーも、それぞれのかたちで秩序とカオスの均衡について考察している。

それに対して、開高健『日本三文オペラ』を読みながら、復興が進んだ戦後の「アパッチ族」の反社会的なエネルギーの濫費に人間の価値を見出した畑中氏の論文、石川啄木が生と死の混沌が反映した性的な事柄をローマ字で表現したことを述べた池田氏のエセー、イランの近代詩人セフベリーについて語りながら、体制の秩序が創作の場に介入すると詩人の魂を傷つけると指摘した山岸氏のエセーは、文学が秩序をはみ出していくことやアナーキーな空間を強調している。

伊藤氏の論文も、『常陸国風土記』を読解しながら、そこに複数の価値観の併存という多様性を認め、秩序化による単純化を批判している。また、嶋田氏のエセーでは、荷風『日和下駄』の猫石の話が取り上げられ、猫石をめぐる謎のカオス的状況が述べられている。

カオスによって衝き動かされながら、カオスについて語ることで、多様性のなかにゆるいつながりが見出せるのではないだろうか。

「野生の教養」とは、新しいアナーキズムによるつながりの場なのではないだろうか。

明治大学大学院教養デザイン研究科
岩野卓司

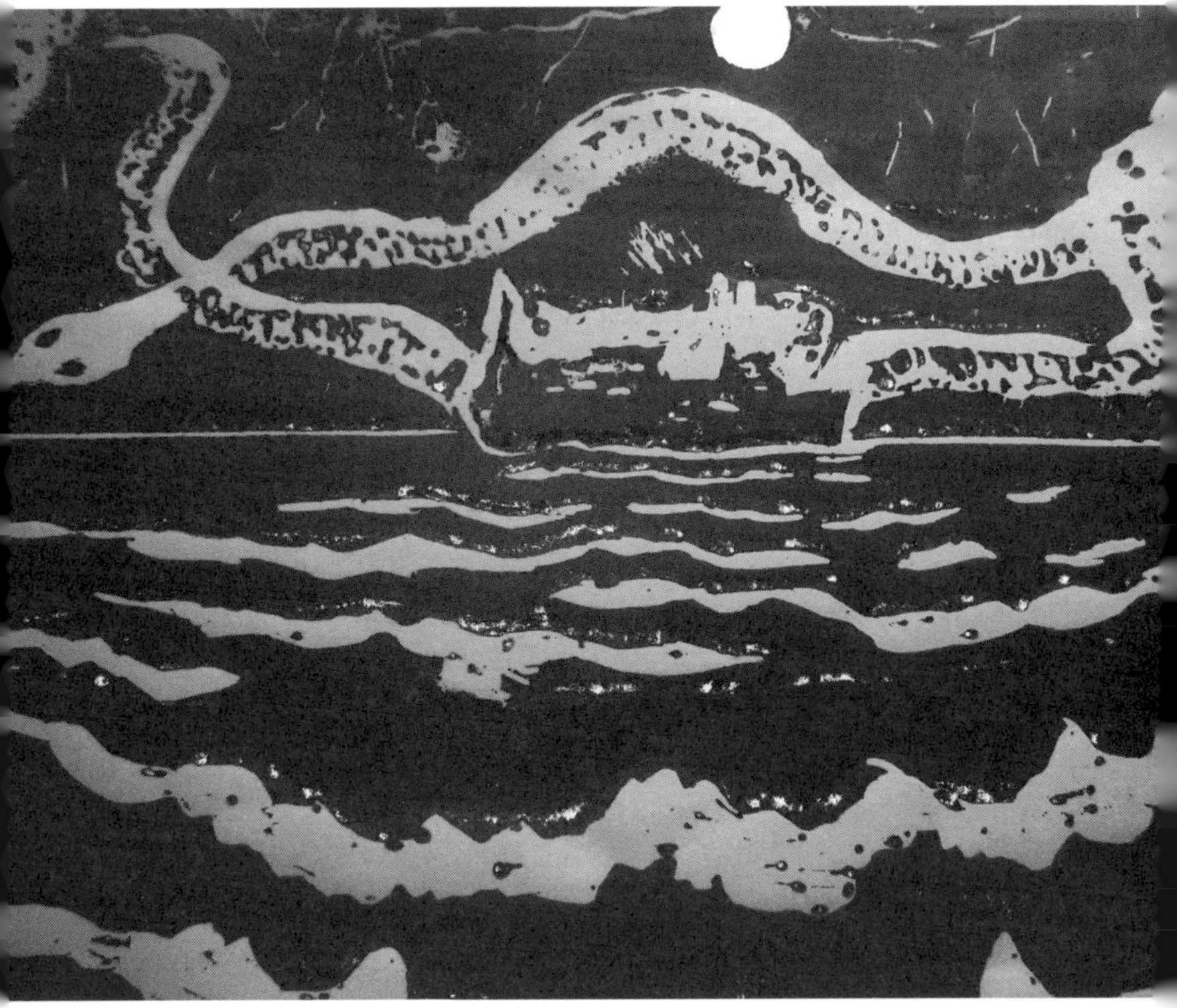

丸川＝盧＝哲史「燃える船と蛇」

編者紹介

丸川哲史（まるかわ・てつし）
明治大学政治経済学部教授。著書：『魯迅出門』（インスクリプト），『思想課題としての現代中国』（平凡社），『竹内好』（河出書房新社），『台湾ナショナリズム』（講談社）。

岩野卓司（いわの・たくじ）
明治大学法学部教授。著書：『贈与論』（青土社），『贈与の哲学』（明治大学出版会），『贈与をめぐる冒険』（ヘウレーカ），共訳書：バタイユ『バタイユ書簡集　1917–1962年』（水声社）。

執筆者紹介（掲載順）

田中ひかる（たなか・ひかる）
明治大学法学部教授。著書：『ドイツ・アナーキズムの成立』（御茶の水書房），編著：『社会運動のグローバル・ヒストリー』（ミネルヴァ書房），『アナキズムを読む』（皓星社）ほか。

加藤徹（かとう・とおる）
明治大学法学部教授。著書：『漢文で知る中国』（NHK出版），『京劇』（中公叢書），『貝と羊の中国人』（新潮新書），『漢文力』（中公文庫），『漢文の素養』（光文社新書），『西太后』（中公新書）。

佐久間寛（さくま・ゆたか）
明治大学政治経済学部准教授。著書：『ガーロコイレ』（平凡社），編著：『負債と信用の人類学――人間経済の現在』（以文社），共訳書：レヴィ＝ストロース『構造人類学ゼロ』（中央公論新社）。

石山徳子（いしやま・のりこ）
明治大学政治経済学部教授。著書：『「犠牲区域」のアメリカ――核開発と先住民族』（岩波書店），『米国先住民族と核廃棄物――環境正義をめぐる闘争』（明石書店）。

浅賀宏昭（あさが・ひろあき）
明治大学商学部教授。著書：『生化学きほんノート』（南山堂），共著書：『ZEROからの生命科学』（南山堂），『知っておきたい最新科学の基本用語』（技術評論社）。

勝田忠広（かつた・ただひろ）
明治大学法学部教授。論文："The Rokkasho test: Has Japan learned the lessons of Fukushima?"（*Bulletin of the Atomic Scientists* 72（3）），共著：『原発と震災』（岩波書店）。

広沢絵里子（ひろさわ・えりこ）
明治大学商学部教授。共著：『ドイツ文化を担った女性たち――その活躍の軌跡』（鳥影社），*Exotismen in der Kritik*（Brill/Fink）。

森永由紀（もりなが・ゆき）
明治大学商学部教授。共著：*Who is Making Airag* (*Fermented Mare's Milk*)*? A Nationwide Survey of Traditional Food in Mongolia* (Nomadic Peoples Vol. 19)，共編著：『多元的環境問題論』（ぎょうせい）。

佐原徹哉（さはら・てつや）
明治大学政治経済学部教授。著書：『ボスニア内戦』（有志舎），『中東民族問題の起源』（白水社），*What Happened in Adana 1909?* (ISIS Press)。

廣部泉（ひろべ・いずみ）
明治大学政治経済学部教授。著書：『黄禍論――百年の系譜』（講談社），『人種戦争という寓話――黄禍論とアジア主義』（名古屋大学出版会），『グルー』（ミネルヴァ書房）。

釜崎太（かまさき・ふとし）
明治大学法学部教授。共編著：『身心文化学習論』（創文企画），共著：『教育における身体知教育序説』（創文企画），『よくわかるスポーツ倫理学』（ミネルヴァ書房）。

前田更子（まえだ・のぶこ）
明治大学政治経済学部教授。著書：『私立学校からみるフランス近代――19世紀リヨンのエリート教育』（昭和堂），共編著：『近代ヨーロッパとキリスト教――カトリシズムの社会史』（勁草書房）。

羽根次郎（はね・じろう）
明治大学政治経済学部教授。著書：『物的中国論』（青土社），論文：「啓蒙思想期以降のヨーロッパにおける南台湾記述と「南東台湾」の発見について」（『日本台湾学会報』第12号）。

佐藤公紀（さとう・きみのり）
明治大学法学部専任講師。共著：『ドイツ国民の境界』（山川出版社），共編著：『ドイツ文化事典』（丸善出版），訳書：『エリートたちの反撃――ドイツ新右翼の誕生と再生』（新泉社）。

薩摩秀登（さつま・ひでと）
明治大学経営学部教授。著書：『物語チェコの歴史』（中公新書），『図説チェコとスロヴァキアの歴史』（河出書房新社），共編著：『チェコを知るための60章』（明石書店）。

西川和孝（にしかわ・かずたか）
明治大学法学部准教授。著書：『雲南中華世界の膨張――プーアル茶と鉱山開発にみる移住戦略』（慶友社），論文：「雲南下層社会への漢字リテラシーの普及」（『中国雲南の書承文化』勉誠出版社）。

池田功（いけだ・いさお）
明治大学政治経済学部教授。著書：『新版　こころの病の文化史』（おうふう），『石川啄木　その散文と思想』（世界思想社），『啄木日記を読む』（新日本出版社），『石川啄木入門』（桜出版）。

畑中基紀（はたなか・もとき）
明治大学経営学部教授。論文：「金子みすゞ『こだまでせうか』の文体」（『文体論研究』64号），「テレビCMの構造的一人称」（『明治大学教養論集』538号）。

嶋田直哉（しまだ・なおや）
明治大学政治経済学部教授。著書：『荷風と玉の井――「ぬけられます」の修辞学』（論創社），論文：「記憶の遠近法――井上ひさし『父と暮せば』を観ること」（『日本近代文学』第94集）。

虎岩直子（とらいわ・なおこ）
明治大学政治経済学部教授。共著：『アイルランド・ケルト文化を学ぶ人のために』（世界思想社），編著：『記憶と芸術――ラビリントスの谺』（法政大学出版局）。

山岸智子（やまぎし・ともこ）
明治大学政治経済学部教授。共著：『現代イランの社会と政治――つながる人びとと国家の挑戦』（明石書店），共訳書：ズィーバー・ミール＝ホセイニー『イスラームとジェンダー』（明石書店）。

伊藤剣（いとう・けん）
明治大学法学部教授。著書：『日本上代の神話伝承』（新典社），『出雲国風土記の神話と思想』（新典社）。

瀧口美香（たきぐち・みか）
明治大学商学部准教授。著書：『ビザンティン四福音書写本挿絵の研究』（創元社），『初期キリスト教・ビザンティン図像学研究』（創元社），『キリスト教美術史』（中公新書）。

井上善幸（いのうえ・よしゆき）
明治大学理工学部教授。共編著：『サミュエル・ベケットと批評の遠近法』（未知谷），共著：*Beckett and Animals*（Cambridge UP），共訳書：『ベケット伝（上・下）』（白水社）。

山泉進（やまいずみ・すすむ）
明治大学名誉教授。著書：『平民社の時代』（論創社），校注・解説：幸徳秋水著『帝国主義』（岩波文庫），編集代表：『大杉栄全集』（ぱる出版，全12巻・別巻1）。

野生の教養 II

一人に一つカオスがある

2024年10月24日　初版第1刷発行

編　者　丸川哲史・岩野卓司

発行所　一般財団法人　法政大学出版局
〒102-0071 東京都千代田区富士見2-17-1
電話 03(5214)5540　振替 00160-6-95814
組版：HUP　印刷・製本：日経印刷

ISBN 978-4-588-13043-4

秩父大仏／撮影＝丸川＝盧＝哲史